NZZ Libro

Gerry Hofstetter

Hütten im Alpenglühn

26 Beleuchtungen – 26 Geschichten

Verlag Neue Zürcher Zeitung

Bibliografische Information der Deutschen Nationalbibliothek

Die Deutsche Nationalbibliothek verzeichnet diese Publikation
in der Deutschen Nationalbibliografie; detaillierte bibliografische Daten
sind im Internet über http://dnb.d-nb.de abrufbar.

Die Schreibweise der Hüttennamen folgt den eigenen Benennungen auf den entsprechenden Websites.

© 2015 Gerry Hofstetter und Verlag Neue Zürcher Zeitung, Zürich

Autor:	Gerry Hofstetter
Co-Autor:	Susanne Perren
Gestaltung:	Medien-Datentechnik Dieter Richert, www.designreporter.com
	Hofstetter Marketing, www.hofstetter-marketing.com
Fotos:	Hauptfotograf Mike Kessler, www.profifotos.ch
	Hauptfotograf Frank Schwarzbach, www.grube45.ch
	Fotograf Jonas Baumann (Monte-Leone-Hütte, Gelmerhütte, Albignahütte)
	Fotograf Remo Brun (Britanniahütte, Kröntenhütte, Weissmieshütte)
	Fotograf Gion Pfander (Britanniahütte)
	Fotograf Urs Günther (Alpines Museum Bern)
	Fotograf/Filmer Henry Maurer, www.timeline.ch
	Fotografin/Filmerin Céline Hofstetter
Druck, Einband:	Druckerei Uhl GmbH & Co. KG, Radolfzell (D)

Dieses Werk ist urheberrechtlich geschützt. Die dadurch begründeten Rechte, insbesondere die der Übersetzung, des Nachdrucks, des Vortrags, der Entnahme von Abbildungen und Tabellen, der Funksendung, der Mikroverfilmung oder der Vervielfältigung auf anderen Wegen und der Speicherung in Datenverarbeitungsanlagen, bleiben, auch bei nur auszugsweiser Verwertung, vorbehalten. Eine Vervielfältigung dieses Werks oder von Teilen dieses Werks ist auch im Einzelfall nur in den Grenzen der gesetzlichen Bestimmungen des Urheberrechtsgesetzes in der jeweils geltenden Fassung zulässig. Sie ist grundsätzlich vergütungspflichtig. Zuwiderhandlungen unterliegen den Strafbestimmungen des Urheberrechts.

ISBN	978-3-03810-037-9

www.nzz-libro.ch
NZZ Libro ist ein Imprint der Neuen Zürcher Zeitung

150 Jahre SAC – Hütten im Alpenglühn
Tour mit Lichtkünstler Gerry Hofstetter
von April bis Oktober 2013

**150 ans CAS – Coup de projecteur
sur les cabanes du CAS**
Tour avec l'artiste de la lumière Gerry Hofstetter
avril à octobre 2013

**150 anni CAS – Riflettori puntati
sulle capanne CAS**
Giro con l'artista della luce Gerry Hofstetter
da aprile a ottobre 2013

**150 onns CAS – Reflecturs drizzads
sin las chamonas dal CAS**
Ina tura cun l'artist da glisch Gerry Hofstetter
da l'avrigl fin l'october 2013

Inhalt

Vorwort Präsidentin SAC		8
Der Einstieg		10
Das Konzept		14
Geplante Hüttentour		18
Der Test		20
1	**Chamanna Coaz (GR)** SAC Rätia (GR)	32
2	**Alpines Museum, Bern** Start Jubiläumsfeier (Stellvertretend für AI)	44
3	**Cabane du Mont Fort (VS)** CAS Jaman (VD)	52
4	**Monte-Rosa-Hütte (VS)** SAC Monte Rosa (VS)	64
5	**Britanniahütte (VS)** CAS Genevoise (GE)	76
6	**Kröntenhütte (UR)** SAC Gotthard (UR)	88
7.1	**Grünhornhütte (GL)** SAC Tödi (GL)	100
7.2	**Fridolinshütte (GL)** SAC Tödi (GL)	112
8	**Sustlihütte (UR)** SAC Rossberg (ZG)	124
9	**Wildstrubelhütte (BE)** SAC Wildhorn (BE) – SAC Kaiseregg (FR)	136
10	**Binntalhütte (VS)** CAS Delémont (JU)	148
11	**Glecksteinhütte (BE)** SAC Burgdorf (BE)	160
12	**Tierberglihütte (BE)** SAC Baselland (BL)	172
13	**Capanna Basòdino (TI)** CAS Locarno (TI)	184
14	**Bergseehütte (UR)** SAC Angenstein (BS)	196
15	**Monte-Leone-Hütte (VS)** CAS Sommartel (NE)	208
16	**Weissmieshütten (VS)** SAC Olten (SO)	220
17	**Rugghubelhütte (OW)** SAC Titlis (NW)	232
18	**Brunnihütte (OW)** SAC Engelberg (OW)	244
19	**Dammahütte (UR)** SAC Pilatus (LU)	256
20	**Glattalphütte (SZ)** SAC Mythen (SZ)	268
21	**Martinsmadhütte (GL)** SAC Randen (SH)	280
22	**Länta-Hütte (GR)** SAC Bodan (TG)	292
23	**Gelmerhütte (BE)** SAC Brugg (AG)	304
24	**Hundsteinhütte (AI)** SAC Säntis (AR)	316
25	**Spitzmeilenhütte (SG)** SAC Piz Sol (SG)	328
26	**Capanna da l'Albigna (GR)** SAC Hoher Rohn (ZH)	340
Dank		352
Patronat SAC		354
Kulturpartner Bayer		356
Kulturpartner Audi		358
Das Team		360
Realisierte Hüttentour		362
Gerry Hofstetter, Werke		364

Vorwort

Die Schweiz ist nicht vorstellbar ohne die Berge und ohne den Schweizer Alpen-Club. Aber auch nicht ohne die SAC-Hütten.

2013 durfte der SAC seinen 150. Geburtstag feiern. Der Vorschlag des Lichtkünstlers Gerry Hofstetter, dieses Jubiläum mit der Beleuchtung von 26 Hütten zu feiern, gefiel dem Zentralvorstand auf Anhieb. Bedingung war, dass das Projekt umweltschonend umgesetzt würde, das heisst ohne Helikopterflüge und so, dass nur die Hütten und nicht die Landschaft darum herum illuminiert würden. Der Transport des Materials auf Männerschultern und Maultierrücken machte aus dem Projekt eine eigentliche Expedition, die bei jedem Wetter stattfand. Für Gerry und sein Team war dies eine zusätzliche Herausforderung, die sie mit Begeisterung annahmen.

Gerry ist ein Künstler, der offensichtlich über unendlich viel Energie, Dynamik und gute Laune verfügt, was ihn zu einem sehr kommunikativen Menschen macht. Diese Grundstimmung strahlt aus den grossartigen Fotos, die er von unseren illuminierten Hütten geschossen hat. Indem er sie in flüchtige Kunstwerke verwandelte, hat er sie so in Szene gesetzt, dass sie in würdiger Form zur 150-Jahr-Feier beitrugen.

Wir danken Gerry und seinem Team ganz herzlich für das schöne Geschenk!

Françoise Jaquet, Zentralpräsidentin des SAC

Préface

On ne peut s'imaginer la Suisse sans montagnes et sans Club Alpin Suisse, ni le CAS sans ses cabanes de montagne.

En 2013 le CAS a eu la chance de célébrer ses 150 ans. La proposition de l'artiste de la lumière Gerry Hofstetter de fêter cet anniversaire en illuminant 26 cabanes a tout de suite plu au comité central, à condition que ce projet soit fait dans le respect de l'environnement, donc sans utiliser l'hélicoptère et en limitant l'illumination aux cabanes sans toucher aux paysages environnants. Le transport du matériel à dos d'homme ou de mulet a fait du projet une véritable expédition, à mener par tous les temps. Pour Gerry et son équipe, c'était un défi supplémentaire qu'ils ont accueilli avec enthousiasme.

Gerry est un artiste dont l'énergie, le dynamisme et la bonne humeur semblent sans limite et une personne extrêmement communicative. Cet état d'esprit ressort dans les magnifiques photos de nos cabanes illuminées par ses soins. En transformant nos cabanes en œuvres d'art éphémères, il a su les mettre en valeur pour fêter dignement le 150e anniversaire du CAS.

Merci à Gerry et à son équipe pour ce beau cadeau!

Françoise Jaquet, Présidente centrale du CAS

Prefazione

Non è possibile immaginare la Svizzera senza le montagne e il Club Alpino Svizzero, né il CAS senza le sue capanne.

Nel 2013 il CAS ha avuto la fortuna di celebrare i suoi 150 anni. La proposta dell'artista della luce Gerry Hofstetter di festeggiare questo anniversario illuminando 26 capanne è immediatamente piaciuta al comitato centrale. A condizione che questo progetto venisse realizzato nel rispetto dell'ambiente, cioè senza ricorrere all'elicottero e limitando l'illuminazione unicamente alle capanne (senza toccare i paesaggi circostanti). Il trasporto del materiale a spalla e a dorso di mulo ha tramutato il progetto in una vera e propria spedizione, portata a termine con qualsiasi tempo. Per Gerry e la sua squadra si è trattato di una sfida supplementare, che hanno tuttavia raccolto con entusiasmo.

Gerry è un artista dotato di energia, dinamismo e buon umore apparentemente illimitati e una persona estremamente comunicativa. Questo stato d'animo si riflette nelle magnifiche fotografie delle nostre capanne da lui illuminate: trasformandole in opere d'arte effimere, ha saputo valorizzarle per festeggiare degnamente il 150° anniversario del CAS.

Grazie a Gerry e alla sua squadra per questo bel regalo!

Françoise Jaquet, Presidente centrale del CAS

Prolog

Ins na po betg s'imaginar la Svizra senza muntognas u il Club Alpin Svizzer, ed era betg senza las chamonas dal CAS.

L'onn 2013 ha il CAS dastgà festivar ses 150avel giubileum. La proposta da l'artist da glisch Gerry Hofstetter da festivar quai cun illuminar 26 chamonas ha plaschì immediatamain a la suprastanza centrala. La cundiziun era sulettamain ch'il project vegni realisà senza donnegiar l'ambient, q.v.d. senza sgols da helicopter e mo cun illuminar las chamonas e betg la cuntrada enturn. Il transport dal material sin las spatlas dals umens e a sin ils dies dals mils ha fatg or dal project in'expediziun che aveva lieu da tutt'aura. Per Gerry e a ses team è quai stà ina sfida supplementara ch'els han surpiglià cun plaschair.

Gerry è in artist che ha sco ch'i para energia, dinamica e buna luna senza fin, quai che fa or dad el ina persuna fitg communicativa. Questa atmosfera generala resorta era da las grondiusas fotos ch'el ha fatg da nossas chamonas illuminadas. Cun transfurmar ellas en ovras d'art transitoricas, ha el preschentà ellas en in moda degna per festivar il 150avel giubileum dal CAS.

Nus engraziain a Gerry e ses team cordialmain per il bel regal!

Françoise Jaquet, Presidenta centrala dal CAS

Der Einstieg

Der SAC

Der SAC ist einer der grössten Sportverbände der Schweiz. 2013 feierte er das 150-Jahr-Jubiläum. Er zählt über 145 000 Mitglieder und betreibt über 152 Hütten. Diese generieren, verteilt auf die ganze Schweiz und 111 Sektionen, mehr als 330 000 Übernachtungen pro Jahr. In einer Hütte hat es jeweils Platz für 10 bis 150 Personen. Pro Jahr werden fünf bis sechs Hütten unter strengsten Umweltauflagen saniert und modernisiert. Die erste Hütte, die Grünhornhütte, war eine Schutzhütte, die 1863 unterhalb des Tödi im Kanton Glarus erbaut wurde.

Das Jubiläum

Im Jubiläumsjahr fanden in der ganzen Schweiz über 150 Jubiläumsanlässe der SAC-Sektionen statt. Sie zeigten das breite Spektrum der SAC-Tätigkeit und standen auch Nicht-SAC-Mitgliedern offen. Einer dieser Anlässe war meine Light-Art-Expedition «Hütten im Alpenglühn»: Die Beleuchtung von 26 SAC-Hütten zwischen dem 19. April und dem 4. Oktober 2013.

Sentimentales und Emotionen

Leute, die «z Bärg gö», können bezeugen, dass in den Bergen Kameradschaft und Vertrauen untereinander das höchste Gut ist. Jeder weiss von schönen, stillen und teilweise auch überwältigenden Momenten zu erzählen. Alle haben diese Augenblicke bereits erlebt, den romantischen Sonnenuntergang, einen Sonnenaufgang über dem Nebelmeer, eine klare Vollmondnacht, den perfekten Schnee, den idealen Fels, ein schaurig schönes Gewitter, Alpenrosenpracht, das Blau der Gletscherspalten, das Gepfeife der Murmeltiere und ähnliche alpine Wunder. Dennoch gleicht keine Tour der anderen. Nie. Und das Schöne ist, man kann sich jene Tour aussuchen, die zu einem passt, genauer, für die das Umfeld, die Umwelt, die Zeit, die mentale und körperliche Fitness stimmen – und in Kombination mit den Variablen Winter oder Sommer.

Der Ursprung der Idee

Der Ursprung dieser Tour liegt in der Beleuchtung der Terrihütte SAC in der Greina zum Bundesfeiertag am 1. August 2010 im Rahmen einer nationalen Kulturaktion des Milchverarbeiters Emmi. Als ich meine kleine Beleuchtung auf die Hütte in dieser grossartigen Bergwelt sah, brachte mich dies auf die Idee, eine solche Tour für den SAC zu dessen 150-Jahr-Jubiläum zu realisieren. Statt grosse Gebäude und Monumente zu beleuchten, wollte ich kleine «Schutzhütten» (Licht ist Hoffnung) in einer grossartigen Umgebung (Schweizer Berge) für einen kurzen flüchtigen Moment ins Rampenlicht stellen und so den Ursprung des SAC-Hüttenbaus zum Jubiläum zeigen. Das Motto der Tour war mir alsbald klar. Sie sollte den Grundgedanken «Klein und fein in grossartiger natürlicher Umgebung» zum Leuchten bringen.

Die Vision

All diese Schönheiten und Besonderheiten, so mein Leitgedanke, sollte man auf eine besondere Art, mittels eines kurzfristigen Aufflackerns, der breiten Bevölkerung, die nicht in die Berge geht, näherbringen. Eines wollte ich mit der Tour beweisen: Wenn wir es schaffen, diese Gewichte hinaufzutragen, anschliessend abends und morgens hart zu arbeiten und gleichentags nach wenig Schlaf erneut hinunter ins Tal zu laufen, könnte dies vielen Leuten Mut machen, auch einmal eine solche Hütte zu besuchen. Die Idee war, die Leute neugierig zu machen, ihnen eine Welt zu zeigen, die für viele mit Mythen, Schauergeschichten und Anstrengungen verbunden ist. Auch wollte ich aufzeigen, wie schön und direkt vor der Haustür die Berge liegen und wie wenig weit man zu reisen braucht, um die Natur mit Körper und Geist zu erleben.

Der Plan

Ich hatte einen ganz einfachen Plan: Ich beleuchte 26 Hütten – eine pro Kanton, jeweils eine Stunde am Morgen und eine am Abend. Den Projektor und das ganze Material trage ich umweltschonend hoch mit meinem Team und den Sherpas, die ich von den Sektionen, deren Hütten an der Beleuchtung teilnehmen möchten, erhalten würde. Die Übernachtung und das Essen in der Hütte für das Team und die Sherpas sollten die Sektionen übernehmen. Mein Team würde ausschliesslich jene offiziellen Routen nutzen, die zum Erreichen der Hütten, allenfalls in Etappen, zur Verfügung stehen. Damit wollten wir der Bevölkerung zeigen, wie unkompliziert es sein kann, eine Hütte zu erreichen, sei es, dass man vom Ausgangsort aus mit Gondeln oder Luftseilbahnen hochfährt, Lasttiere zu Hilfe nimmt oder den Weg zu Fuss, mit Ski, mit Schneeschuhen, mit Lastschlitten usw. zurücklegt. Den SAC fragte ich an, ob er das Patronat übernehmen und mithelfen würde, national und regional diese Aktion zu kommunizieren. Für die Finanzierung des Projekts wollte ich zwei geeignete Partner suchen, die das Thema Menschen, Berge, Schweiz, Natur, Reisen und Gesundheit interessiert. Ich dachte dabei an Audi, die Automarke mit dem legendären Quattro-Antrieb. Für Erich Hunold, den damaligen Marketingleiter bei amag für Audi in der Schweiz, war es eine ideale Partnerschaft für den Start der neuen Kampagne «Land of Quattro».

Auch kontaktierte ich den Pharmakonzern Bayer, der mit mir bereits die Beleuchtung der Jungfrau-Nordwand realisiert hatte und gerne mit dabei ist, wenn Berge verschoben werden. Das Ganze müsste wegen Wetter und Jahreszeiten zwischen April und Oktober 2013 erfolgen. Die Tour würde fotografisch und filmisch festgehalten werden.

Die Realisation

Sämtliche Überlegungen fanden wie angedacht Zustimmung und wurden vertraglich mit den Partnern festgehalten. Dank dem SAC-Zentralvorstand, der mit mir auf diese Reise ging, dank der Geschäftsstelle SAC in Bern, dank den Sektionen, den Sherpas, den beiden Kulturpartnern Audi und Bayer, dank den Medien, dank meinen Fotografen und Filmern, dank meinem Team, dank meiner Agentur und dank meiner Familie, dank ihnen allen konnte ich die Tour realisieren. Das Resultat liegt nun in Szenen vor Ihnen.

Fakten und Zahlen

Es war ein Jahrhundertwinter. Die meisten Hütten, die über 2500 Meter liegen, öffneten in jenem Sommer aufgrund der Schneemassen zwei Wochen später als üblich. Trotzdem mussten wir nach dem Start lediglich vier Touren wegen Wetter und Schnee verschieben. Wir sind zu 26 Hütten hochgestiegen, die zwischen 1554 und 3030 Meter hoch liegen. Und wir stiegen wieder ab. Dabei waren wir über 240 Stunden zu Fuss bei Wind, Kälte, Schnee, Eis, Regen oder Hitze während allen vier Jahreszeiten unterwegs. Wir erlebten dreimal den Vollmond, sahen einen gewaltigen Kometen beim Verglühen, hörten zweimal Tiergeräusche in der Nacht, die wir bis heute noch nicht zuordnen können, lernten 26 Hüttenwarte, Hüttenwartinnen, oder Hüttenwartpaare kennen, realisierten 52 Beleuchtungen und zwei Testbeleuchtungen. Innerhalb von sieben Monaten beleuchteten wir temporär in der unbewohnten Bergwelt 54-mal an 27 Orten während jeweils einer Stunde kleine Berghütten.
Der Transport von Team und Material erfolgte mit Autos – vier Audi quattro, zur Verfügung gestellt vom Kulturpartner Audi. In fünfeinhalb Monaten fuhren wir bei jedem Wetter und allen Strassenverhältnissen durch die ganze Schweiz in die Berge und legten dabei total 28 752 Kilometer mit den vier Fahrzeugen zurück. Wir verbrauchten dabei weniger als 7 Liter Diesel pro 100 Kilometer, was einem Total von 1955 Litern oder 3479.90 Franken Dieselkosten für die ganze Tour entspricht. Die Anfahrten von Zumikon bei Zürich zum Ausgangsort der Tour betrugen zwischen eineinhalb und vier Stunden. Für die weiteren Etappen zur jeweiligen Hütte benutzten wir Gondeln, Sessellifte, Luftseilbahnen, Standseilbahnen, Ski, Schneeschuhe, Wanderschuhe, Lastschlitten, Pistenfahrzeug, Snowmobil, Traktor, Esel, Maultiere und Maulesel. Dabei verzeichneten wir auch Schäden: einen Muskelanriss, ein für drei Wochen ausgefallenes Knie, einen gebrochenen Finger, zwei zerstörte Kameraobjektive, eine in den Bach gefallene Fotokamera, zudem erlitt eine Drohne Totalschaden bei einem Absturz, und wir mussten diverses Kleinmaterial, Teilchen am Projektor sowie Foto- und Filmmaterial ersetzen. Für die 54 Beleuchtungen verbrauchten wir in dieser Zeit – umgerechnet in Kilowatt – für 54 Franken Strom (Generator und ab Netz gemischt), dreimal benutzten wir kurz den Helikopter: bei der Coazhütte, um einen Steinschlaghang zu überwinden; bei der Monte-Rosa-Hütte, um den verletzten Fotografen ins Tal zu fliegen sowie die zweite Hälfte Material nach zwei Dritteln der Strecke wegen vorgerückter Zeit und schwieriger Schneeverhältnisse in die Monte-Rosa-Hütte zu fliegen; bei der Kröntenhütte, wo wir am Morgen einen Teil der Ausrüstung einem Bauhelikopter auf seinen Materialflug mitgaben. Zum Team gehörten stets ein bis zwei Filmer, zwei Fotografen, ab und zu ein Lichtassistent, Medienschaffende, Kunden und Mitarbeiter der Kulturpartner sowie Vertreter von der SAC-Geschäftsstelle in Bern. Das Sherpa-Team bestand aus Männern und Frauen jeden Alters. Es waren jeweils drei bis 15 Sherpas pro Hütte dabei. Für die ganze Tour waren es über 200 Sherpas, die freiwillig die Idee buchstäblich mitgetragen haben. Wir benötigten für die Aufstiege zwischen zehn Minuten und acht Stunden, für die Abstiege ebenso. Bei 16 Hütten (inkl. Testbeleuchtung) kam jeweils ein Projektor zum Einsatz. Bei den restlichen elf waren es zwei bis drei Projektoren.

Gut 200 Kilogramm Material teilte das Team jeweils zum Tragen untereinander auf. Die Hauptlast, den Projektor, erklärte ich zur Chefsache und trug ihn selber. Er wog inklusive Traggestell 38 Kilogramm, meist kam noch mein Rucksack oben drauf. Oft schulterte ich noch zusätzliches Material, weil zu wenig Sherpas vorhanden waren. Gegen Ende der Tour trug ich eine 55 Kilogramm schwere Ladung den Berg hinauf. Alles Trainings- und Kopfsache. Wenn es zwischendurch hart wurde, konnte ich auf die Berocca-Brausetabletten zurückgreifen. Diese Nahrungsmittelergänzung hatte ich vom Kulturpartner Bayer als Energielieferant mitbekommen. Bei 13 Hütten waren Medienschaffende mit dabei im Team, die teilweise mitgeholfen haben zu tragen. Über 200 Medienbeiträge sind über diese Beleuchtungstour erschienen. Am Schluss resultierte daraus eine unglaubliche in der Schweiz realisierte Erlebnisreise, die mit über 75 000 von uns geschossenen Fotos dokumentiert ist. Henry Maurer von der Filmproduktionsfirma TimeLineFilm trug über 3 Tera bewegendes Material nach Hause. Der Kinofilm folgte im Herbst 2014. 1272 ausgewählte Fotos dieser Light-Art-Expedition «Hütten im Alpenglühn» und die Geschichten dazu sind nun im vorliegenden Buch zu finden.

Danke

Dem SAC gratuliere ich herzlich zum 150-Jahr-Jubiläum, und ich danke für das Patronat und die Chance, die Hütten in den Bergen ins Rampenlicht zu stellen und die Bilder nun einem breiten Publikum zu präsentieren. Den beiden Kulturpartnern des Projekts, Audi Schweiz und Bayer Schweiz, danke ich für die Partnerschaft und die Unterstützung, damit diese Tour realisiert werden konnte. Den Medien danke ich für das Interesse und die Beiträge. Zahlreiche Berichterstatter hatten die Gelegenheit wahrgenommen, mit dabei zu sein und uns zu begleiten. Offensichtlich ist diese Gilde nicht nur fit im Schreiben und Filmen. In diesem Buch sind mehrheitlich die Fotos der beiden Teamfotografen Mike Kessler und Frank Schwarzbach zu sehen. Die Namen der beiden Hauptfotografen kommen auch oft vor in den Texten. Dank ihnen war ich in der Lage, die Bilder ins Tal zurückzubringen und an der Wärme zu einem Buch zusammenzuführen. Ich danke Mike und Frank und auch den anderen Fotografen, dass sie all diese Momente mitgelitten haben, um unermüdlich das richtige Bild einzufangen.

Die Schweiz ist wunderschön, wir leben mitten im Paradies. Die dazugehörenden Berge liegen vor unseren Haustüren. Ich wünsche Ihnen von Herzen viel Spass beim Lesen, Schauen, Staunen und Schmunzeln.

Gerry Hofstetter

Das Konzept entsteht

Die beiden Grosshirnhälften sind nur äusserlich symmetrisch angelegt. Ihre Funktionen sind verschieden. Die linke Gehirnhälfte ist Sitz des Sprachzentrums. Sie tut im Grunde alles, was wir auf den ersten Blick Denken nennen. Sie denkt in Sprache, in Begriffen, sie denkt logisch, analytisch und in Zahlen. Sie bearbeitet verdichtete Gedanken, die in rationalen Überlegungen enden. Das Rohmaterial der Gedanken, die aufblitzenden Ideen, die Bilder, ja alle Sinneseindrücke bearbeitet die rechte Gehirnhälfte. Sie denkt unmittelbar in Bildern, ganzheitlich, intuitiv. Sie nutzt räumliche, farbige und bewegte Modelle und ist der Sitz der Phantasie. Der Output davon ist mit Emotionen bereichert.

Besonders interessant sind nun die Wechselbeziehung und die Wechselspannung zwischen diesen beiden Wissens- und Aktionszentren und der dauernd stattfindende Daten- und Emotionentransfer. Die Herausforderung bei einem Konzept, das man realisieren will, besteht darin, sich alles räumlich, zeitlich, bildlich, logistisch und machbar vorzustellen, in einen Plan zu bringen, diesen zu verschriftlichen, um danach motivierend und verständlich für die Umwelt die Faktoren zusammenzutragen und das Projekt zum Starten zu bringen.

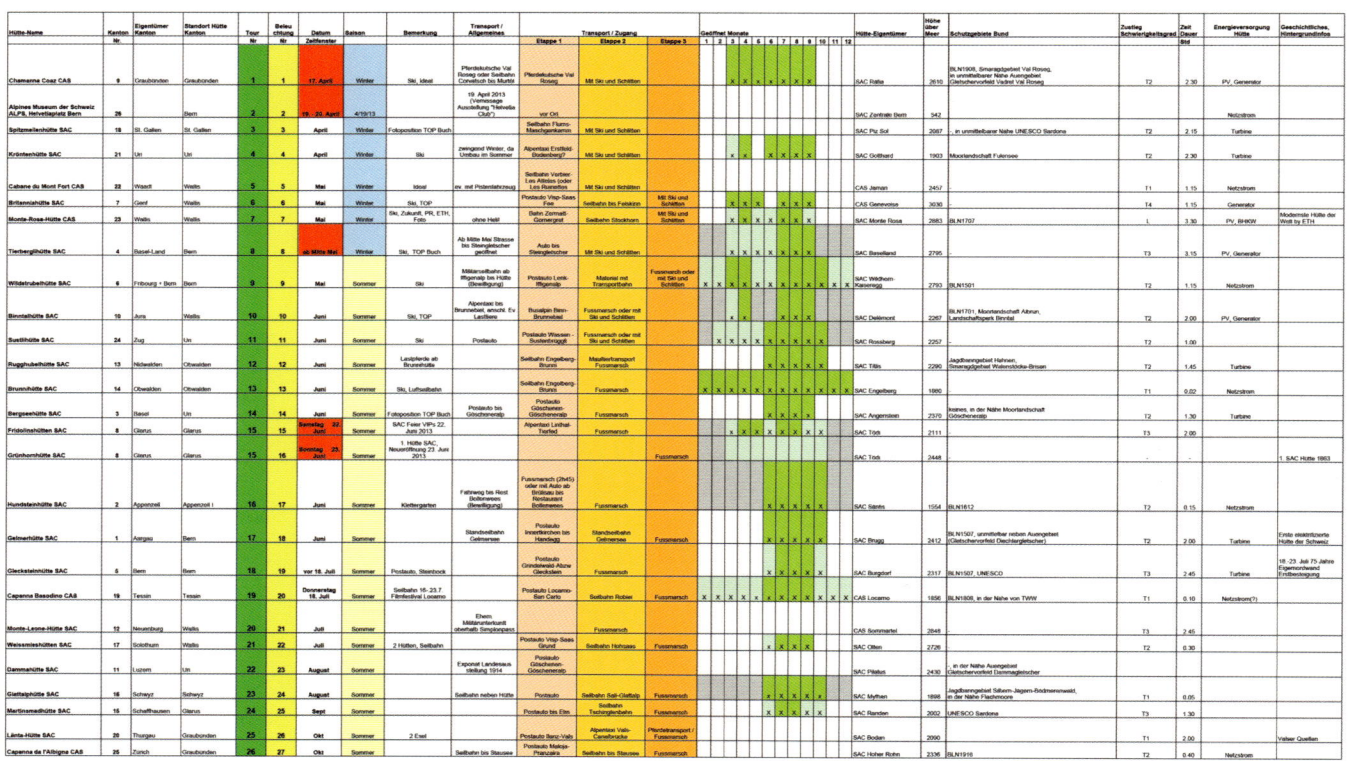

Linke Seite

Erfahrung und Intuition sind gefragt, um das im Konzept entwickelte Projekt professionell umzusetzen und vorwärtszutreiben. Ich bin froh, dass ich nie alleine bin, wenn ich eine Idee in ein Konzept umsetze. Wir sind jeweils zu dritt: Mein Es, meine linke Gehirnhälfte und meine rechte Gehirnhälfte. Ich finde, dass der Mensch phantastisch konzipiert und angelegt ist und in der Lage, sich selber zu bestimmen. Eine grandiose Geschichte, wie ich finde.

Rechte Seite

Geplante Hüttentour

Reihenfolge der Hütten

1. Chamanna Coaz CAS, Graubünden

2. Alpines Museum der Schweiz ALPS, Bern

3. Spitzmeilenhütte SAC, St. Gallen

4. Kröntenhütte SAC, Uri

5. Cabane du Mont Fort CAS, Wallis

6. Britanniahütte SAC, Wallis

7. Monte-Rosa-Hütte CAS, Wallis

8. Tierberglihütte SAC, Bern

9. Wildstrubelhütte SAC, Bern

10. Binntalhütte SAC, Wallis

11. Sustlihütte SAC, Uri

12. Rugghubelhütte SAC, Obwalden

13. Brunnihütte SAC, Obwalden

14. Bergseehütte SAC, Uri

15/1. Fridolinshütten SAC, Glarus

15/2. Grünhornhütte SAC, Glarus

16. Hundsteinhütte SAC, Appenzell Innerrhoden

17. Gelmerhütte SAC, Bern

18. Glecksteinhütte SAC, Bern

19. Capanna Basodino CAS, Tessin

20. Monte-Leone-Hütte SAC, Wallis

21. Weissmieshütten SAC, Wallis

22. Dammahütte SAC, Uri

23. Glattalphütte SAC, Schwyz

24. Martinsmadhütte SAC, Glarus

25. Länta-Hütte SAC, Graubünden

26. Capanna da l'Albigna CAS, Graubünden

Der Test und Céline in Ausbildung

Chamanna Coaz, Pontresina

13.–14. Februar 2013

Test

Test

Eine Vorgeschichte bei minus 15 Grad und schlecht formbare Wolldecken

Das Abenteuer «Hütten im Alpenglühn» wäre ohne seine dramatische Vorgeschichte nicht vollständig. Angedacht war, dass die Beleuchtungstour gleichzeitig mit dem offiziellen SAC-Jubiläumsauftakt am 18. April 2013 startet. Der SAC wünschte, dass ich die erste Hütte – die Chamanna Coaz an der Landesgrenze im Südosten der Schweiz – am 18. April abends und am 19. April morgens beleuchte. Die Bilder sollten zehn Stunden später, beim Festakt in Bern, im Alpinen Museum gezeigt werden. Gut wäre es aber auch, wenn man für die Medienorientierung am Tag vorher, am 18. April um 11 Uhr, schon Bilder der Beleuchtung in Bern hätte. Da man es für mich noch etwas spannender machen wollte, würde ich am Morgen des 19. April nach der Beleuchtung sofort ins Tal steigen und am Abend in Bern das Alpine Museum als zweite «Hütte» in der Tour beleuchten und so meinen Beitrag an das Fest leisten.

Das Alpine Museum steht stellvertretend für den Kanton Appenzell Innerrhoden, da dieser keine SAC-Sektion hat und somit auch keine SAC-Hütte zum Beleuchten. Der Plan sollte, sofern alles reibungslos läuft, just klappen; ungelöst blieb nur das Problem mit den Fotos für die Medien. Doch was wäre, wenn Schlechtwetter eine Illumination verhinderte? Wir wegen Lawinengefahr weder auf- noch absteigen könnten? Ein Stau auf der Strasse uns aufhielte? Solche Risiken durften wir nicht eingehen.

Ich beschloss, meine Skiferien im Februar 2013 nach Pontresina zu verlegen und dort mit meiner Familie eine Testbeleuchtung durchzuführen. So hätten wir auch gleich die Fotos für die Medien. Ich wollte damit zeigen, wie viel unter Extrembedingungen möglich ist. Der Coaz-Hüttenwart Alois Kunfermann war wenig begeistert: Eine Hütte mitten in einem kalten Winter für eine Nacht ausbuddeln und bewohnbar machen, schien ihm ein kühnes Unterfangen, wenn auch nicht unmöglich. Er hatte sogar im Februar einen Kontrollflug mit

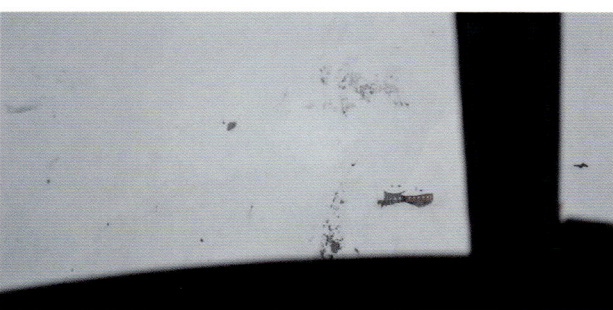

dem Helikopter zur Hütte geplant, und so nahmen wir beides zusammen. Zu Fuss wäre es wegen der starken Lawinengefahr und dem vielen Schnee unmöglich gewesen. Er hatte mir schlicht verboten, zu Fuss zur Hütte aufzusteigen.

Am vereinbarten Tag ging früh schon das Katz- und-Maus-Spiel mit dem Wetter los. Wir beobachteten den ganzen Tag die Veränderungen der tief hängenden Wolken. Gegen 15 Uhr schien es plötzlich möglich, uns in das Rosegtal hinein- und zur Hütte hinaufzutasten. Ich flog mit meinen Töchtern Céline (19 Jahre) und Sandrine (16 Jahre) sowie dem Projektions- und «Überlebensmaterial» hinauf. Alois war schon einen Flug vorher mit seinem Jagdhund und geheimnisvollem Material losgegangen. Die Hütte liegt steil am Hang. Der Pilot der Helibernina musste sich am Landeplatz sehr konzentrieren, dass der Helikopter beim Ausladen des Materials nicht im Schnee versank. Céline würde mit dem Hüttenwart oben bleiben und lernen, wie man eine SAC-Hütte nach der Winterpause betriebsbereit macht. Ich dachte, das sei eine gute Idee, und fand spontan, das gehöre auch zu ihrer Ausbildung bei uns. Sie war Auszubildende im dritten Lehrjahr in unserer Unternehmung Hofstetter Marketing und machte die kaufmännische Grundausbildung zur Kauffrau mit Schwerpunkt Kommunikation und Marketing. Sandrine und ich würden zurück ins Tal fliegen und kämen anderntags erneut hoch, wenn die Hütte bereit wäre. Wir dachten nicht einmal daran, einen Schlafsack für Céline mitzunehmen. In der Hütte hatte es ja Decken genug. Was ich indes unterschätzte: Die beissende Kälte, der die unbewohnte Hütte in dieser Höhe und Umgebung während Monaten ausgesetzt ist, sitzt auch drinnen fest. Es braucht im Winter Tage, bis in einer Hütte eine Grundwärme spürbar wird. Um 11 Uhr abends kam eine SMS von Céline zu mir ins warme Hotel in Pontresina. Ich las sie meiner Frau Renate und meiner jüngeren Tochter Sandrine vor, wir verstanden sie sofort als ein SOS-Ruf: «Papi, minus 15 Grad Celsius in der Hütte, ich bin am Erfrieren und die Wolldecken geben auch nicht warm, da sie

sich nicht gut formen lassen, weil sie halb gefroren sind.» Rabenvater, ist man geneigt zu denken, ich dachte es auch, meine Frau sagte es. Wir wussten aber alle, dass sie durchhält. In solchen Situationen hilft, wenn man die Menschen bestärkt. Wir telefonierten mit ihr. Mit noch mehr Decken, mit den Beinen in den Ärmeln der Daunenjacke und ganz nah am Ofen hat sie die Probe bestanden. Am Morgen wärmte sich Céline bei schönstem Sonnenschein vor der Hütte auf. Danach half sie Alois, die Hütte betriebsbereit zu machen. Am Nachmittag kam unser Filmer Henry Maurer nach Pontresina, und Sandrine und ich flogen mit ihm zur Coaz hoch. Meine Frau Renate meinte, dass sie lieber im Hotel bleiben möchte und ich solle diese Aktion doch als Vater-Tochter-Ausflug geniessen.

Spät am Nachmittag kamen noch unerwartet zwei Extremskifahrer in der Hütte an. Sie halfen mir und Sandrine bei der Installation der Projektoren und bei der Beleuchtung. Wie grosse Augen machten sie, als es losging. Wir leuchteten am Abend und am Morgen bei perfekten Bedingungen. Dazwischen schliefen wir alle im Essraum, in Ofennähe. Besser hätte das Wetter nicht mitspielen können. Wir waren von der Stimmung und den Bildern überwältigt, aber auch dankbar, so etwas erleben zu dürfen.

Céline und Henry schufen bestes Foto- und Filmmaterial, das wir für die Medienorientierung und den Jubiläumsstart im April nutzen konnten. Und wir konnten den Beteiligten und Partnern der Hüttentour zeigen, wie die Installation aussehen würde. Alle konnten sich ein Bild machen vom Resultat, und ihr Vertrauen war da, dass ich das bis im Oktober 26-mal mit meinem Team schaffen würde.

Doch da gibt es noch eine andere Geschichte zu erzählen: Wir leuchteten also am Abend des 13. Februar, assen danach gemeinsam und plauderten am Tisch. Plötzlich, so gegen 23 Uhr, verspürte ich einen Drang, sofort vor die Türe zu gehen. Es war ein unheimliches Gefühl. Ich konnte nicht sagen, warum. Ich stand auf, sagte, dass ich frische Luft schnappen würde, und forderte die anderen auf, auch mitzukommen. Die Begeisterung war gering, draussen war es sehr kalt. Ich liess mich nicht abhalten. Vor der Hütte schaute ich Richtung Biancograt, der in der sternenklaren Nacht vor sich hin glitzerte. Hinter mir hörte ich, wie die anderen sich aufrafften, mir zu folgen. Ich stand noch keine 15 Sekunden da – und dann ging alles sehr schnell. Ein riesiger Feuerball tauchte im Nordosten links von mir über den Bergen auf. Einer der Extremskifahrer stand neben mir und rief laut: «Schau, das kommt nicht gut.» Das Riesending raste mit unglaublicher Geschwindigkeit Richtung Samedan und weiter gegen Süden zum Berninapass. Wir beide schrien laut: «Kommt alle raus, schnell, schnell!» Die anderen standen unter der Tür und sahen mit grossen Augen den brennenden Kometen in einer Feuerlinie hinter der Bernina durchschiessen. Er tauchte auf der anderen Seite

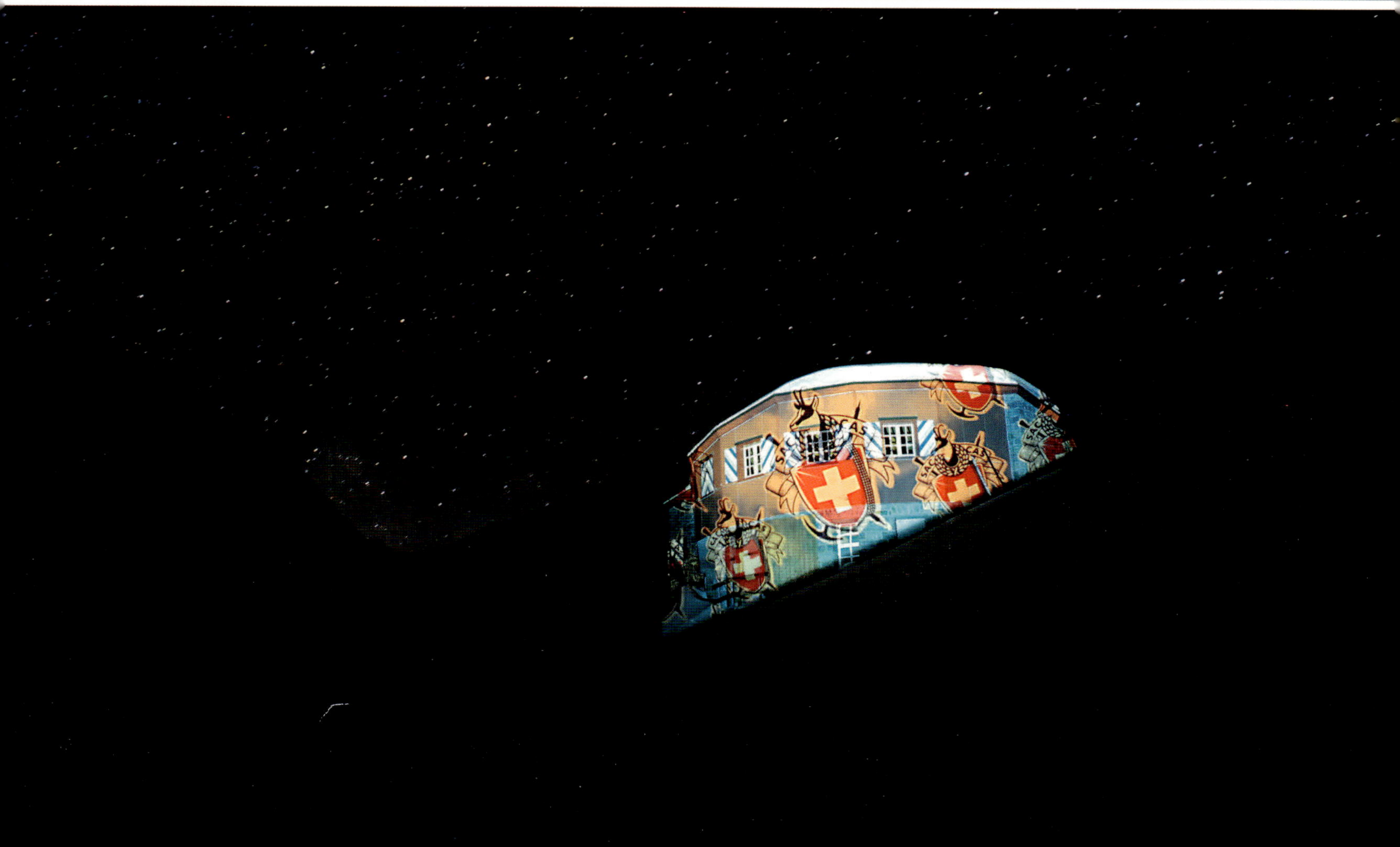

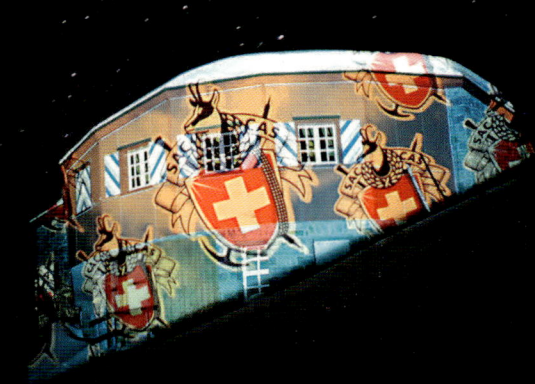

erneut auf und verschwand hinter den Bergen Richtung Puschlav südwärts. Das Spektakel dauerte höchstens fünf bis sieben Sekunden; gefühlt hatte es sich wie zehn Minuten. Es war einer der wenigen Momente im Leben, in denen ich dachte, das war's. Ich sah uns aufgrund der kinetischen Einschlagsenergie in Pulver aufgehen. Der Komet raste so tief über die Berge gegen die Bernina vor uns, dass ich in diesem Moment mit meinem Leben abschloss. Wir alle hier und die Schweiz als Ganzes würden grossräumig in einer Explosion aufgehen. Wir waren ganz aufgebracht und warteten auf einen Knall. Nichts geschah. Wir beruhigten uns, gingen wieder hinein und diskutierten noch eine Stunde weiter über das Erlebnis und wie unbedeutend und winzig wir doch mit Blick auf das grosse Ganze, das Universum, sind. Wie verletzlich unser Planet ist, und dass unser Leben endlich ist.

29 Stunden später, am frühen Morgen des 15. Februar 2013, explodierte ein Meteorit in Russland im Ural neben der Stadt Tscheljabinsk um etwa 9.20 Uhr Ortszeit (4.20 Uhr MEZ), und ein Meteoritenregen mit einer Geschwindigkeit von über 20 Kilometer pro Sekunde (!) übersäte die Region. Die Mehrheit der Teilchen schoss in einen benachbarten See, der Rest in die Stadt. Es gab 1500 Verletzte. Seit Jahrhunderten war es das schwerste Unglück auf unserem Planeten mit Materie aus dem Weltall.

Das Törtchen-Finale
und wie du mir, so ich dir

Kehren wir nochmals zurück in den Januar 2013: «Diese Zürcher», musste sich Alois Kunfermann gedacht haben, als er sich telefonisch im Vorfeld nach einem Menüwunsch für die Testbeleuchtung erkundigte. Eine feine Suppe, einen Salat, danach Rehrücken und Gemspfeffer und zum Schluss Vermicelles mit Marroni aus dem Tessin, garniert mit Meringues aus Meiringen, bestellte ich bei ihm ins Blaue, worauf man halt so Lust hat. Vermicelles gefielen ihm nicht. Er schlug Erdbeertörtchen vor, der Rest sei gut so. Wir einigten uns auf Erdbeertörtchen aus der Region. Das alles im besten Glauben, dass er meinen jovialen Ton richtig interpretiert und den Witz verstanden hatte. Im Februar dann versammelten wir uns am Abend vor der Testbeleuchtung in seiner Hütte am Tisch bei heissem Tee. Für Nachtübungen empfiehlt sich etwas Warmes im Magen. Kommt beim Team auch gut an. Nach der Beleuchtung würde es dann das Nachtessen geben. Irgendetwas lag im Busch, weil meine beiden Töchter mich von der Küche abschirmten. Sie sei das Revier des Hüttenwarts, das sei ein ungeschriebenes Gesetz in den SAC-Hütten (was stimmt). Wir nahmen Platz. Die Tür ging auf, Alois brachte die Suppe. Aha, dachte ich, ist üblich in den Bergen, kenne ich. Dann kam der Salat, auch normal. Danach passierte 15 Minuten lang nichts, bis endlich die Tür aufging. Alois und Céline trugen verschmitzt schmunzelnd und stolz auf beiden Händen Platten herein: Rehrücken, Gemspfeffer, Hirschschnitzel mit Beilagen und Zutaten aus dem Bündnerland. Es war dies einer jener ganz wenigen Augenblicke, in denen man nach Worten ringt.

Das Essen war himmlisch. Und als fürstliche Krönung gab es Erdbeertörtchen aus der Region, vom Bäcker aus Pontresina. Ich konnte es kaum glauben. Alois hatte mich voll erwischt. Die Beleuchtung war erfolgreich, und diese Überraschung ein Gedicht. Am gelungenen Start, der enorm wichtig ist und dem Team ein gutes Gefühl gibt, hat es hier jedenfalls nicht gefehlt. Céline wird nie vergessen, was es heisst, eine Hütte zu enteisen und betriebsbereit zu machen. Und Weidmannsheil dem Jäger Alois. Trifft er nur halb so gut, wie er kocht, muss sich das Bündner Wild unter und über der Waldgrenze ordentlich in Acht nehmen. Aus Jux fragte ich Alois draussen, während er seine Hütte in der ganzen Farbenpracht bestaunte, ob er mir morgen helfen könne, die Farben der Beleuchtung von der Fassade wieder abzuwaschen. Er zögerte keine Sekunde. «Klar helfe ich dir.» Ich war ihm dankbar, dass wir uns so gut verstanden. Er war uns eine grosse Hilfe.

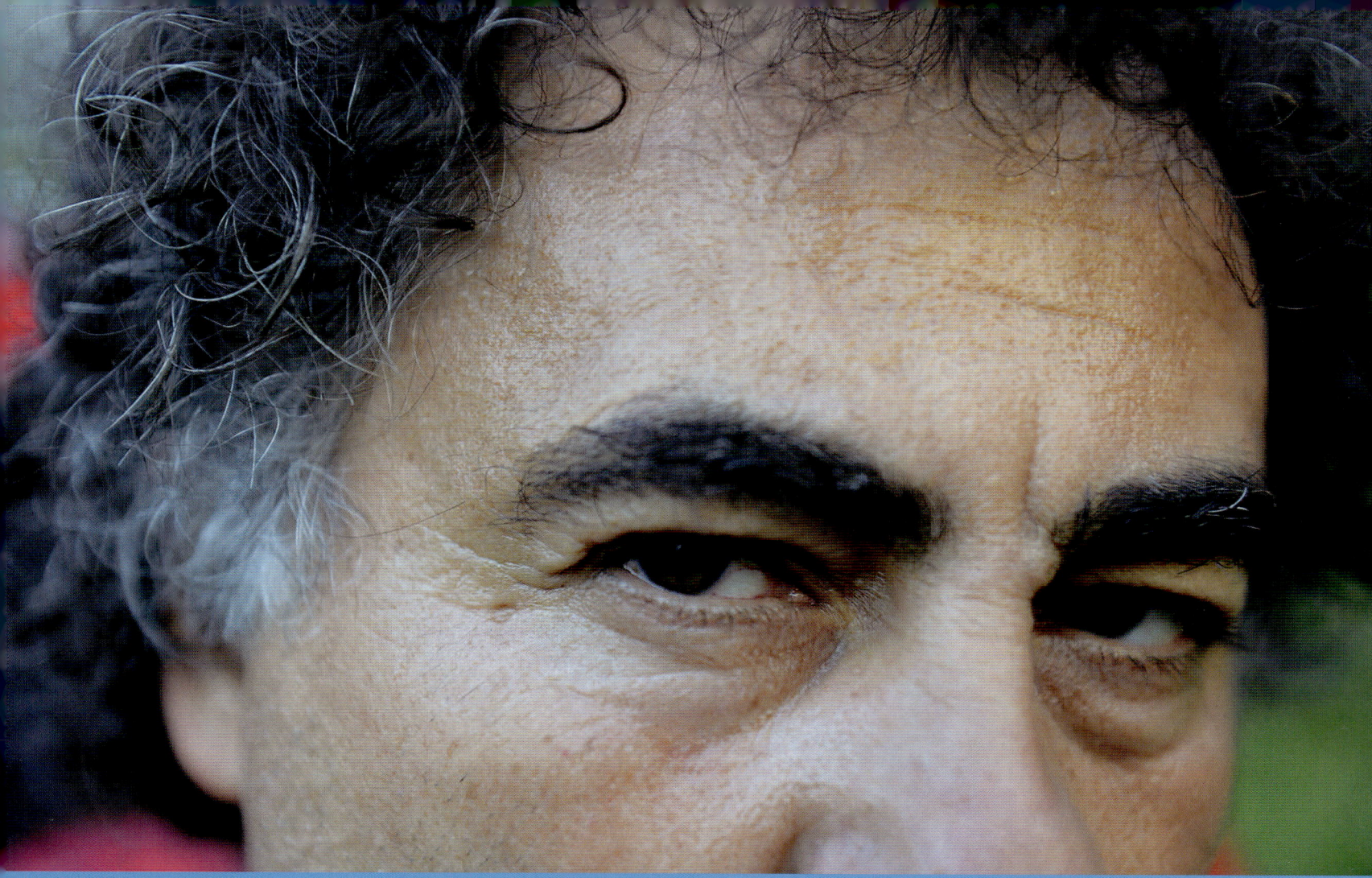

Ein Test hilft anderen zu sehen, was ich schon sehe

Es gibt Einsätze, wo ein Test unabdingbar ist. Er erleichtert die Vorbereitungen und die Zusammensetzung des Teams. Die ersten Fotos lassen das Resultat erkennen. Falls gewünscht, können die Beteiligten und Partner die ersten Bilder für die Kommunikation bereits nutzen. Bei komplexeren Beleuchtungen oder Aufträgen schafft ein erfolgreicher Test auf allen Ebenen Vertrauen; es entsteht keine Nervosität, und das Projekt kann in Ruhe starten. Meistens sind der Ablauf und die Fotos vom Test eine Bestätigung dessen, was ich vor meinem inneren Auge bereits gesehen habe. Und das Team beginnt eine leise Ahnung zu haben, was auf es zukommt.

Test

Das Testteam beim Abendessen in der Coaz – von links: Sandrine, Gerry, Henry, Alois, Céline.

15. Februar 2013: der Meteorit über Tscheljabinsk, Russland, Sekunden vor dem Einschlag.

○ – Chamanna Coaz, 2610 m, 13.–14. Februar 2013
Pontresina, Val Roseg, Tel. 081 842 62 78 TESTBELEUCHTUNG
Sektion Rätia, Kanton Graubünden

Gewählte Route – Aufgrund Lawinengefahr mit Helikopter, ab Samedan Flug in die Hütte mit Material, Team und Hüttenwart.

Zeit – Normal 2 Std. 30 Min., wir 6 Min. Flug.

Wetter – Zu Beginn schlecht, tiefe Wolkenbasis. Aufklarung in der Nacht und wolkenloser Sternenhimmel. Schönster Sonnenschein am nächsten Tag.
18.22 Uhr Beginn Nacht.
07.39 Uhr Beginn Tag.

Testbeleuchtung – Extrem kalt und sehr viel Schnee. Wetterbedingungen top. Perfekte Fotos realisiert für Medienanlass und Jubiläumsstart am 18. April 2013 in Bern. Wir sind auf Kurs. Man weiss, was wir abliefern werden bis zum Ende der Tour im Oktober.

Speziell – Einen gigantischen Kometen beim Verglühen beobachten können.

Essen – Der Hüttenwart Alois Kunfermann hat alles gegeben und mich aufs Kreuz gelegt. Wild aus heimischer Jagd, von ihm erlegt, und Erdbeertörtchen aus der «Region».

Der gefrorene See

Chamanna Coaz – Pontresina

18.–19. April 2013

1

1

Steinschlag im Schneehang – der Auftakt am 18. April 2013

Wir taten es der Sonne gleich und starteten das Projekt «Hütten im Alpenglühn» im Osten, dort, wo sie jeden Tag aufs Neue aufgeht. Um möglichst viele Risiken beim Start zu vermeiden, reisten wir einen Tag früher nach Pontresina. Pferdefuhrhalter Wohli (Werner) Wohlwend erwartete uns schon am Bahnhof beim Eingang zum Val Roseg. Da wir am nächsten Tag um 5 Uhr beim Hotel Roseg im Val Roseg losmarschieren mussten, um möglichst lange keine Sonne auf dem Schnee zu haben, hatte ich entschieden, das ganze Material schon am Vortag dorthin zu bringen und bereit zu machen. In der Früh müssten wir dann nur noch einen Teil auf die Sherpas verteilen und aufbinden. Also beluden wir die Kutsche, und Wohli fuhr uns bei schönstem Sonnenschein hinein ins Val Roseg. Wir durften unser Material über Nacht in seinem Stall lagern. Nach wenigen Stunden Schlaf im Hotel Steinbock trafen wir uns um 4 Uhr mit den Sherpas beim Eingang zum Val Roseg. Der Sohn vom Hüttenwart Alois Kunfermann hatte seine Bergkameraden zu dieser «Erlebnistour» motivieren können. Wir fuhren ins Val Roseg und machten uns mit dem Material abmarschbereit. Wir starteten eine Stunde später als geplant. Wir hatten leider noch keine grosse Übung, wie was aufzubinden war und wer welches Gewicht zu schleppen vermochte. Im Dunkeln ging es flott auf die ersten Höhen zu. Und da begannen die ersten Probleme. Erhebliche Schneemengen erschwerten uns beim Vorwärtskommen. Immer wieder sackte man im faulen Schnee ein, obschon es in der Nacht kalt war und noch keine Sonne schien. Auch war es sehr kräfteraubend, Lawinenkegel mit dem Gepäck und dem Materialschlitten zu überqueren. Wir kamen zwar vorwärts, aber weit langsamer als erwartet. Plötzlich standen wir vor dem gefrorenen See. Was für eine Überraschung: Auf dem Eis war kein Schnee mehr. Das ist äusserst selten und bedeutet, dass die Eisdecke nur wenige Tage begehbar ist, bis es zu gefährlich wird, den See zu überqueren. Vorsichtig suchten wir einen Weg. Das Eis schimmerte bläulich, und es fühlte sich an, als wären wir auf einem anderen Planeten. Es knackte, knirschte, knallte und gurgelte, als wir auf dem Eis gingen. An manchen Orten drückte schon das Wasser vom See durch das Eis. Mit einem mulmi-

gen Gefühl, aber im flotten Marsch gingen wir über den gefrorenen See dem Steilhang am Talende zu, um auf die nächste Höhe zu gelangen. Am Ende des Sees angekommen, versuchten wir, in den meterhoch zugeschneiten Steilhang einzusteigen. Vor uns lagen 120 Höhenmeter mit faulem Schnee. Inzwischen war es 10.45 Uhr, und wir sahen oben Alois mit seinem Hund, der rief, wir sollten uns sehr beeilen, es werde gefährlich. Ich sah aber auch, dass Alois plötzlich im Sonnenlicht stand, und konnte beobachten, wie der Schatten sehr schnell den Hang herunterkam. Ich beobachtete genau und kam auf etwa 2 Meter pro Minute. Mit anderen Worten: Unser Standort würde in etwa 40 Minuten voll in der Sonne sein, auch voll in der Hitze, und ein Vor- oder Rückwärts wäre nicht mehr möglich, weil der Schnee zu Pflotsch würde und allenfalls uns noch ein Schneebrett begrub.

Ich musste mir schnell etwas einfallen lassen: Wie bringe ich alle während der Schattenzeit aus eigener Kraft aus der Gefahrenzone, um so die Beleuchtung der Hütte am Abend sicherstellen zu können? Gleichzeitig mit dem Einfall der Sonne lösten sich durch die Wärme oben im Steilhang Steine, die einen Durchmesser von bis zu 50 Zentimeter hatten. Sie donnerten wie Kanonengeschosse links und rechts an uns vorbei. Jedes Mal, wenn wieder einer runterstürzte, schrien alle: «Achtung Stein!» Wir setzten alles daran, den Wettlauf zu gewinnen, und jeder kämpfte sich wirklich mit letzten Kräften im Schnee den Hang hinauf und versuchte dabei noch den anderen zu helfen. Doch es ging einfach nicht. Wir strampelten an Ort, kamen nicht vorwärts, das Geschrei von den Steinen, die Sonne, abgekämpfte Sherpas, die bis zu den Hüften im Schnee standen, dünne Luft, Gewicht, Seile übereinander, wieder Steine – wir standen kurz davor, in Panik auszubrechen. Alle schauten mich an.

Ich dachte nach, hörte auf meinen Bauch und wusste, wir müssen hier sofort raus. Ich traf eine Entscheidung und telefonierte dem Projektleiter der Tour beim SAC, Bruno Lüthi. Ich schilderte ihm die Situation und bat ihn um die Bewilligung, sofort einen Helikopter zu organisieren, damit ich die ganze Mannschaft und das Material aus dem Hang evakuieren konnte, um sie 100 Meter höher auf sicherem Boden abzusetzen. Ich musste den SAC anfragen, weil ich mit diesem einen Vertrag hatte, worin stand, dass in diesem Projekt keine Helikopter benutzt werden dürften – ausser im Notfall.

Bruno Lüthi wollte schon fragen, ob es denn wirklich sein müsse, schon auf dem Weg zur ersten Beleuchtung einen Helikopter ..., als die gesamte Mannschaft wie aus einem Munde schrie: «Gerry, Achtung, Stein hinter dir!» Der Brocken donnerte etwa 5 Meter neben mir den Hang hinunter. Dass ich bleich wurde, konnte er nicht sehen. Doch mein Telefonpartner vom SAC, der dieses Gerumpel und Geschrei hörte, bewilligte mir den Helikopter sofort. Als Erstes organisierte ich via Telefon bei der Helibernina in Samedan den Helikopter. Als ausgebildeter Helikopterpilot wusste ich, dass kein Pilot in solch einem Hang bei diesen Verhältnissen landen würde. Da ich einen Teil meiner Helikopterpilotenausbildung bei der Helibernina absolviert hatte, wusste ich auch, worauf man dort Wert legte.

Im Schneehang steckend, suchte ich mit meinen Augen einen geeigneten Landeplatz ausserhalb der Gefahrenzone. Ich fand ihn etwa 150 Meter weiter links. Somit hatte ich, bis der Helikopter bei uns eintraf, genügend Zeit, die ganze Truppe zur Landezone zu bringen. Als der Helikopter kam, waren wir verladebereit. Er flog uns und das Material auf den nächsten sicheren Wegabschnitt. Von da ging es zu Fuss mit Schneeschuhen in gleissender Hitze und auf faulem Schnee noch weitere zwei Stunden bis zur Hütte. Endlich kamen wir in der Hütte an, wo uns Alois draussen in der Sonne ein spätes Mittagessen servierte. Er war sehr froh, dass wir alle heil angekommen waren. Auch Henry der Filmer, Mike der Fotograf und Arno Balzarini von der Bildagentur Keystone waren da. Die drei hatten uns kurz vor dem Ende des Sees verlassen und waren rechts in die Flanke eingestiegen, mit Ski und Fellen, um gute Bilder von uns zu schiessen, wie wir die Schlüsselstelle hochgingen. Zum Glück sind diese drei bergerprobt und hart im Nehmen. Sie hatten gelitten wie die Hunde in diesem Hang und sprechen heute noch nicht gerne über die qualvollen Minuten und Stunden, bis sie den Hang durchquert hatten und wieder bei uns in der Gruppe waren. Bilder hatten sie auch keine gemacht. Ich weiss nur, dass sie sogar mit den Ski im Steilhang bis zu den Hüften einsackten, beinahe bei jedem Schritt und bei dieser Hitze. Wir hatten gelitten, gekämpft, zusammengehalten, einander geholfen. Alle waren wir um ein Abenteuer reicher und grinsten am Schluss. Dank der grossen Hilfe der Bergkameraden, der Sherpas und meinem Team hatte ich den Start der Tour «Hütten im Alpenglühn» termingerecht geschafft. Die Beleuchtung realisierten wir erfolgreich am Abend bei wolkenlosem Himmel, am Morgen hatte es leichte Bewölkung drin. Nach dem Frühstück hiess es sofort runter und sicherstellen, dass ich um 18 Uhr in Bern war, um die Projektoren beim Alpinen Museum einzurichten und die Beleuchtung um 20.30 Uhr zu starten als Auftakt zum Jubiläum «150 Jahre SAC».

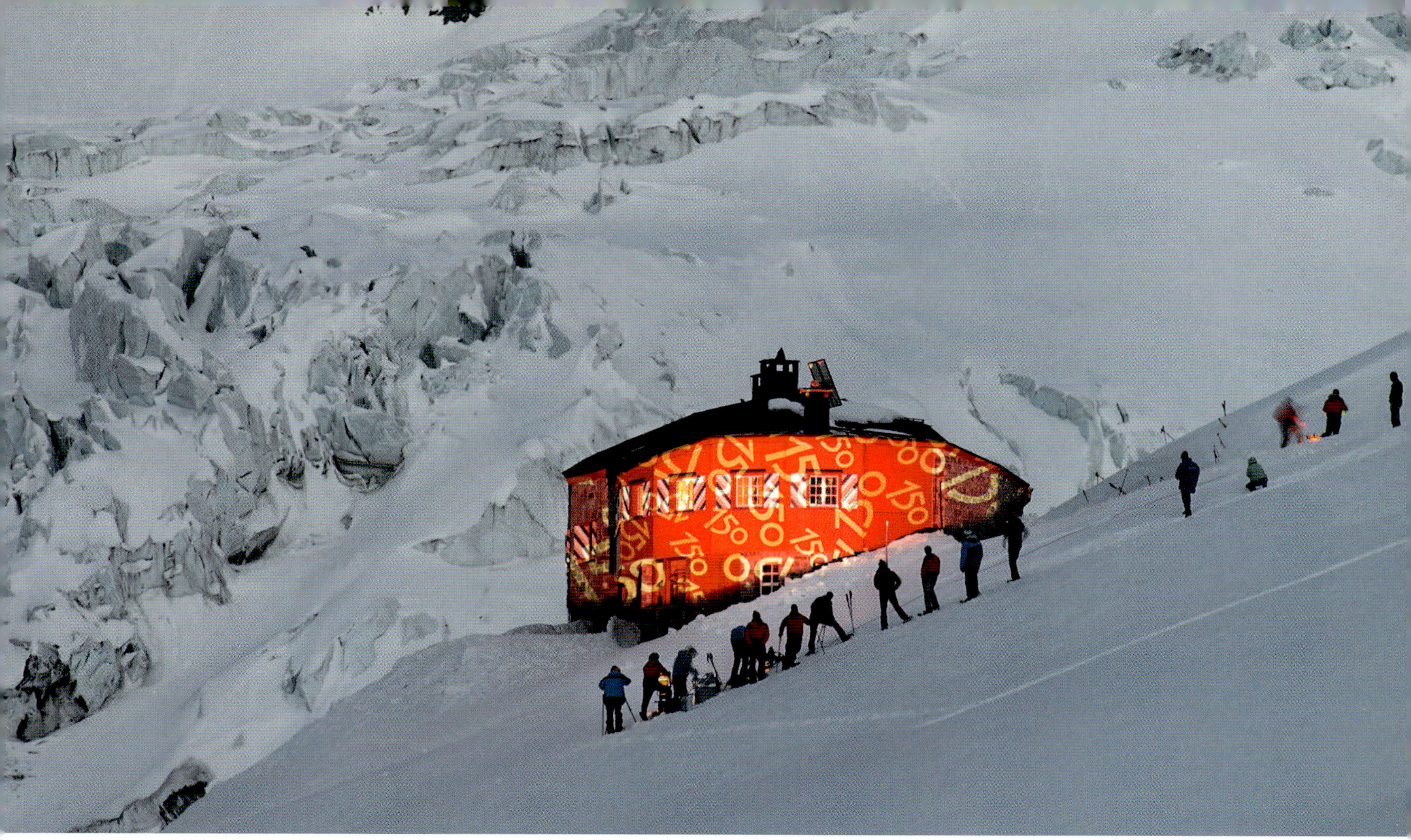

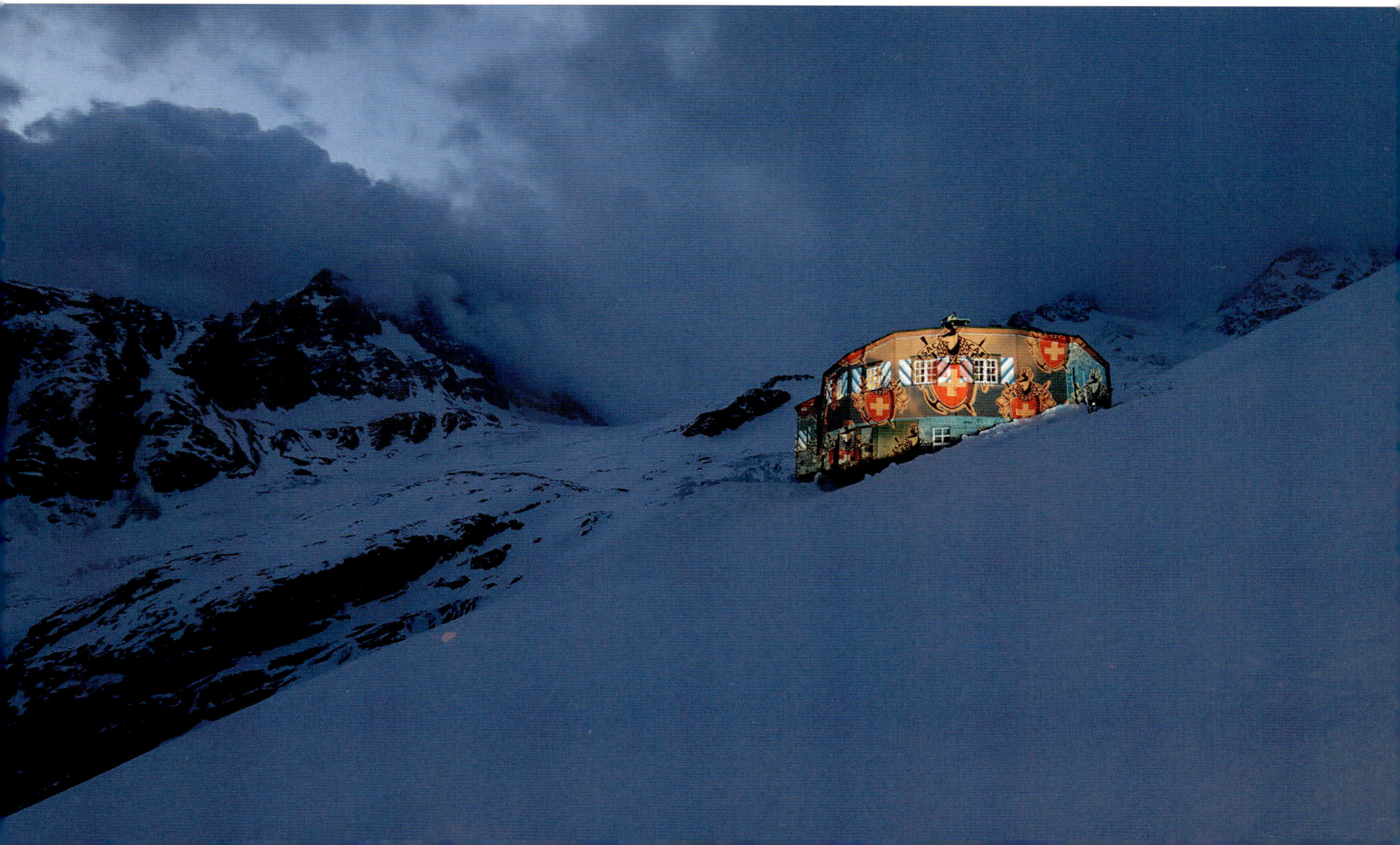

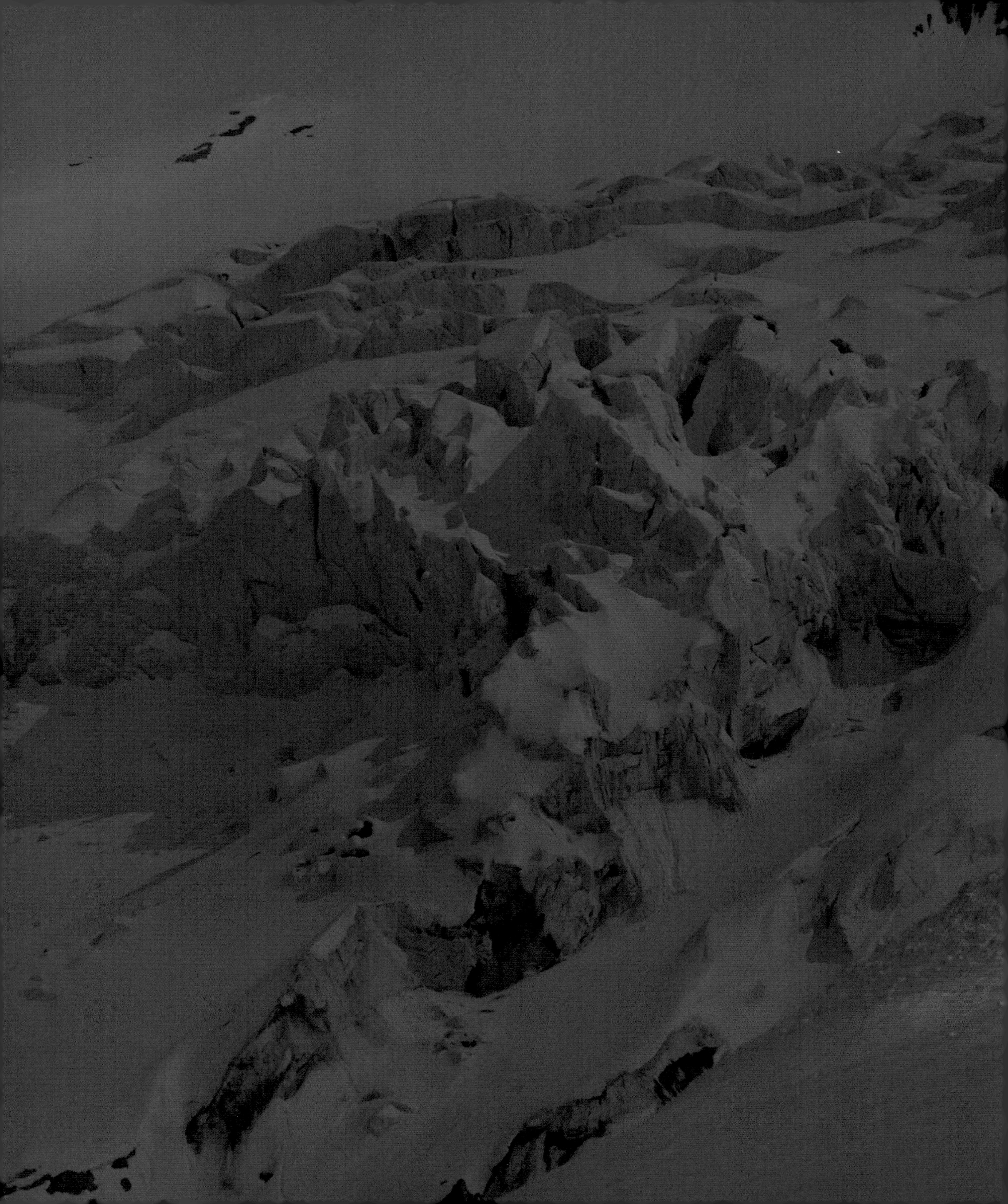

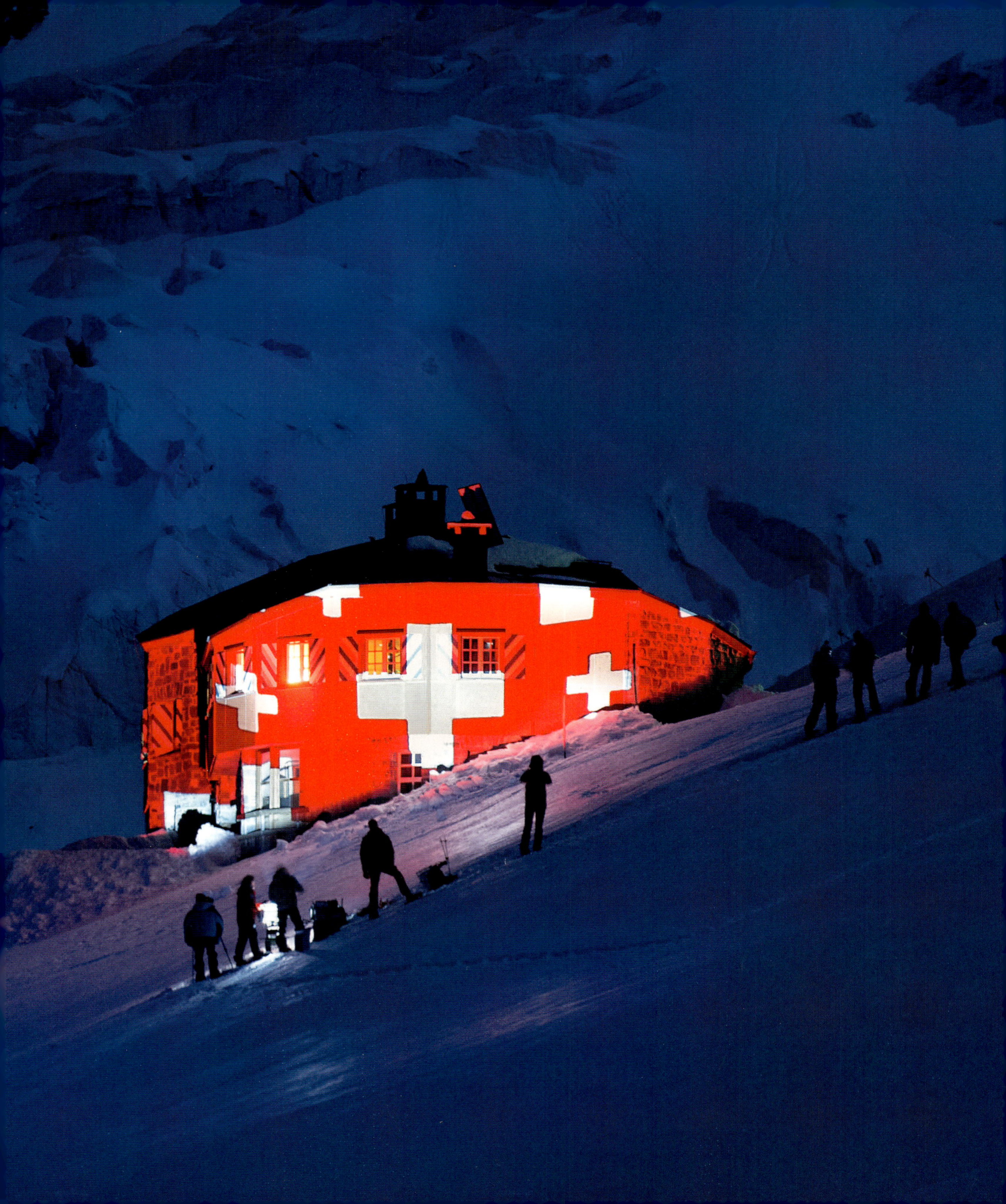

1 Schnee erleben und überleben hat mit Charakter zu tun

Anfang Winter 2012 fielen enorme Schneemengen. Es schneite stetig weiter, ohne dass der Schnee sich setzen konnte. Dadurch bildete sich keine «aufbauende Metamorphose». Dies bedeutet einfach ausgedrückt, dass die Schneekristalle sich nicht miteinander verbinden und also keine kompakte Schneemasse entsteht. Im März, April sinkt man auf dieser Unterlage in Zeitlupe ein, teilweise bis zum Gesäss, als ob man auf Watte liefe, und zwar auch mit Schneeschuhen. Das Resultat: ein Knie am Kinn, 45 Kilogramm auf dem Rücken. Zieht dich einer heraus, steckt er zum Dank nachher selber fest. Diese Schneesituation lässt die Lawinengefahr stark ansteigen. Darum ist es wichtig, schon bei Winterbeginn die Schneefälle und Temperaturen beinahe täglich zu verfolgen, wenn man die Absicht hat, Monate später, ab März, in die Berge auf Skitouren zu gehen. Diese Mischung aus Wissen, Ausbildung, Erfahrung und Instinkt lässt die Lawinensituation regional erst richtig deuten. Trotzdem braucht es manchmal die Grösse, auch Nein zu sagen und eine Tour abzusagen, zu verschieben oder gar umzukehren, die einzige Garantie, nicht in eine Lawine zu geraten und so sich und andere zu gefährden. Macht ein Mensch viele Erfahrungen in der Natur, so werden die Urinstinkte wieder aktiviert. Die Fähigkeit, auf Intuition und Bauchgefühl zu hören, entwickelt sich. Heutzutage sind alle gut ausgerüstet, trainiert, geschult, sie haben technische Hilfsmittel, perfekte Nahrung und Leistungssteigerungsmittel. Und doch geht oft einiges schief. Viele Unfälle und Gefahren in den Bergen könnten vermieden werden, wenn man mehr auf das Bauchgefühl hören würde und nicht durch falschen Ehrgeiz sich in Situationen hineinmanövriert, wo es kein Zurück mehr gibt. Lawinen sind wie unerforschte und heimtückische Krankheiten. Man kann eine Gefahrenstufe deuten. Man weiss annähernd, unter welchen Umständen eine Möglichkeit für einen Ausbruch besteht. Den genauen Ort oder Herd sieht man aber erst, wenn die Lawine kommt. Die Wirkung erkennt man erst danach. Vorherzusagen, wann, wo, wie genau, wird für den Menschen nie möglich sein. Lawinen haben ihre eigenen Gesetze. Die Gesetze der Natur. In die Berge zu gehen, ist keine Kunst. Mit den Bergen alt zu werden, das ist Kunst.

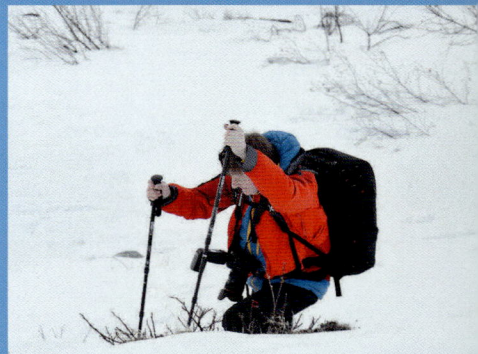

Alois Kunfermann, Hüttenwart Coazhütte.

«Was Gerry im Kopf hat, kommt auch so heraus»

Auf so eine verrückte Idee kommt nur ein Unterländer. Die Hütte zu beleuchten, das war für mich etwas völlig Neues. Ich habe unsere Bewerbung an die Sektion sehr unterstützt, weil ja nur eine Hütte pro Kanton ins Licht gerückt werden sollte. Aber dass Gerry Hofstetter ausgerechnet im Februar 2013, im Jahrhundertwinter eine Testbeleuchtung durchführen wollte! Ein Kraftakt ohnegleichen: die Hütte ausbuddeln und heizen, heizen, heizen. Um die minus 15 Grad in ein akzeptables Plus von 10 Grad zu verwandeln, verheizte ich in jener Februarnacht sieben Bananenschachteln Holz. Warm wurde einzig die Stube, in meinem Schlafzimmer blieb es bei minus 9 Grad. Drei bis vier Tage benötige ich in der Regel, bis ich die Hütte für den Saisonstart im März freigeschaufelt habe. Zu trinken gibt es während dieser Tage einzig geschmolzenen Schnee. Die Wasserquelle in den Schneemengen zu finden, bedarf einer gewissen Erfahrung, eines Kompasses, eines Metermasses und eines bisschen Glücks. Trotz aller Mühsal ist die Vorfreude und Motivation über die nun endlich anlaufende Toursaison gross. Die Umgebung, in der wir Bergler aufwachsen, prägt uns. Daher begegnen wir den verrückten Ideen der Unterländer manchmal mit etwas Zurückhaltung. Gerry gehört für mich in die Kategorie der redegewandten Visionäre. Was er im Kopf hat, kommt auch so heraus, ungeachtet dessen, wie viele Hürden er dabei nehmen muss. Ein absoluter Macher. Was uns leutselige Unterländer voraushaben, kompensieren wir durch Taten. Gerry hat wohl kaum mit dem im Scherz bestellten Rehrücken und den Erdbeertörtchen gerechnet. In meiner Küche wird nur das serviert, was auch ich gerne mag. Für mich als leidenschaftlichen Jäger gehört selbst gejagtes Wild genauso auf den Tisch wie Hörnli, Härdöpfel und Gehacktes. Im gleichen Tempo, wie unsere Gletscher schwinden, verändern sich die Ansprüche unserer Gäste. Reichte früher ein Massenschlag und etwas Warmes zu essen, will der Gast heute kulinarisch verwöhnt werden und in wesentlich kleineren Zimmern nächtigen. Dem Wandel von der einfachen Berghütte zum Sterne-Berggasthaus stehe ich nicht nur positiv entgegen. Die Gästestruktur wird damit nachhaltig verändert, und es kommen mehr Leute in die Berge, denen der Respekt und das Gespür für unsere Bergwelt fehlen. Aber so unaufhaltsam unsere Gletscher weichen, so sehr müssen wir uns auch den neuen Gepflogenheiten anpassen.

Alois Kunfermann

1

Ziel

① – Chamanna Coaz, 2610m, 18.–19. April 2013
Pontresina, Val Roseg, Tel. 081 842 62 78
Sektion Rätia, Kanton Graubünden

Gewählte Route – Mit Kutsche ins Val Roseg, weiter mit den Ski, vor Aufstieg Skidepot gemacht, dann mit Schneeschuhen weiter wegen des weichen Schnees.

Zeit – Normal 2 Std. 30 Min., wir 8 Std.

Wetter – Zu Beginn leicht bewölkt, später schön und heiss. Extrem fauler Schnee, stellenweise Einsinken bis zur Hüfte, auch mit Schneeschuhen. An Schlüsselstelle Steinschlag wegen Schneeschmelze. Umgehung Steinschlaghang von 150 Meter Höhe per Helikopter.
20.55 Uhr Beginn Nacht.
06.38 Uhr Beginn Tag.

Beleuchtung – Perfekte Situation, morgens Wolken, nachmittags schön. Schwieriger Projektionsstand in einem schneebrettgefährdeten Hang. Aufkommende Bewölkung in der Nacht und wolkenverhangen am Morgen.

Speziell – Wir konnten auf der schneefreien Eisdecke des zugefrorenen Sees gehen, was sehr selten ist. Zwei Tage später war die Eisdecke nicht mehr begehbar, da zu gefährlich.

Start Jubiläumsjahr

Alpines Museum – Bern

19. April 2013

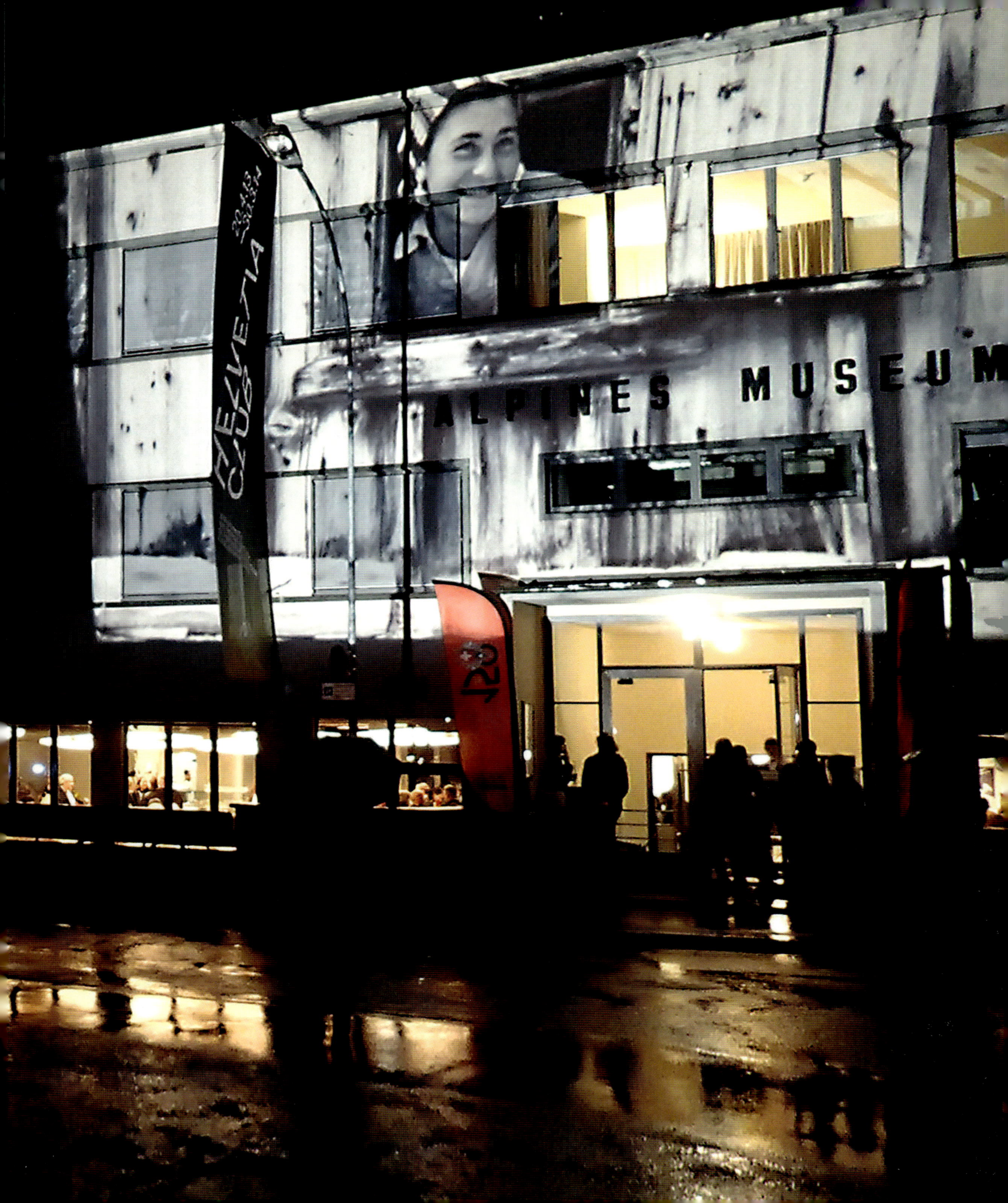
ALPINES MUSEUM
HELVETIA
CLUB

2

Stellvertretend für den Kanton Appenzell Innerrhoden, der keine SAC-Sektion hat und somit auch keine Hütte, haben wir das Alpine Museum Schweiz in Bern beleuchtet. Dort fand am 19. April die Eröffnungsfeier des SAC-Jubiläumsjahrs statt. Wir kamen direkt aus dem Bündnerland. Am Morgen des 19. April hatten wir noch die Coazhütte beleuchtet und fuhren auf den Ski danach talwärts zu unseren Fahrzeugen im Val Roseg. Dort starteten wir bei Sonnenschein um 13 Uhr in Pontresina und kamen gegen 20 Uhr in Bern an. Dort regnete es in Strömen, doch das wussten wir schon bei der Abfahrt in Pontresina, dass es so sein würde. Eine Beleuchtung im Regen zu realisieren, ist so ziemlich das Ungünstigste und sollte wenn möglich vermieden werden. Das Material leidet, in die mit Starkstrom laufenden Projektoren darf auf keinen Fall Wasser eindringen, die Projektionsplatten dürfen keinen Tropfen Wasser abbekommen, und das Team sollte auch nicht nass werden. Mit grossen Schirmen versuchten wir, so gut es ging, die Projektoren trocken zu behalten. Auf jeden Fall haben wir die Beleuchtung erfolgreich realisiert. Drinnen im Museum wurde gefeiert, es gab Ansprachen, das Jubiläumsjahr konnte starten. Um 23 Uhr waren die Feierlichkeiten zu Ende, und wir hatten, in der Zwischenzeit klitschnass, alles abgeräumt und waren bereits auf dem Heimweg nach Zumikon bei Zürich.

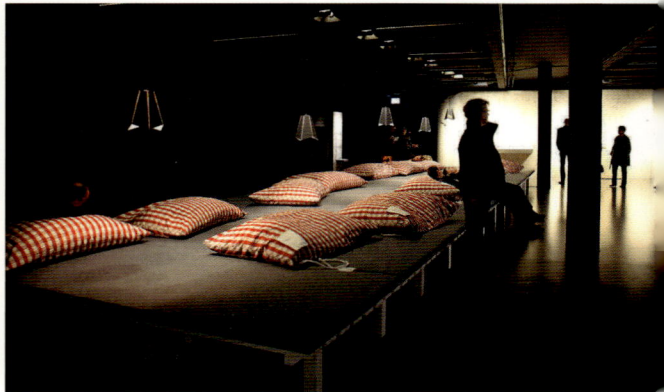

ZAHLEN UND FAKTEN
WIE DER SAC WÄCHST

DES CHIFFRES ET DES FAITS
LA CROISSANCE DU CAS

FACTS AND FIGURES
HOW THE SAC IS GROWING

Viele Wege führen bergwärts

Die meisten SAC-Hütten sind über zwei oder sogar mehrere Anmarschrouten erreichbar. Wir wählten die gängigsten Routen, allein des Gepäcks wegen. Auf der Beleuchtungstour wollten wir jeweils alle offiziellen Möglichkeiten aufzeigen, die ans SAC-Ziel führen. Die Fahrt mit der Kutsche ins Rosegtal, Schneeschuhe, Tourenski, später im Sommer Bergschuhe, Transportbahnen, Sessellifte oder offizielle Seilbahnen. Den Ausgangspunkt zu einer Hüttentour kann man oft mit ÖV erreichen. Sicher aber kommt man zu jedem Ausgangspunkt mit dem Privatauto. Danach kann der eigentliche Marsch zur Hütte in verschiedenen Etappen erfolgen. Die meisten sind zu Fuss – im Winter mit Ski – zu erreichen. Es kann vorkommen, dass eine erste Etappe mit einer Seilbahn, einer Bergbahn oder einem Sessellift erfolgt, erst danach geht es zu Fuss weiter. Oft müssen nach dem Fussmarsch die Ski angeschnallt werden, um je nach Verhältnissen über den Gletscher zu kommen. In der Planung ist es darum umso wichtiger, sich je nach Gepäck, Gewicht, Vorhaben, Kondition, Können, Erfahrung, Ausrüstung, Jahreszeit, Verhältnissen vor Ort und Wettervorhersagen für die angemessene Route und die entsprechenden Etappen zu entscheiden – mit der richtigen Mannschaft und der richtigen Ausrüstung.

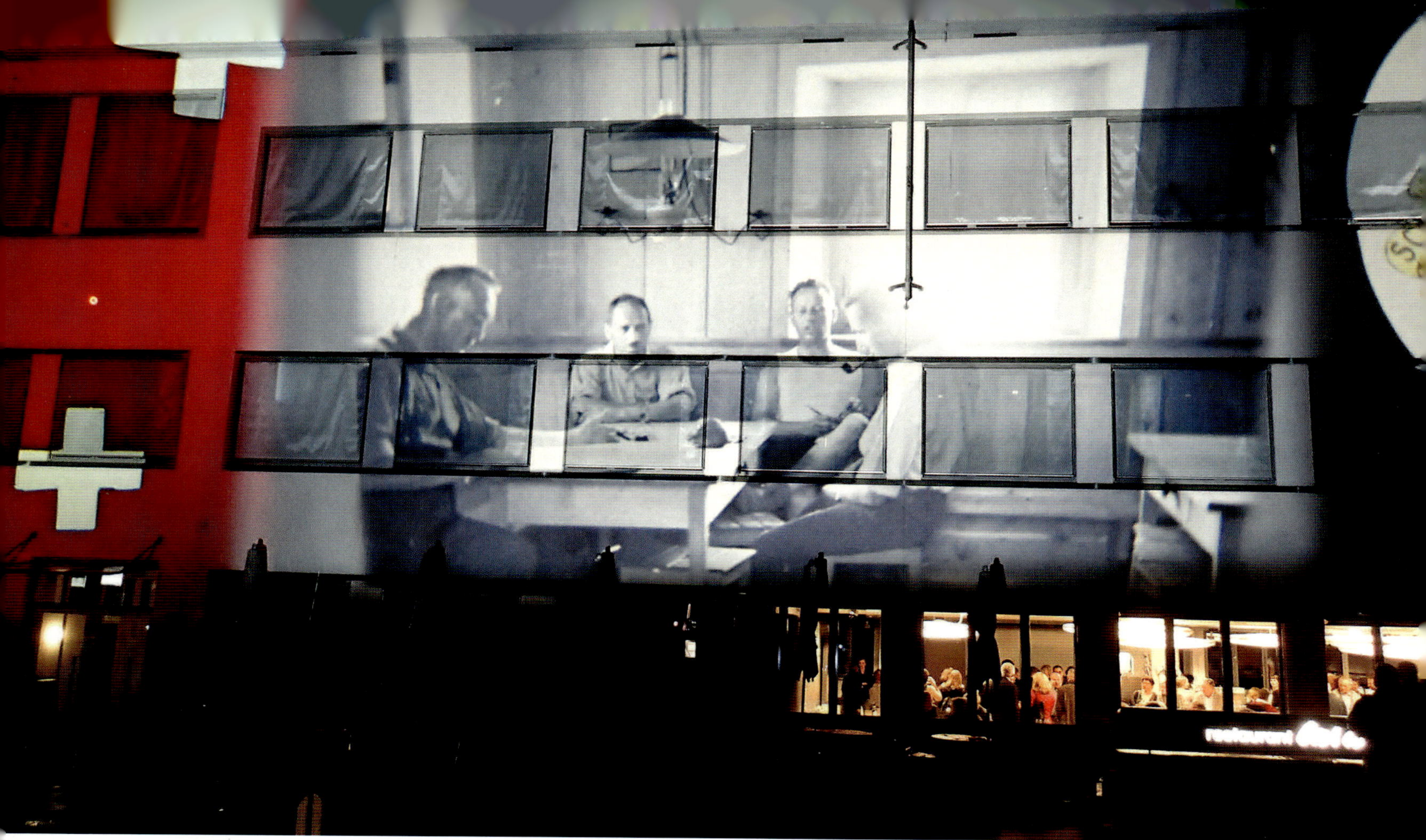

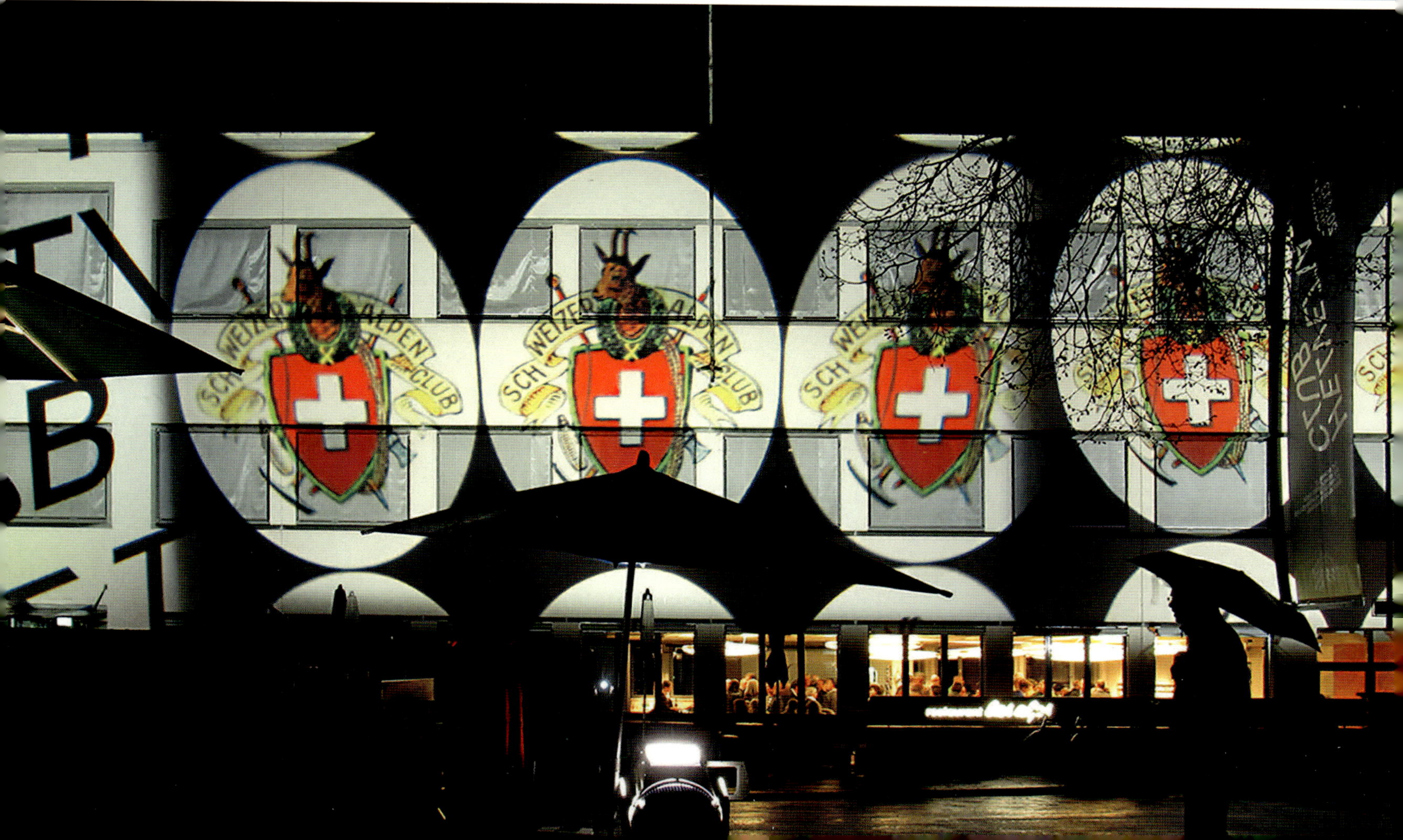
SCHWEIZER ALPEN CLUB

Bruno Lüthi Leiter Marketing/Kommunikation SAC-Hütten, Projektleiter Jubiläumstour «Hütten im Alpenglühn».

«Die beleuchteten Hütten prägen den Langzeiteindruck»

Unter uns: Ich musste mich erst einmal sammeln nach dem ersten Treffen mit Gerry Hofstetter. Sein Ehrgeiz und seine Begeisterung haben ihre Wirkung nicht verfehlt: Wir waren baff, welch grossartige Chance er uns bot, und befanden rasch, diese Beleuchtungstour solle unbedingt stattfinden. Das Angebot kam gelegen: Wir hatten just ein Buchprojekt über Geschichte, Architektur und Kultur der Hütten zurückgestellt. Nun sollten sie im Jubiläumsjahr des SAC auf eine andere Art im Scheinwerferlicht stehen. Die Tour versprach, ein Knüller zu werden. Und sie wurde es. Die Echos haben meine hohen Erwartungen übertroffen. Die beleuchteten kleinen Objekte der Behaglichkeit im gigantischen Alpenraum dienten vor allem der Imagebildung, die den Langzeiteindruck prägt. Das Ziel war nicht, während der Inszenierungen viele Leute bei einer Hütte zu begrüssen, sondern einem grossen Publikum Lust zu machen auf einen Hüttenbesuch. Bereits 2009 führten wir ein Kunstprojekt durch. Ein externer Kurator bespielte fünf ausgewählte Hütten, indem er dort Kunstwerke von namhaften Schweizer Kunstschaffenden wie Fischli/Weiss, Yves Netzhammer oder Roman Signer präsentierte. Im Vergleich dazu fiel die Beleuchtungstour unverhältnismässig grösser aus, mitunter auch, weil die regionalen und lokalen Medien breit darüber berichteten und viel mehr Sektionen und Hütten einbezogen waren. Ob es weitere Kunstprojekte gibt, wissen wir nicht. Derzeit rücken wir die Architektur und die kulturhistorische Bedeutung der Hütten etwas mehr ins Zentrum der Kommunikation. Luca Gibello, Architekturprofessor aus Turin, hat die Geschichte des Hüttenbaus im Hochgebirge Europas analysiert. Die Erkenntnisse machen wir in einer Ausstellung und in einem Buch einem breiten Publikum zugänglich. Das alles beantwortet indes nicht die Frage, wie modern eine Hütte daherkommen soll. Sagen wir mal so: Aufgrund der stark einwirkenden Naturkräfte muss eine Hütte alle 30 bis 35 Jahre komplett erneuert werden. Die einen Kunden – ihre Anzahl wächst – wünschen mehr Komfort wie kleinere Schlafräume oder Nasszellen im Haus. Andere wollen die Hütten in ihrem Ursprung erhalten. In diesem Spagat bewegen wir uns. Die Gerry-Lifevorführung auf der Fridolinshütte hat mich beeindruckt. Ich verhehle nicht, dass ich beim ersten Kontakt versucht war zu glauben, da kommt so ein typischer Zürcher – man möge mir verzeihen. Inzwischen weiss ich: Da kam einer, der tut, was er sagt. Ich möchte diese Freundschaft, die daraus entstand, nicht mehr missen.

Bruno Lüthi

Arbeit vor Freizeit

Cabane du Mont-Fort – Verbier

22.–23. April 2013

3

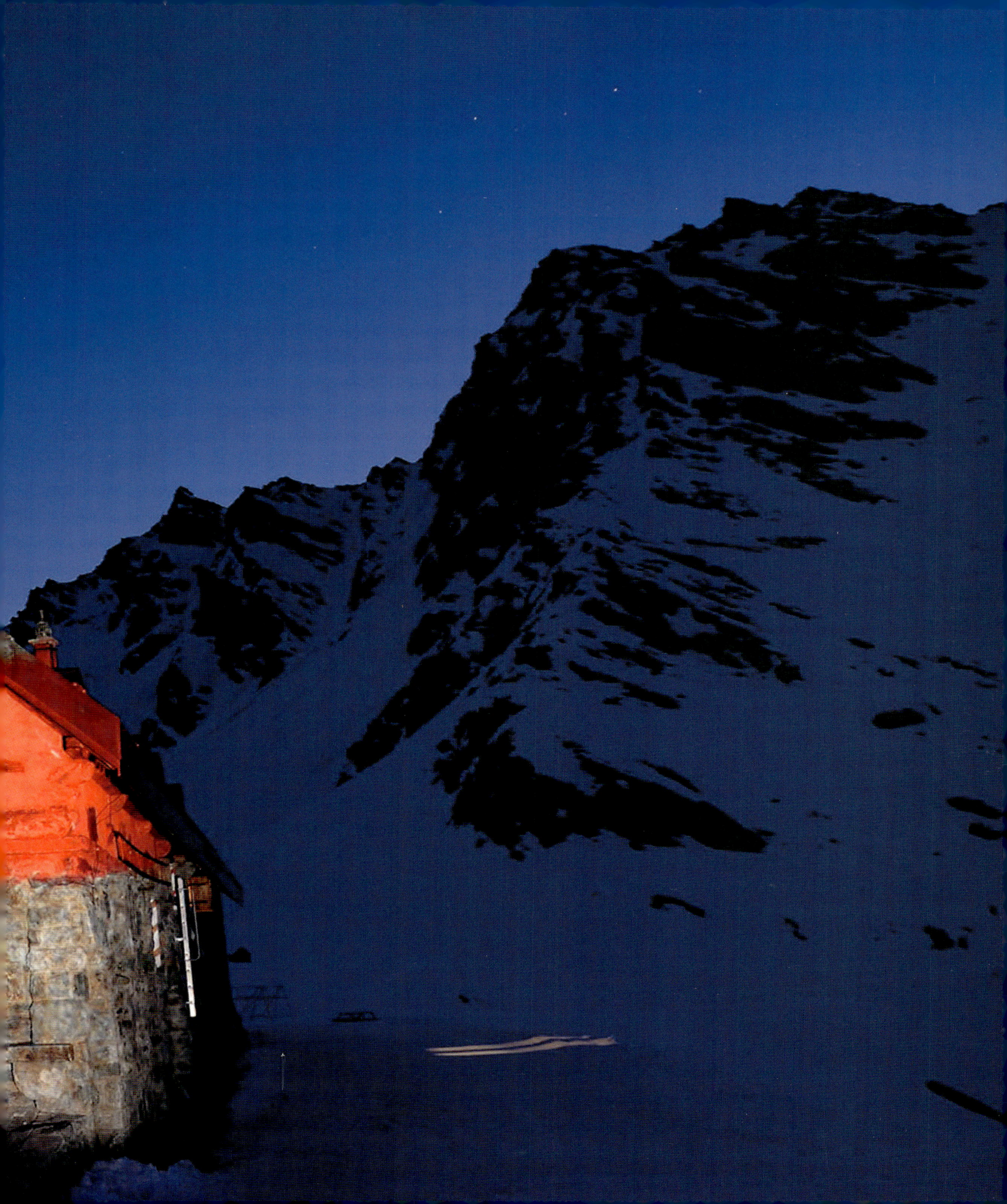

3

Wir hatten null Stress und da passiert's: Das Fotomaterial ging im Tal vergessen. Zu früh dran, legten wir einen Skitag ein, zumal der Anstieg sich äusserst komfortabel anliess: Die Hütte liegt an der Skipiste. Das lieben vor allem die Franzosen und Russen: Eine SAC-Hütte im Skigebiet ist eine Attraktion ohnegleichen. Wir, Daniel Lenherr von meinem Lichtteam, Mike Kessler, der Fotograf, und ich, fuhren vom Tal aus mit der Vierergondel bei Nieselregen und Nebel hoch nach Verbier. In der Gondel studierten wir sicherheitshalber schon mal die Pistenkarte. In Verbier hiess es: Material umladen auf die nächste Seilbahn und rauf ins Skigebiet zur Mittelstation. Oben angekommen erwartete uns schon der Hüttenwart der Mont-Fort-Hütte, Daniel Bruchez. Wir beluden den Anhänger seines Snowmobils mit dem Projektor und dem ganzen Gepäck. Schnell noch eine Wolldecke drüber als Schutz gegen den Schnee, und schon brauste Daniel Bruchez davon über die Piste zu seiner Hütte. Nun standen wir da, mit Ski, ohne lästiges Gepäck, ohne Rucksäcke – vor uns lagen sieben Stunden bis zur Beleuchtung. Die Idee kam vom Hüttenwart: die nächste Gondel nehmen und dann von weit oben über die Piste runter zur Hütte fahren. Eine Zeit, wann wir uns bei ihm in der Hütte treffen würden, vereinbarten wir nicht. Ging einfach unter, dachte ich. Ich weiss aus Erfahrung, wie ungeplante plötzliche Frei-Zeiten einen alles vergessen lassen. Vor allem, wenn oben auf dem Berg, über dem Nebelmeer, die Sonne scheint und nur zwei, drei Leute auf der Piste zu sehen sind. Ohne Worte zu verlieren, waren wir drei uns einig, Dani, Mike und ich: rauf auf den Berg und die Pisten kennenlernen. Wir kurvten alle Pisten hinunter, lagen an der Sonne, schafften mit Not die letzte Bergfahrt, um von oben auf die Hütte zu gelangen. Kaum in der Kabine, die Gondel hatte schon etwa fünf Meter zurückgelegt, erbleichte der Fotograf Mike und schlug die Hände vors Gesicht: «Gerry, meine Fototasche ist noch unten im Auto!» Wir hatten am Morgen beschlossen, dass sie dort sicherer war, bis wir alles geklärt hatten in Sachen Logistik und Transporten von Material zur Hütte. So schnell stand Mike, nachdem wir oben eingetroffen waren, noch selten auf dem Snowboard. Er düste durch das tiefer hängende Nebelmeer ganz alleine nach Verbier hinunter. Unterdessen überzeugten wir die Bahnen, dass sie noch eine Extrabergfahrt einlegen sollten, um ihn wieder zur Mittelstation hochzufahren. Von da kam dann ein «spontan» organisiertes Pistenfahrzeug zum Einsatz, das Mike mit Blinklicht zu uns brachte. Er kam fünf Minuten vor dem Start der Beleuchtung an. Mike wusste noch nicht, dass wir bereits ein Käsefondue zum Abendessen vom Hüttenwart serviert bekommen hatten. Sozusagen zur Strafe brachte er uns aber die Nebelsuppe mit bei seiner Ankunft in der Hütte. Wir versuchten trotzdem, die Projektion zu realisieren, und es entstanden dabei ganz spezielle Bilder. Doch nach 20 Minuten mussten wir abbrechen. Aufgrund des Windes, der aufkam, beschwor ich mein Team,

dass sich der Nebel gegen 2 oder 3 Uhr in der Nacht auflösen würde und wir einen sternenklaren Himmel hätten. Ich verlegte den Start auf 2 Uhr morgens. Niemand glaubte mir, dass es aufreissen würde. Also gingen wir um zehn schlafen, so wie es sich in einer SAC-Hütte gehört: ab 22 Uhr Nachtruhe. Ich stellte mir den Wecker auf jede volle Stunde, um zu kontrollieren, ob der Nebel wegging. Ich wollte niemand um 2 Uhr wecken, falls ich realisieren sollte, dass er noch da war. Also ging ich in den Stundenintervall-Schlafmodus über. Dreimal, um 23 Uhr, um Mitternacht und um 1 Uhr, liess ich mich durch den Wecker des Mobiltelefons wecken. Ich muss nicht erklären, was dann einem im Kopf abgeht: Draussen ist es kalt, und drinnen ist man schön schläfrig unter der warmen Decke oder im Schlafsack – und nun sollte man raus. Da wird fast jeder zum Feigling und erdenkt sich bewusst und unbewusst alle möglichen Ausreden, um nicht aufstehen zu müssen. Also hatte ich ein Bett am Fenster genommen und konnte so jeweils, ohne das warme Bett zu verlassen, rausschauen, ob der Nebel sich schon gelüftet hat. Ich musste nur den Kopf heben. Stündliches Sich-wecken-lassen kann nicht gut kommen. Die vierte Staffel um 2 Uhr verpasste ich schlicht und einfach und erwachte erst wieder um 3 Uhr. Blick zum Fenster raus und – ich traute meinen Augen nicht: sternenklar und keine einzige Wolke. Der Nebel hatte sich in der Zwischenzeit, während ich selig schlief, gänzlich verzogen. Ich war sofort hellwach, weckte das Team, und wir gingen hinaus. Der Anblick war unbeschreiblich. Der Nebel hatte sich wieder ins Tal zurückgezogen, und der Vollmond schien über dem Nebelmeer. Ich entschied, dass wir zuerst die dem Berg zugewandte Seite der Hütte beleuchteten, weil oben die Milchstrasse so schön ins Bild passte. Nach einer Stunde wechselten wir zur Frontseite, um den Sonnenaufgang von rechts zu haben und die Berge im Hintergrund. Mein grösster Wunsch war es gewesen, genau diese Wetterkonstellation für diese Hütte zu haben, weil ich dies bei meinen Vorbereitungen so auf einer Postkarte gesehen hatte. Meine Vision wurde Wirklichkeit. Welch unglaubliches Glück hatten wir doch! Dem Fotografen Mike gelang es tatsächlich, die Stimmung genauso einzufangen, wie wir sie erlebt und gesehen haben.

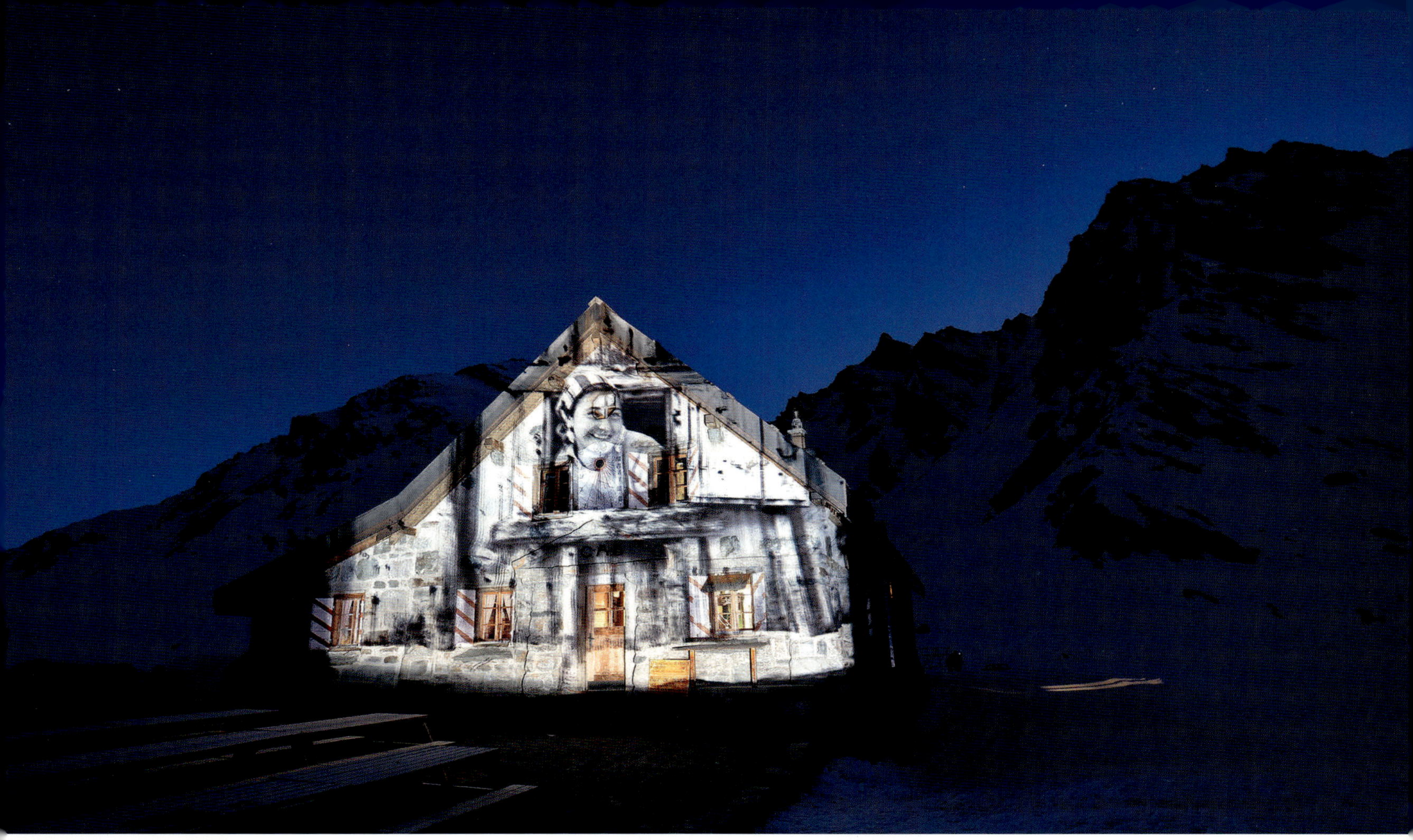

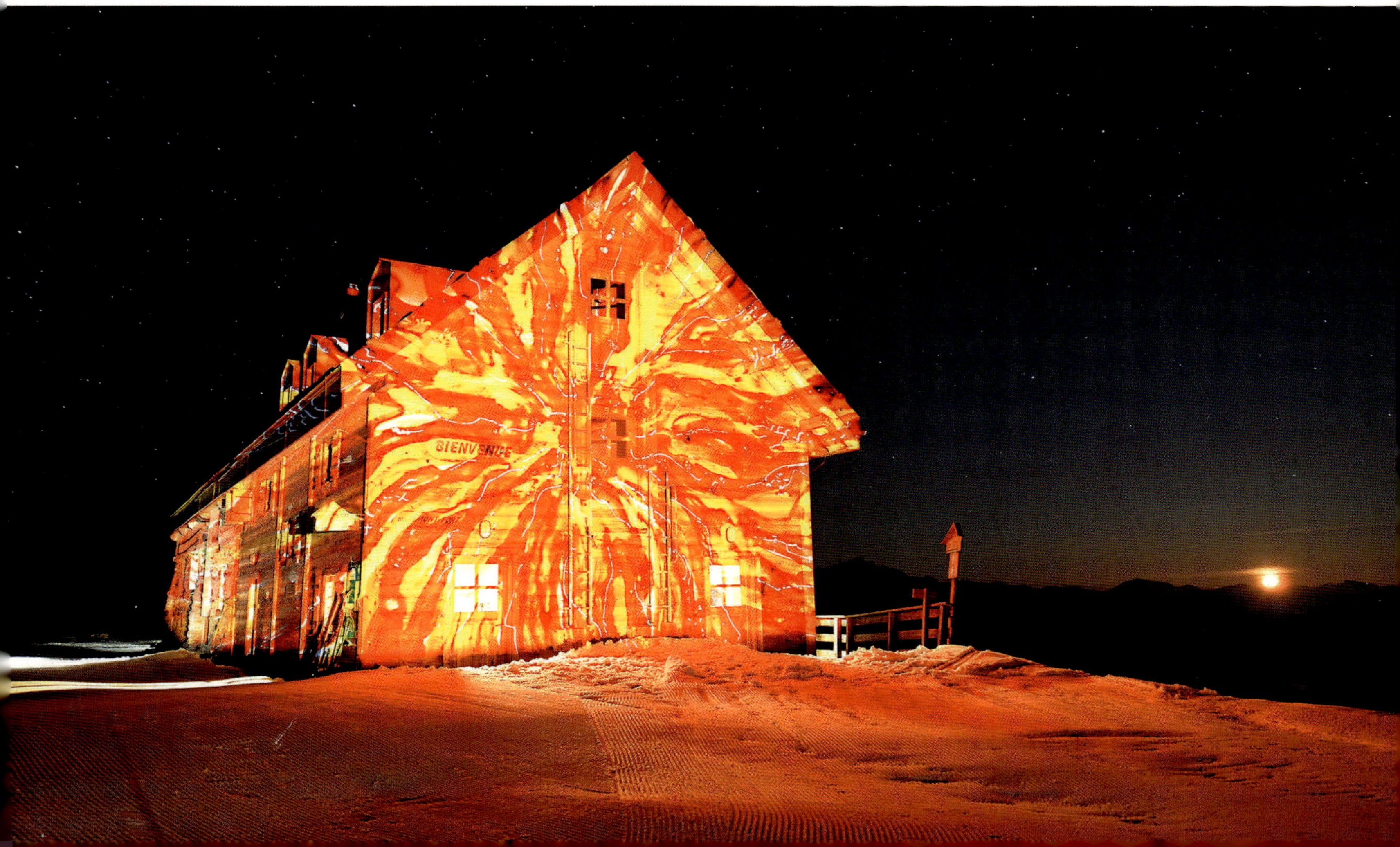

BIENVENUE

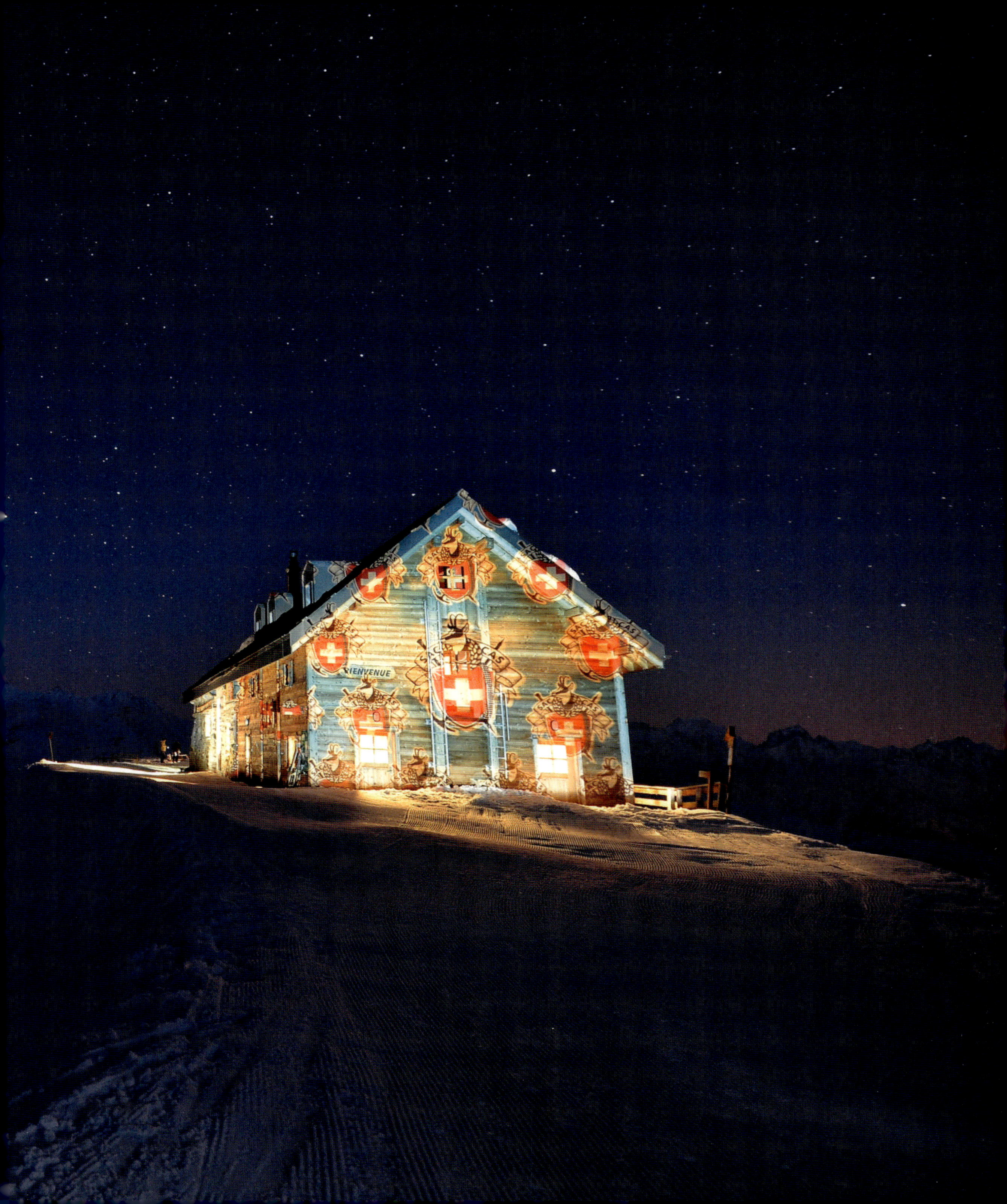

3 Mission first

Management by unerwarteter Leichtigkeit führt selten zum Ziel. Relaxphasen oder Time-offs, die nicht eingeplant sind, schmälern die Konzentration erheblich. Sie verwirren, lenken ab, schaffen grosse Freiräume für allzu spontanes Agieren bei der Umsetzung von flashartigen Ideen, die plötzlich im Raum stehen und alle anstecken. Im ersten Moment ist man perplex, dass es so einfach war. Die gewonnene Zeit, vor allem wenn es im Verhältnis zum geplanten Zeitplan sehr viel Zeit ist wie bei uns die sieben Stunden bei der Mont-Fort-Hütte, lässt einem etwas zu selbstsicher werden, dass man das Ganze nun doch nochmals um einige Stufen besser im Griff hat als zuvor. Und so rutscht das eigentliche Ziel der Mission sehr schnell nach hinten und vernebelt die neuen Gedanken. Die Bequemlichkeit und die gewonnene Zeitreserve, die nicht als eine solche Reserve betrachtet wird, sondern als freie unnütze Zeit, tragen ihren Teil dazu bei, dass man definitiv auf andere Gedanken kommt, die nichts mit der Mission zu tun haben – ausser man verfügt über eiserne Disziplin und ist sich dieser Mechanismen im Vorfeld immer wieder bewusst. Das hat mich diese Episode wieder gelehrt: Solange alle unter Druck nach Plan und nach Zeitplan arbeiten, gelingt, was angepackt wird. Wer aber mehrere Stunden abhängt, benötigt umso mehr Besonnenheit, um dranzubleiben und nichts zu vergessen. Daher gilt ab heute und für alle Tage noch eindeutiger für meine Aktionen: mission first, fun second.

Alfred Inniger-Schmid, SAC-Mitglied seit über 50 Jahren, Sektion Wildstrubel.

«Mit dem Alter entdeckt man die beschaulichen Seiten des langsamen Bergsteigens»

Ich habe im SAC in jungen Jahren eine Heimat gefunden, da ich schon damals gerne in die Berge ging. 1957 trat ich dem Club bei. Die Seilschaften wuchsen zu Freundschaften – wer hätte das gedacht? Meine Mitgliedschaft habe ich nie bereut – im Gegenteil, ich bin stolz darauf. Wer mit den Bergen verbunden ist, gehört zur SAC-Familie. Wen kümmert es, woher du kommst oder was du tust? Beim SAC sitzen Alt und Jung an einem Tisch zusammen, wie bei einer richtigen Familie. Der Mitgliederausweis zählt für mich beinahe wie ein Lebensversicherungsticket. Ich bekam den Ausweis im Alter von 20 Jahren und besitze ihn immer noch. Er hat so einiges miterlebt: Zehnmal nahm ich an der Patrouille des Glaciers teil. Daneben war ich auch Tourenleiter. Heute unternehme ich, so oft ich es mir einrichten kann, Seniorentouren, die mich jedes Mal riesig freuen. Die Mont-Fort-Hütte ist in den letzten Jahren hervorragend ausgebaut worden. Der SAC leistet in der Hinsicht Grosses. Wir sollten das viel bewusster honorieren, denn der Verein übernimmt diese und weitere Aufgaben auch in Zukunft. Denken wir bloss auch an die Jugend-Organisation-Kletterkurse oder an das SAC-Magazin *Die Alpen* – eine tolle Leistung, die mich bestärkt, dem Verein treu zu bleiben, solange es geht. Dass ich genau heute hier in der Mont-Fort-Hütte bin, ist eher ein Zufall. Ich arbeite als Senior freiwillig in einem Infoteam der Adelbodner Bergbahnen, die hier zum Saisonabschluss ihren Betriebsausflug durchführen. Wir Freiwilligen sind dazu auch eingeladen, das weiss ich sehr zu schätzen. Erst wusste ich heute nicht so recht, was es mit allen diesen Gerätschaften vor der Hütte auf sich hat. Ich staunte nicht schlecht, als ich sah, wie behände die Techniker von Gerrys Team und er selber das Material aufstellten. Ich wusste nichts von der Beleuchtung, oder habe ich doch darüber gelesen? Ich finde es auf jeden Fall toll vom SAC, dass er seine Hütten seinen unzähligen Mitgliedern und jenen, die es noch werden könnten, auf diese eindrückliche Art präsentiert. Ich als Veteran ziehe meinen Hut vor allen, die bei diesen Festivitäten mitwirken. Morgen gehe ich von hier auf die Rosablanche. Ich werde wohl kaum in fünf Stunden zurück in Verbier sein. Mit zunehmendem Alter entdeckt man die beschaulichen Seiten des langsamen Bergsteigens. Das ist genauso schön wie früher. Wir werden zu viert auf diese Skitour gehen, und wir werden, wie nach jeder Tour, dankbar sein, gesund und fit heimzukehren.

Alfred Inniger-Schmid

3

62

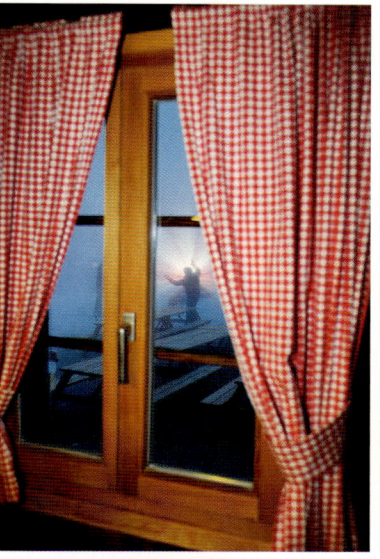

③ Cabane du Mont Fort, 2457 m, 22.-23. April 2013
Verbier, Tel. 027 778 13 84
Sektion Jaman, Kanton Waadt

Gewählte Route – Mit Gondeln und Seilbahn rauf und über die Skipiste Abfahrt auf Skiern zur Hütte. Material ging mit Snowmobil vom Hüttenwart direkt in die Hütte.

Sherpas 1.

Zeit – Ab Talstation bis Hütte 1 Std. 15 Min.

Wetter – Trüb, regnerisch, nachmittags oberer Teil der Pisten in der Sonne. Starker Nebel beim Einnachten. Ab 2 Uhr sternenklare Nacht und schönes Wetter am Morgen.
21.00 Uhr Beginn Nacht.
06.31 Uhr Beginn Tag.

Beleuchtung – Am Abend mystisch und Abbruch nach 30 Min. wegen starkem Nebel. Morgen perfekt und klar.

Bemerkung – Beleuchtung mit Nebelmeer im Tal und Vollmond nachholen.

Neue Taktiken

Monte-Rosa-Hütte – Zermatt

7.–8. Mai 2013

4

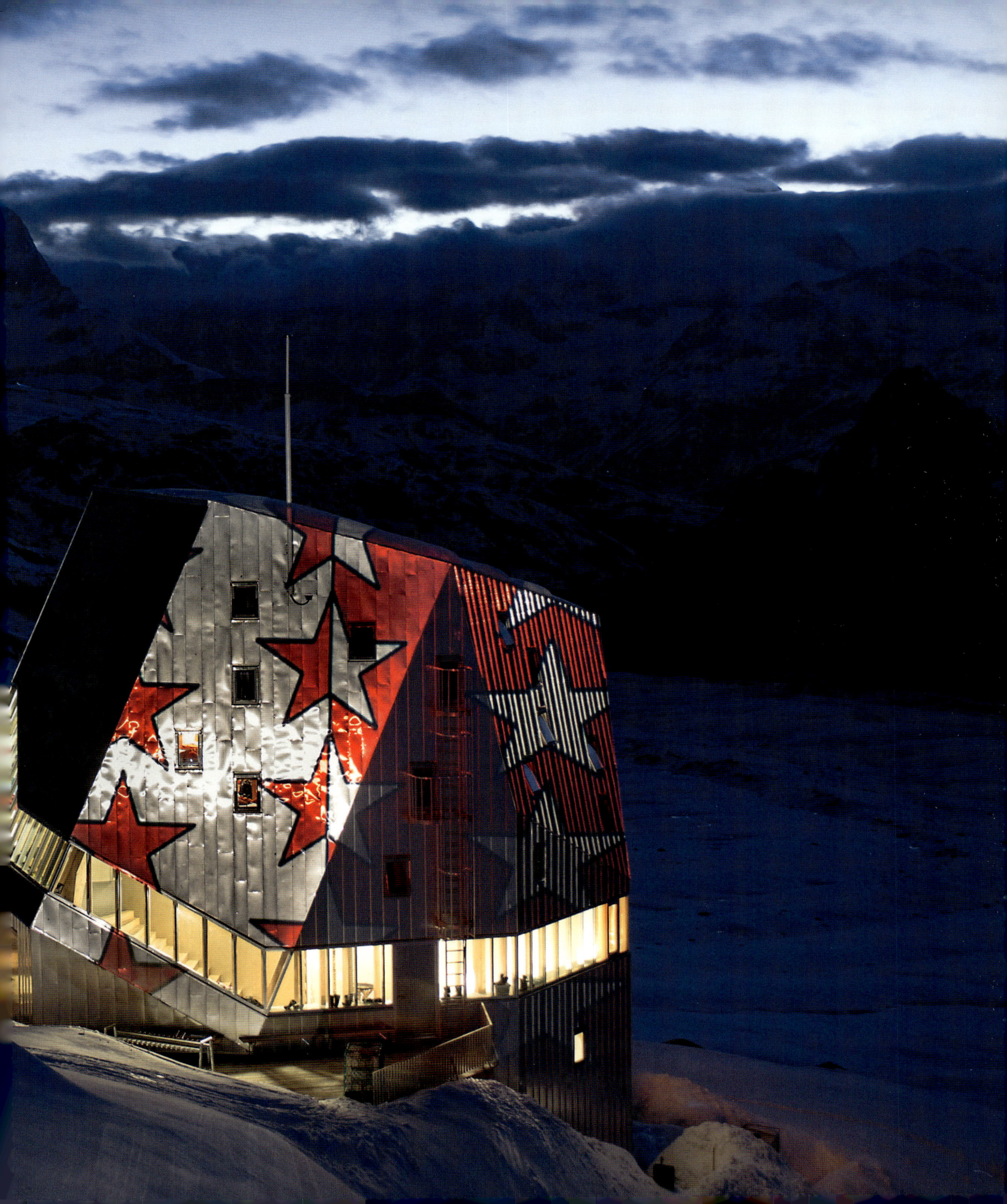

4

Aluminium leuchtet an sich, es reflektiert und ist daher umso kniffliger zu beleuchten. Wir mussten uns oberhalb der Hütte installieren, damit die Abendsonne hinter das Matterhorn zu stehen kam. Denselben Trick wenden alle an, die Schokoladefotos knipsen. Es wurde eine aufreibende Tour, zumal der Bergführer unserem Equipment misstraute und wir zu wenig Sherpas zur Verfügung hatten. Das Wetter versprach Höchstspannung und dramatische Bilder im Sonnenuntergang. Es wurden Wetten abgeschlossen, ob ich recht behielte, dass beim Start der Beleuchtung das Matterhorn wolkenfrei sein würde. Dass es am Morgen so sein würde, wusste ich schon.

Auf Empfehlung des Hüttenwarts mussten wir einen Bergführer organisieren, der uns in die Hütte brachte. Auch wurde hin und her diskutiert über die Anmarschroute, die wegen der Last unseres Gepäcks zu wählen war, und ob mit Ski oder Schneeschuhen wegen des schweren Schnees. Man entschied sich für den Sommerweg, der teilweise schon schneefrei war, und für Ski sowie ein Paar Schneeschuhe, die der Fotograf während der Arbeit um die Hütte nutzte. Auf Geheiss des Bergführers organisierten wir Barryvox, die Lawinensuchgeräte, und Sitzgurte und zogen sie über; indes sollten wir nicht am Seil gehen. Weshalb Barryvox auf dem Gletscher, wollte ich wissen. Die Antwort lautete:

«Damit man dich schneller in der Gletscherspalte findet.» «Warum haben wir Sitzgurten an, sind aber nicht angeseilt?», doppelte ich nach. Seine Antwort: «Damit dich der Helikopter besser aus einer Spalte ziehen kann.» Ich fühlte mich wie im Märchen vom Rotkäppchen und dachte mir, interessant, wie sich so alle Jahre die Techniken und Taktiken in den Bergen ändern. Dass der Bergführer keine Seile dabei hatte, stellte sich erst später heraus.

Wir fuhren mit der Gornergrat-Bahn auf den Rotenboden und starteten um 10.07 Uhr bei Sonnenschein auf 2815 Meter über Meer. Zuerst ging es abwechselnd auf Ski und zu Fuss den Sommerweg entlang. Dann kam der Gletscher. Ich bin mir das gewohnt. Aber ich spüre, wenn es einem Teammitglied nicht gut geht. In dieser Equipe waren nicht alle gleich versiert am Berg, wie es mein Kernteam ist. Aus meiner Erfahrung als Hauptmann im Militär als Gebirgsgrenadier weiss ich, dass Menschen in solchen Situationen über sich hinauswachsen können, wenn man sie ruhig und bestärkend führt.

Wir überquerten schmalste Schneebrücken zwischen Gletscherspalten und traversierten Eisflanken mit direktem Eingang ins Nichts. Natürlich wäre ich juristisch unschuldig, hätte es einen Ausrutscher gegeben und ein Teammitglied wäre im

Ziel

eiskalten Blau einer Gletscherspalte verschwunden, aber verziehen hätte ich mir das nie. Ich bestärkte die Mannschaft darin, sie sollten die Ski parallel führen, den Blick nach unten in die Tiefe der Gletscherspalten vermeiden und ganz ruhig weitergehen – so liessen sich heikle Passagen besser überwinden. Mir blieb noch eine kleine Herausforderung: die über 40 Kilogramm auf meinem Rücken. Das Gewicht sollte beim Überqueren einer Spalte beinahe zum Verhängnis werden. Das kam so: Wir hatten unsere Militärski dabei. Allen Unkenrufen zum Trotz: Sie sind so übel nicht – trotz des hohen Eigengewichts. Hunderttausende von Militärs der Schweizer Armee sind seit Jahrzehnten mit diesen Ski unterwegs. Sie sind zwar vier Kilogramm schwerer als moderne Tourenski, dafür kommt man überall durch. Wir gelangten an einen etwa 1½ Meter breiten und sehr tiefen Spalt, den wir überspringen mussten und dessen gegenüberliegende Kante jedoch etwas höher lag als unser Ausgangsort. Zum Überspringen hätte ich in Rückenlage gehen müssen – mit dem Projektor ein Ding der Unmöglichkeit. Doch die Zeit drängte, und genügend Schuss würde reichen, dachte ich. Noch während der Anfahrt spürte ich, dass es nicht reichte. Wohl schaffte es ein Ski auf die andere Kante, die Skispitze des anderen konnte ich jedoch nicht mehr in der Luft hochreissen und prallte unterkant des Gletschers ins Eis. Ich wuchtete, so gut es ging, den Körper auf die Gegenseite, um nicht im Spalt für immer zu verschwinden, prallte kopfüber auf dem Eis auf, und von der Dynamik getrieben rutschte ich ein paar Meter übers Eis mit dem Projektor im Genick – das Hindernis hinter mir, zum Glück. Abgesehen von ein paar Hautschürfungen und starken Knieschmerzen vom Schlag blieb ich unversehrt. Der Ski hingegen hatte gar nichts abbekommen.

Es wurde heiss, der milchige tiefhängende Wolkenschleier, der sich im unteren Teil des Gletschers gebildet hatte, lichtete sich. Unser Team war schon viel länger unterwegs als geplant. Wir litten unter der Hitze, unsere Gesichter waren verbrannt. Wir kamen erst um 18 Uhr in der Hütte an, weil der Schnee von der Sonne so faul und weich war, dass das Vorankommen auf dieser Höhe mit dem grossen Gewicht sehr kräfte- und zeitraubend war. Auf Geheiss des Bergführers sind wir erst um 10 Uhr gestartet statt wie geplant um 6 Uhr. Und Frank, der Fotograf, musste erst noch mit einem Muskelriss, den er sich im schweren Schnee bei einem Sturz zugezogen hatte, im Helikopter zum Arzt nach Zermatt geflogen werden. Dies alles, weil wir dem Bergführer Folge leisteten. Dabei weiss ich aus Erfahrung, wann ich besser auf mich hören sollte. Manchmal ist es halt so: Verlässt du dich auf andere, bist du verlassen.

All die Komplikationen hatten auch ihr Gutes: Wir schafften uns nach diesem «Ausflug» zwei eigene Drohnen – mehrrotorige Kleinfluggeräte – an, um unabhängig Luftaufnahmen machen zu können. Henry Maurer, ein Freak in solchen Dingen und Gründer und Mitinhaber der TimeLine-Film, hat die Drohne nach seinen Ideen optimiert. Er zählt heute zu den weltbesten Filmdrohnenfliegern.

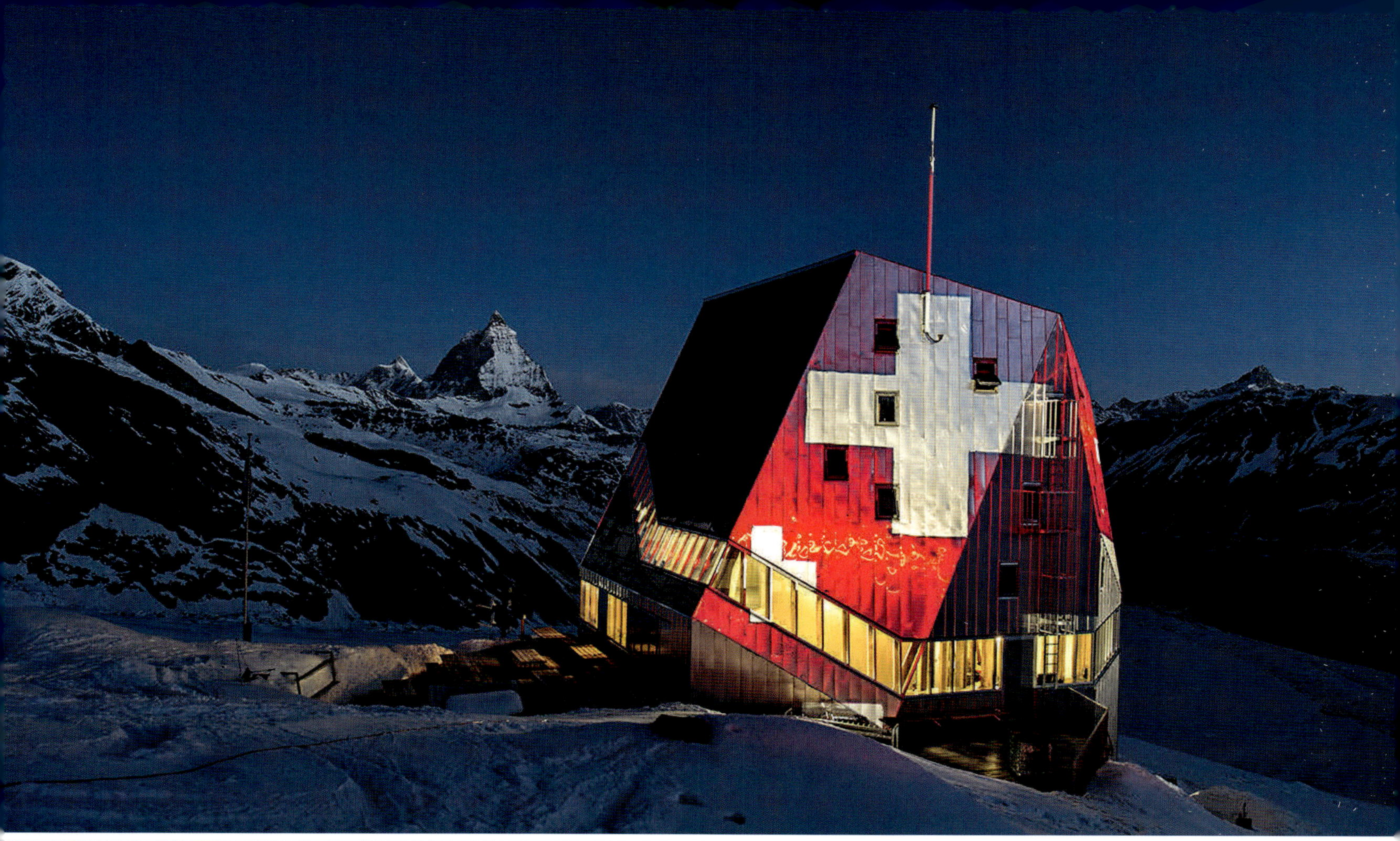

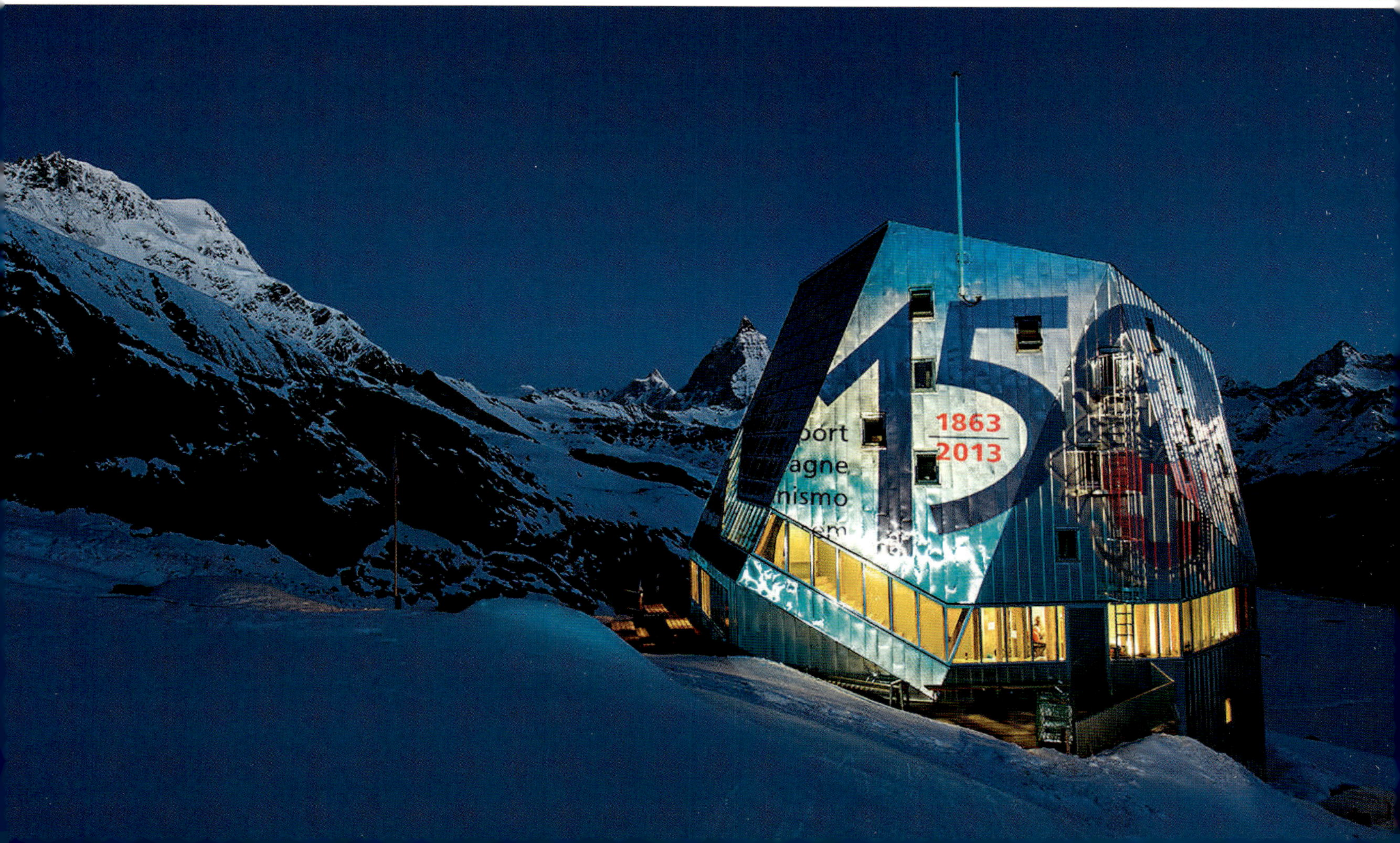
1863
2013

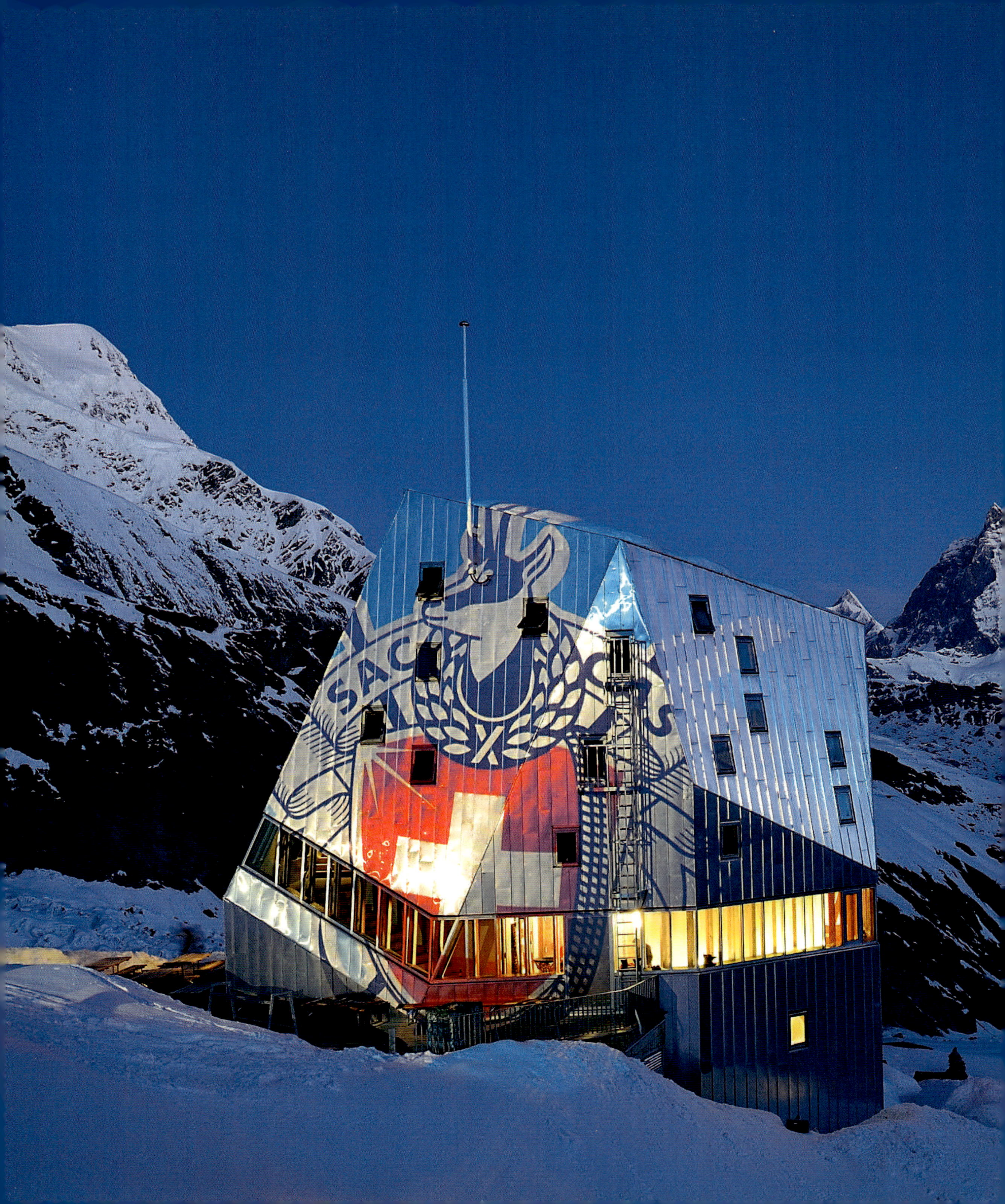
SAC

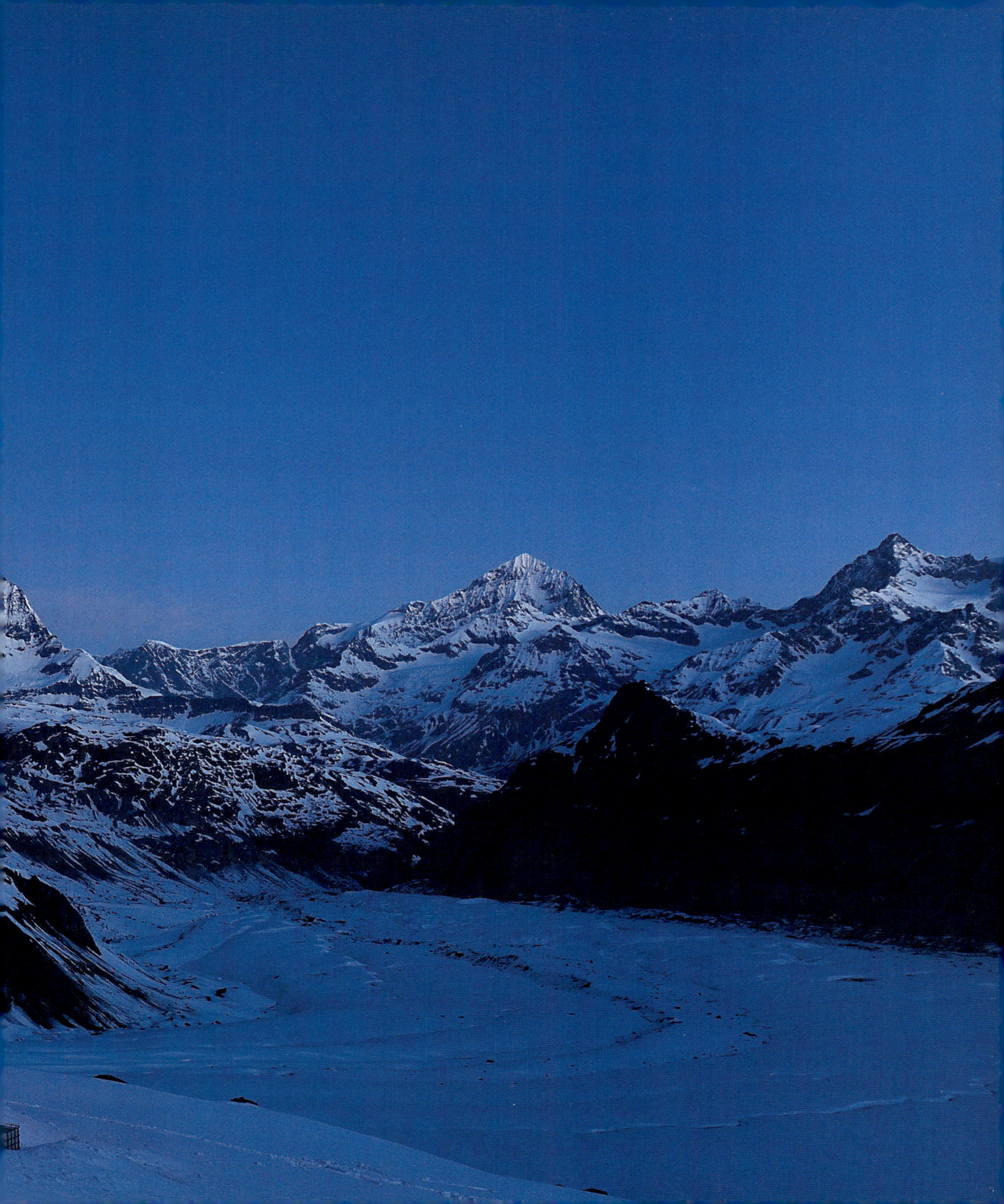

4 Freie Sicht im Frühtau

Morgens um 4 Uhr ist das Licht ein anderes als abends um 10 Uhr. Wenn es kalt und windstill ist, schweben in der Abendluft viele Partikel mit. Beim Sonnenuntergang ist die Luft noch zu wenig sauber. Sie reinigt sich erst während der Nacht, wenn die Städte und der Verkehr ruhen. Die beleuchteten Objekte an sich strahlen dennoch. Was unschön daherkommt, ist der Himmel auf Distanz. Deshalb verdoppelten wir die Chancen, indem wir im Sonnenuntergang und im Sonnenaufgang beleuchteten – sofern dies bei einer Hütte möglich war. Für eine gelungene Lichtinstallation sollte die Hütte die Sonne im Rücken haben. Leuchtet sie jedoch aus der gleichen Richtung wie die Projektoren, verringert sich die Zeit für das Lichtspektakel erheblich, weil die Aufhellung von hinten dem Menschen entgegenarbeitet. Hütten, die über zwei attraktive Seiten verfügen, lassen sich auf diese Weise auch in Seitenvarianten ablichten. Allerdings bietet keine der Hütten drei fotogene, um nicht zu sagen «leuchtogene» Seiten. Eine Seite ist immer mit Alltagskram belegt: Holzschober, Wäscheleine, Toiletten, Brunnentroge, Werkzeugschuppen – doch all dieses für das Überleben in einer Berghütte wichtige Zeug stört auf den Fotos.

Kilian Bumann Tourenchef, Sektion Monte Rosa, Ortsgruppe Brig, und Chef Sherpas.

Sherpa Kurt Tenisch

Sherpa Pascal Hanselmann alias «Italiano»

Sherpa Thoni Sarbach

Vom ersten Wort an gut…

Gerry Hofstetter und ich verstanden uns vom ersten Wort an gut. Wir waren uns einig, dass eine Extrafahrt mit der Gornergrat-Bahn morgens um 6 Uhr ideal sei. Ich organisierte drei weitere Sherpas. Der eigens für diese Tour beigezogene Bergführer verschob die Abfahrt indes auf 10 Uhr; persönlich wäre ich mit nicht ortskundigen Leuten eher losgezogen. Der Aufstieg zur Hütte verlangte alles ab, 25 Kilogramm auf den Schultern spürt man auch als geübter Berggänger. Ich mache mir keine Bilder im Voraus, weder von Menschen noch von Ereignissen. Umso eindrücklicher erlebte ich die Beleuchtung, selbst wenn ich einzelne Sujets anders gewählt hätte. Als Walliser hat man eine andere Vorstellung, wie man die Alpenwelt ins Licht setzen könnte. Gerry ist wohl der verrückteste Bergkollege, den ich kenne, jovial und gleichzeitig sehr sachorientiert. Ich würde ihm jederzeit wieder eine Hand und einen Rucksack reichen.

Kilian Bumann

Monte-Rosa Hütte

Beispiel Lage der Hütte aus der Sicht des Anmarsches

4

74

④ Monte-Rosa-Hütte, 2883 m,   7.–8. Mai 2013
Zermatt, Tel. 027 967 21 15
Sektion Monte Rosa, Kanton Wallis
Modernste Hütte im Alpenraum. Konzipiert von der
ETH Zürich.
Gewählte Anmarschroute – Von Zermatt aus mit Gor-
nergrat-Bahn auf Rotenboden. Sommerweg, Gornerglet-
scher. Mix von zu Fuss und auf Ski.

Zeit – Normal im Sommer 3 Std. 30 Min., wir 8 Std.
Sherpas 6.
Wetter – schön, heiss, Wolkenband am späten Nachmittag, das sich bei Sonnenuntergang aufzulösen begann
und so das Matterhorn freigab. Wolkenlos am Morgen.
21.23 Uhr Beginn Nacht.
06.07 Uhr Beginn Tag.

Beleuchtung – Perfekte Bedingungen. Projektionsstandort
eignete sich für Abend und Morgen.
Bemerkung – Nächstes Mal um 6 Uhr starten mit
4 Sherpas mehr und die Führung nicht aus der Hand
geben für jene Leute, für die ich die Verantwortung
trage. Wette wegen Wetter gewonnen.

75

Dohlen als Wetterradar – aber nur im Wallis

Britanniahütte – Saas Fee

7.–8. Juni 2013

5

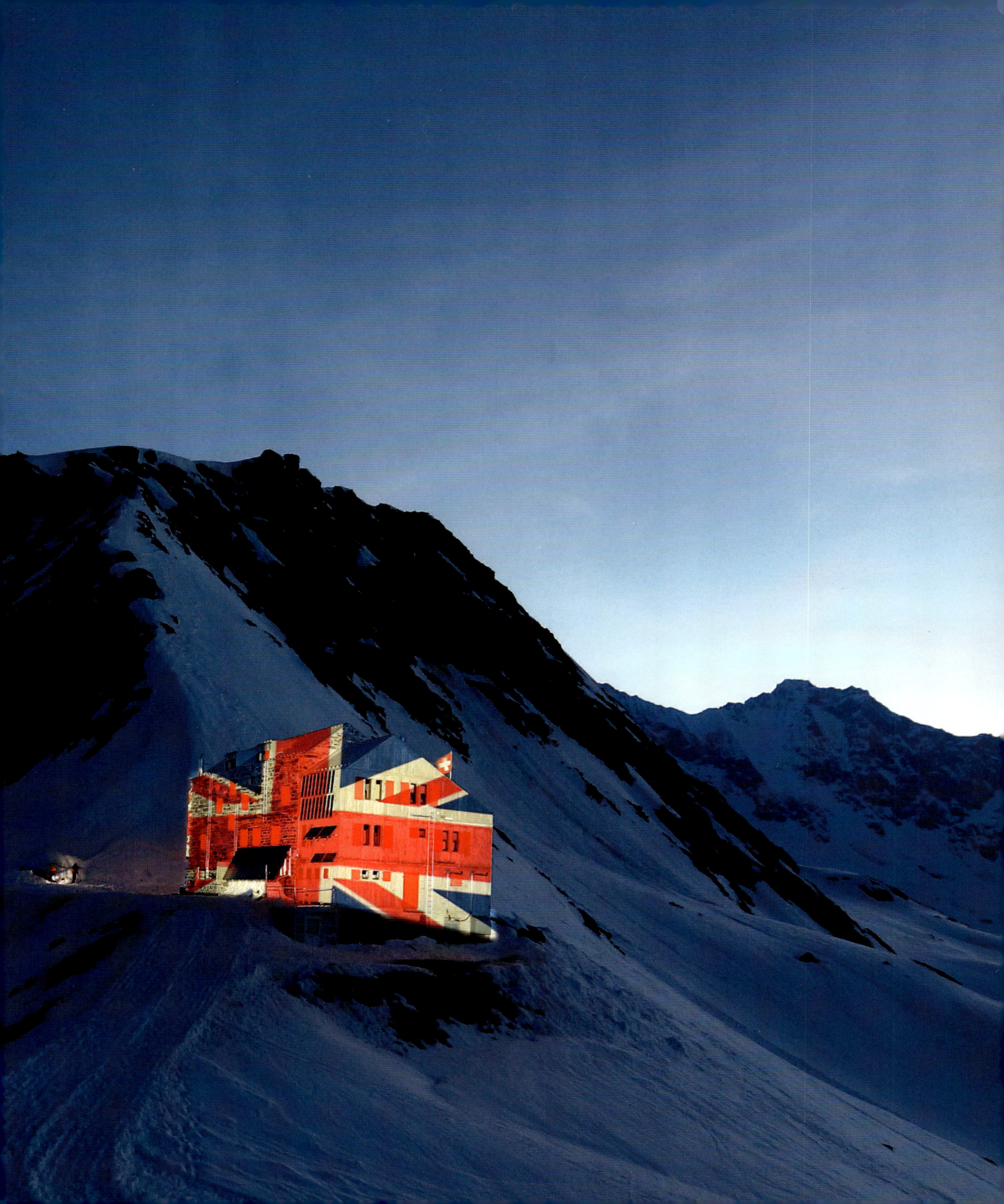

5

Die Britanniahütte kenne ich aus meinen Skitourenzeiten, und noch heute habe ich beste Erinnerungen an die Jugend+Sport-Lager in dieser Region. Der Name «Britanniahütte» hatte mich damals schon fasziniert: dass in der Schweiz eine Hütte so klar auf England bezogen benannt wird. Die Hütte liegt auf einem kleinen Plateau. Um ganz sicher zu sein – denn einfach würde die Beleuchtung dieser Hütte nicht werden –, ging ich am 17. März 2013 persönlich dort hinauf. Bei schönstem Wetter brauchte ich auf Tourenski eine Stunde für den Schneewanderweg zur Hütte. Vor Ort legte ich mir einen Plan für die Umsetzung der Beleuchtung zurecht. Um sie optimal ins Licht zu rücken, plante ich den Standort für den Projektor weit hinten, auch um den dahinterliegenden Felsen im Dunkeln zu belassen. Aus dieser Perspektive einen Union Jack in den Schweizer Alpen zu projizieren, das würde der Coup werden! Ein zweiter Projektor würde von der Seite nahtlos an die Projektion des unteren Projektors angepasst werden, damit die ganze Seite ausgeleuchtet werde. Ein dritter Projektor würde als Gegenlichtprojektor die Bergseite der Hütte (also die Rückseite) ins Licht tauchen. Die Hüttenwartin Therese war an dem Tag leider nicht in der Hütte, sodass ich meine Pläne nicht mit ihr besprechen konnte. Trotzdem machte ich mich beschwingt von meinen Ideen auf den Rückweg und genoss nach dem Rückmarsch die Abfahrt ins Tal.

Der geplante Beleuchtungstermin – es war ein Freitag, der 3. Mai 2013 – rückte näher. Die Wetteraussichten waren nicht gerade günstig. Doch Therese Andenmatten-Renaud, seit 35 Jahren die gute Seele auf 3030 Meter über Meer, wollte unbedingt, dass wir zum vereinbarten Termin hochkämen. Ich rief sie an. «Bringt bitte auch das Brot mit», bat sie mich. Ich versuchte zu erklären, dass ein Blick auf die Wetterkarten anderes rate. Therese insistierte: «Kommt bitte morgen hoch, ich bin in der Hütte und habe die Schweizerfahne extra für euch gehisst.» «Therese, es wird Unmengen von Schnee geben morgen», entgegnete ich. «Warte einen Augenblick», sagte sie. Ich blieb am Telefon. Es blieb eine Weile still, bis sie sich zurückmeldete. «Die Dohlen fliegen links herum.» «Aha. Was meinst du damit?», fragte ich. «Das bedeutet, dass das Wetter schön wird. Nur wenn sie geradeaus an der Hütte vorbeifliegen, kommt schlechtes Wetter, und abgesehen davon, weit hinten kann ich die Sonne sehen», war ihre Antwort «Therese, schau doch auf die anderen Berge im Süden ...» «Nein, kommt einfach hoch.» Wir legten auf, und ich rief den Chef Pistendienst an. Er pflichtete mir bei, dass er mit heftigen Schneefällen rechne und es nicht gut käme, wenn ich da hinwolle.

Am Samstag und Sonntag schneite es, was die Wolken hergaben. MeteoSchweiz meldete später, dass von jenem Freitag, 3. Mai 2013, an bis zur

Wochenmitte über 75 Zentimeter Neuschnee gefallen waren. Wenn man in die Berge geht, weiss man, dass ab 25 Zentimeter Neuschnee bei einer Hanglage ab 18 Grad Lawinen abgehen. Die Gefahrenstufe lag also höher als höchst. Anderthalb Wochen später erst konnten wir loslegen. Das Material nahm uns die Bahn hoch, oben wartete ein Pistenfahrzeug. Der Fahrer wollte uns partout nicht mit den Ski ziehen lassen und lud uns und das Material auf. Während der Fahrt entdeckte ich, weshalb: Oberhalb der Britanniahütte war, so weit das Auge reichte, den Gletscher entlang und bis über die Pisten auf der anderen Talseite hinaus ein gigantischer Lawinenabriss zu sehen. Ein über 6 Kilometer langer Abriss zog sich die Flanke entlang. Auch auf den unteren Ebenen lagen Unmengen von Lawinenschnee. Während der Fahrt mit dem Pistenbully stellte sich heraus, dass der Fahrer der Chef vom Pistendienst und Sicherheitschef war. Er war es, mit dem ich vor fünf Wochen telefoniert hatte. Er erzählte mir während der Fahrt, dass er am Montag, nach jenem Freitagmorgen, dem 3. Mai also, aus dem Helikopter mit nur einer Sprengung die ganze Lawine mit einem Abriss von über 6 Kilometer Länge ausgelöst habe. Ein Teil ging über die Piste und zerstörte Anlagen und Gebäude. Er sagte mir auch, niemand könne sich erinnern, dass es in Saas Fee jemals seit Menschengedenken so eine Lawine gegeben habe. Hätten wir dieses Gebiet Anfang Mai wie geplant durchquert, man hätte uns bis heute nicht gefunden. Die Dohlen flogen linksum, als wir ankamen und geradeaus, sobald wir ihnen Brot zuwarfen. Ob sie jetzt links fliegen, rechts drehen oder den geraden Weg wählen, meine Wetterregel hat weltweit Gültigkeit und lautet immer noch: Das Wetter ändert sich, oder es bleibt, wie es ist. Gewiss, ich war als Zürcher beinahe in Versuchung geraten, der Prognose einer gewieften Berglerin zu glauben. Aber ich habe während meiner Expeditionen gelernt, auf mich zu hören. Warum? Weil ich am Schluss auch alleine die Verantwortung für mein Tun oder mein Nicht-Tun, trage.

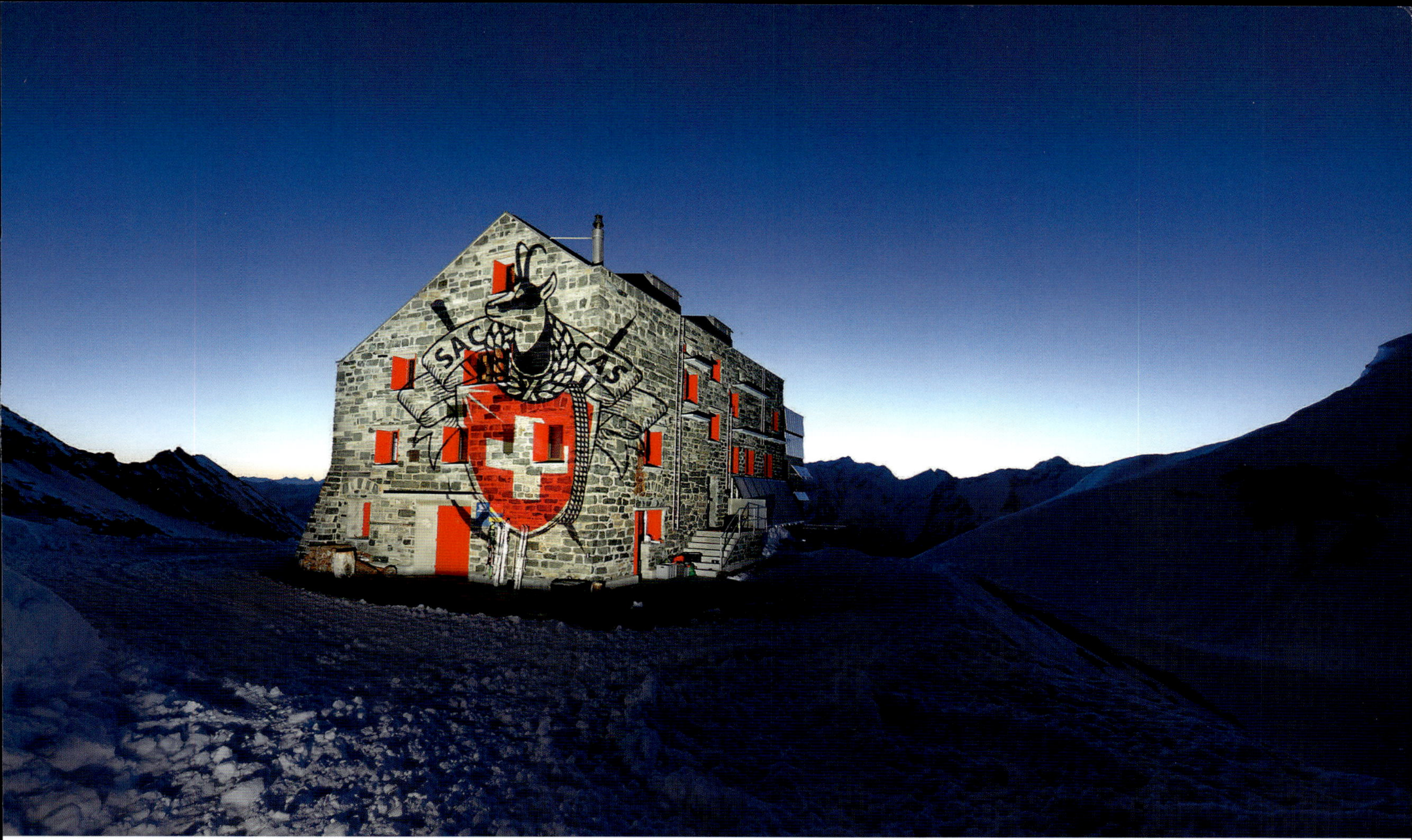
SAC
CAS

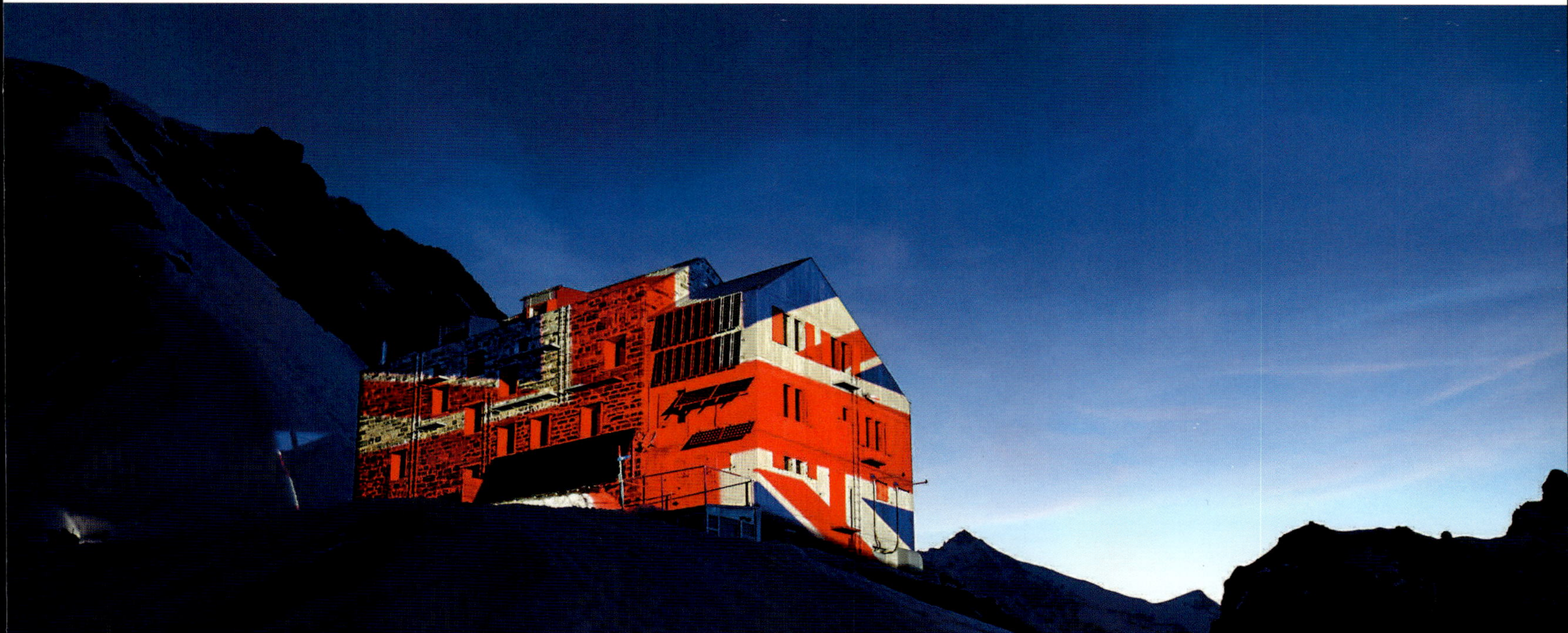

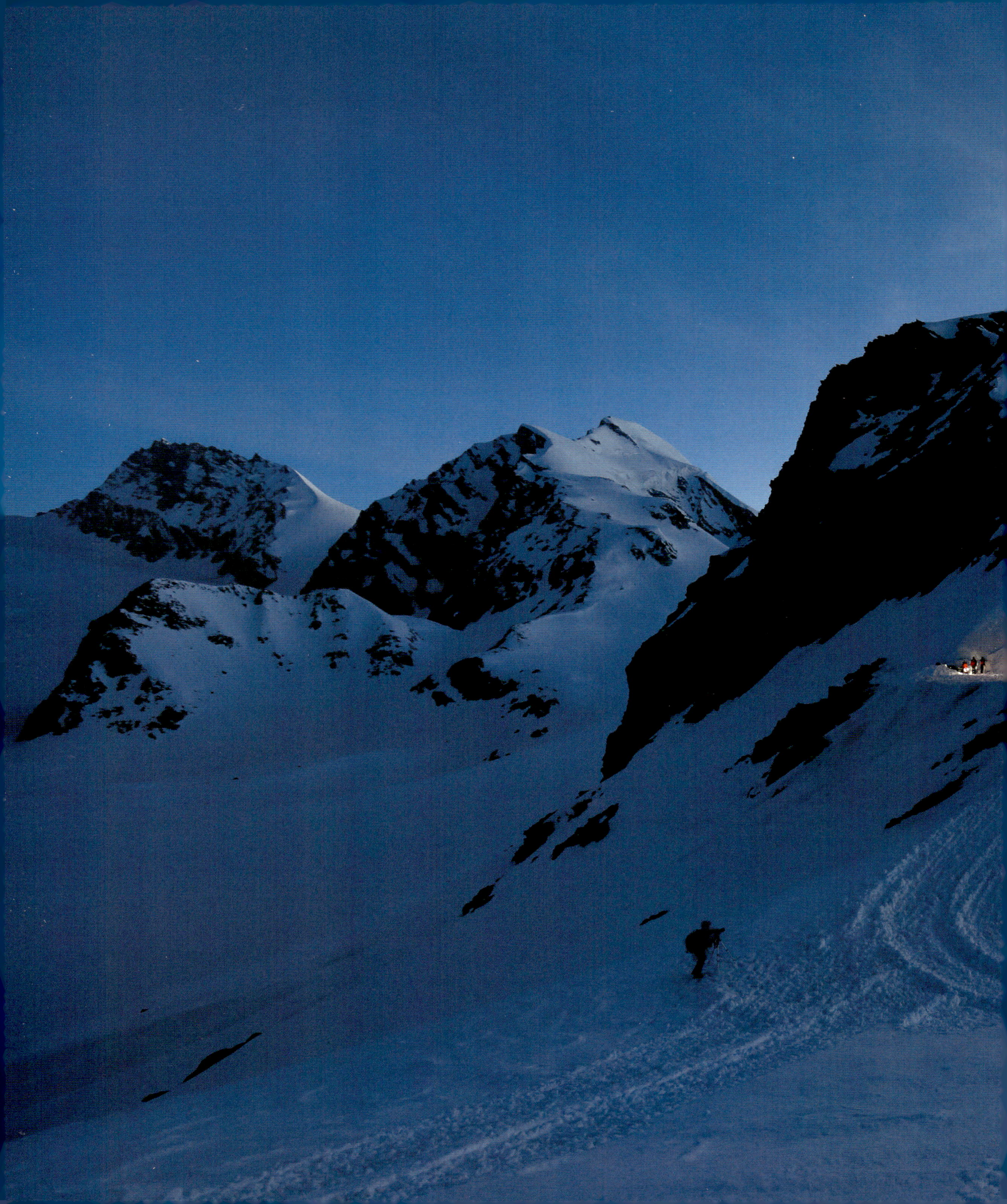

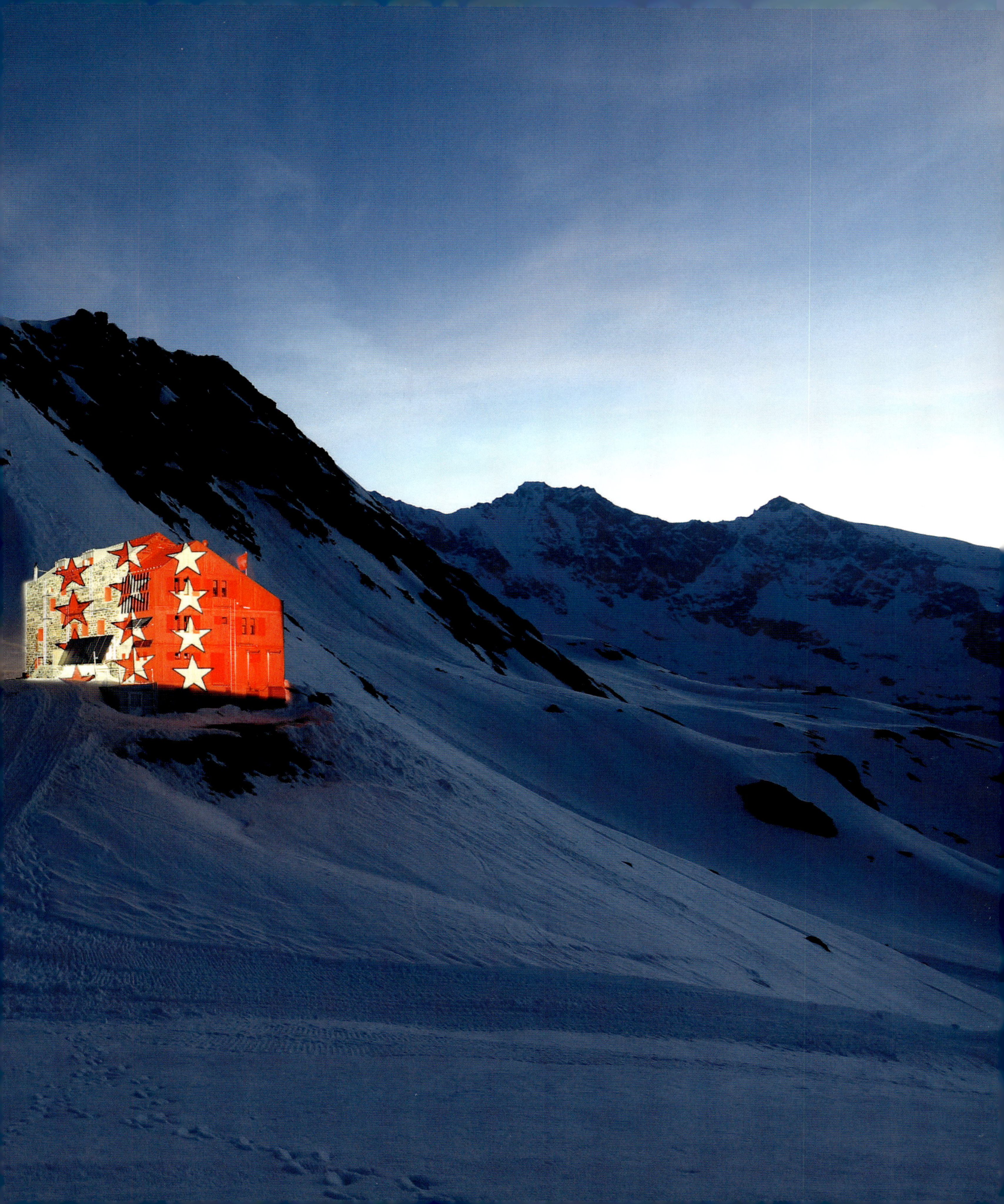

5 Realizing Visions

Die Beleuchtung lief nach meinen Vorstellungen. Nicht zuletzt deswegen heisst unser Motto «Realizing Visions». Sobald ich ein Gefühl für ein Projekt habe, sehe ich alles im Voraus. Und wenn ich eine Gabe habe, dann diese, mir alles flashartig in Bildern vorzustellen. Ich weiss auf den Tag und Zentimeter genau, wie es ausschauen wird. Ich weiss genau, was ich tun soll, was ich nicht tun soll und wie ich es anpacke, damit es gelingt. Solange ich mich von dieser Intuition leiten lasse, kommt es gut. Habe ich aber nur die kleinste Frage, die zentral für eine erfolgreiche Realisation ist, so versuche ich relativ hartnäckig, aber auch mit Gefühl, dem so lange nachzugehen, bis es für mich und das Projekt stimmt. Dabei höre ich stark auf mein Bauchgefühl. Und wenn dies alles immer noch nicht reicht, begebe ich mich vorab zu dem Aktionsort, egal, wo auf diesem Planeten dieser liegt, und lasse den Ort mal auf mich einwirken. Danach mache ich mir konzeptionelle Gedanken und füge alles in einen Plan. Ich bleibe so lange, bis es stimmt, für mich, das Projekt und/oder meinen Kunden. Erst dann gehe ich wieder nach Hause und starte die Vorbereitungen. Ich will nichts dem Zufall überlassen, was ich im Vorfeld durch Planung und Überlegungen eliminieren oder minimieren kann. Es kommen bekanntlich während der Umsetzung immer noch andere unerwartete Dinge auf einen zu. Und weil ich einen Plan habe und alles klar ist, was wann wo das Ziel ist, habe ich Freiräume, Lösungen für die neuen «Probleme» zu finden oder zu kreieren. Dies, weil ich die Beleuchtung so realisiert haben will, wie ich es im Vorfeld vor meinem geistigen Auge gesehen habe.

Céline Hofstetter, Sherpanina und Tochter von Gerry Hofstetter, Marketing und Film, Team Hofstetter Marketing.

«In kürzester Distanz zu unserem Alltag öffnet sich eine Parallelwelt von berückend schöner Natur»

Ich würde eher sagen, zu 1000 Prozent habe ich die Abenteuergene von meinem Vater Gerry geerbt. So sagte ich auch sofort zu, für die Testbeleuchtung im Februar eine Nacht auf der eingeschneiten Coazhütte zu verbringen. Solche Herausforderungen gefallen mir, wenn auch diese Nacht mir nicht nur in schönster Erinnerung bleiben wird. Der Schlafsack blieb in Pontresina, denn in einer unbemannten Hütte gibt es Decken in Hülle und Fülle (Hofstetters planen logisch und unkompliziert). Bloss waren die Decken ebenso klirrend kalt wie die Luft. Ich schlotterte bei minus 15 Grad in der Küche, in der wir, der Hüttenwart und ich, ein Feuer entfacht hatten.

Die Idee der SAC-Hütten-Beleuchtungen fand ich von Anfang an genial. Ich weiss, wie sehr meinem Vater genau dieses verborgene Stück Schweiz am Herzen liegt, war er doch selber auch einmal Hilfshüttenwart. Zudem kann er die Menschen um ihn herum begeistern, erst recht, wenn es um die Natur geht. Er nahm mich schon früh auf seine Expeditionen mit. Aussenstehende finden manchmal, er sei streng mit mir, doch ich hätte mir keine bessere Lebensschule wünschen können. Mein Vater erwartet viel von uns allen im Team und vor allem, dass wir mit dem Kopf bei der Sache sind. Das kommt mir jetzt im Studium an der New York Film Academy in Los Angeles zugute. Ich werde sehr gefordert und bin froh darum, dass ich immer ermuntert worden bin, anzupacken, meinen Weg zu gehen und mit Herzblut bei der Sache zu sein. Wegen meiner Knieprobleme konnte ich bei einigen Touren nicht dabei sein. Umso ergreifender waren jene, an denen ich dabei war. Monte Leone beispielsweise, ein Paradebeispiel für das Naturparadies Schweiz. Wir traversierten hochalpine Wiesen und danach eine Landschaft, wie ich sie mir auf dem Mond vorstelle. In kürzester Distanz zu unserem Alltag öffnet sich plötzlich eine Parallelwelt von berückend schöner Natur.

Eine solche Tour braucht ein grosses Team, zu dem wir auch Bayer und Audi zählen. Unisono alle, auch die Chefs, haben mit Leidenschaft, Kraft und Willen Rucksäcke geschultert und steile Aufstiege in Angriff genommen. Wenn so viele Menschen für ein Projekt am gleichen Strick ziehen, erfüllt mich das mit grosser Dankbarkeit. Und es spornt mich an, diesen Weg weiterzugehen.

Céline Hofstetter

86

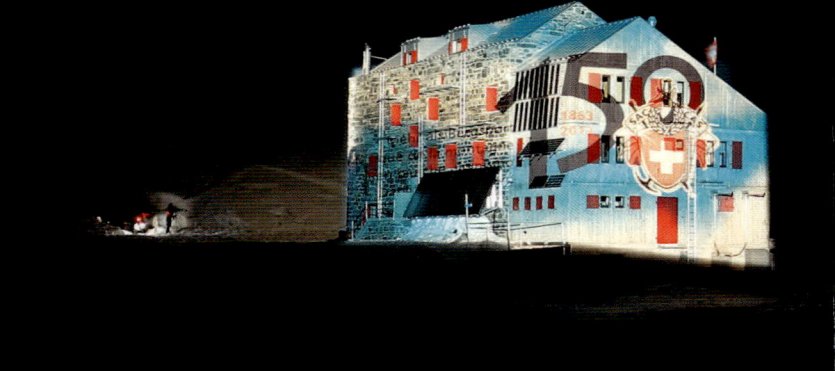

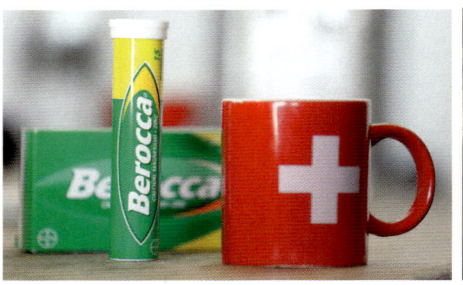

⑤ Britanniahütte, 3030 m,   7.–8. Juni 2013
Saas Fee, Tel. 027 957 22 88
Sektion Genevoise, Kanton Genf

Beleuchtung wäre im Mai geplant gewesen. Wegen Schnee und Lawinengefahr auf Juni verschoben. Hütte war geschlossen, und wir mussten uns selber im Winterraum versorgen.
Gewählte Route – Mit Seilbahn auf Felskinn, dann mit Pistenfahrzeug rüber zur Hütte. Ratrac genommen, da ich aufgrund der Hütte und der Lage drei Projektoren benötigte und sehr viel Material.
Zeit – Normal 1 Std. 15 Min., wir 20 Min.
Sherpas 3.
Wetter – Schön und warm.
22.01 Uhr Beginn Nacht.
05.35 Uhr Beginn Tag.
Beleuchtung – Erfolgte vom gegenüberliegenden Hang mit einem grossen Projektor, plus einen hinter der Hütte und einen neben der Hütte. Relativ komplexes Aneinandervorbeileuchten und anstrengende Placierung des grossen Projektors am Gegenhang. Perfekte Konditionen während den Beleuchtungen am Abend und am Morgen, mit Morgenrot.

Bemerkung – Bei guten Verhältnissen ideal um eine SAC-Hütte im hochalpinen Gelände kennenzulernen.

87

Wüstenwind im Aufstieg

Kröntenhütte – Erstfeld

16.–17. Juni 2013

6

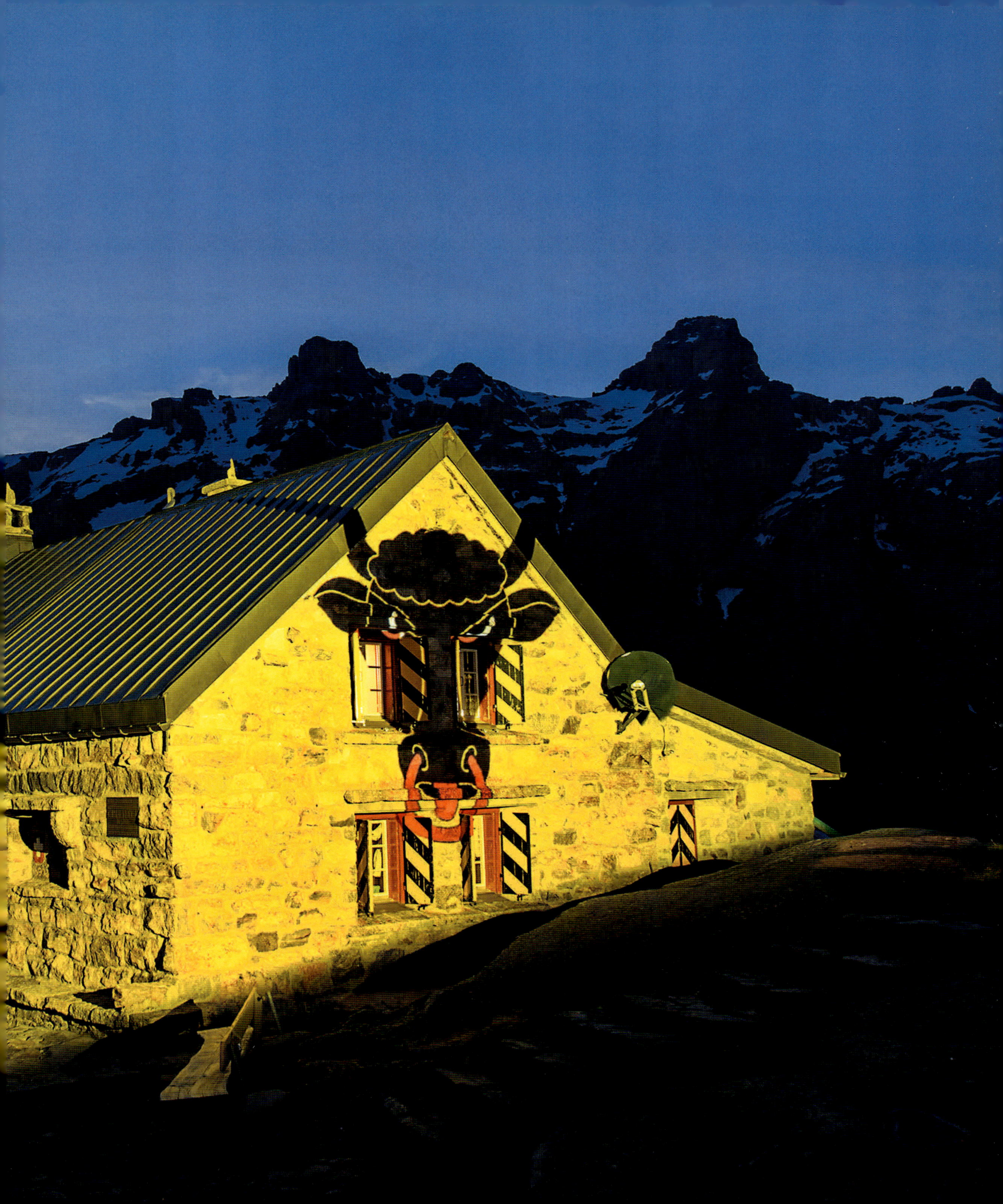

6

Statt Ende April starteten wir am 16. Juni 2013 zur Kröntenhütte. Ausgerechnet an jenem ersten Hitzewochenende trugen die Winde erheblichen Saharastaub aus Nordafrika mit. Mit diesem trockenen heissen Wind benötigten wir doppelt so lang für den Aufstieg: acht Stunden statt vier bei prallster Hitze. Eine brutale Belastung für den Körper, zumal wir sehr unter der Hitze litten. Warmer Wind trocknet den Körper aus, erst recht, wenn man sich anstrengt. Mir war, als hingen wir in einem Windkanal bei 40 Grad. Selbst regelmässiges Trinken rettete uns kaum vor einer Dehydration. Alle klagten bei der Ankunft über Kopfschmerzen. Umso wohltuender der Empfang: Der Regierungsrat war mit von der Partie, um den Umbau zu initiieren. Die Sektion nahm die Beleuchtung als Startschuss für den Umbau der Hütte. Das schöne Wetter und die gesellige Runde verliehen der Beleuchtung etwas Feierliches. Die lang anhaltende Abendstimmung räumte uns sogar noch Zeit für höhere Künste ein: Wir führten ein Schattentheater auf und projizierten die Arbeiter der zukünftigen Baustelle – darunter waren Dachdecker, Zimmermann, Maurer, Felsbearbeiter und ähnliche Handwerksgestalten – auf die Steinwand der Kröntenhütte. Henry, der Filmer in unserem Team, nahm das Ganze mit der Filmkamera auf. Den einen war das Rollenspiel auf Anhieb gegeben. Die anderen brauchten etwas Nachhilfe. Schliesslich half der Vergleich, sie sollten den Presslufthammer ‹wie en Kantöönler› halten, Leitern schultern und die Motorsäge wie in einem bekannten Hollywoodfilm aus dem Jahre 1975 in die Höhe halten. Das wurde dann so perfekt, dass ich dachte, man könnte daraus einen Film machen mit dem Titel *Einer flog über die Kröntenhütte*. Das Abendessen war herrlich, und die selbst gemachten Apérohäppchen werden mir noch lange in Erinnerung bleiben.

Weil es so stimmig war, beschlossen wir, am 30. August 2014 den Kreis auf vielseitigen Wunsch der Anwesenden erneut zu schliessen, und ich versprach, die Einweihung des Neubaus mit einer weiteren Beleuchtung als Geschenk von unserer Seite feierlich zu eröffnen. Erst im Nachhinein, am späten Abend dieses 30. August in der Hütte, musste ich feststellen: Man hatte mir eigentlich das ganze Jahr durch nicht glauben wollen, dass ich auch wirklich wieder kommen würde – als Zürcher. Als ich dann aber an besagtem Abend mit dem Projektor vor der Hütte auftauchte, überreichte man mir auch schon das passende Geschenk. Offensichtlich war ein Gerücht in Umlauf geraten, dass ich mir dieses Datum wirklich reserviert habe und im Aufstieg sei. Die Hüttenwartin Irene Wyrsch, die Frau des Hüttenwarts Markus Wyrsch, hatte auf die Schnelle ein T-Shirt organisiert, auf dem vorne auf der Brust das Wort URI stand. Ist ja logisch, die Hütte liegt im Kanton Uri. Sie hat aber vor das u in der gleichen Schrift ein Z aus Papier montiert, zwei i-Punkte über das u geklebt und hinter das i die beiden Buchstaben c und h, ebenfalls aus Papier. Somit mutierte das uri-Shirt in ein Zürich-Shirt. Alle anwesenden Urner hatten ihren Spass daran und haben laut gelacht, als sie mich in diesem XXXL-T-Shirt sahen! Als Zürcher fühlte ich mich ein wenig verURIniert und dachte, ich sollte den Film *Einer flog über die Kröntenhütte* doch noch drehen. Das T-Shirt zum Film wäre dann beschriftet mit ZüriCH und hätte so noch das dritte Element, die Schweiz, auf der Brust.

6

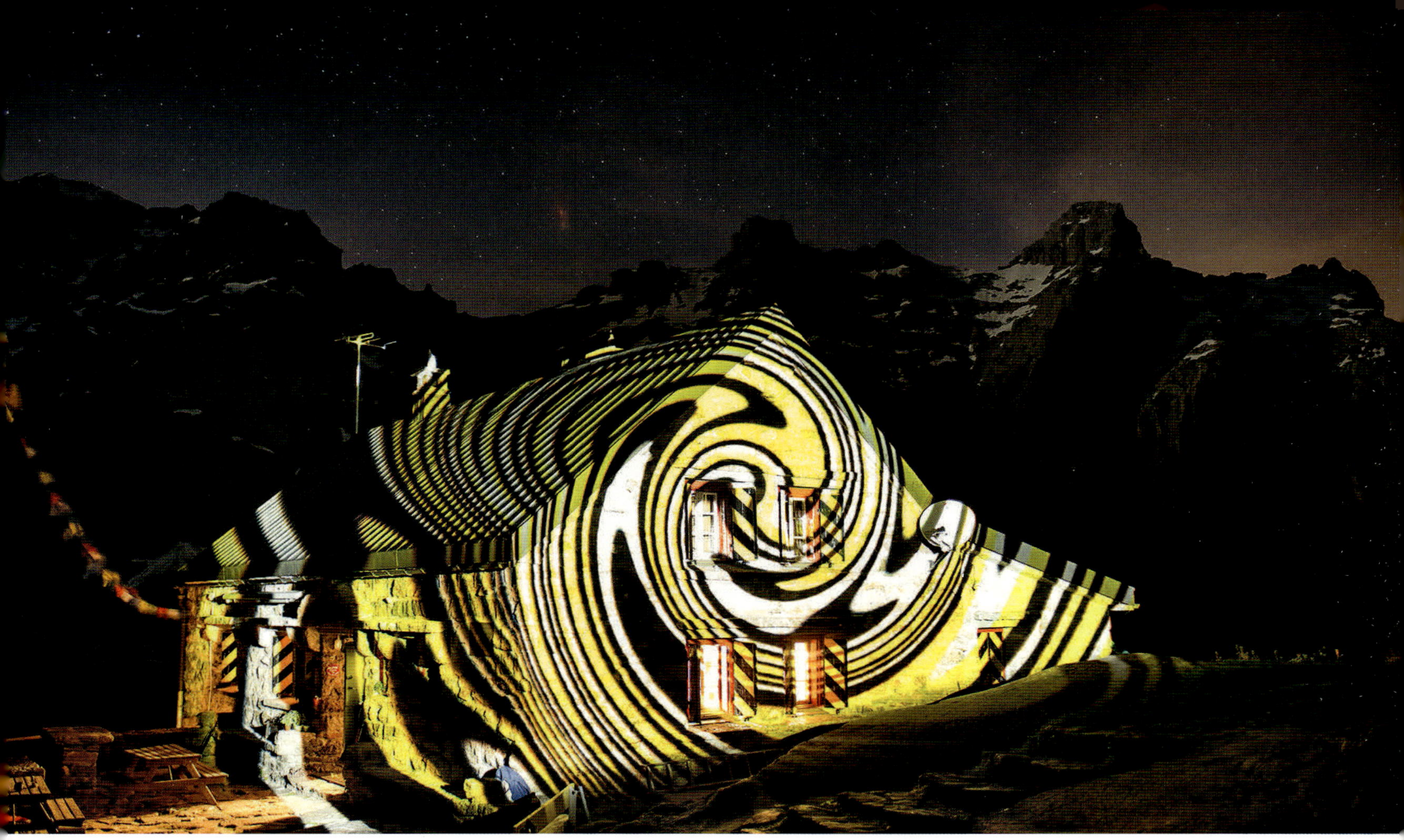

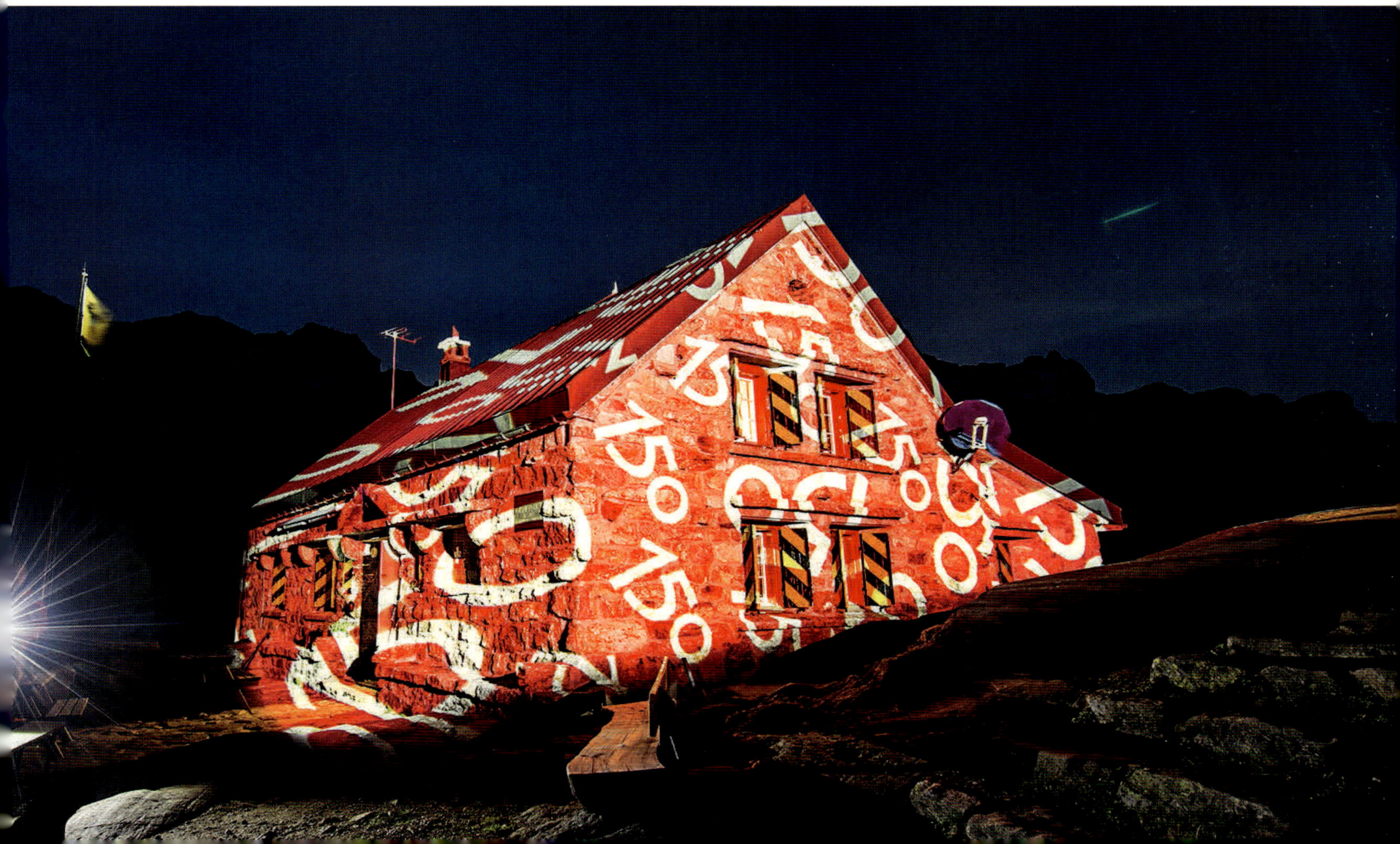

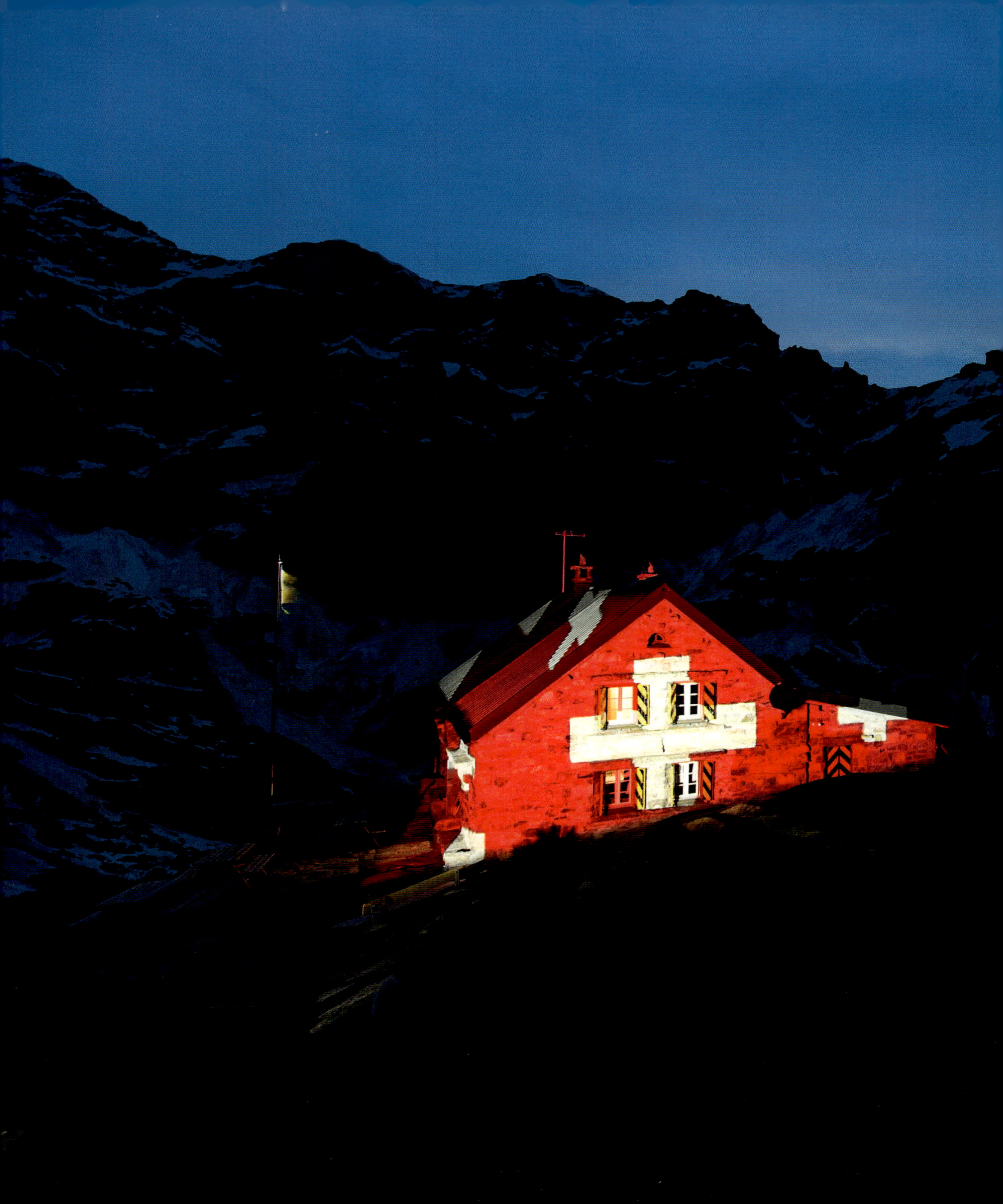

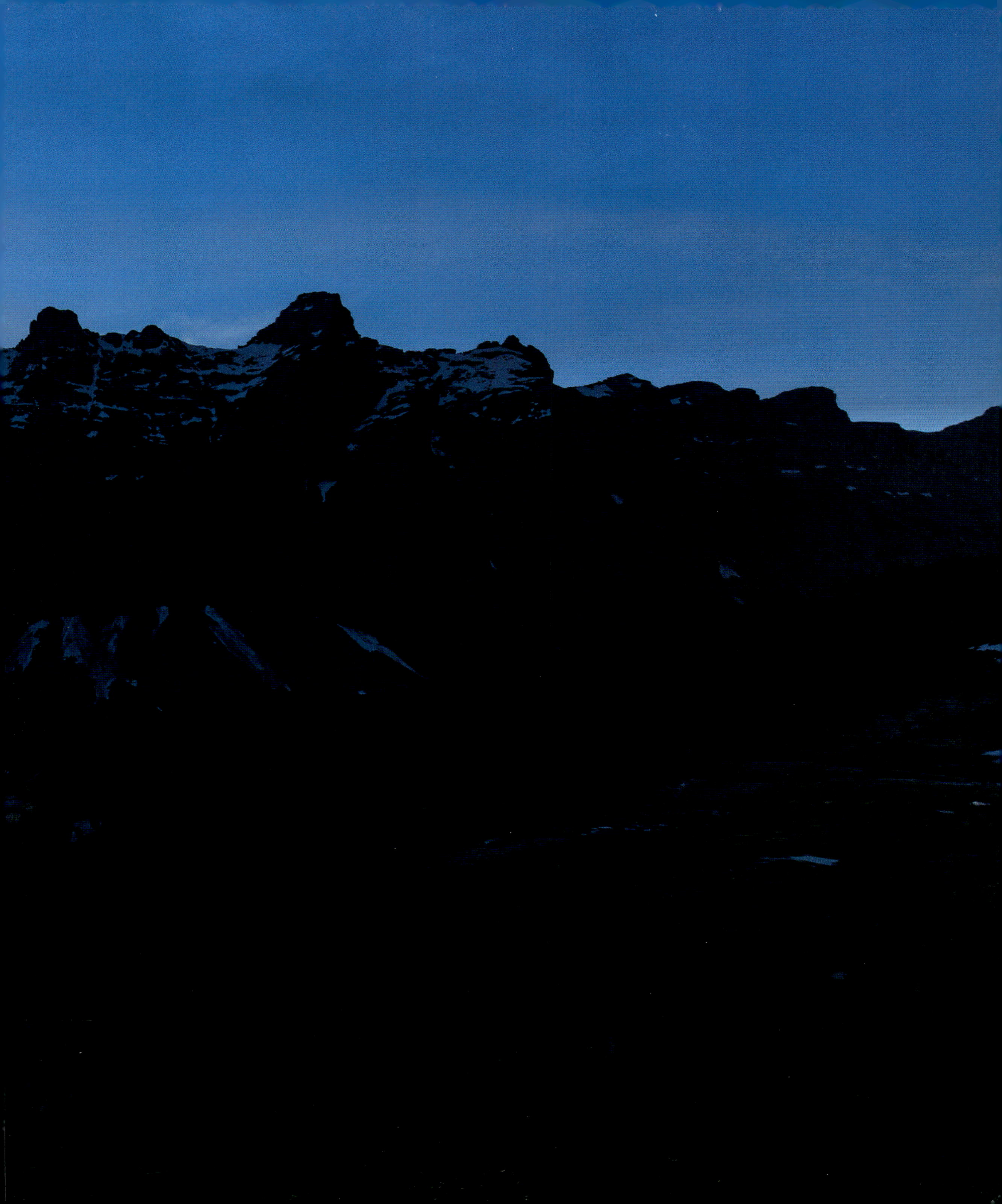

6 Hütten im Laufe der Zeit

Der SAC renoviert pro Jahr mindestens fünf bis sechs Hütten. Die Ausbaustandards der Hütten müssen laufend neuen Bedürfnissen angepasst und dabei stets natur- und umweltverträglich umgebaut werden. Auch sind bei diesen Umbauten und Renovationen die neuen und verstärkten Umweltschutzauflagen zu berücksichtigen. Dies ist für alle Beteiligten eine grosse Herausforderung, zumal es auch die nötigen Finanzen zu organisieren gilt. Der SAC hat in seinen Statuten festgelegt, dass die bestehende Hüttendichte ausreichend sei. Zusätzliche Hütten werden keine mehr gebaut. Zudem verfolgt jede Hütte die Auflage, die lokalen und regionalen ökologischen Auswirkungen möglichst gering zu halten. Der SAC will Vorbild für ökologisches Wirtschaften in Gebirgsräumen sein, zumindest was Energie, Abfall, Abwasser, Luftverschmutzung und Lärm betrifft. Nach und nach werden in den Hütten die sanitären Anlagen modernisiert, die Wasser- und Energieversorgung erneuert sowie die Abwasserreinigung dem neuesten Stand der Technik angepasst. Die neuen modernen Toiletten, die den strengen Umweltauflagen entsprechen, kosten bis zu 300 000 Franken. Der Sommer in den Alpen sensibilisierte mich und mein Team allein im Umgang mit Abfall. Wie oft werfen wir im Büroalltag etwas weg, einen Kugelschreiber, der klemmt, Plastikhüllen, ein Papier hier, einen Notizzettel da. In den Bergen beschränkt man sich auf das Wesentliche. Private und kleinere Vereine, die eine Hütte im Gebirge besitzen, tragen zunehmend aus Kostengründen dem SAC an, die Hütten zu übernehmen. Ich gestehe, mit diesem Gedanken habe ich auch schon gespielt: eine Hütte übernehmen und einen Hüttenwart oder ein Hüttenwartpaar anstellen. Wer weiss, es kommt sehr auf ihre Lage an. Auf jeden Fall würde ich mich jeweils freuen, in der Hütte aushelfen zu dürfen.

Tino (Martin) Zberg, Hüttenchef und Chef Sherpas, Krönten.

«Das grösste Gaudi spielte sich *off the record* ab»

Zum Glück wurde die ursprünglich im Spätwinter geplante Beleuchtung verschoben. Für normal begabte Berggänger ist unser Hüttenweg schon im Sommer stotzig genug. Wie das einer auf den Ski mit einer Ladung von 40 Kilogramm über den Winterweg schaffen sollte, konnte ich mir nicht vorstellen. Das habe ich Gerry Hofstetter am Telefon vorab auch so erklärt, aber er liess sich nicht einschüchtern. Wie er dann vor mir stand, wusste ich: Da kommt einer, der weiss, was er will. Er disponiert, teilt ein, stellt um, packt an, schuftet wie einer vom Team, stets mit einer Prise Humor. Wir haben viel gelacht in den zwei Tagen. Die Beleuchtung initialisierte den Startschuss für einen totalen Umbau der Krönenhütte mit ihren 72 Plätzen. An die 1,58 Millionen Franken kostete der Hüttenumbau. Ich könnte mir kein schöneres Zeichen für die Zukunft vorstellen. Mit meinen 52 Jahren, davon 19 Jahre als Hüttenchef, zähle ich mich noch zu den Jungen. Verstehen Sie mich richtig, zu jenen, welche die Zukunft des SAC mitgestalten. Weil der SAC so breit abgestützt ist, liessen sich auch genügend Gelder auftreiben. Jeder noch so bescheidene Beitrag eines Mitgliedes summierte sich auf, da der Club über eine Riesenlobby verfügt. Dank diesen Mitgliedern – unsere Sektion zählt aktuell etwa 1850 – konnten wir den Umbau finanzieren. Und spätestens seit der Beleuchtung sind die Leute überzeugt, dass es gut investiertes Geld ist. Das grösste Gaudi spielte sich allerdings «off the record ab»: Für das obligate Spatenstichfoto sollten wir ein Schattentheater inszenieren. Regisseur Gerry sparte nicht mit Anweisungen. Seine Kommentare waren ein Feuerwerk für sich. «Arm nach oben! Kopf nach unten! Bohre den Fels mit deinem Werkzeug, wie ein Kantöönler! Jetzt alle still! Nicht bewegen! Geht das ein bisschen echter?» Es kam viel echter, als es sich anfühlte. Ende August 2014 war der Hüttenumbau abgeschlossen. Mit den Bildern vom Jubiläum und der renovierten Hütte schreiben wir ein neues Kapitel im Erstfeldertal.

Tino Zberg

6

⑥ Kröntenhütte, 1903 m,   16.–17. Juni 2013
Erstfeld, Tel. 041 880 01 22
Sektion Gotthard, Kanton Uri
Die Moorlandschaft unter der Hütte ist nationales schutzgebiet.

Hüttenbeleuchtung wäre ursprünglich auf April mit Ski geplant gewesen. Wegen Schneemengen und grosser Lawinengefahr verschoben auf Mitte Juni.

Gewählte Route – Start ab Bodenberg, Material ging mit der Materialtransportbahn des Alphirten hoch bis Hasenrüteli. Ab da alles zur Hütte getragen. Im oberen Teil ein noch vorhandenes grosses Schneefeld durchquert. Einen grossen Teil des Materials durften wir am Morgen dem Helikopter, der einen regulären Materialflug für den Start der Renovation der Hütte durchführte, ins Tal mitgeben.

Zeit – Normal 2 Std. 30 Min., wir 6 Std.

Sherpas 11.

Wetter – Schön und extrem heiss wegen Saharawind. Rekordhitze des Jahres 2013.

22.07 Uhr Beginn Nacht.

05.35 Uhr Beginn Tag.

Beleuchtung – Perfekte Bedingungen am Abend und am Morgen.

Bemerkung – Das Apérogebäck des Hüttenwartteams war Weltklasse. Zur Eröffnung der Hütte mit Anbau nach der Renovation wird sie am 30. August 2014 nochmals beleuchtet.

Am Ursprung

Grünhornhütte – Linthal

21.–22. Juni 2013

7.1

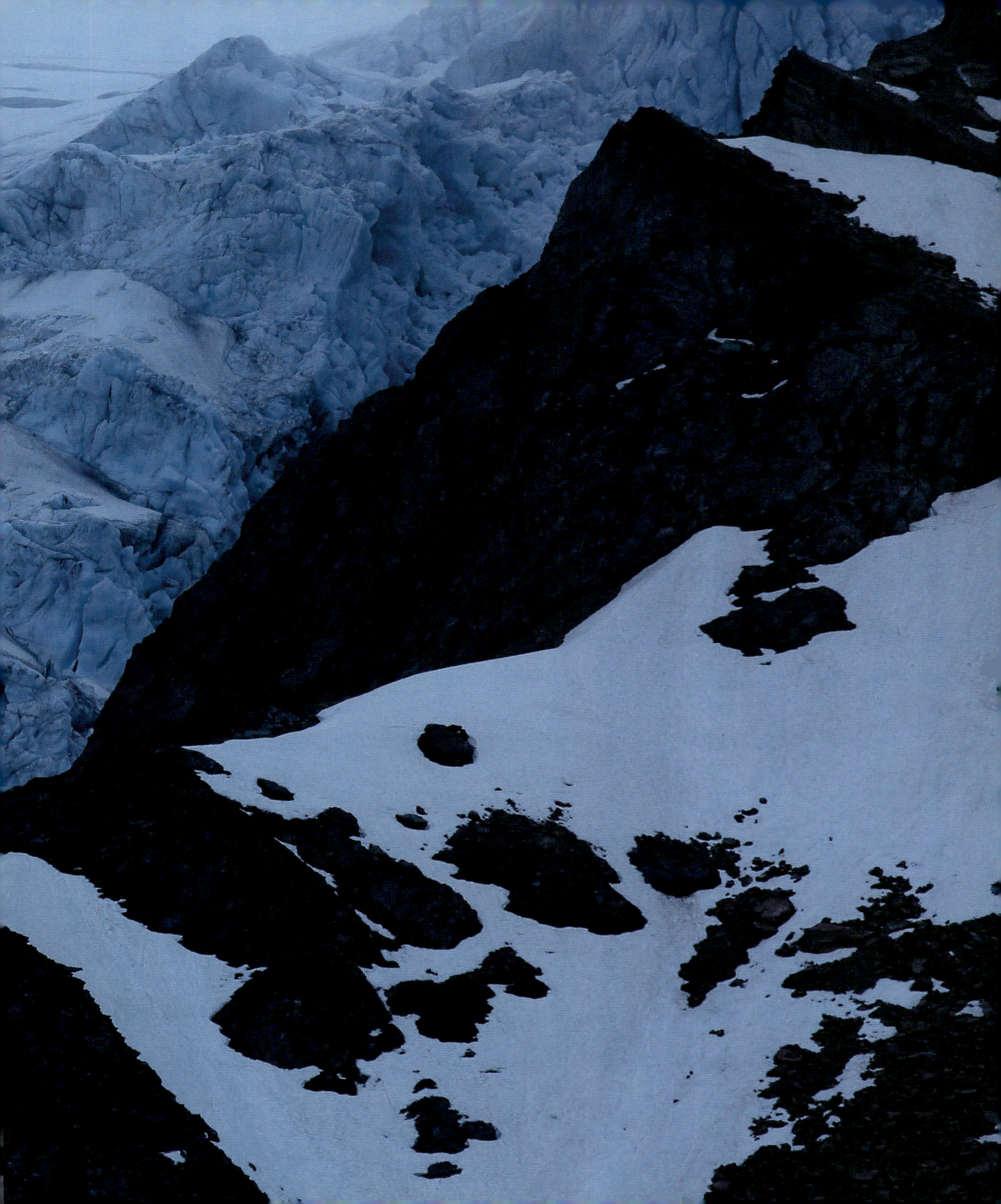

7.1

Für die offizielle SAC-Feier vom 23. Juni 2013 wählte der SAC die Fridolinshütte im Linthal auf 2111 Meter. Sie liegt eine Stunde Fussmarsch unterhalb der Grünhornhütte, die ein einziges Sinnbild einer typischen SAC-Hütte ist. Die Grünhornhütte ist die erste Berghütte für Alpinisten, die vom Schweizer Alpen-Club (SAC) erbaut wurde, und liegt auf 2448 Meter. Sie wurde im Jahr 1863 erstellt, dem Gründungsjahr des SAC, der sich im Bahnhof Olten als reiner Männerverein der schweizerischen Bergsteiger formierte. Von ihrer Geschichte erzählen in der Hütte heute noch die Wachsblachen am Boden und die karge Einrichtung, denn sie sollte ursprünglich nichts anderes sein als eine Schutzhütte auf dem Weg zum Tödi. Die Hütte hatte Platz für sechs bis acht Personen. Sie wurde nicht bewirtschaftet und diente lediglich als Notlager. Sie habe – so wird gesagt – «Museumscharakter». Seit 2011 ist sie geschlossen. Anfangs bestand die Grünhornhütte nur aus niedrigen Mauern, über welche die Berggänger nachts eine Plane zogen. Später wurde sie ausgebaut und immer beliebter, sodass wegen Platzmangels 1890 die Fridolinshütte errichtet wurde. 1898 wurde die einfache Unterkunft am Grünhorngrat durch eine Holzhütte ersetzt.

Die Idee und der Wunsch vom SAC gingen dahin, dass ich am Vorabend der Jubiläumsfeier in der Fridolinshütte die Grünhornhütte beleuchte, um am Abend des Feiertags selber mit der illuminierten Fridolinshütte nachzudoppeln. Nieselregen begleitete unseren Aufstieg zur Grünhornhütte. Für den Abstieg, dies vorweg, seilten wir uns sogar an. Wir zogen los mit dem Kameramann Henry Maurer, dem Fotografen Mike Kessler, Markus Küng von der Hüttenkommission der Sektion Tödi, Chäp Bäbler (auch ehemaliger Rekrut von mir) und seiner Frau, beide als Sherpas, und der Journalistin der *Schweizer Illustrierten* Yvonne Zurbrügg. Sie wollte es wissen und dabei sein. Wir liessen Frank Schwarzbach, den zweiten Fotografen, zurück in der Fridolinshütte. Er sollte die kleine beleuchtete Grünhornhütte am Abend und am Morgen von unten aus 2 Kilometer Distanz mit dem Gletscher im Hintergrund ablichten. Wir erreichen die Hütte bei Anbruch der Dunkelheit. Mit diesen Gewichten und den glitschigen Felsen hatten wir im Nieselregen zwei Stunden für den Aufstieg gebraucht. Wir installierten sofort den Projektor, weil es den Anschein machte, dass es sehr schnell stark zu regnen beginnen würde. Chäp eilte mit seiner Frau, beides auch sehr erfahrene Berggänger, sofort wieder runter zur Fridolinshütte. Wir begannen die Beleuchtung auf diesem schmalen Grat, schafften fünf Bilder und mussten abbrechen, weil starker Regen einsetzte und ein heftiger Wind blies. Durchnässt flohen wir in die Hütte, die sich uns – ihrem ursprünglichen Zweck treu – sofort als Schutzhütte offenbarte. Wir berieten, wie wir die Nacht in diesem «Raum» verbringen würden. Ich fühlte mich wie die Berggänger früher. Festgehalten drinnen wegen des Wetters, gleichzeitig erfüllt von grosser Dankbarkeit, im Trockenen und geschützt zu sein. Hautnah erlebten wir hier oben, was der Begriff «Schutzhütte» bedeutete. Ich konnte es einfach nicht glauben, dass ich genau an diesem Abend, an dem ich die erste Schutzhütte in den Schweizer Alpen zum Jubiläum beleuchten will, in eine solch groteske Situation komme, dass ich die «Schutzhütte» tatsächlich innerhalb von Sekunden mit meinem Team als Schutzhütte aufsuchen muss. Fragen über Fragen kamen in mir hoch. Wir hatten keinen Proviant mit dabei, weil wir damit rechneten, zum Frühstück längst wieder unten zu sein. Immerhin zauberte jemand heissen Tee aus dem Rucksack, und ich hatte vier Pack Militärbiscuits mit dabei. Mit wie viel Ehrfurcht wir diese Guetzli herumgereicht haben! Immer wieder nur ein kleines Stück abgebrochen, um möglichst lange das Gefühl zu haben, dass genügend da ist und wir die Zeit strecken können. Markus förderte noch ein kleines Fläschchen Kirsch zutage. 12 Milliliter, sie kamen uns vor wie 12 Liter. Jeder nahm ganz vor-

Grünhornhütte

7.1

sichtig einen Schluck und labte sich vor allem am Duft des klaren Wässerchens – eine Andacht, wie ich sie noch selten erlebt habe. Draussen «chutet» es, was es heruntermag, du hast warmen Tee, noch ein paar Biscuits, und alles holt dich ein. Ein Mensch kann drei Tage ohne Nahrung auskommen. Das beruhigte ein wenig, das mulmige Gefühl aber blieb. Allmählich machten wir uns zum Schlafen bereit. Wir nächtigten wie in einer Favela: Henri, der Filmer, kroch in Plastik eingehüllt unter eine Sitzbank. Markus nistete sich darüber auf der Sitzbank in einen Schlafsack ein. Der Journalistin Yvonne, die einzige Frau im Team, überliessen wir zwei Schlafsäcke und schichteten ihr zur Isolation noch ein paar Holzlatten auf dem Boden auf. Der Fotograf Mike bastelte stumm, aber irgendwie beschäftigt und zufrieden mit ein paar gefundenen Holzlatten einen Lattenrost Ikea-like, den er vor die Eingangstür legte. Ich lag wie immer auf dem Tisch. Am Morgen um halb vier funkte ich mit Frank. Die aufsteigenden Wolken sollten unser Glück sein: Wolken reflektieren das Licht und das Weiss des Gletschers im Hintergrund. Dieses Licht würde das Bild, das ich im Kopf hatte, unbeschreiblich aufwerten. Das Blau in den Gletscherspalten würde ein viel weicheres, matschigeres Blau, weil die Sonne durch die feuchte Luft aufging. Zudem kämen die Konturen des Gletschers viel dramatischer zur Geltung. Nach gelungener Morgenbeleuchtung nahmen wir, angeseilt in den nassen Kleidern, den Abstieg unter die Füsse. Würde man auf dieser steilen Krete ausrutschen, gäbe es die nächsten 300 Meter den Berg hinunter kein Halten mehr. So gesehen würde man mit 100 Sachen ins Geröll knallen. Danach kam das steile Schneefeld. Gleiche Herausforderung auch hier: Auf keinen Fall ausrutschen, weil man mit diesem Gewicht des Projektors auf dem Rücken auf dem Schnee ein solches Tempo entwickeln würde, dass es unmöglich wäre, mit dem Pickel die Rutschpartie aufzuhalten. Höchste Konzentration und jeden einzelnen Schritt auf Trittsicherheit prüfen war angesagt. Schliesslich kamen wir heil in der Fridolinshütte an, und die Hüttenwartin Gabi Aschwanden erwartete uns schon mit einem herrlichen Frühstück.

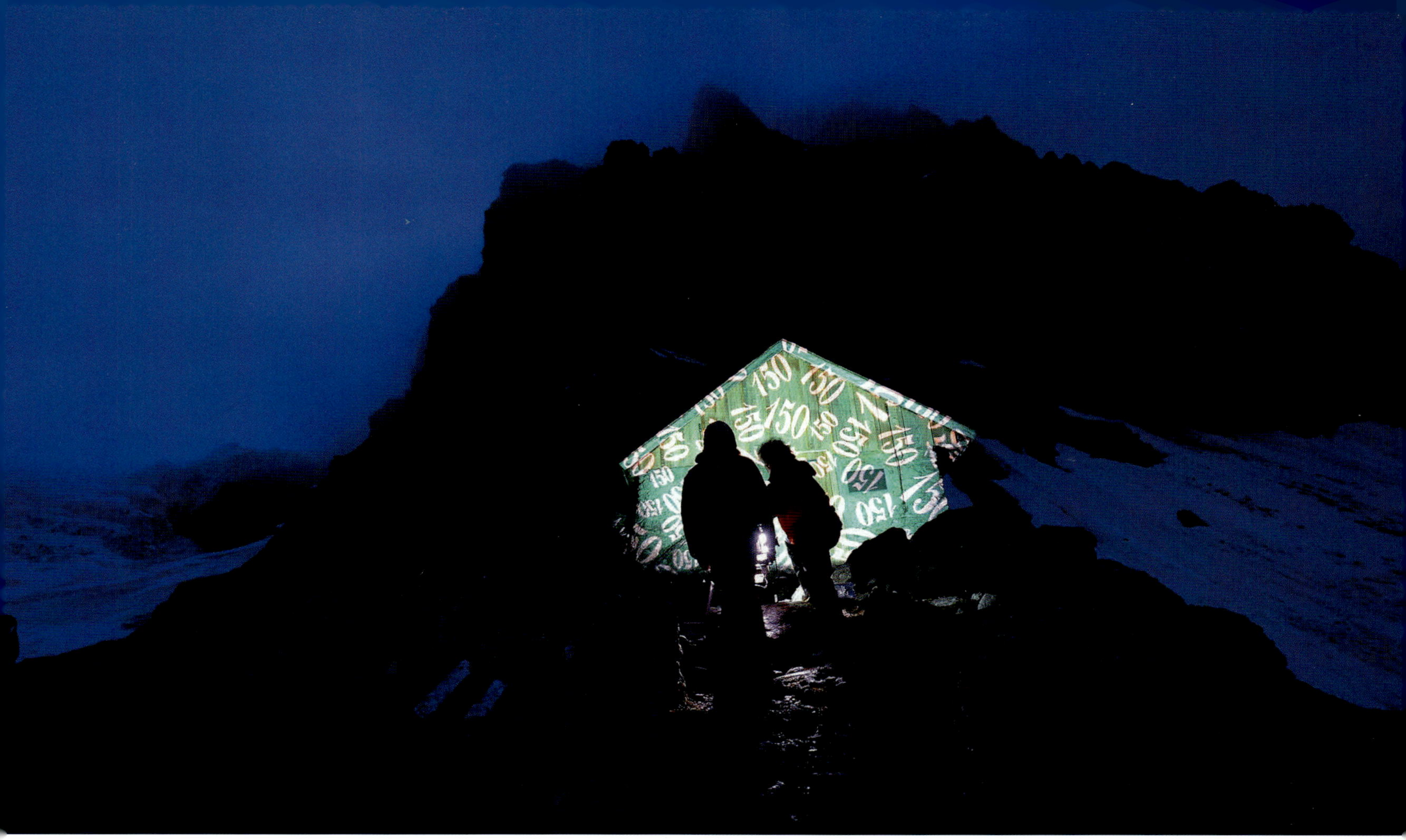
150

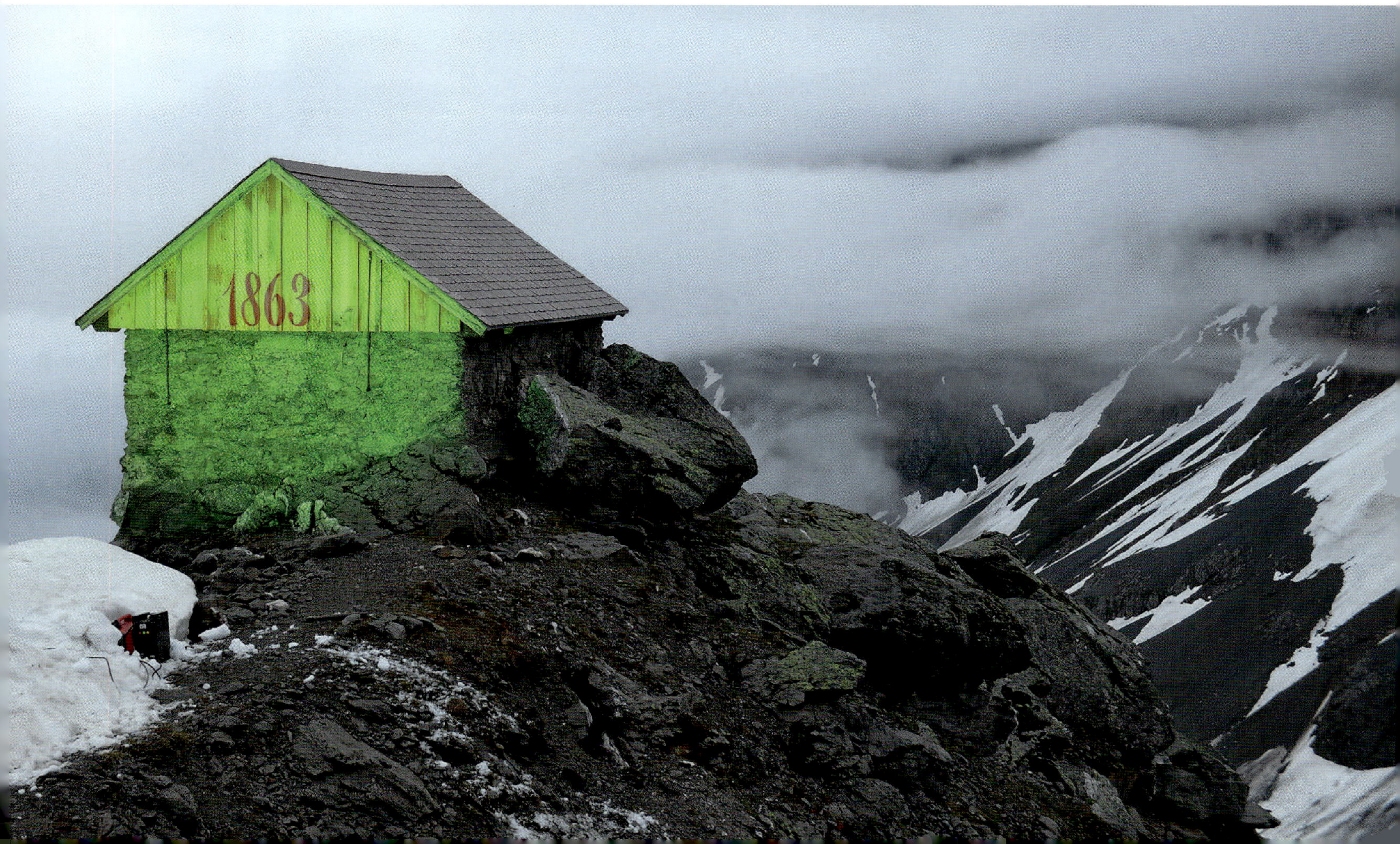
1863

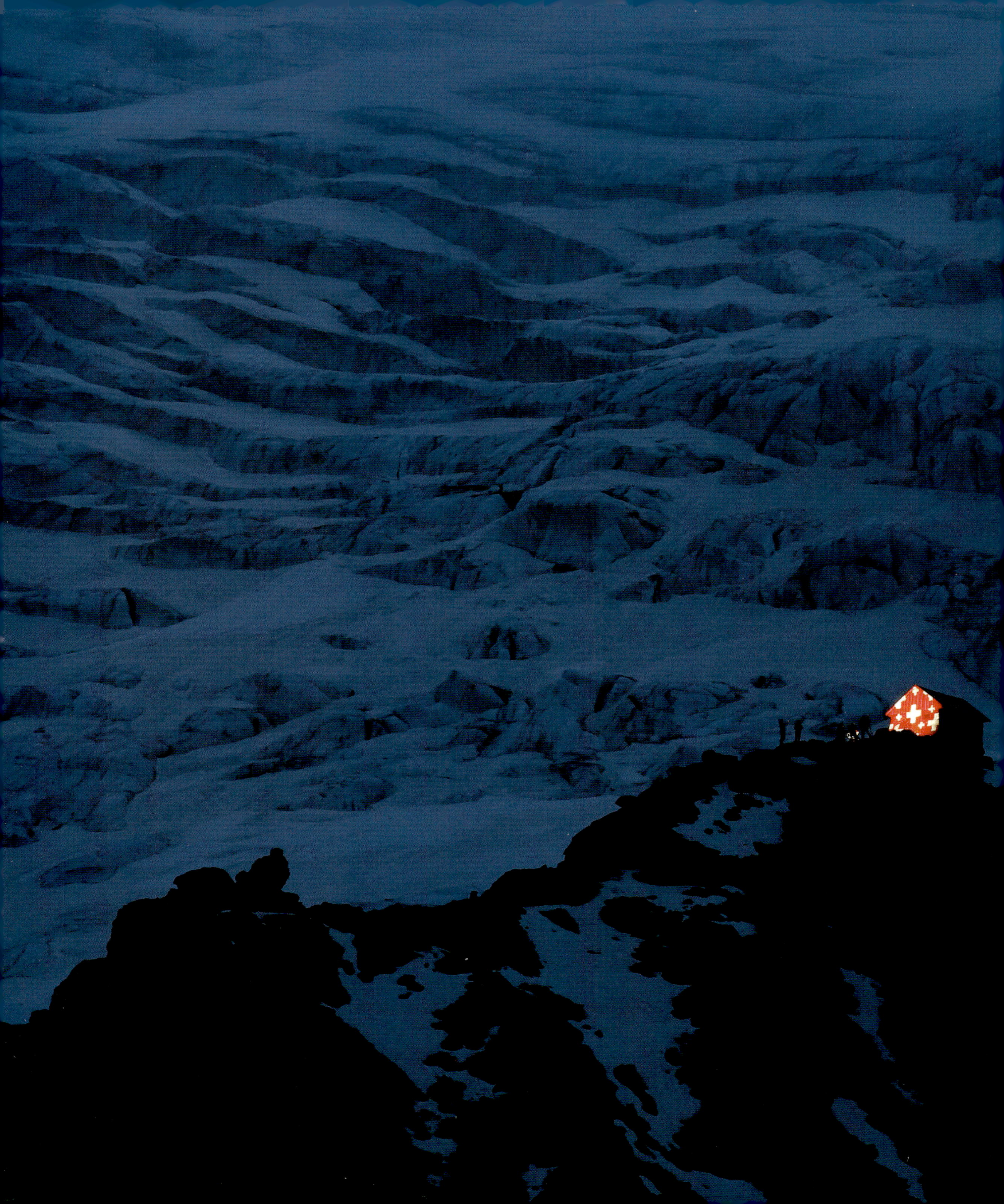

7.1 Dein Berg ist das Ziel

Was hätten wohl die Gründerväter des SAC gedacht, wenn man ihnen 1864 bei der Grünhornhütte gesagt hätte, dass in 150 Jahren das Gletscherende viel weiter hinten und der SAC schweizweit tätig ist, dass er über 155 Hütten betreibt und gegen 150 000 Mitglieder hat, die in der Hütte Strom, Licht, warmes und kaltes Wasser haben und auf Matratzen mit Decken und zum Teil schon mit Duvets schlafen, dass das WC aus schönem weissem Keramik besteht und WC-Papier vorhanden ist, eine Reserverolle in Griffnähe. Am Schluss hätte man ihnen noch sagen können, dass nun auch schon viele Frauen im SAC mit dabei sind und in die Berge gehen, dass man Kleidung trägt, die den Schweiss nach aussen transportiert und die Haut trocken hält, dass man auf der Tour den Puls über eine Uhr kontrollieren kann und den Weg über das Telefon, das man nun dabei hat, findet, wobei man mit diesem Telefon auch fotografieren und Meldungen schreiben kann und der integrierte Wecker daran erinnert, wann der nächste Energiebarren zu sich genommen werden muss. Sie hätten uns ungläubig angeschaut und nach der Alp gefragt, wo es dieses spezielle Kraut zu pflücken gäbe, um es zu rauchen und auch auf solche Phantasien zu kommen. Umgekehrt könnten uns ein paar dieser Gründungsväter erzählen, dass man oft, statt Socken zu tragen, Heu in die Bergschuhe stopfte und ohne Socken einstieg, weil das Heu den Schweiss besser aufsaugte und erst noch warm gab. Der Nachteil war, dass sich schneller Hornhaut bildete, diese war aber nützlich, um die Bäche barfuss zu überqueren, da es keine Brücken gab. Und damit man mit einem Mocken Trockenfleisch, einem Brotlaib und Käse ohne Probleme eine Tour vom Linthal hoch über die Grünhornhütte auf den Tödi und wieder retour ins Tal machen konnte. Dass ein Rotwein dabei war, stand ausser Diskussion. Die Kleider waren aus derbem Stoff und hielten den Wind und die Kälte ab, wenn man sie in mehreren Schichten trug. Aufgrund des Verhaltens von Tieren und Bauern wurde das Wetter analysiert. Wir hätten auch gestaunt und uns gefragt, was die wohl gestochen hatte, sich so ausgerüstet diesen Gefahren auf einer Bergtour auszusetzen, ohne all die Materialien und Techniken, die wir heute haben, um möglichst angenehm und «sicher» auf einen Berg zu kommen. Dazu kann ich nur Folgendes sagen: Den Berg hoch muss man immer selber. Und hinunter auch. Es ist wie im Leben. Man kann noch so viele Hilfsmittel, Tipps, Ausbildungen und Helfer haben, ganz am Schluss muss man es selber schaffen. Egal, in welcher Zeit man lebte, lebt oder leben wird. Die Ziele – oder symbolisch gesprochen: die Berge –, die der Mensch erreichen will, sind nur so hoch, wie die momentanen Errungenschaften der Menschheit es in der Grenzzone erlauben, diese mit etwas Glück und Mut auch zu erreichen.

Beat Frefel, Präsident SAC-Sektion Tödi.

«Gerry hat mich einmal mehr überrascht mit seiner Kunst»

Gerry Hofstetter und ich. Er Leutnant. Ich Rekrut. An diese Militärzeit erinnere ich mich gerne. Er war schon damals begeisterungsfähig. Es lief immer etwas, und das sollte sich am Berg bestätigen. Keine Frage, ich war Feuer und Flamme, als ich von der Jubiläumsaktion hörte.

Im Rahmen des 150-Jahr-Jubiläums der SAC-Sektion Tödi wurde die im Gründungsjahr 1863 erbaute Grünhornhütte auf 2448 Meter über Meer in ein hochalpines Baudenkmal umgewandelt. So sehr ich Gerrys Projekte über Jahre verfolgte, war ich doch ein wenig skeptisch, wie seine Lichtinstallationen an dieser Hütte wirken sollten. Gerry hat mich einmal mehr überrascht mit seiner Kunst: Die Inszenierung war überwältigend. Solch überaus stimmige Bilder in hoher Qualität sieht man selten in der Natur, zumal die Komponente Wetter immer die grosse Unbekannte bleibt. In unserem Fall war sie am Vorabend sogar die grosse Unbequeme. Der heftige Regen liess vorerst nicht auf eine Installation am nächsten Morgen hoffen. Doch dann riss der Himmel auf.

Die Sektion Tödi ist eine der Gründersektionen des SAC. Die Jubiläumstour bot den absoluten Höhepunkt von allem bisher Erlebten. Die grossartigen Bilder zierten die Frontseiten von Zeitungen, das Fernsehen war auch dabei, wir waren in vielen Medien präsent und wurden vom Publikum positiv wahrgenommen – ein wichtiger Meilenstein für die Zukunft des SAC. Die Zeit der kratzigen Wolldecken ist vorbei. Als jung denkende Sektion befürworten und fördern wir moderne Architektur. Wir setzten bei der 2008 wieder eröffneten Leglerhütte ein zeitgemässes Zeichen, was Umbauten betrifft. Das Mitgliederwachstum gibt uns recht: Offenes Denken macht den SAC zukunftsfähig, ohne den Charme der Schutzhütten zu opfern. Meine Leidenschaft bleiben die SAC-Hütten. Gerry Hofstetter hat mir deren Strahlkraft erneut eindringlich vor Augen geführt.

Beat Frefel

7.1

⑦ – Grünhornhütte, 2448 m,
Linthal, Museum   21.–22. Juni 2013
Tel. via Fridolinshütte 055 643 34 34

Die Beleuchtung der ersten SAC-Hütte, heute ein Museum, erfolgte anlässlich des eigentlichen Festaktes im Rahmen der offiziellen 150-Jahr-Feier des SAC. Die Feier war in der benachbarten Fridolinshütte der Sektion Tödi.

Gewählte Route – Von Linthal mit Alpentaxi zu Hinter Sand. Ab da zu Fuss zur Fridolinshütte, Nachtessen und Aufstieg zur Grünhornhütte.
Zeit – Normal 3 Std., wir 7 Std. 10 Min. inkl. 1 Std. Abendessen. Sherpas 5.
Wetter – schlechtes Wetter und Regen angesagt. Der Regen kam beim Abmarsch zur Grünhornhütte nach dem Nachtessen in der Fridolinshütte. Regenschauer und Sturm bei Start Beleuchtung Grünhornhütte. Wetterbesserung in der Nacht, die Sonne strahlte zur 150-Jahr-Feier am nächsten Tag.
22.08 Uhr Beginn Nacht.
05.35 Uhr Beginn Tag.

Beleuchtung – Im Regen begonnen und Abbruch nach 20 Minuten wegen starkem Regen. Am Morgen Beleuchtung mystisch und majestätisch, dem Ursprung der Hütte entsprechend. Hütte war von der Fridolinshütte aus sichtbar, Luftlinie 2,3 Kilometer.

Bemerkung – Die Nutzung der Hütte als Schutzhütte mussten wir sinnigerweise plötzlich wegen des sehr schlechten Wetters selber erleben. Wir waren mehr als dankbar.

Wetter schön – nur während Jubiläumsfeier

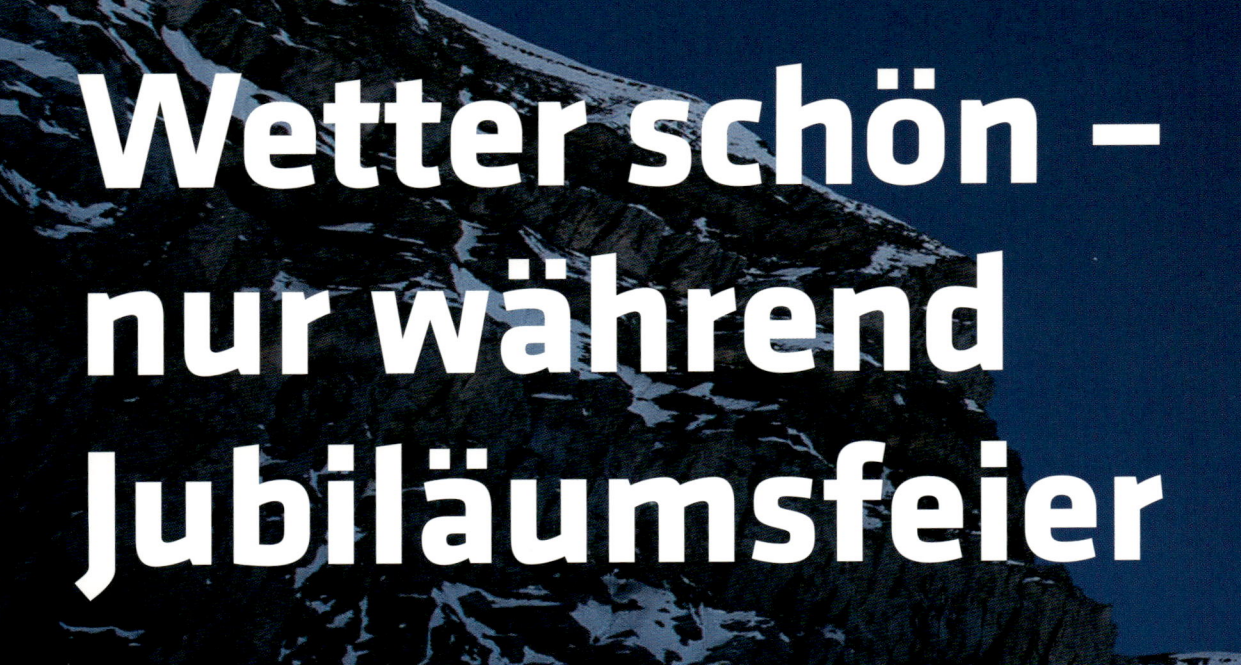

Fridolinshütte – Linthal

22.–23. Juni 2013

7.2

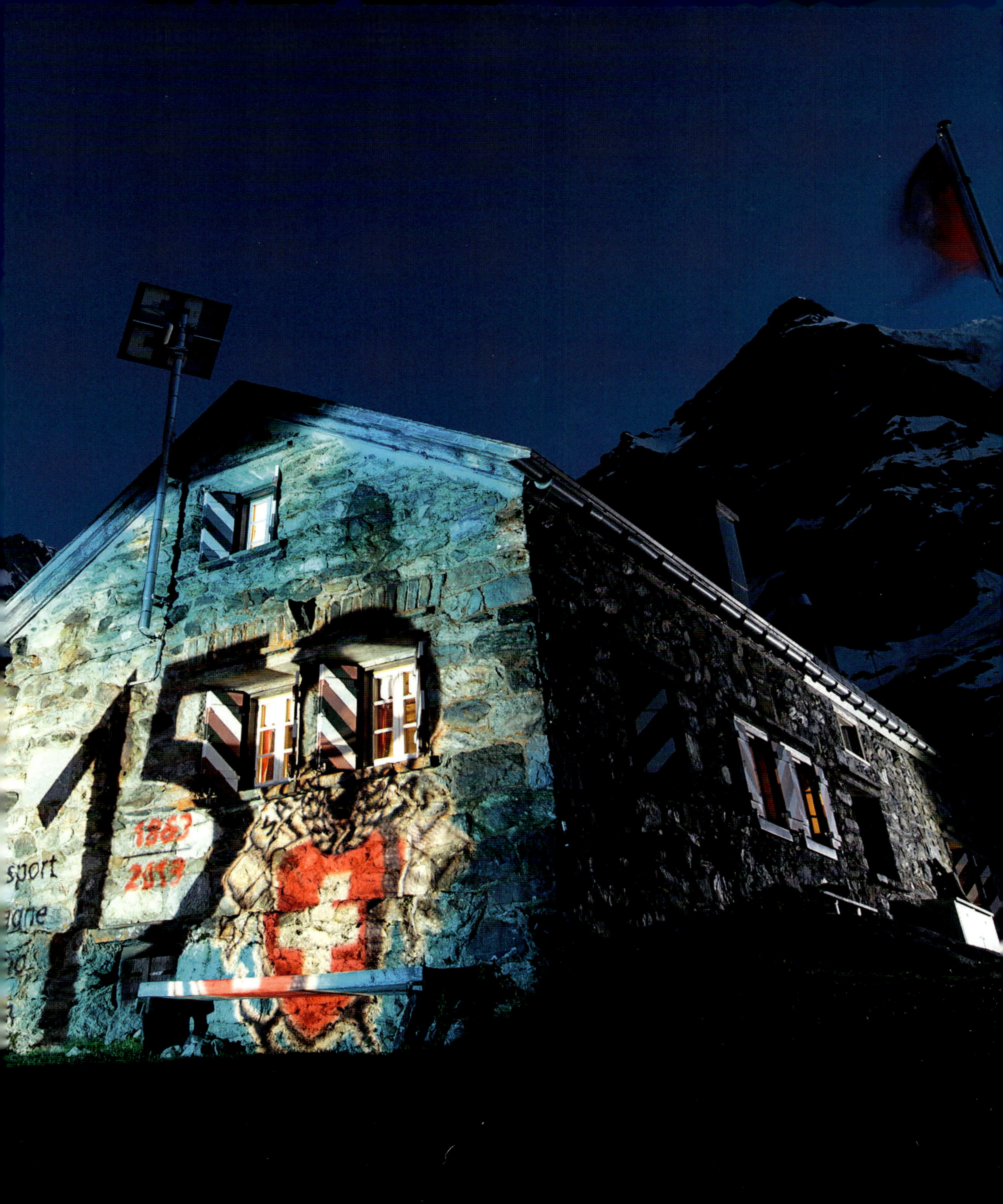
1863
2013
sport

7.2

Nach dem Frühstück in der Fridolinshütte – wir kamen direkt von der Morgenbeleuchtung der Grünhornhütte – machten wir zuerst mal eine Schlafpause. Die Hüttenwartin Gabi hatte uns in einem «Nebengebäude», in der alten Fridolinshütte, einquartiert, damit wir etwas Ruhe haben. Als wir um 14 Uhr wieder aus dieser Hütte kamen, begrüssten uns an die 100 geladene Gäste des SAC, die in der Zwischenzeit von Linthal hinaufgestiegen waren. Um 15 Uhr begann die offizielle 150-Jahr-Feier. Interessant war die Entwicklung des Wetters. Die Wolken wurden förmlich aus dem Tal die Bergwände entlang hochgezogen. Dies deutete auf bevorstehendes schönes Wetter hin. Aber nur für kurze Zeit, so etwa für maximal 18 bis 24 Stunden, da es sich um ein Rückseitenhoch handelte. Aufgrund meiner Berechnungen und Überlegungen würde dies bedeuten, dass die Feier genau bei schönem Wetter und aufklarendem Himmel um 15 Uhr beginnen konnte. Am nächsten Tag um 15 Uhr, wenn alles vorbei wäre und die Gäste wieder auf dem Weg ins Tal hinunter, spätestens dann würde der Regen erneut einsetzen. Das Rückseitenwetter ist bekannt für klarste Sicht durch saubere Luft, weil der Regen den Schmutz aus der Luft gewaschen hat.

Mit anderen Worte hiesse das, dass die Foto- und Filmaufnahmen der Fridolinshütte besonders schön würden und ein Abendrot und Morgenrot zu sehen wäre. Abendrot mit nachfolgendem Morgenrot ist besonders selten. Und tatsächlich war dann auch alles so. Die Feier, die Ansprachen, die Beleuchtung am Abend, die Beleuchtung am Morgen und der ganze Vormittag waren von bestem Wetter und mystischem Alpenglühn begleitet. Die Fridolinshütte überraschte uns mit einem der intensivsten Morgenglühn, die wir auf der Tour erlebten. Das Unheimliche daran bleibt: der Vortag mit dem Unwetter vor der Schutzhütte und die Feierlichkeiten bei bestem Wetter. Während des Abstiegs ins Linthal sprachen wir denn auch die ganze Zeit über das, was wir erlebt hatten.

7.2

116

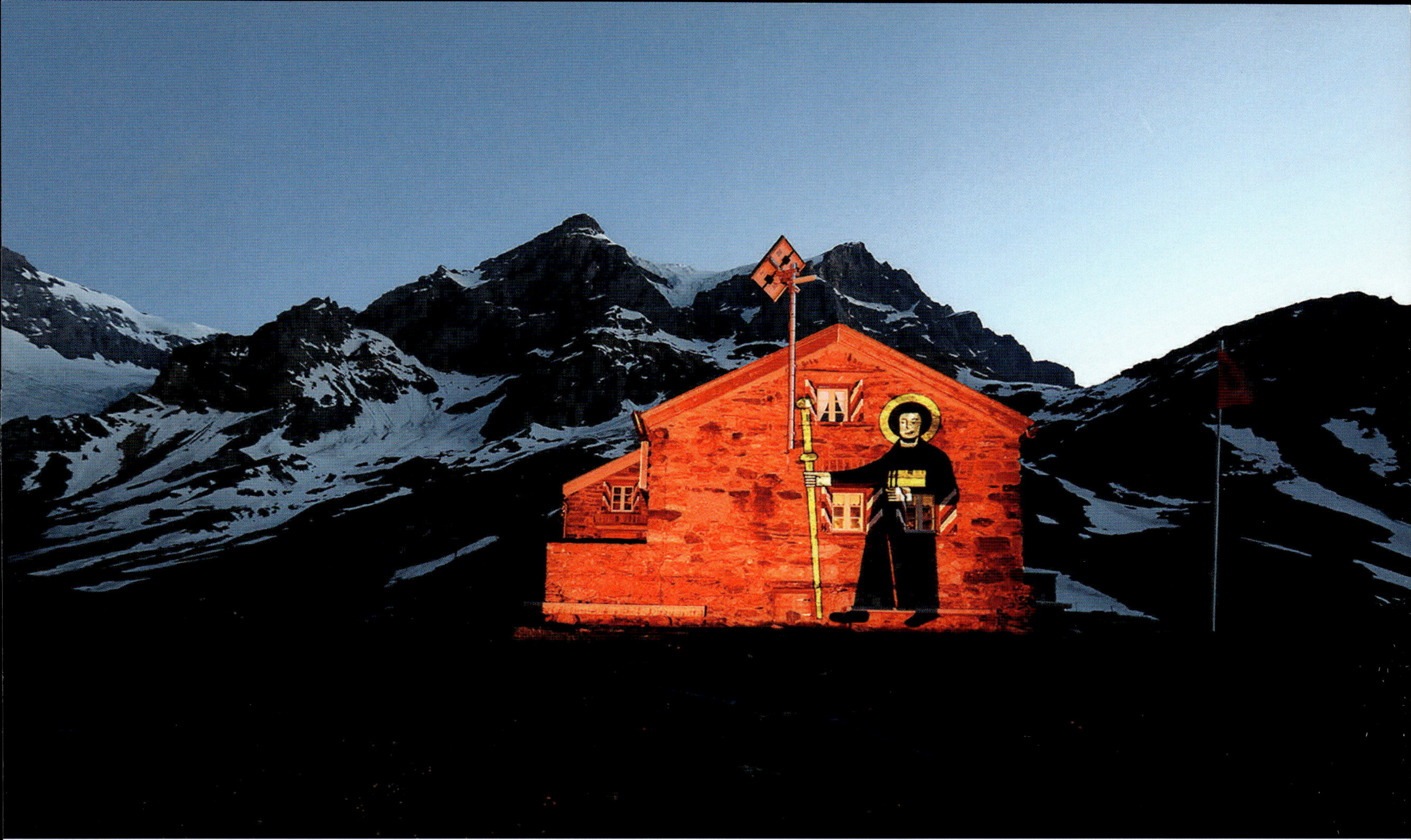

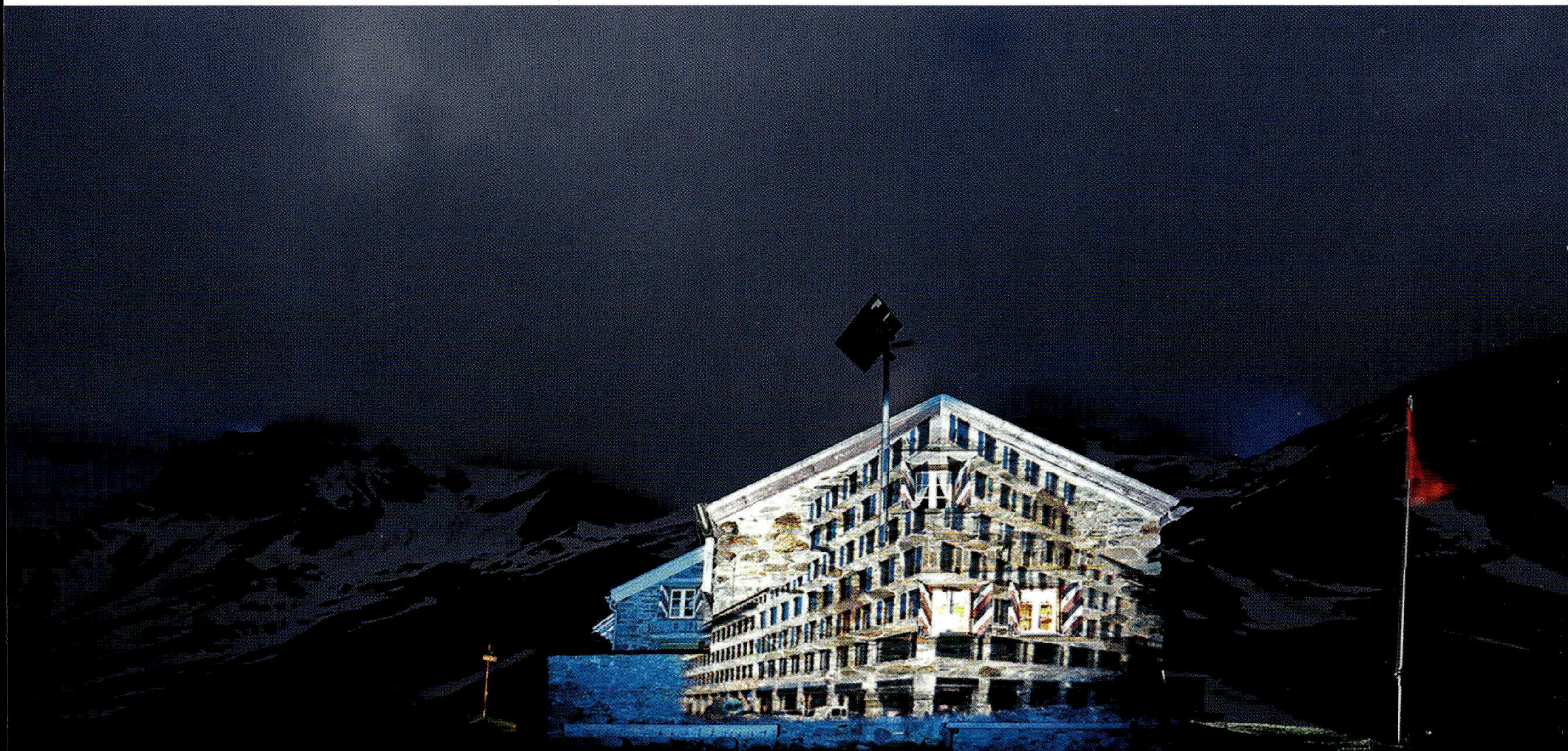

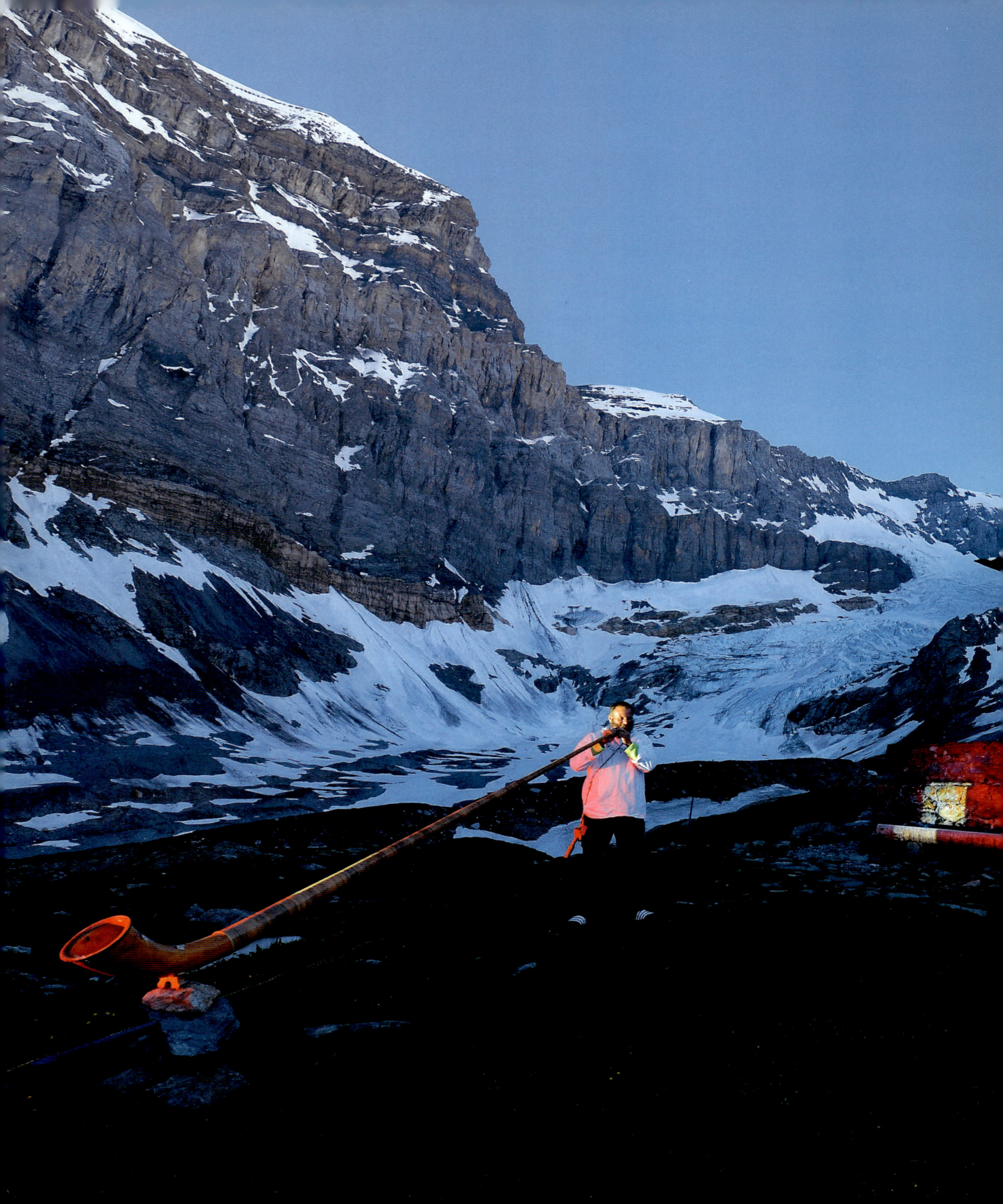

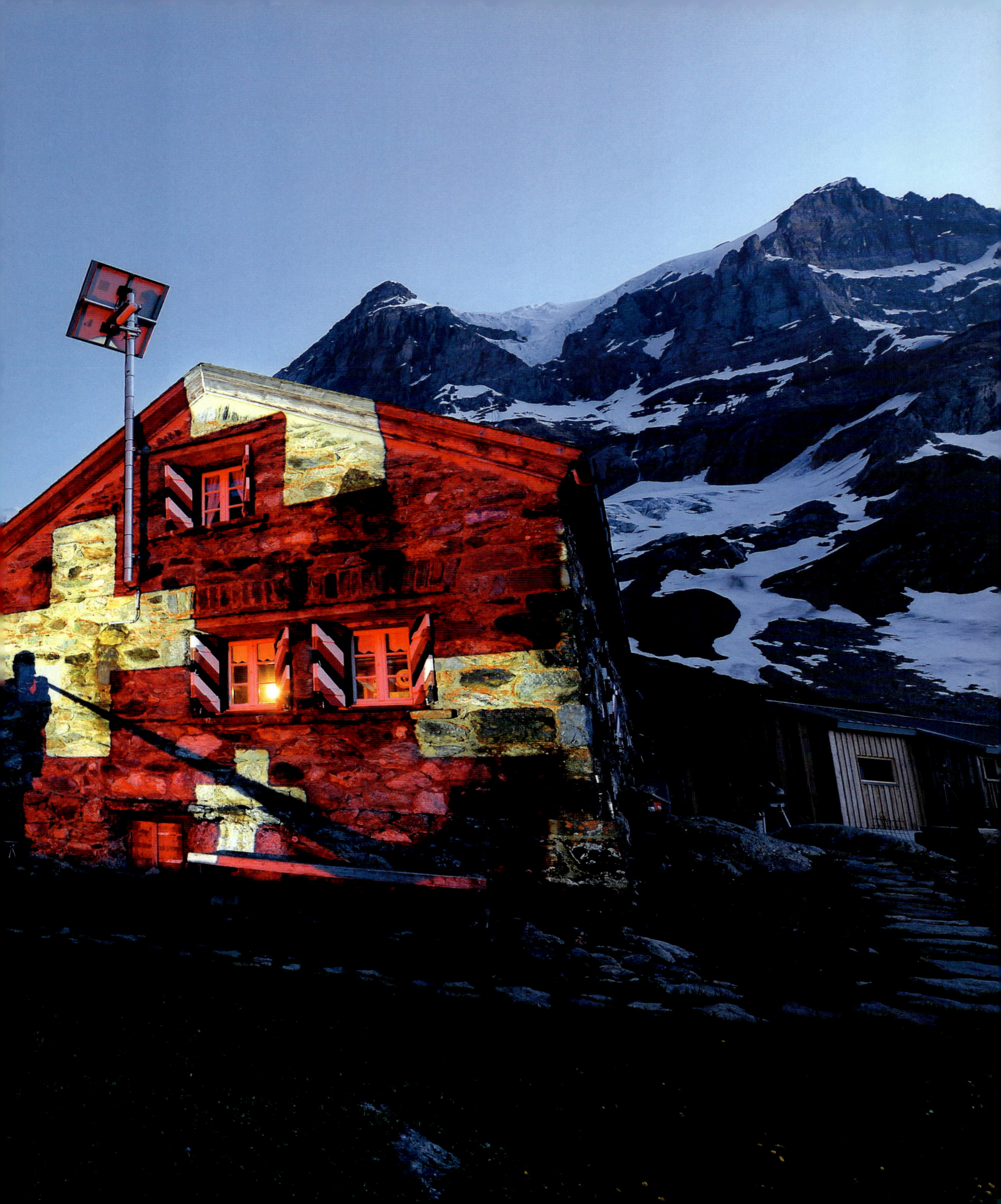

7.2
G-Force

Wer in meinem Team ist, kann spurten, schleppen, tragen, in der Kälte ausharren, bei Hitze kühlen Kopf bewahren, Kabel verlegen, geduldig warten, bis sein Einsatz gefragt ist, Kameras bedienen, nachts über Stock und Stein kraxeln, berggängig sein ohnehin, quer denken und gerade stehen, sich auf Brettern ein Nachtlager einrichten, generell überall schlafen oder nächtelang zwischen Eisbergen wach bleiben, schnell zupacken, aus Nichts etwas kochen und gelegentlich mit wenig über die Runden kommen. Kann im freien Gelände mit wenigen Handgriffen ein Filmstudio einrichten, kann feiern und an langen Tafeln sitzen, reisen, ohne zu rasten, und staunen, immer wieder. Mein Team hat Humor und wetterfest ist es auch. Zwischendurch verständigt man sich mit Händen und Füssen wie bei den Beduinen, Eskimos oder chinesischen Matrosen. Auch wissen sich meine Leute zu benehmen, wenn wir für einen König arbeiten und ihre Majestät am Anlass anwesend ist. Viele Menschen haben schon den Wunsch geäussert, bei mir im Team arbeiten zu dürfen oder mal auf eine Expedition mitzukommen. Gewiss ist meine Arbeit und mein Schaffen weltweit eine Ausnahme. Doch da gibt es einen Punkt, der geringfügig unterschätzt wird: Was leichtfüssig als fun und funky rüberkommen kann, ist in Tat und Wahrheit das Resultat eines bedingungslosen Einsatzes eines kleinen Teams, ausgeübt mit grösster Leidenschaft, die auf höchster Perfektion eines jeden Handgriffs beruht – dies selbst bei der tausendsten Wiederholung und bei gelegentlich widerlichen Bedingungen und an irgendeinem Ort auf dieser Welt. In einem Projekt, in der Aktion, geschieht unweigerlich dauernd etwas. Das liegt in der Natur der Sache. Das Material ist schwer, der Zeitdruck gross, wenn der Abend naht oder die Sonne im Begriff ist aufzugehen. Unförmige, schwere und teure Geräte müssen einsatzbereit sein und bedient werden. Auflagen von Behörden müssen eingehalten werden. Transporte müssen sichergestellt werden. Die kunstvolle Kommunikation der Botschaft muss kreiert werden. Die Fotografen und Filmer müssen über den technischen Grenzbereich hinaus mit ihren Geräten arbeiten können. Pläne ändern kurzfristig, und Flexibilität ist ein Muss. Das Team lebt sehr nahe aufeinander. Das Team wird zur Familie. Das Team muss mich aushalten können – ich aber auch das Team. Das Team vertraut mir. Ich vertraue dem Team. Bei alledem bleibt es jedoch der schönste Job der Welt. Warum? Weil wir mit Menschen in der Natur mit der Natur für den Menschen arbeiten.

Françoise Jaquet, Präsidentin Zentralvorstand SAC.

«Wir wollen ein dynamischer Club bleiben»

Die Berge sind mein Ausgleich zum täglichen Leben. Jede Tour gibt mir Energie und relativiert vieles, das wir im Alltag als vermeintlich wichtig ansehen. Die Berge geben mir das Gefühl von Freiheit, und ich finde zu einer inneren Harmonie. Vor allem im Frühling unternehme ich häufig Skitouren. Ich geniesse das Knirschen des Schnees unter meinen Ski und die Ruhe in der gewaltigen Naturkulisse. Gerry hat mir noch eine andere Seite der Berge gezeigt. Nämlich die Inszenierung der Landschaft und der Hütten, das Spiel mit dem Licht und den Klängen. Seine Installationen auf der Fridolinshütte haben mich beeindruckt. Der Alphornbläser Fridolin Kundert untermalte mit seinen tiefen Lauten die Kunstwerke eindrucksvoll. Gerry hatte den richtigen Riecher, das richtige Gespür, was zu einem Festanlass wie diesem passen könnte.

Als Leiterin der Abteilung Klinische Versuche bei Swissmedic arbeite ich vorwiegend analytisch. Kreativität gehört nicht zu meinem Steckenpferden. Ich wusste nicht, wie ein «Lichtkünstler» arbeitet, als ich das erste Mal von dem Projekt hörte. Umso mehr hat mich Gerrys Arbeit fasziniert. Da steckt viel Handarbeit dahinter, allein wie die Glasplatten gefertigt und eingelegt werden. Beim Projekt war es dem SAC ein grosses Anliegen, dass die Hütten mit den vorhandenen Transportmitteln erreicht werden. Gerry, seine Mitarbeiterinnen und Mitarbeiter sowie die freiwilligen Helfer wurden zu idealen Botschaftern. Sie bewältigten den Hüttenaufstieg weitgehend mit dem ÖV, auf Ski, zu Fuss oder mit Lasttieren. Der nachhaltige Bergsport ist für den SAC und seine Hütten eine fortwährende Herausforderung. Wir wollen ein dynamischer Club mit moderner Infrastruktur bleiben, wo immer das möglich ist. Dabei respektieren wir zum Beispiel, dass es nicht überall in den Bergen genügend Wasser gibt, um Duschen zu bauen. Entscheidend ist, dass wir zugewandte Gastgeber bleiben, die mit Rat und Tat zur Seite stehen und die den Aufenthalt in einer Hütte so angenehm als möglich gestalten. Gerry hat seinen Teil dazu beigetragen. Mit viel Enthusiasmus und Sinn für Spass. Er soll unbedingt so bleiben.

Françoise Jaquet

7.2

7.2 – Fridolinshütte, 2111 m,
Linthal, Tel. 055 643 34 34
Sektion Tödi, Kanton Glarus

22.–23. Juni 2013

Die offizielle 150-Jahre-Feier des SAC fand am 22.–23. Juni 2013 in der Fridolinshütte statt.
Gewählte Route – Abstieg von der Grünhornhütte zur Fridolinshütte.
Zeit – Normal 45 Min., wir 1 Std. 20 Min.
Sherpas 3.
Wetter – Wolkenverhangene Berggipfel, spätnachmittags Auflösung, wolkenfrei und Alpenglühn bei Sonnenuntergang zur 150-Jahr-Feier. Klare Nacht, typisches Rückseite-Wetter, sensationell klarer Morgen mit Morgenrot, das als Vorbote von schlechtem Wetter und Regen am Spätnachmittag zu deuten war. Es war dann auch so. Kaum um 13 Uhr unten im Tal angekommen, regnete es.
22.09 Uhr Beginn Nacht.
05.36 Uhr Beginn Tag.

Beleuchtung – Jubiläumsfeiergerechte Verhältnisse, am Abend und am Morgen.

Bemerkung – Man trifft sich immer zweimal im Leben. Viele Glarner, die ich früher im Militär führen durfte, waren da und halfen mit. Es war grossartig, auch diese Kameradschaft nach bald 30 Jahren wieder erleben zu dürfen.

Langsamer ist schneller

Sustlihütte – Wassen

1.–2. Juli 2013

8

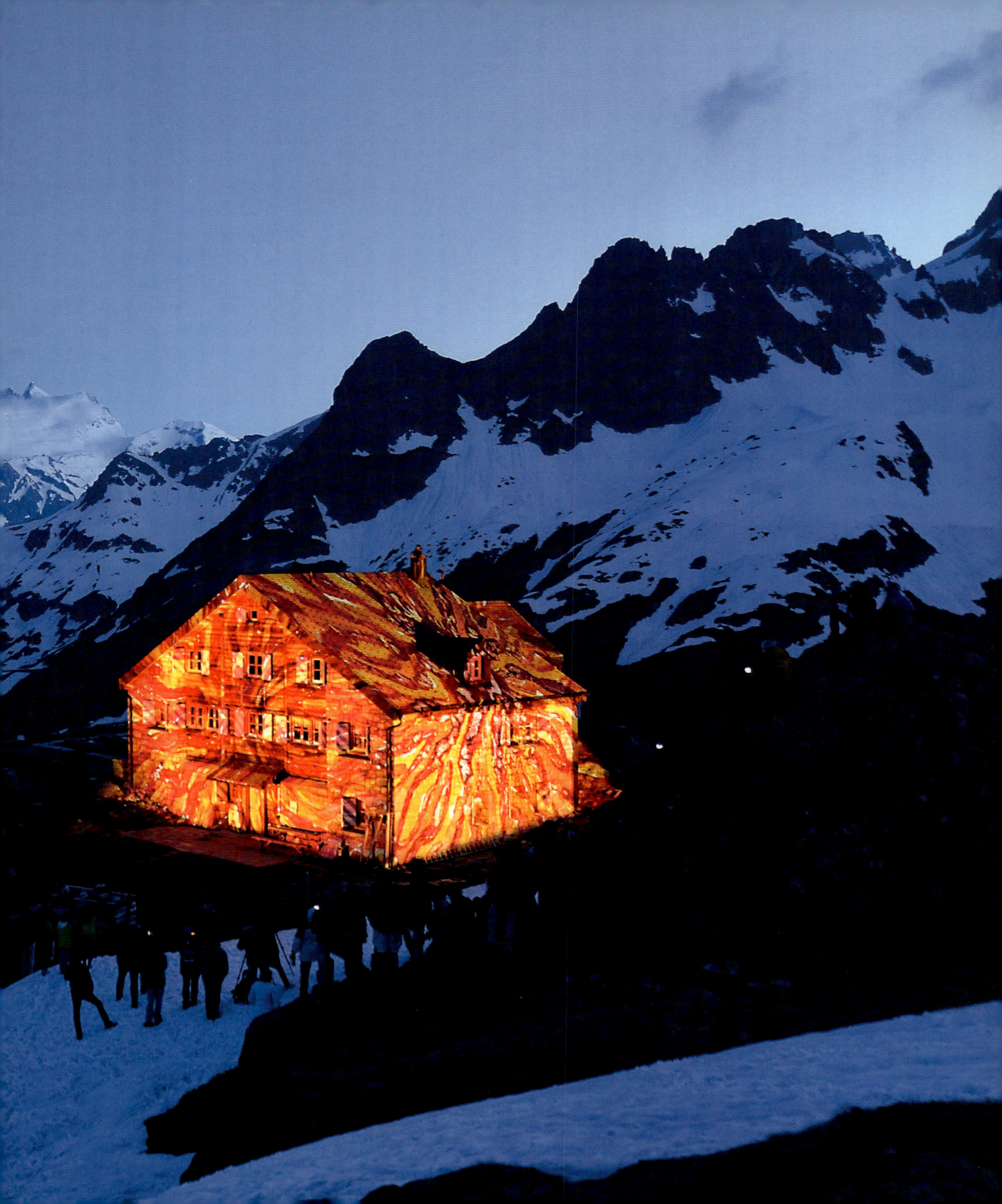

8

Hätten die 21 Angestellten des Kulturpartners Bayer gewusst, was für ein Aufstieg sie erwarten würde, der eine oder die andere hätte sich das vielleicht zweimal überlegt. Uns stellte sich die Frage nicht – wir fanden lediglich eine Antwort bei der Ankunft: Der Mensch ist nicht gemacht für abrupte Einstiege, die vom ersten Moment an alles fordern, so anspruchsvoll sind sie. Der Körper braucht ein leichtes Einlaufen. Geht es vom ersten Schritt an steil aufwärts, laugt das den Körper aus. Von allen Wegen war dieser hier der gemeinste. Während der ersten halben Stunde litten wir alle. Mit steilen Leitern und Stufen begann es direkt beim Parkplatz. Bis zur Hütte oben am Pass benötigten wir zweieinhalb Stunden statt der einen, die Hüttenwart Kari Stalder uns vorgab. Wohl gab es eine Materialseilbahn, Personentransporte waren indes verboten. Es würde auch niemand freiwillig in solche Holzkisten steigen. Wir verluden so viel Material wie möglich – auch den zweiten kleineren Projektor. Diesen benötigten wir, um die Sustlihütte von zwei Seiten anzuleuchten. Eine Fassadenansicht allein wäre meiner Meinung nach in diesem Fall zu langweilig gewesen. Den grossen

Projektor trug ich selber hoch, Ehrensache, wenn auch die Last in den Metallleitern mich ordentlich forderte: Ich krallte mich regelrecht an deren Seitenstangen fest, damit der Schwerpunkt vorne blieb und mich die Last nicht nach hinten zog. Dafür bot die Beleuchtung grosses Kino für den damaligen CEO von Bayer, Micheal Walleneit, und seine Mitarbeiter. Beste Lichtverhältnisse, gelegentlich etwas spooky, weil Nebelschwaden sich mit dem Lichtkegel vermischten, wenn ich gerade etwas mit grüner Farbe projizierte. Der Beleuchtung wohnten unzählige unangemeldete Leute bei. Der Hüttenwart Kari Stalder musste mindestens ein Dutzend von ihnen – zum Glück alles geübte Berggänger – in der Nacht erneut den Berg hinunterschicken, und das im dunkelsten Tal der Schweiz, im Meiental bei Wassen. Auf jeden Fall wussten alle, welche in der Hütte meinem Referat beigewohnt hatten, was für ein Wissen und eine Vorstellungskraft ein Pinguin haben muss, damit er sich Überlegungen machen kann für die Umsetzung, damit ein Haifisch ihn auf Wasserski am Seil zieht.

8

128

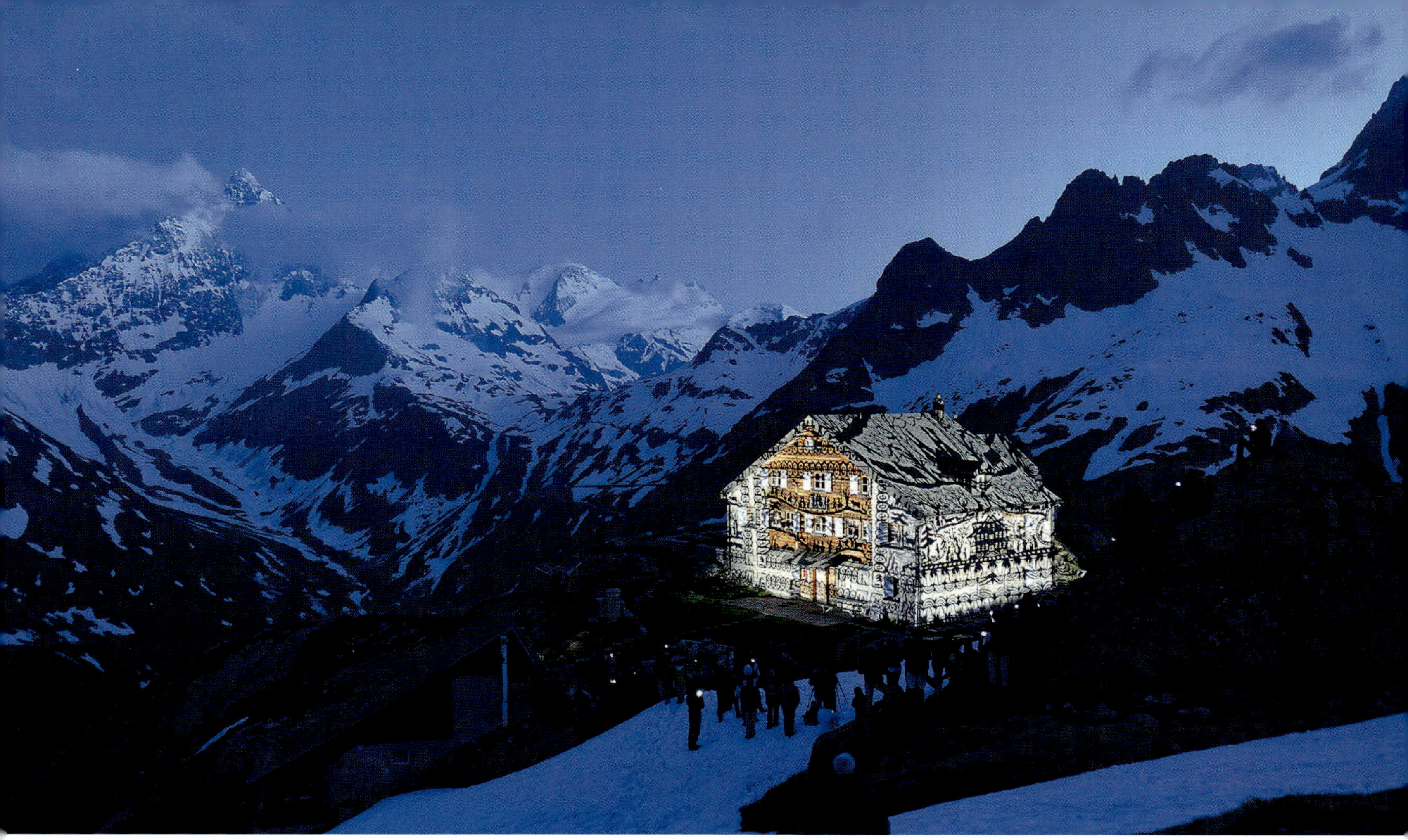

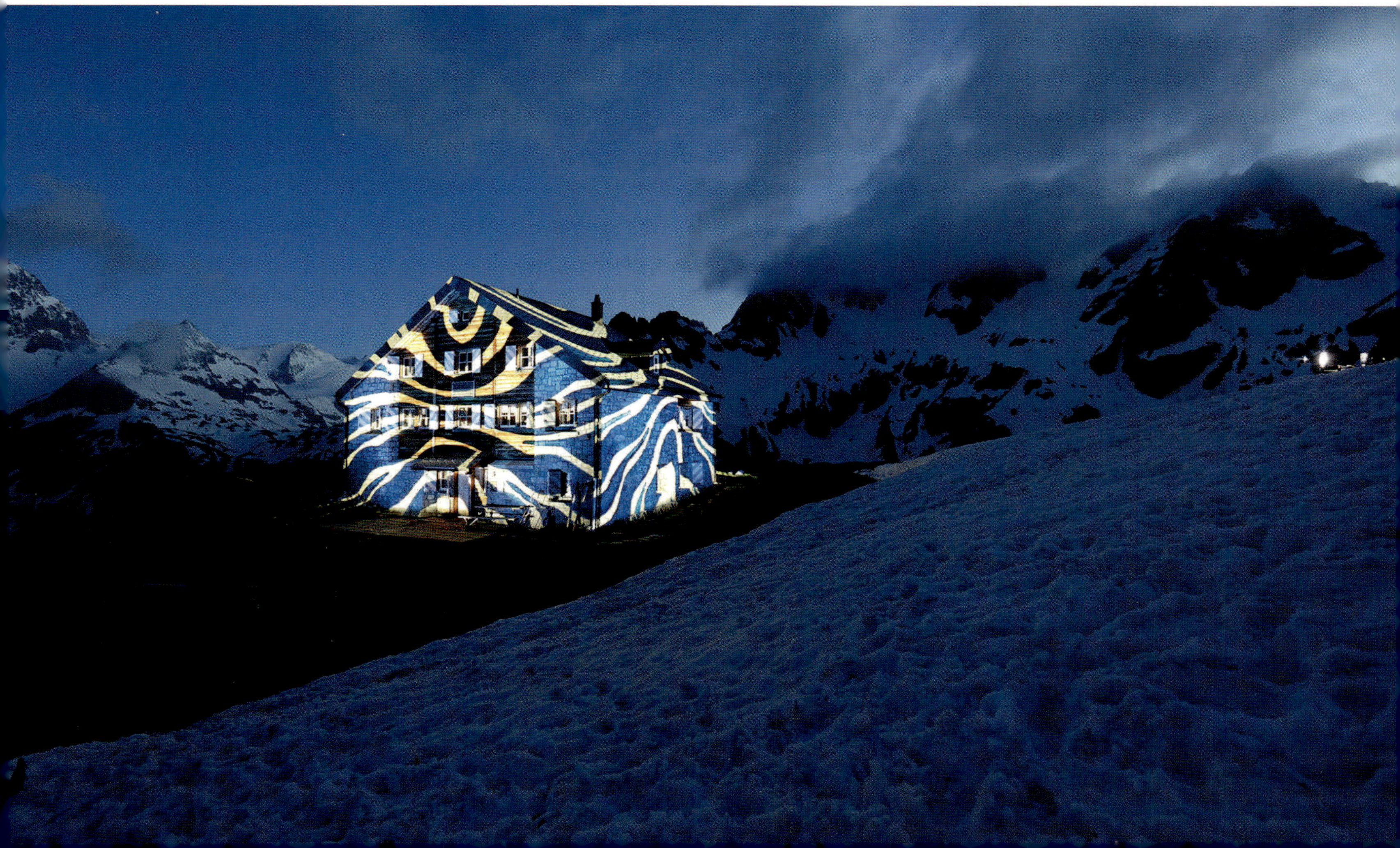

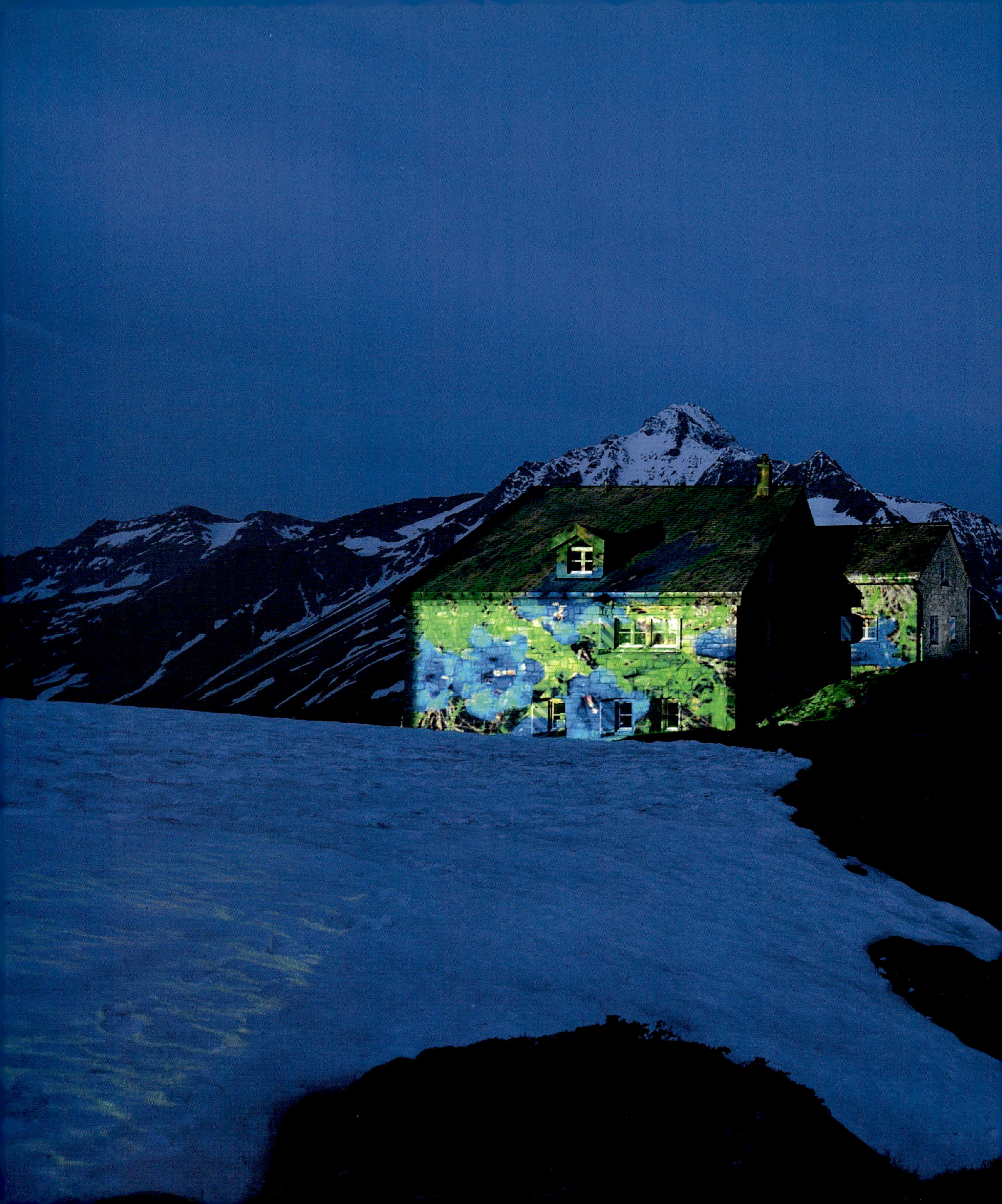

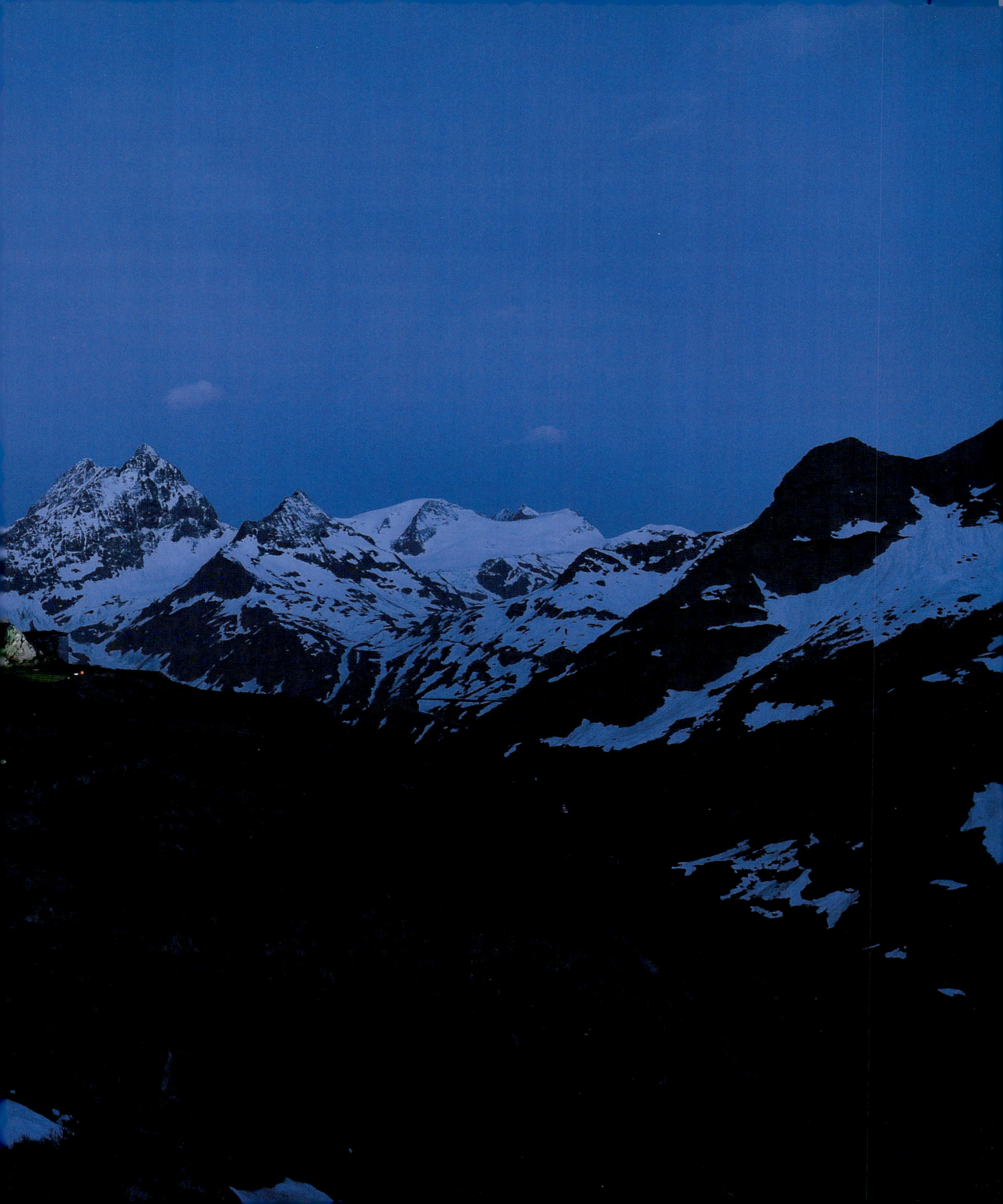

8 Mit Taktik bergwärts

Auch weniger Berggeübte können Wege zu den SAC-Hütten unter die Füsse nehmen. Wichtig sind dabei drei Dinge: die richtige Bekleidung, die richtigen Schuhe und die richtige Lauftaktik. Bei Aufstiegen sollte der Körperschwerpunkt immer über den Füssen sein. Ein leicht vorgeneigter Oberkörper verteilt das Körpergewicht regelmässig auf die ganzen Sohlen. Ruhige und bedachte Schritte, so lange wie möglich im selben Rhythmus, bringen einen am weitesten. Im steilen Gelände setzt man am besten mit dem Fussballen auf (auch abwärts). Die Wadenmuskeln federn dabei die Belastung gut ab. Um die Ausdauer zu trainieren, gibt es folgenden Tipp: Kraftreserven schont, wer grosse Stufen meidet, lieber kleine Umwege macht und das Tempo dahingehend anpasst, dass jederzeit eine Atmung durch die Nase möglich bleibt. Die ersten 20 Minuten sollte man sehr langsam gehen, damit der Kreislauf in Schwung kommt. In der Gruppe bestimmt die oder der Schwächste das Tempo. Sehr weit kommt man, wenn man unterwegs immer wieder kleine Schlucke trinkt und alle 45 Minuten fünf bis zehn Minuten Pause einlegt.

Schon früher hatte Napoleon gesagt, man solle langsam machen, um schnell anzukommen.

Erich Müller, Schweizerischer Drogistenverband, Sherpa.

«Der Berg verlangt viel von den Leuten»

Die Grundkonstitution spielt mit, ob jemand krank wird oder nicht. Vieles geschieht jedoch im Kopf. Mitunter deshalb überleben am Berg die Starken. In den Städten werden wir eher von Genüssen verführt. Pausenlos vorhandenes Essen und die vielen Trams oder S-Bahnen machen es schwieriger, sich ausreichend zu bewegen. Leute, die in den Bergen leben, gehen achtsamer mit ihrem Körper um, weil der Berg auch viel von ihnen verlangt. Wir sollten auf uns selber hören. Die Natur macht es uns vor: Sieht ein Vogel eine Blattlaus an einer Margerite, bekämpft er die sogleich. Er wartet nicht ab, bis die Blume von Blattläusen übervölkert ist. Ähnlich verhält es sich mit den Naturheilmitteln: Zum richtigen Zeitpunkt eingesetzt, wirken sie durchaus. Wir verlassen uns viel zu sehr auf die Schulmedizin, die auch ihr Gutes hat, aber wenn wir mehr auf sanfterem Weg heilen, könnten wir die Zeichen erkennen. Deshalb schlägt mein Herz als Drogist für unsere Manufaktur, die Naturathek, in der wir Cremen, Teemischungen, Sprays oder auch Sportdrinks selber herstellen. Kreislaufkugeln und eine schmerzstillende Salbe wandern bei mir im Rucksack immer mit. So auch an jenem Tag, als wir zur Sustlihütte aufstiegen – wir haben nichts davon gebraucht. Gerry schlägt ein mehrheitsfähiges Tempo an. Man könnte ihm stundenlang folgen.

Ich wollte Gerrys Vorführung einmal live erleben, da ich ihn für einen Vortrag zum Thema Motivation gebucht hatte. Wie er selbst Skeptiker umstimmt, damit sie begeistert mitmachen, hat mich beeindruckt. Seine Kunst wird noch dichter, sobald er von seinen Bildern erzählt. Das Einnachten an sich wäre in den Bergen bereits dramatisch genug. Kommt noch eine Beleuchtung dazu, bleibt man überwältigt stehen. Mir ging ein leiser Schauer durch den Körper. Alles schien beinahe surreal, umso mehr, als ich sechs Stunden zuvor noch in einem völlig städtischen Umfeld war. Mit dieser Tour hat Gerry ins Licht gestellt, was die Schweiz ausmacht: eine betörend schöne, grossenteils unberührte Vielfalt. Eine solche Beleuchtungstour ist stressig und belastend. Das steht nur durch, wer ausgeglichen lebt. Ganz leise würde ich Gerry wünschen, er nähme ein wenig Tempo zurück zu seinem eigenen Schutz. Zehn Prozent würden genügen. Sonst soll er um Himmels willen bleiben, wie er ist.

Erich Müller

8

134

⑧ Sustlihütte, 2257 m, 1.–2. Juli 2013
Wassen, Sustenbrüggli, Tel. 041 870 95 49
Sektion Rossberg, Kanton Zug

Kulturpartner Bayer war mit 21 Mitarbeitern dabei, inklusive CEO Schweiz.
Gewählte Route – Sustenbrüggli direkt hinauf zur Hütte. Ein Teil des Materials fuhr mit der Transportseilbahn des Hüttenwarts hoch. Wir benötigten zwei Projektoren wegen der Grösse der Hütte.
Zeit – Normal 1 Std., wir 2 Std.
Sherpas 2.

Wetter – Schönstes Hochsommerwetter. Am Abend etwas Wolken über den Berggipfeln. Gewaltige Alpenstimmung. Gegen Ende Beleuchtung leichte Nebelschwaden um die Hütte. Sternenklare Nacht und optimales Wetter am Morgen.

Beleuchtung – Perfekte Bedingungen mit verschiedenen Varianten. Anstrengend war, um Schneefeld zwischen zwei Projektoren hin- und herzurennen für die Einstellungen.

Bemerkung – Der Start zur Hütte geht vom Platz weg steil rauf. Nächstes Mal viel langsamer angehen und sich durch niemanden stressen lassen.

Schnee bis unter den Wegweiser

Wildstrubelhütte – Lenk

3.–4. Juli 2013

9

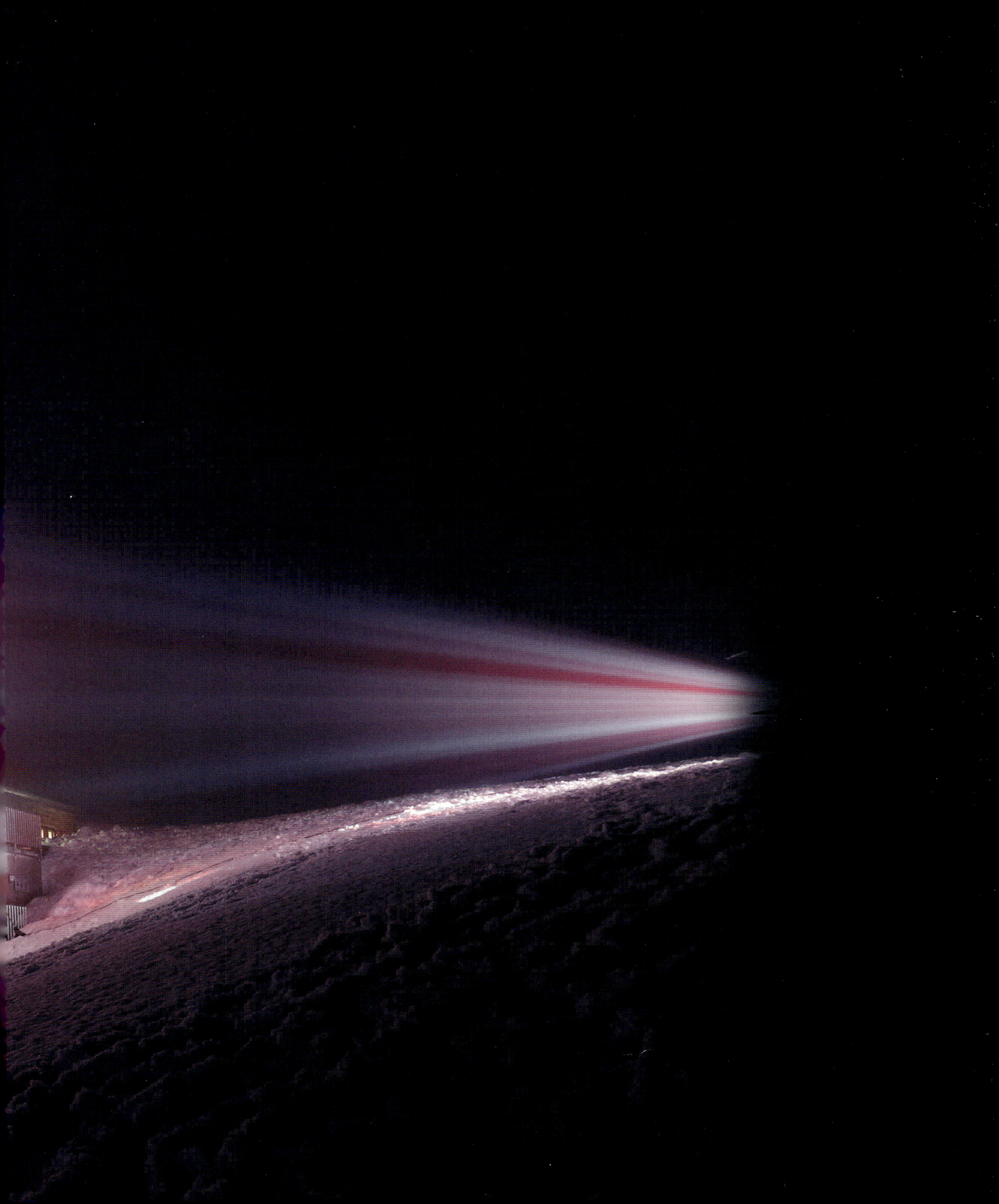

9

Dieser Juli, der eher an einen besseren Januar erinnerte, könnte man meinen – das Wanderwegschild war noch bis zur obersten gelben Tafel eingeschneit! Der Schnee hatte sich während des ganzen Winters nie gesetzt, auch konnten sich die Schneeschichten aufgrund tiefer Temperaturen nicht untereinander binden. Eine Schicht deckte die andere. Solcher Schnee wiegt bis zu 800 Kilogramm pro Kubikmeter. Das ist Wasser in anderer Form, hart wie Beton. Auch machten sich die 2793 Höhenmeter bemerkbar: Nur die Britanniahütte (3030 m), die Monte-Rosa-Hütte (2883 m), die Monte-Leone-Hütte (2848 m) und die Tierberglihütte (2795 m) lagen auf unserer Tour noch höher als die Wildstrubelhütte. Ein leichtes Herzklopfen beim Arbeiten gehört auf dieser Höhe dazu. Den regulären Weg hätten wir mit unseren Gewichten und dem Regen niemals in nützlicher Frist geschafft, ungeachtet dessen, ob ich nun zwei Projektoren brauchte oder nicht. Die Hüttenwartin Daniela Meyer aus Zweisimmen verschaffte mir Kontakt zur Luftwaffe, die oberhalb der Hütte eine Überwachungsstation betreibt (das ist allerdings sehr geheim …). Die Luftwaffe unterhält dort Transportseilbahnen, eine davon ähnelt den alten russischen Aeroflot-Flugzeugen. Diese durften wir benutzen. Bei einem Mast auf der Höhe der Hütte konnten wir aussteigen und seilten das Material ab. Mit dabei war dieses Mal das Schweizer Fernsehen SRF, das die Beleuchtung als eine der sechs Beiträge für die 1.-August-Sendung aufnehmen wollte. Das Fernsehteam hatte Magie und mystische Stimmung bestellt, weil dies auch das Thema der Sendung zum Nationalfeiertag war.

Der Projektleiter von Audi, George Kumpera, war jedoch auf diesen Wettereinbruch und die winterlichen Bedingungen weniger vorbereitet: Er kam ohne Gepäck direkt von einem Geschäftstermin aus Nizza angereist und begleitete uns in ein paar sportlichen kurzen Wanderhosen. Es sollte keine Ausnahme bleiben, wie wir später feststellten.

Auch Fabienne Cortesi, Projektleiterin «150 Jahre SAC», war mit dabei. Endlich konnte sie sich ihren lang gehegten Wunsch, einmal eine Beleuchtung live zu erleben, erfüllen.

Alsbald zogen Nebelschwaden auf und es begann einzudunkeln. Ich traute meinen Augen nicht, als ich schemenhaft aus dem Nebel zwei Personen den Berg hochkommen sah, zielstrebig auf die Hütte zu. Wir staunten Bauklötze. Es war Markus Aebischer, in Doppelfunktion Sektionspräsident der Hütte und Leiter Finanzen und Dienste beim SAC-Zentralverband in Bern, neben ihm ging eine Frau. Die beiden stiegen tatsächlich im stockdicken Nebel von ganz unten im Tal zu uns hoch.

9

Markus Aebischer musste sogar über die Schneefelder wegen des Nebels das GPS zu Hilfe nehmen.

Wir entschieden uns, zuerst mit ihnen das köstliche Nachtessen einzunehmen und dann erst die Beleuchtung zu starten. Mit warmer Mahlzeit im Magen lässt es sich in der Kälte und Feuchtigkeit besser arbeiten. Die Projektoren waren bereits in Position gebracht worden. Nach dem Essen gingen wir hinaus und mussten feststellen, dass es nun auch zu regnen begonnen hatte und der Nebel noch dicker war als vorher. Wir starteten trotzdem und beleuchteten, auf Schnee und Felsvorsprüngen stehend, im Regen, von Nebel umgeben, von zwei Seiten die Hütte. Die Bilder und die Wirkung der Beleuchtung mit den Lichtstrahlen im Nebel verwandelten das Gebiet um den markanten Rohrbachstein in eine Science-Fiction-Kulisse. Die Wildstrubelhütte kam richtig wild daher und schien zu fliegen. Nach einer Stunde stellten wir ab und wuchteten die Projektoren in die Hütte. Nach einem heissen Tee hiess es für alle Nachtruhe. Ich versicherte, dass die Beleuchtung am Morgen besser sein würde, weil der Nebel bis dann verschwunden wäre und wir blauen Himmel sehen würden. Nun ja, am Morgen besserte sich das Wetter zwar langsam, aber die zähen Restwolkenfetzen wollten nicht sogleich weg, wie ich mir das vorgestellt hatte. Die Stimmung war mystisch und die Beleuchtung trotzdem erfolgreich im Kasten. Runter ging es, dank dem Goodwill der Luftwaffe, wieder mit deren Seilbahn.

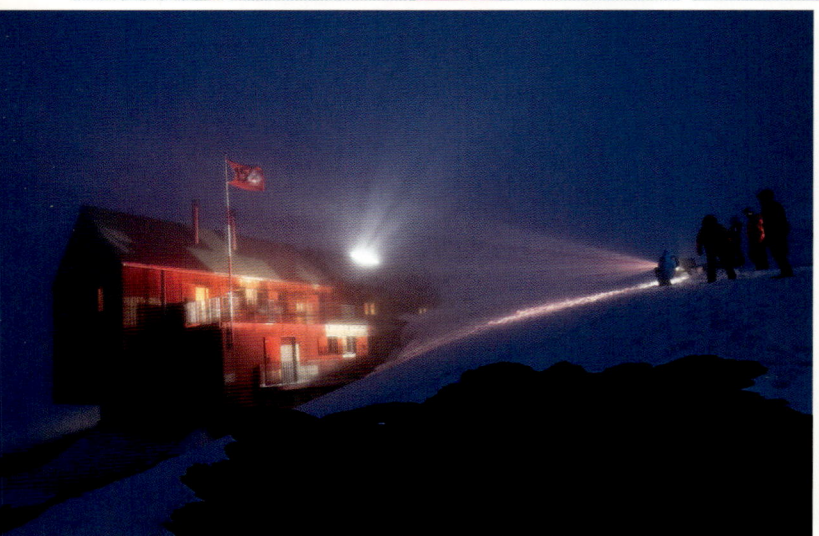

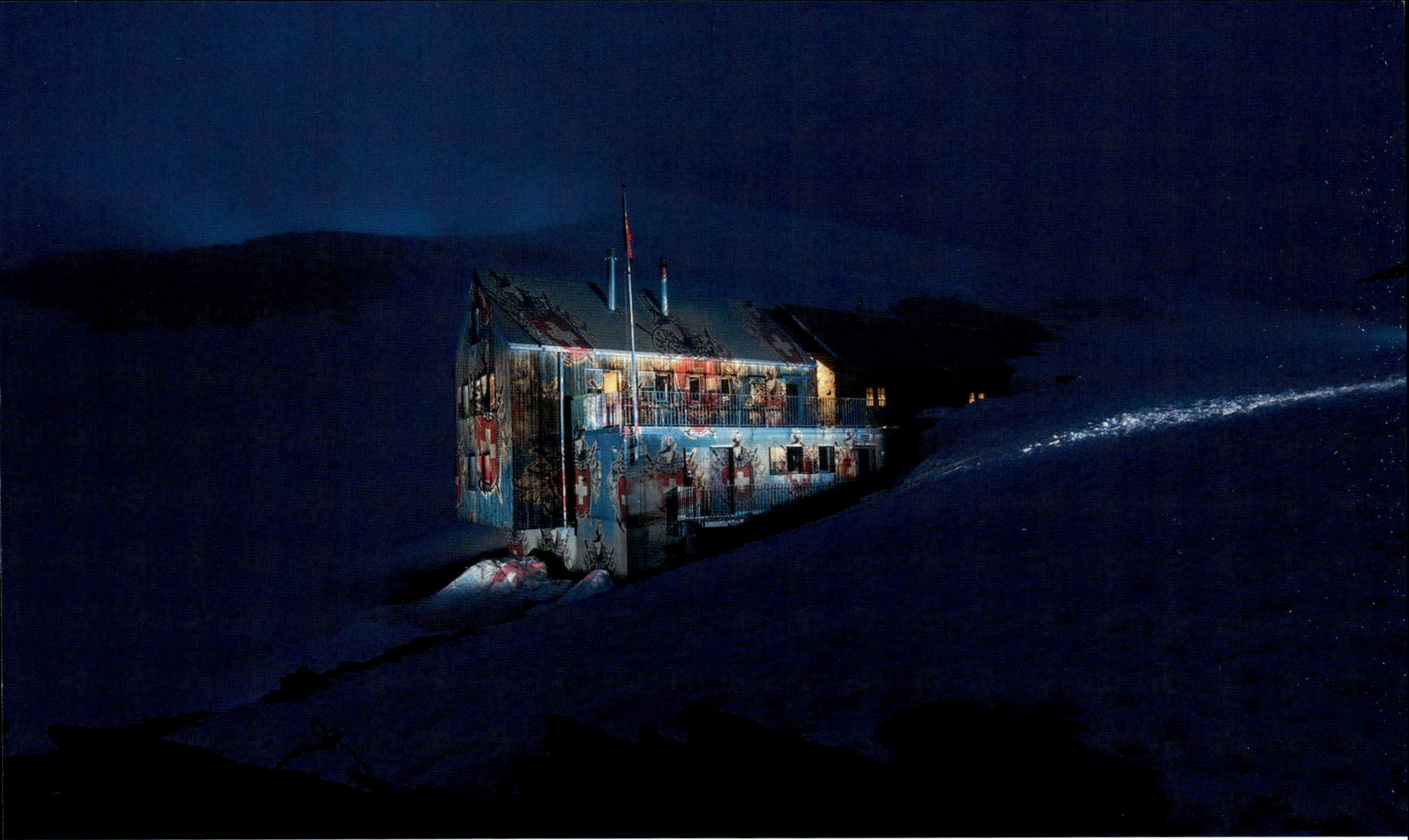

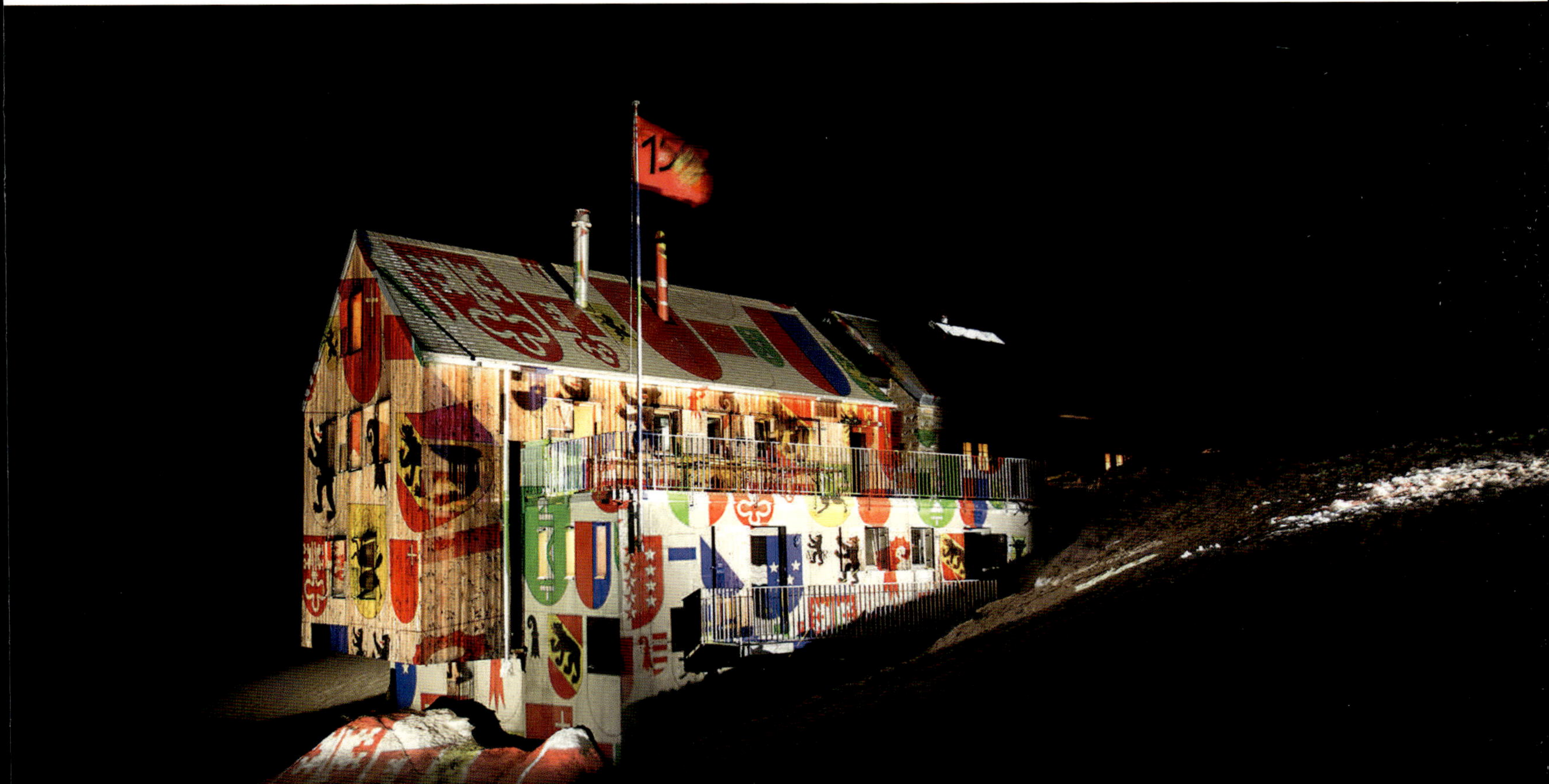

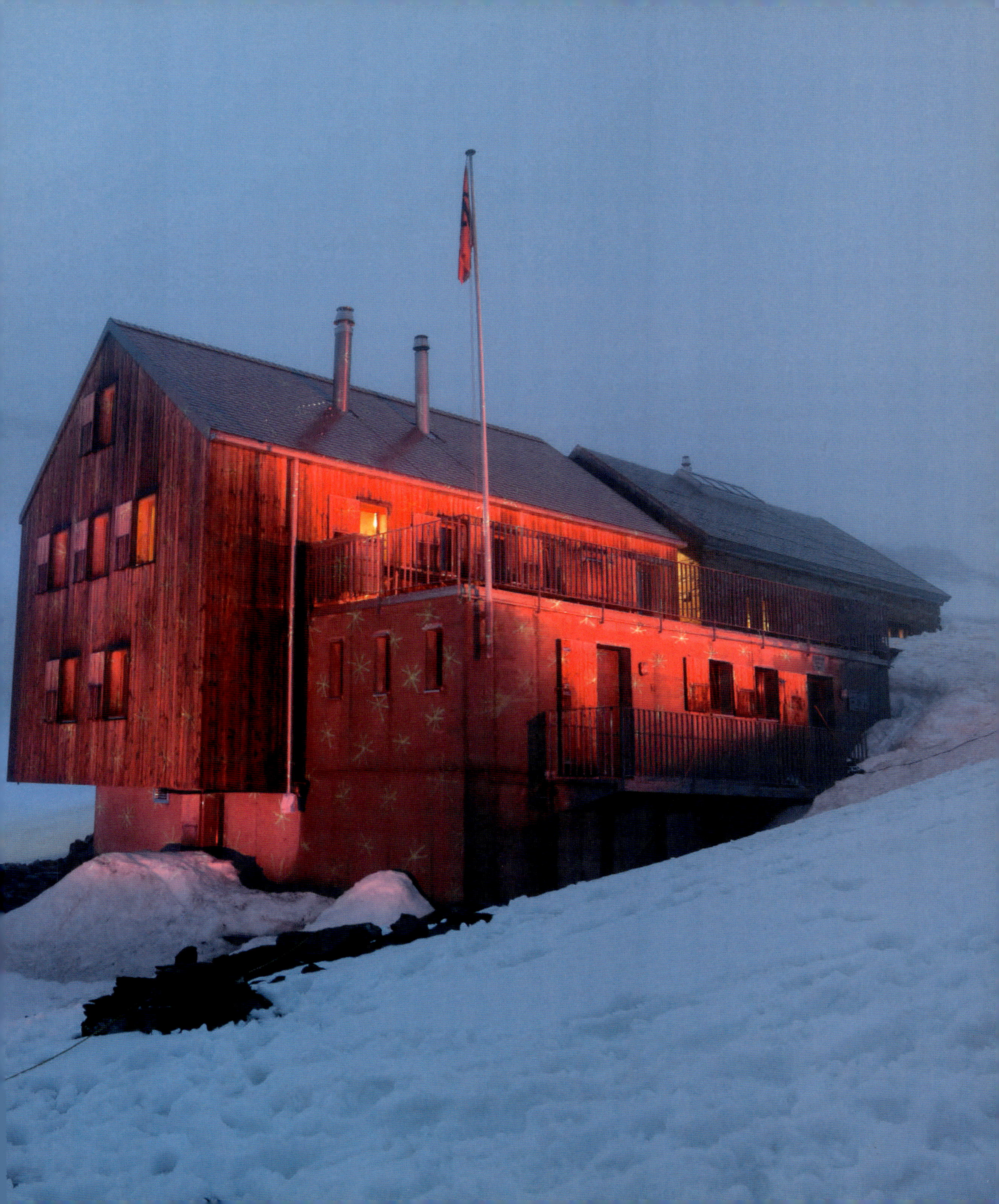

9 Das Resultat ist immer ein Unikat – ein Spiegelbild deines Einsatzes

Im Nachhinein spielte ich mit dem Gedanken, die Hütte bei Schönwetter noch einmal lichterfüllt in Szene zu setzen. Doch die Kraft unserer ersten Bilder ist stärker: Sie vermitteln die wirkliche Botschaft zum Zeitpunkt der Durchführung und erzählen von den Bedingungen in den Bergen, die oft eine garstige Seite zeigen können. Jeder Ort der Tour soll authentisch erscheinen. Jede Beleuchtung soll die Witterung und Situation wiedergeben, so wie sie vorherrschte zu dem Zeitpunkt, als wir die einzelnen Hütten beleuchteten. Ich versuchte mir vorzustellen, wie es wohl am Schluss der Tour wirken werde, wenn man die Bilder aller 26 Hütten in der realisierten Reihenfolge vor sich hatte und betrachten konnte. Da würden bestimmt all die Erlebnisse wieder auftauchen. Ich realisierte, dass die Bilder der Beleuchtungen und das Wetter direkt verknüpft waren mit dem Erlebten und den Geschichten dazu, dass also jede Beleuchtung ein Unikat ist. So entschied ich mich dagegen, nachträglich noch eine Schönwettervariante zu machen, weil diese zu einer Kopie einer Handlung und Idee verkommen würde. Auch wenn die Variante unter anderen Wetterbedingungen realisiert worden wäre und ihrerseits wieder neue Erlebnisse möglich gemacht hätte. Der Ort, das Gebäude, die Sujets, der Akt, das Team und die Idee würden aber gleich bleiben. Also habe ich die Idee, eine Wiederholung durchzuführen, gleich wieder verworfen.

Aus diesen Erfahrungen und Überlegungen zog ich für mich folgende Erkenntnis: Was immer du tust im Leben, jede Handlung, jedes Erschaffen, es ist ein Unikat. Dies auch, weil dein Tun und dein Charakter die Umsetzung beeinflussen und ihr eine Handschrift geben. Das bedeutet für mich auch, dass man das, wofür man sich entschieden hat, mit Vehemenz, Leidenschaft und Perfektion durchzieht, damit das Resultat einmalig wird. Denn etwas nur halbherzig umzusetzen im Wissen, dass man es, falls es nicht gelingen sollte, wiederholen kann, um es zu verbessern, wird nicht funktionieren. Das zweite Mal dürfte in der Regel nicht besser werden, weil es ein Plagiat wird und bleibt. Es wäre nur ein hilfloser Versuch, ein Unikat zu toppen. Dies gilt auch für geistig arme Menschen, welche versuchen andere zu kopieren und so an ihrem eigenen Plagiat scheitern werden.

Bei allen Einsätzen ist es unser oberstes Ziel, dass die Arbeit an den Projektoren während der Beleuchtung unspektakulär und leichtfüssig daherkommt, ungeachtet des teilweise gigantischen Aufwands für Mensch und Material, den wir im Hintergrund und im Vorfeld bewältigen müssen. Das Resultat, das Sehen der eigentlichen Beleuchtung soll für den Betrachter ruhig, schön, ergreifend und überwältigend wirken. Er soll es noch lange als positives Erlebnis in Erinnerung behalten können. Und beinahe hätte ich noch etwas Wichtiges vergessen: Ab nun gilt für mich auch, dass jeder Tag ein Unikat ist.

Fabienne Cortesi, Projektleiterin «150 Jahre SAC».

«... der Samichlaus, das Christkind und der Osterhase hatten in einer Person bei mir geklingelt»

Jedes Team ist so gut wie sein Chef. Dem ist so. Ich denke an das beeindruckende Zusammenarbeiten von Gerrys Team. Dieses spürbare Feuer für die Sache, der Durchhaltewillen – mein Gott, das Wetter zeigte sich von der garstigen Seite und sie hielten zusammen. Wenn ich mir das vor Augen führe, dann ist Gerry das Christkind, der Samichlaus und der Osterhase in einer Person. So hat er sich mir übrigens auch vorgestellt. Ruft mich an und fragt, ob ich an alle drei glaube, sie kämen just gleichzeitig. Ich glaubte und wurde ziemlich nervös. Die Idee der Hüttenbeleuchtungen war zu genial, als dass wir sie nicht umsetzen würden. Das bedingte allerdings eines: Sie musste auf Herz und Nieren geprüft werden, um den Anforderungen der Umweltorganisation zu genügen und vom Steuerungsausschuss des SAC angenommen zu werden. Wir haben die Hürden geschafft und sind heute überglücklich darüber.

Gerry hat mit diesen Illuminationen die Marke SAC als Ganzes gestärkt. Sie verfügte bereits über eine soliden Wert. Gerry und sein Team haben dem SAC zu einer verstärkten Medienpräsenz verholfen und deren Wirkung noch erhöht. Ich selber hatte nach dem definitiven Ja zum Projekt nicht mehr so viel damit zu tun. Wir lancierten zehn weitere Projekte im Rahmen des Sommerfestivals zum Jubiläum. Teilprojektleiter Bruno Lüthi übernahm Gerrys Dossier, das lief bestens. Vom Abend selber blieb mir beinahe nur die Faszination über dieses Zusammenspiel des Teams in Erinnerung. Gerry wäre prädestiniert als Teamworkcoach. Sollte ich je Schwierigkeiten in diesem Bereich haben, werde ich ihn anheuern. Ich führe inzwischen einen eigenen Betrieb, die Lenk-Lodge in der Lenk, und arbeite daher nicht mehr beim SAC. Die Verbundenheit bleibt jedoch. So sehr ich mich persönlich oder beruflich verändere, der SAC bleibt eine Familie für mich, der ich mich immer verbunden fühlen werde. Momentan spähe ich nach Zeitfenstern, in denen ich wieder zu Berg gehen kann. Ein Wunschprojekt für Gerry? Oh, da hätte ich eines: Am 3. Juli 2015, zwei Jahre nach der Wildstrubelhütte, könnte er die Lenk-Logde beleuchten. Wünschen darf ich doch, oder? Nachdem der Samichlaus, das Christkind und der Osterhase in einer Person einst bei mir geklingelt hatten.

Fabienne Cortesi

9

⑨ Wildstrubelhütte, 2793 m, 3.-4. Juli 2013
Lenk, Tel. 033 744 33 39
Sektion Kaiseregg, Düdingen, Kanton Freiburg
Sektion Wildhorn, Zweisimmen, Kanton Bern

Hat zwei Besitzer und wurde für Kanton Freiburg beleuchtet. Musste zwei Projektoren mitnehmen wegen Grösse der Hütte. Mit dabei Projektleiterin «150 Jahre SAC», Projektleiter Kulturpartner Audi, Schweizer Fernsehen 1.-August-Produktionsteam.

Gewählte Route – Fahrt mit den Autos von Lenk nach Iffigenalp. Ab da mit Gondel der Schweizer Luftwaffe hoch. In der Mittelstation umsteigen in Spezialgondel der Luftwaffe und Weiterfahrt. Ablad bei einem Mast Nähe Hütte.

Zeit – Normal ab Iffigenalp 3 Std. 30 Min. Wegen Schnee war dies nicht möglich. Wir mit Bahn inkl. Umladen des Materials 1 Std. 30 Min.
Sherpas 3.
Wetter – Regnerisch. Abends bei Beleuchtung Regen und dazu Nebel. Morgen besser, zunehmend Sonne.

Beleuchtung – Spektakulär wegen des Nebels. Wie von einem anderen Planeten.

Bemerkung – Mitten im Sommer, an einem der längsten Tage des Jahres, lag der Schnee noch bis zur Wegweisertafel.

Die Geister, die ich rief

Binntalhütte – Binn

7.–8. Juli 2013

10

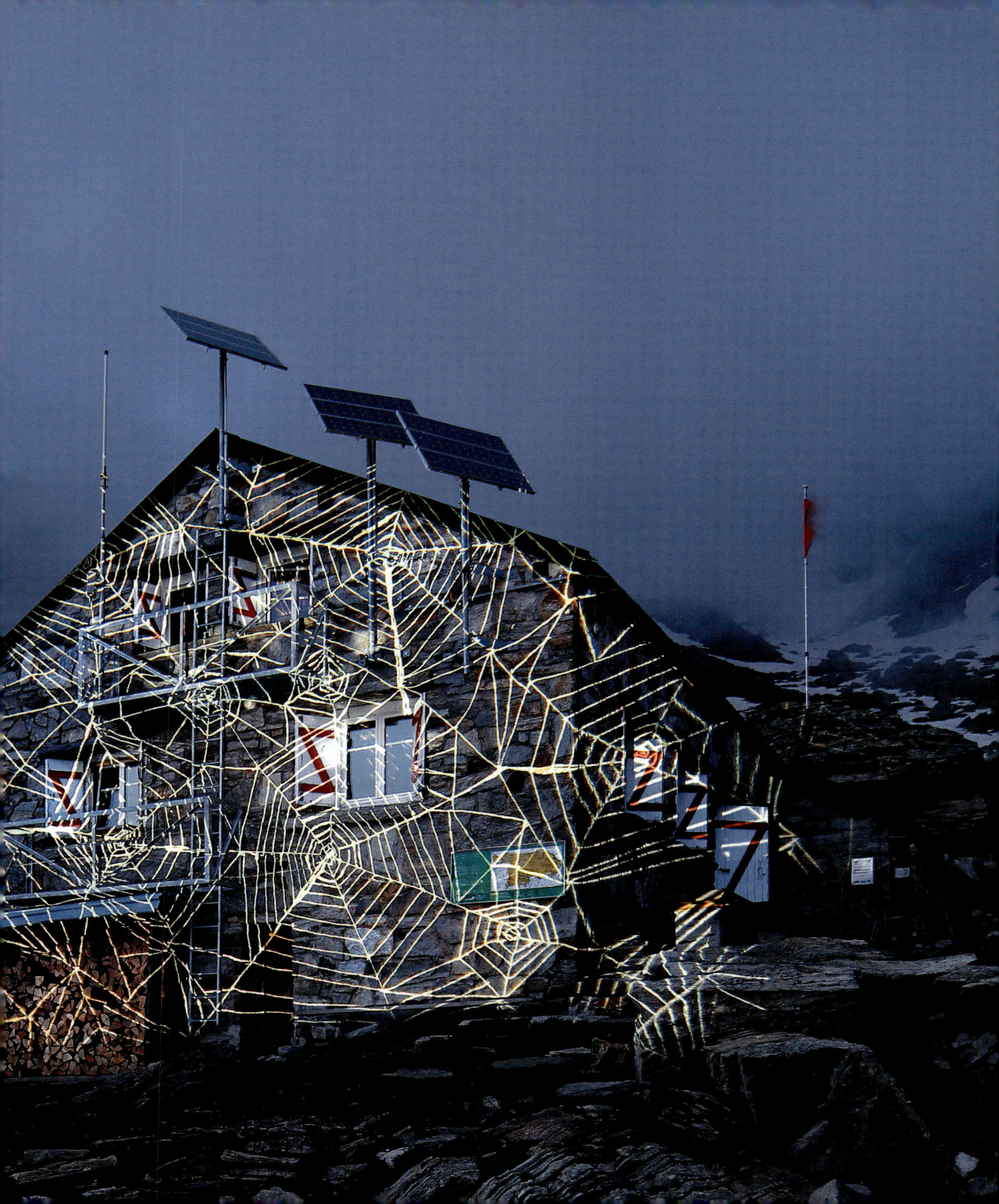

10

Schmuggler, Geister und glückliche Kinderaugen. Jede Hütte erzählt ihre eigene Geschichte. Die Binntalhütte liegt auf einer weiland hochaktuellen Schmugglerroute, die den Vorteil hatte, dass der Weg angenehm ansteigt und durch immer wieder neue Szenerien nie grosse Wegstrecken in Sichtweite bleiben. Ideal also, um mit Eseln und Maultieren über den Berg zu ziehen. Eine Viertelstunde oberhalb der Hütte überschreiten die Wandernden bereits die Grenze zu Italien. Das Binntal ist nachweislich eines der mineralienreichsten Täler der Schweiz, wenn nicht sogar weltweit. Dem nicht genug, geht eine Sage um, dass die «untoten» Geister, oder sagen wir, die unerlösten, in bestimmten Nächten zum Aletschgletscher wandern und dort auf Erlösung hoffen. Schemenhafte Geister sollen von lebenden Personen auch schon gesehen worden sein. Es lag also auf der Hand, diese Themen zu projizieren. Die Kristalle funktionierten nicht, weiss auf hell gibt zu wenig Kontrast her, umso mehr imponierten die Schmuggler und die Geistgestalten, die wir mit Feuerschwaden andeuteten. Am meisten geleuchtet haben jedoch an jenem Abend die Augen von Cédrine, unserer jüngsten Begleiterin. Die Sechsjährige erwartete uns zusammen mit ihrem Vater und zwei weiteren Mitgliedern des SAC Delémont am Nachmittag unten auf dem Parkplatz im Tal, um zusammen mit den Sherpas zu helfen. Die Sektion konnte zu wenig Sherpas auftreiben, und so beschränkten wir uns nur auf das Allernötigste für die Beleuchtung. Jeder Anwesende, egal welchen Alters, musste tragen, und so fragte ich Cédrine, ob sie uns auch helfe und vorsichtig die Linse in die Hütte trage. Sie willigte ein, und wir packten die 5 Kilogramm schwere Linse des Projektors in Cédrines kleinen Rucksack. Das Team war skeptisch und erinnerte daran: keine Linse, keine Beleuchtung. Selbst ein kleiner Kratzer würde jede Projektion verunmöglichen. Aber oho. Das scheue Mädchen trug die Linse sicheren Tritts bis zur Hütte. Die Kleine kraxelte behände über Steinstufen, die ihr bis über die Knie ragten. Mit einem verschmitzten Strahlen übergab sie mir voll Stolz vor der Hütte die Linse. Keine noch so gelungene Lichtinstallation berührte letztlich derart wie diese dankbaren Kinderaugen.

Gegen Abend zogen hinter der Hütte im Süden über den Berggipfeln bedrohliche Wolken auf. Denn im Süden war schlechtes Wetter, nur im Norden schön. Erstmals genossen wir ein wunderschönes Alpenglühn aus dem Westen im Sonnenuntergang. Die Beleuchtung nach dem Nachtessen war meinen Vorstellungen entsprechend. Die mystische Stimmung dank den Wolken und dem einsetzenden Wetterleuchten kreierte zusammen mit der Beleuchtung eine schauerlich schöne Szenerie. Wir spürten förmlich, dass da Geister sein mussten, dass unerlöste Schmuggler um die Hütte schlichen und unerwünschte Gäste

10 vor Ort waren. Am Morgen erlebten wir nach einem raschen Wetterumschwung in der Nacht ein erneutes Alpenglühn. Es war so intensiv – nur an einem Ort über einem Berggipfel –, dass es wie ein Vulkanausbruch aussah. Mir blieb die starke Erinnerung: Die Aktion Binntal war eine Beleuchtung mit zusätzlicher Beleuchtung, dem Wetterleuchten. Und die einfach Wanderung durch den Naturpark in die Hütte ist ideal für Anfänger und ein Genuss für Routinierte.

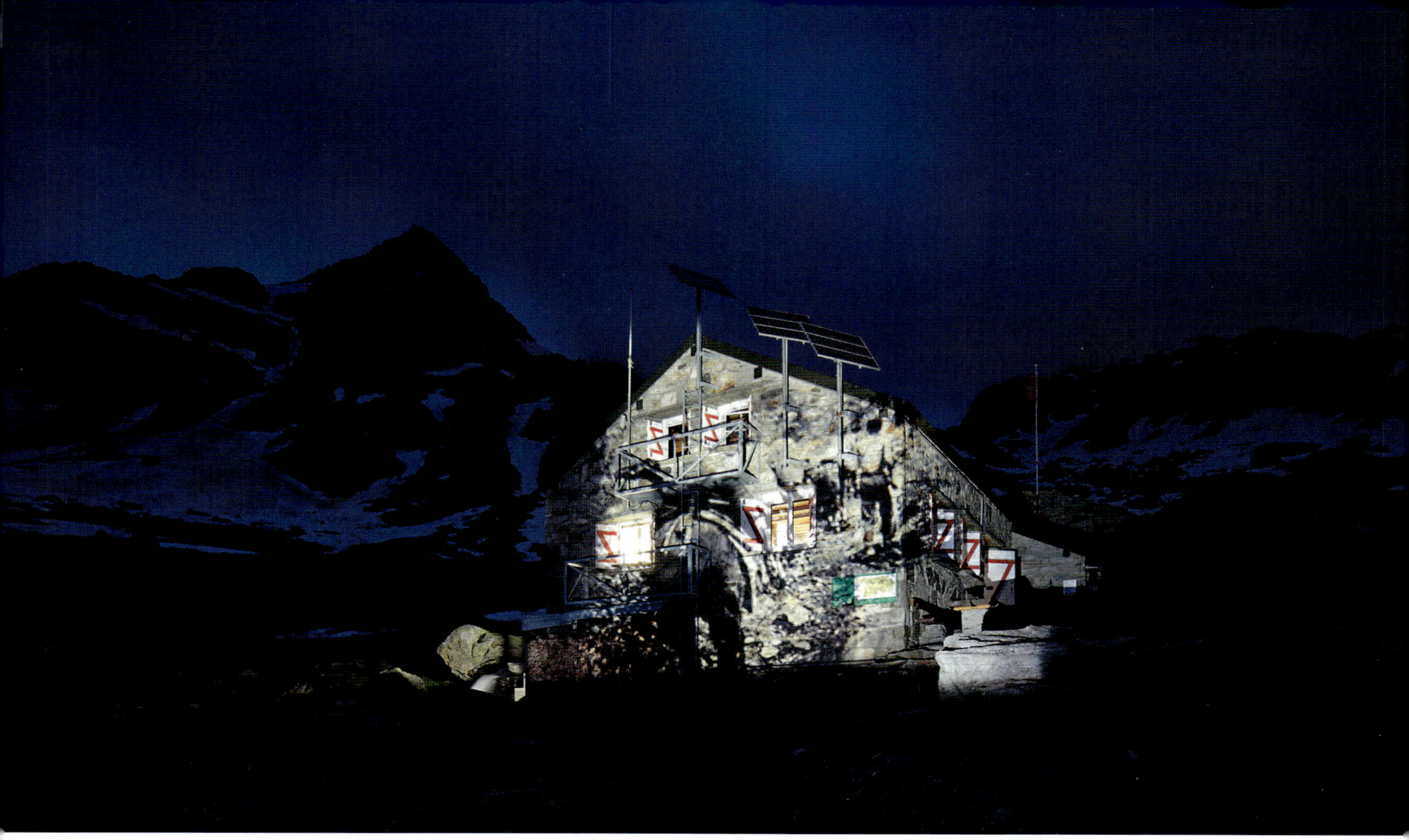

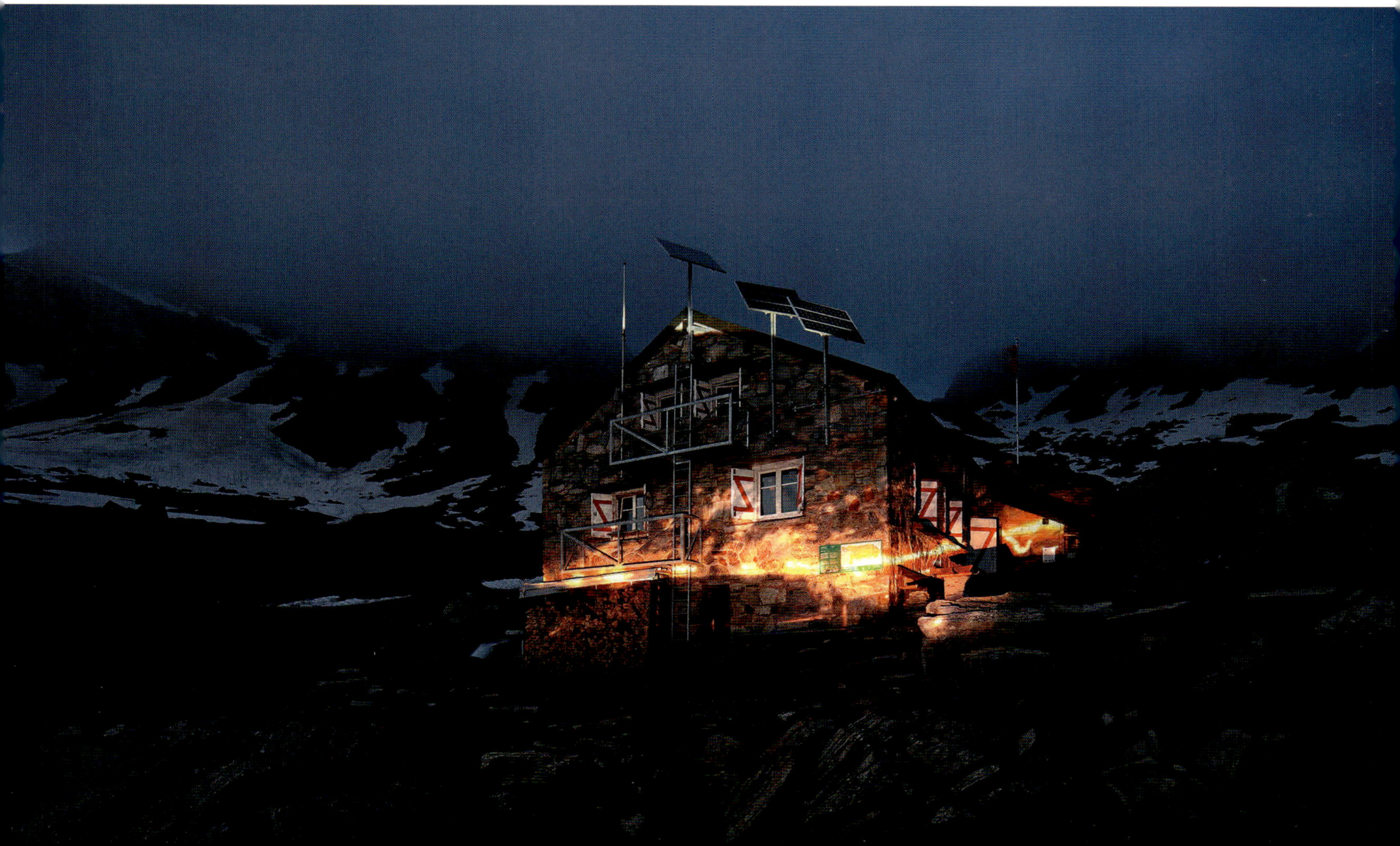

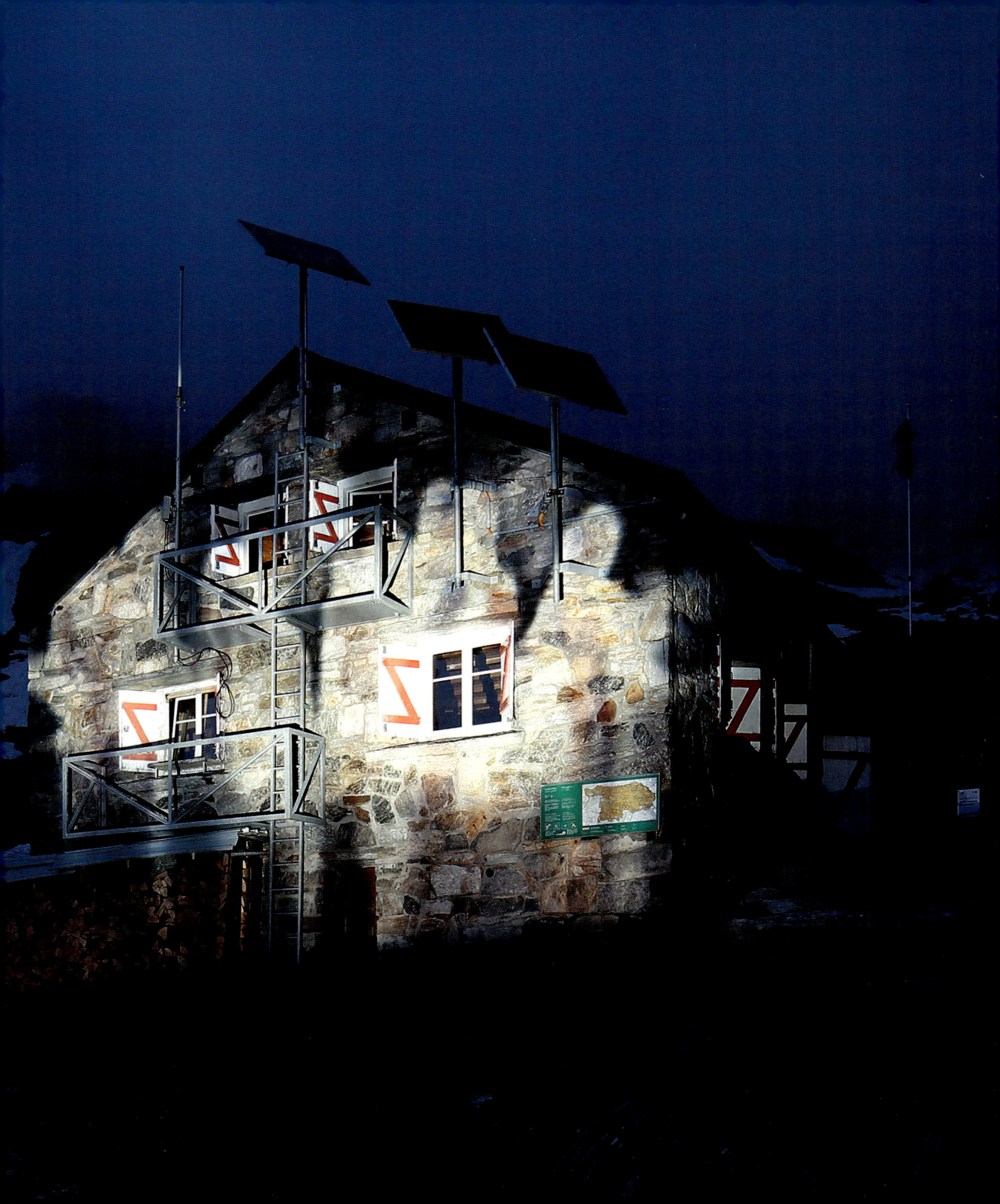

Philosophien und Parallelen am Wegrand

Unzählige Murmeltiere säumten unseren Aufstieg bei schönstem Sonnenschein. So im Wandertrott fragte ich mich einmal mehr beim Anblick dieser optimal getarnten quirligen Alpenbewohner, wer wohl einst entschieden hatte oder auf die Idee gekommen war, einem Murmeltier, das sein Felldesign nicht selber während Jahrtausenden kreieren konnte, eben dieses Fell so zu färben, dass es den auf den Steinen liegenden Tieren einen optimalen Tarnschutz bietet und der Adler das Murmeli nicht sieht. Warum haben die Murmeltiere im Binntal mehr Grau im Fell als die 130 Kilometer Luftlinie entfernten Bündner Murmeltiere in Pontresina? Dass die Murmeltiere im Kanton Glarus braun sind, kann ich ja noch herleiten, weil es dort eine Ortschaft Braunwald gibt. Aber wer bestimmt, dass alles ist, wie es ist oder wird? Geht das über die Evolution, dass derjenige, der mit nicht optimaler Farbanpassung an die Umgebung auffällt und aus der Gemeinschaft verschwindet, weil er zuerst gefressen wird und so seine ortsunüblichen falschen Designgene nicht mehr weitergeben kann? Beim Grübeln komme ich beinahe in Versuchung, Parallelen zu uns Menschen zu erkennen. Stellt man sich in der Gesellschaft etwas quer oder denkt etwa schräger, so passt man auch nicht in die «Umgebung» und fällt auf in der Gemeinschaft. Das «Auffressen» erfolgt unter Menschen in zivilisierten Breitengraden und intakten Ländern beispielsweise durch Kündigung, Trennung, Abwendung, Mobbing, Verleumdung oder Entzug von Unterstützung oder Nächstenliebe. Oder schauen wir, wie der Schneehase überlebt: Er frisst im Winter seinen Kot, weil dieser ganz ausgetrocknet ist, da der Körper dem Auszuscheidenden alle Feuchtigkeit entzieht. Trocken wie Holzpellets eignet sich der Kot erneut als Nahrung. Dazu frisst der Hase Schnee, um den Flüssigkeitshaushalt im Lot zu halten. Der Hase weiss genau, dass er dies tunlichst nur im Winter tun soll, da im Sommer das Auszuscheidende doch etwas feuchter ist wegen des saftigen Grases, zwischen den Zähnen auch kleben würde und der Duft dadurch auch nicht seinen Vorlieben entspricht. Nebenbei gesagt, ändert er im Winter auch noch die Farbe des Fells in Weiss, damit man ihn im Schnee nicht sieht. Die Antwort auf die Frage, warum nur er und die Murmeltiere nicht, habe ich gerade noch selber herausgefunden: Die Murmeltiere überwintern schlafend in Höhlen, müssen also nicht raus in den Schnee, und ihren Kot müssen sie auch nicht fressen, weil sie sich vorher dank allerlei Leckereien auf der Alp den Winterspeck angefressen haben. Der Schneehase hat dafür einen anderen Vorteil: Er bleibt immer schön schlank. Ich habe auf jeden Fall noch nie einen fetten Schneehasen gesehen. Diese Gedanken beschleichen mich nie im Büro, nie beim Motorradfahren und auch nie, wenn ich über den Wolken in der SWISS sitze und an irgendeinen Ort der Welt fliege für eine Beleuchtung. Wohl aber beschleichen mich solche Gedanken in diesen archaischen Landschaften von mysteriöser Schönheit, wie wir sie in den Schweizer Bergen kennen.

Susanne Perren, Autorin und Journalistin.

«Sprechen Sie Gerrylish?»

Es gibt einen einfachen Weg, herauszufinden, ob Sie Gerry mündlich parieren könnten. Schlagen Sie die Story zum Thema Maulesel/Maultier bei der Rugghubelhütte auf – Hütte Nr. 17, Seite 240. Sollten Sie nach einmaligem Lesen in der Lage sein, den Text einwandfrei wiederzugeben mitsamt Herleitungen, Deklinationen und Folgerungen, dann gehört der Master in Gerrylish Ihnen. Doch selbst wenn Sie den Duktus drauf hätten, es wäre nur der halbe Eintritt ins Gerryversum.

Mit Gerry zu arbeiten, setzt eine offenere Denkhaltung voraus als die eines redlichen Angestellten, dessen Dienst von Vorschriften eingeengt wird – ungeachtet dessen, ob er die Freiheit zu nutzen wüsste. Im Gerryversum bestimmt das Sich-gemeinsam-Einlassen auf ein grosses Ganzes die Marschrichtung. Das kann körperlich anstrengend werden, es braucht Geistesgegenwärtigkeit und die Offenheit, sich auf Änderungen einzulassen. Nicht allein deswegen ist es für Journalistinnen ein Traum, mit Gerry zu arbeiten (selbiges gilt für die männlichen Vertreter der Branche). Seine Verve, sein Tempo und seine Intermezzi schreiben stets eine Geschichte, von der man auf Anhieb weiss, dass sie ein Knüller wird. Das alles rettete mich nicht über eine leichte Nervosität im Vorfeld der Tour hinweg – hatte ich mir doch zur Vorbereitung zu Gemüte geführt, was Grenadiere so alles lernen. Das führte mich schnurstracks zu Vorbereitung zwei: trainieren, trainieren. Keinesfalls wollte ich als Walliserin am Berg abfallen, geschweige denn zurückfallen. Nichts von alledem! Wir zogen als Team los und kamen als Team auf der Binntalhütte an. Was für ein Hochgefühl! Ich habe mit Gerry am Schreibtisch gelitten, bis wir alle Fakten zusammen hatten. Ich war in heimischen Gefilden – Binntal, immer wieder! – und auf neuem Terrain wie etwa in der Glattalphütte im Muotatal. Orte, die in einem eine Sehnsucht wecken, als flöge das Herz dahin, liebsam entrissen vom Reiz der grossartigen Naturkompositionen. Orte, an denen man Heidi ist, nicht Städterin. Wo es nur eine Hose gibt am Morgen, die anzuziehen wäre. Wo ein simples Butterbrot nach unbeschwerten Kindstagen schmeckt. Sie möchten diese innere Freiheit auch wieder einmal erleben? Buchen Sie eine Übernachtung in einer SAC-Hütte und lernen Sie Gerrylish. Erfolg garantiert.

Susanne Perren

10

Hütten im Alpenglühn

158

⑩ Binntalhütte, 2265 m,   7.-8. Juli 2013
Binntal, Tel. 027 971 47 97
Sektion Delemont – Kanton Jura

Gewählte Route – Binn – Brunnenbiel – Chiestafel. sehr angenehm zu wandern.

Zeit – Normal 2 Std. 20 Min., wir 3 Std. 30 Min.
Wetter – Schönes sommerwetter, nicht zu heiss. Am Abend bei der Hütte Aufzug von lokalen Nebelschwaden über Berghänge. schaurig schöne Stimmung. Am Morgen Alpenglühn.
22.06 Uhr Beginn Nacht.
05.54 Uhr Beginn Tag.

Beleuchtung – Mystische Stimmung, passend zur Geschichte vom Tal. Am Morgen rosa und lila Wolken zur Beleuchtung. Top.

Bemerkung – Wildes schönes Tal. Kann gut mit Kindern erwandert werden. sehr viele Murmeltiere.

Im Donner der Eismassen

Glecksteinhütte – Grindelwald

11.–12. Juli 2013

11

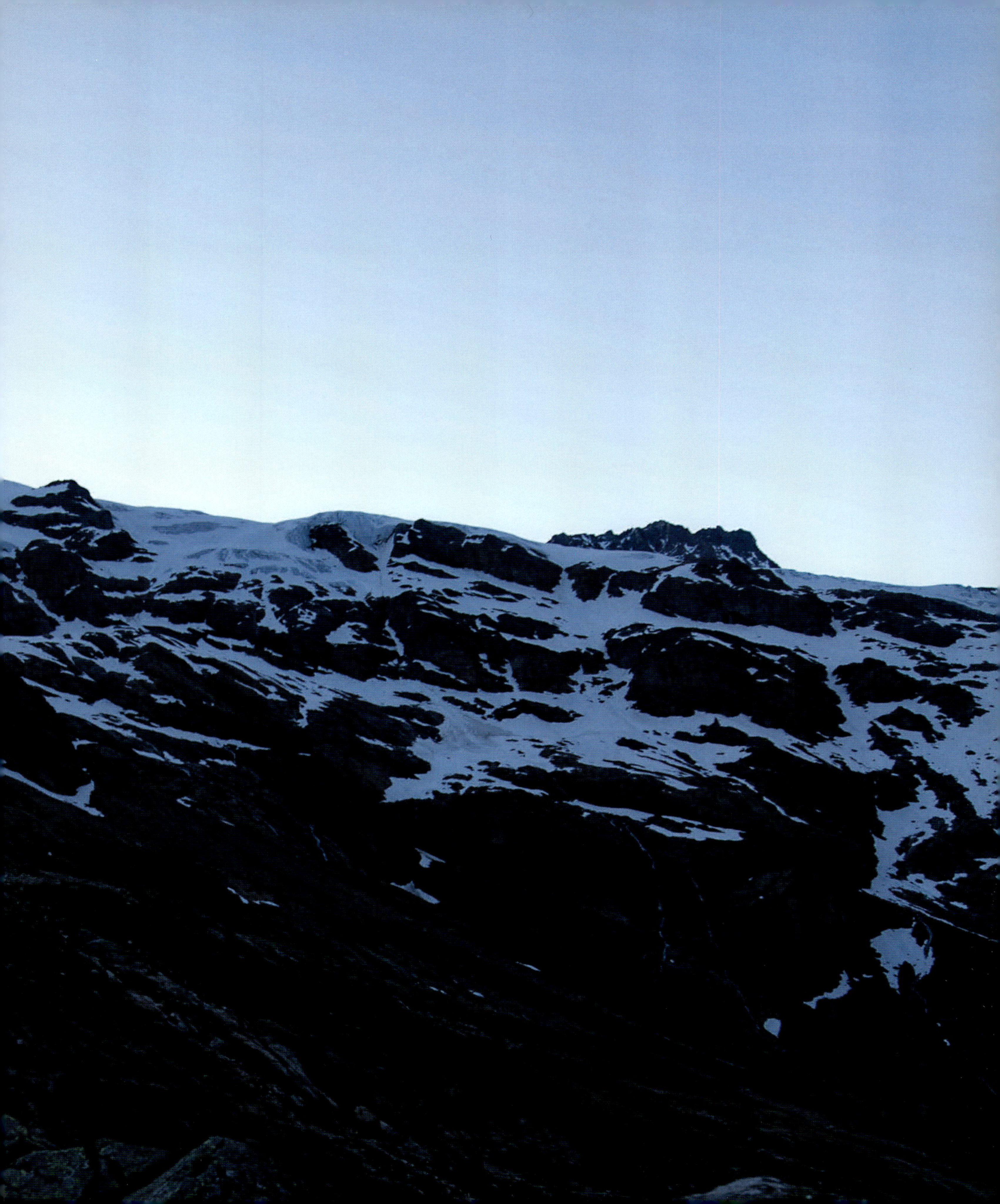

Ausserhalb der Brunstzeit weiden die Steinböcke auf der Talseite der Glecksteinhütte. Während der Brunstzeit ziehen sie zu den Steingeissen auf die andere Talseite. Danach pilgern alle zusammen zurück in das Gebiet bei der Grossen Scheidegg. Zwei- bis dreimal pro Woche versammeln sich bis zu 50 Steinböcke bei der Glecksteinhütte. Ein früherer Hüttenwart dieser imposant gelegenen Hütte unter dem Wetterhorn im Berner Oberland, die 2004 ihr 100-Jahr-Jubiläum feierte, kam einst auf die Idee, um 5 Uhr Jodsalz auf die Steine rund um die Hütte zu streuen. Davon liessen sich die Steinböcke gut und gerne anlocken. Noch früher waren es die Hirten, die ihren Schafen «Gläck» ausstreuten, daher auch der Name Gleckstein, also geschleckte Steine. Ein spektakulärer Wanderweg führt durch die Felsen zur Hütte. Ich kannte den Weg und die Hütte gut von meinen früheren Bergtouren. Von unten erscheint die Felswand schier unüberwindlich. Ein Fehltritt, und du bist erledigt. Wenn man es nicht weiss, erkennt man nicht einmal von unten, dass da ein Weg in den Fels gehauen ist. Ich habe auf dieser Passage vor Jahren einen guten Freund und Profibergsteiger verloren, der im Regen auf den nassen Steinen ausgerutscht ist und in die Tiefe stürzte. Obschon der Weg oberkriminell angelegt ist, steht unten keine Warntafel. Das ist bewusst so gewählt von der Sektion. Die Begründung ist, dass jeder Wanderer selber spüren soll, ob er sich den nächsten Schritt zutraut oder nicht. Im Zweifelsfall ist umkehren immer die richtige Lösung. Solche Wegstücke – die Alpinwanderskala taxiert die Route mit T3 – dulden keine Späsze. Würde da eine Tafel stehen, Achtung gefährlicher Wanderweg, könnte das in der heutigen Zeit leider Leute anlocken, die definitiv nicht dazu gemacht sind, einen solchen Weg zu begehen, da sie zum einen ihre Grenzen nicht kennen, zum anderen sich aber hoffnungslos überschätzen.

Henry Maurer, der Kameramann, ist auf der anderen Bergseite im Haslital, in Meiringen, aufgewachsen. Er kennt die Berge und jene im Berner Oberland besonders. Aber auch alle anderen aus meinem Team, ob städtischer und ländlicher Herkunft, wissen sich solchen Bedingungen anzupassen. Unter uns gesagt: Gelitten haben wir im Aufstieg alle, inklusive Sherpas, die auch hier eine grossartige Leistung boten. Umso mehr freuten wir uns auf den urigen Empfang der Hüttenwarte Rosmarie und Christian Bleuer mit ihren Kindern Anja und Bruno, die uns mit ihrem legendären Marschtee und einem Apéro erfrischten. Wir ahnten nicht, dass wir vier Tage später noch mehr gefordert sein würden. Auch bei dieser Hütte kam am Abend Nebel von unten hoch. Es war aber hochinteressant zu sehen, dass der Nebel nur bis kurz unter die Hütte kam und nicht weiter stieg. Somit blieb die Hütte immer über dem Nebel, und die Sterne waren zum Greifen nah. Es war wie auf dem Mond. Während der Beleuchtung am Abend, in der Nacht, beim Versuch zu schlafen, und am Morgen hörten wir vom Ende des Tals das Rumpeln der Eismassen, die sich vom Gletscher lösten und in die Tiefe stürzten. Auf dem Rückweg erzählte unser Filmer Henry, dass er mitten in der Nacht hinter der Hütte einen jungen Steinbock vor der Kamera hatte. Wir glaubten ihm das nicht, bis wir das Filmmaterial sahen und die glänzenden Augen des Steinbocks.

11

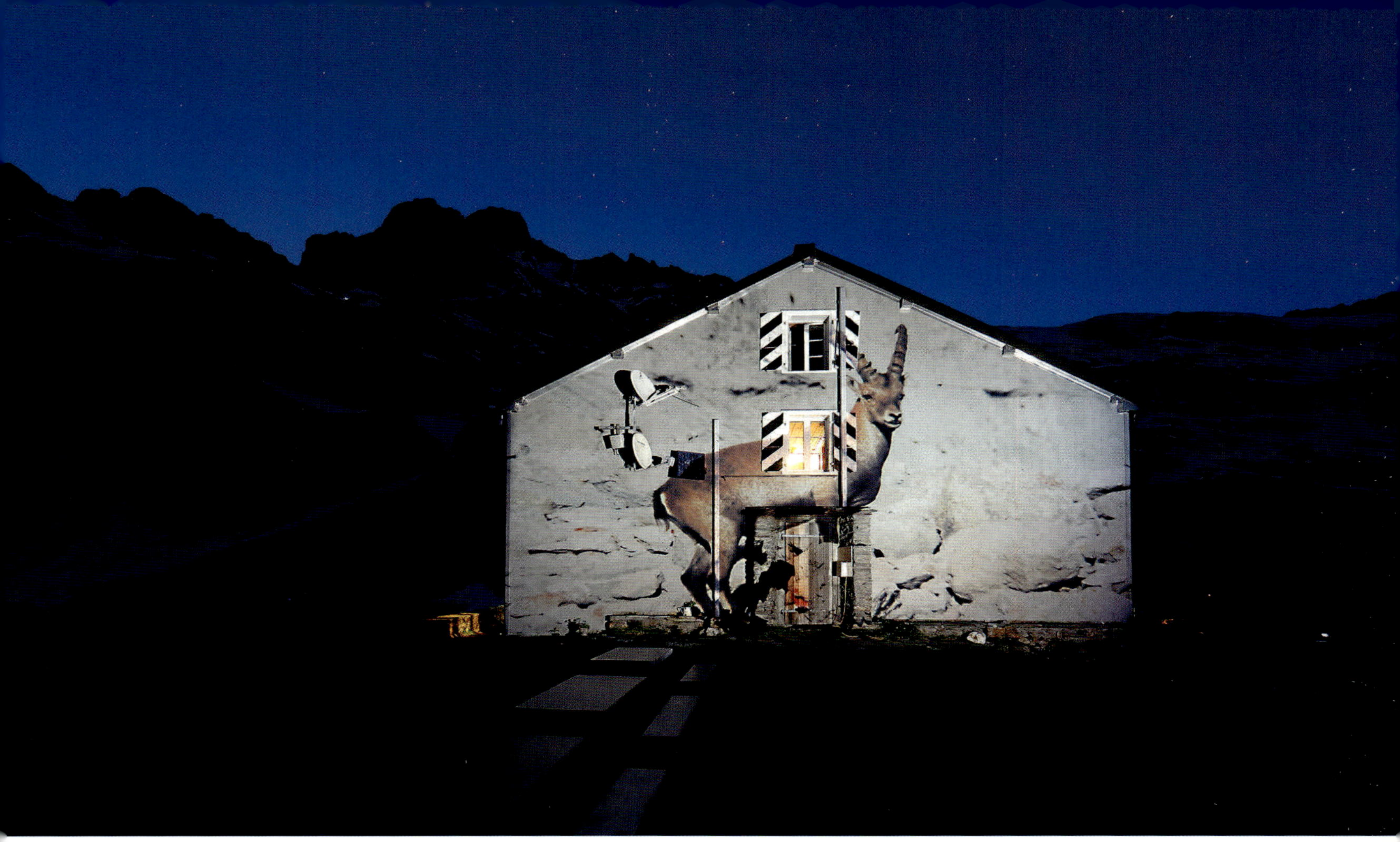

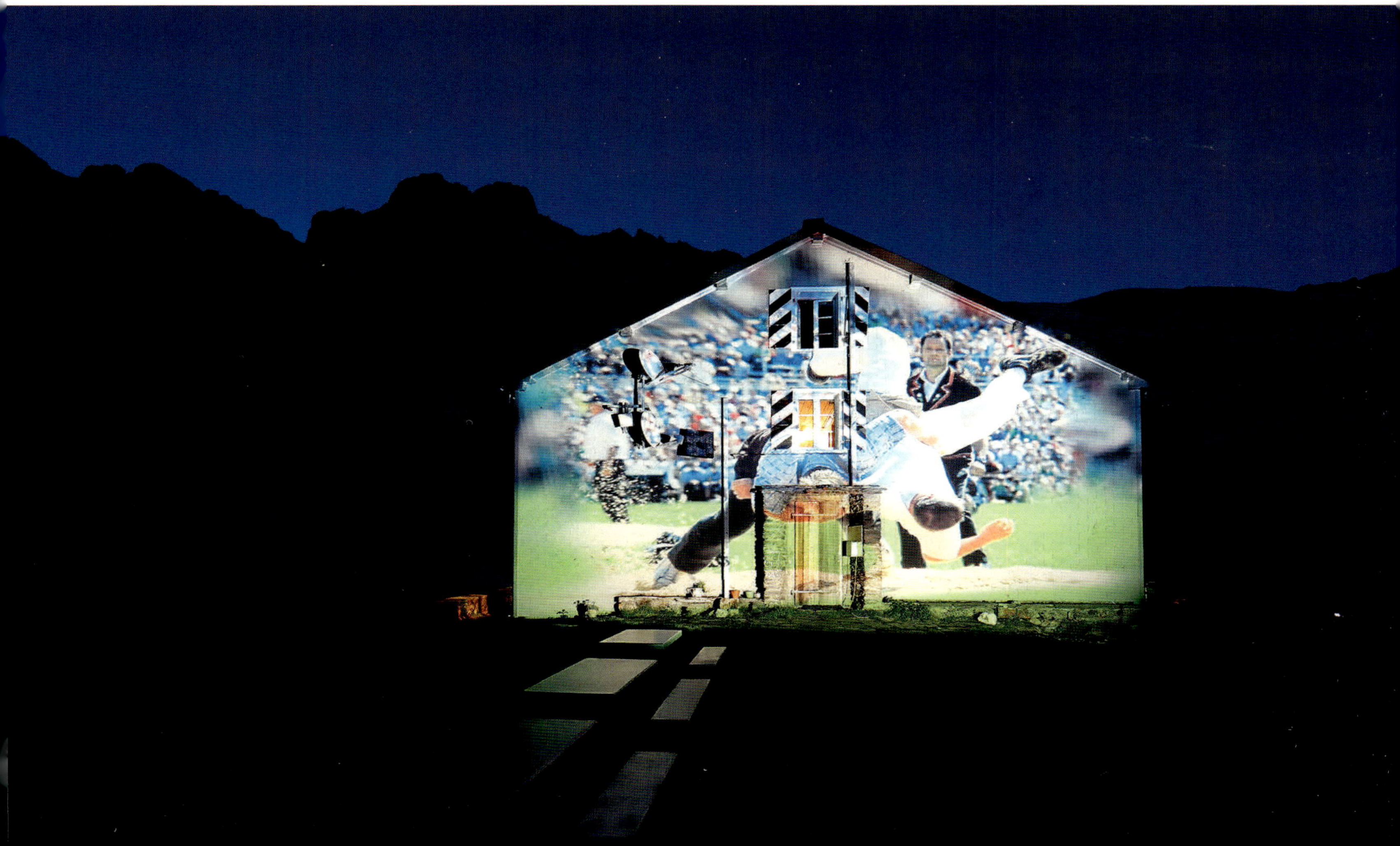

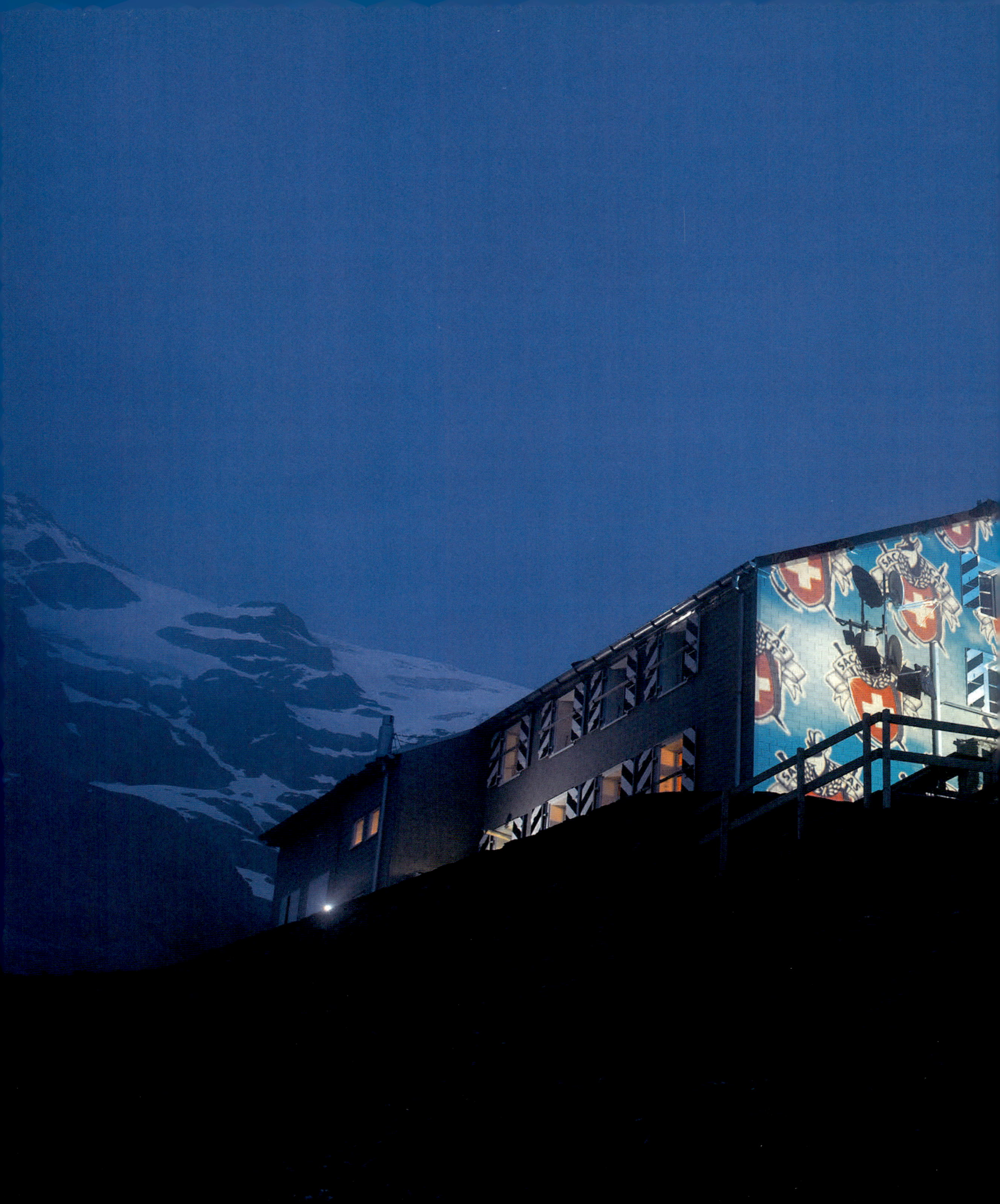

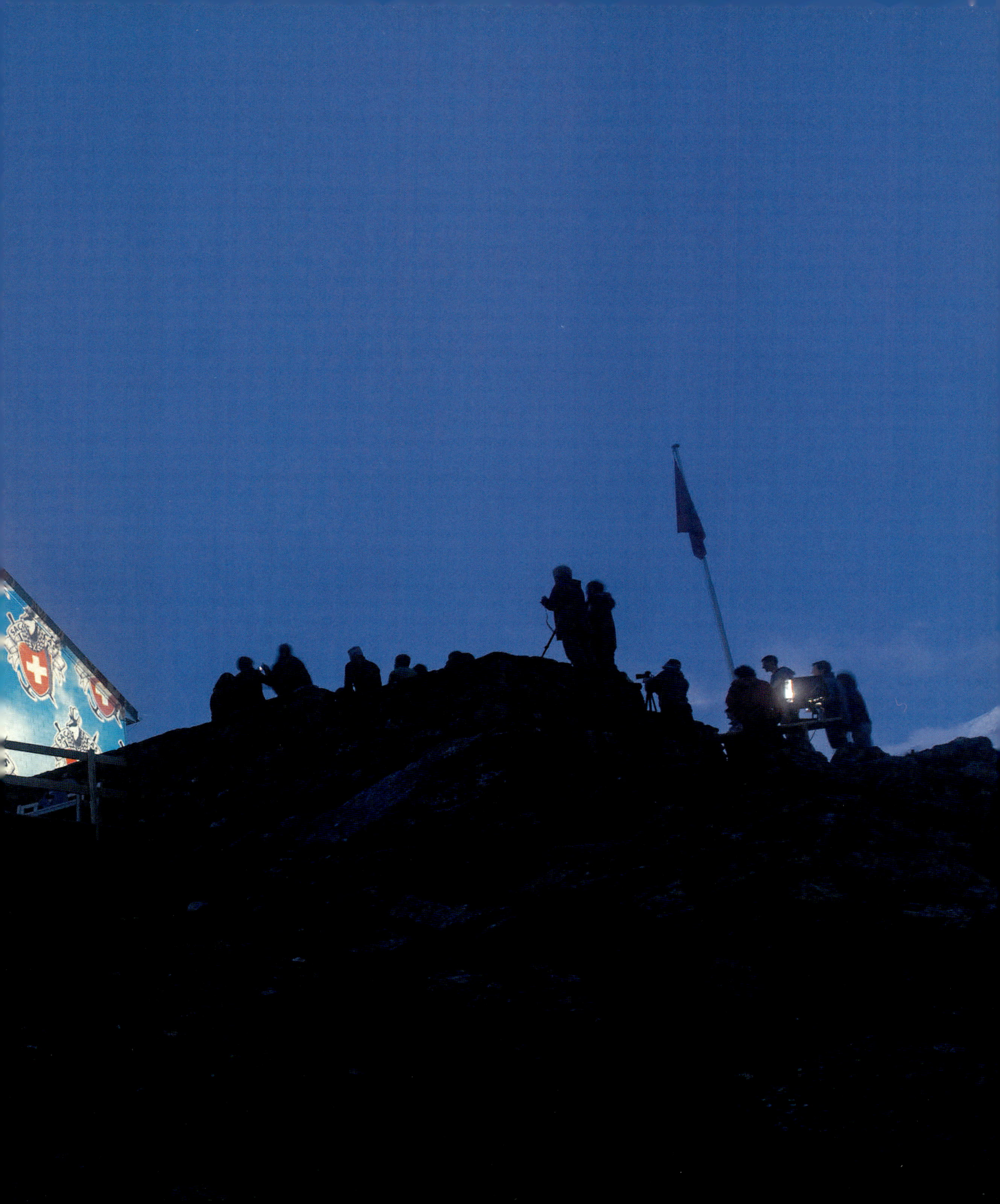

Blaue Stunde

Nicht nur in der Glecksteinhütte ist die «blaue Stunde» ein magischer Moment. Jene 30 Minuten (in Europa), in denen die Sonne untergeht, nennt sich in der Fliegersprache «die bürgerliche Dämmerung». Sie beginnt, wenn die Sonne 6 Grad unter dem astronomischen Horizont hängt. Sie kann je nach geografischer Breite und Jahreszeit zwischen 20 Minuten und zwei Stunden dauern. Danach beginnt die Nacht. Es war das erklärte Ziel meines Teams und mir, jeweils in der bürgerlichen Dämmerung abends und morgens zu leuchten. Alle Überlegungen, Handlungen, Einsatzbewegungen, Fahrstile und Marschzeiten waren genau darauf ausgerichtet. Im Hochsommer kam der Schlaf dabei leider etwas zu kurz, weil die Sonne später unter- und sehr früh wieder aufgeht: Wir leuchteten zwischen 22 und 23 Uhr, sortierten im Anschluss die Projektionsdias, schaufelten Speicher in den Kameras frei, stellten das Material für die Morgenbeleuchtung bereit, fielen zwischen eins und zwei in der Früh ins Bett und stolperten spätestens um vier erneut nach draussen, um die Morgeninstallationen durchzuführen. Der fehlende Schlaf holte uns spätestens nach dem Abstieg ein: Oft fuhren wir bei brütender Hitze heim, schliesslich sollten wir alle um 15 Uhr erneut im Büro sein. Ohne Powernap auf den Autobahnraststätten oder hinter Bauernhöfen in den Tälern ging das nicht. Ein Wunder, dass wir nicht eingeschlafen sind, bevor wir angehalten hatten. Manchmal ging's knapp noch gut. Wir hätten mehr Zeit auf den Hütten verbringen sollen, hatten diese jedoch nicht. Die Nachmittage im Büro muteten surreal an. Das Adrenalin von den Bergen noch im Blut, die imposanten Bilder wenige Stunden zuvor, und als Kontrastprogramm 50 E-Mails, die alle dringend hätten beantwortet werden müssen. War das Setting am Morgen früh um vier auf den Gletschern und Felsspornen unter den Gipfeln nur ein Traum gewesen?

Sabine Lerch-Brechbühl, Präsidentin SAC Sektion Burgdorf

«Kinder erleben eine Hüttenübernachtung als Abenteuer»

Als Präsidentin der Sektion Burgdorf hänge ich sehr an der Glecksteinhütte. Sie gehört – das ist keineswegs subjektiv – zu den schöneren Hütten des SAC. Mein Vater ging dort schon zu Berg. Mich verbinden viele Familienerinnerungen an die Hütte, zu der doch ein eher anspruchsvoller Hüttenweg führt. Eine persönliche Note ist uns wichtig: Vor Jahren konnten die Mitglieder ihren Namen gegen ein Entgelt auf einem Stuhl verewigen. Neu verfügen wir auch über Komfortzimmer mit Kommoden und mit einem kleinen Bettmümpfeli abends auf dem Kissen. Denn Herkunft verpflichtet: Die Hütte war früher einmal ein Hotel.
Ich hatte keine Ahnung, wie Gerry arbeitet, fand die Idee jedoch auf Anhieb grossartig. An jenem Tag zog ich etwas früher los, um rechtzeitig oben zu sein. Mein lädiertes Hüftgelenk drosselte das Tempo ein wenig. Oben angekommen, warteten wir lange auf Gerry und sein Team. Ich hatte keine Ahnung, weshalb die so lange brauchten – bis ich die Truppe sah. Alle waren beladen wie Maultiere. Allein was Gerry schleppte! In geübten Griffen war alsbald alles aufgestellt. Die Lichtinszenierung war unser Höhepunkt der 150-Jahr-Feier. Vom ersten Bild an staunte ich überwältigt: Die Beleuchtungen wirkten viel ganzheitlicher in natura – so vermittelte das an die Fassaden projizierte Hochhaus Urania aus Zürich das Gefühl, wir stünden alle in der Stadt.
Der SAC soll zeitgemäss bleiben – so lautet unsere Devise für die Zukunft. Es braucht keine Wellnesshütten, aber stetige Erneuerung mit Mass, damit wir auch für Familien attraktiv bleiben. Kinder erleben eine Hüttenübernachtung zusammen mit ihren Eltern als Abenteuer. Gerry soll unbedingt weitermachen. Wir von der Glecksteinhütte erhoffen uns neue Besucher von den Bildern, die durch alle Medien gingen. Wir müssen diese einzigartigen Schutzhütten den Leuten noch näherbringen.

Sabine Lerch-Brechbühl

11

⑪ – Glecksteinhütte, 2317 m, 11.–12. Juli 2013
Grindelwald, Tel. 033 853 11 40
Sektion Burgdorf, Kanton Bern
UNESCO-Welterbe Schweizer Alpen Jungfrau-Aletsch.

Gewählte Route – Unterhalb Grosse Scheidegg über Ischpfad. Sehr ausgesetzt.

Zeit – Normal 2 Std. 45 Min., wir 4 Std. 15 Min. Sherpas 10.

Wetter – Schönes Sommerwetter, Gewitterwolken in den Nachbartälern. Am Abend Nebelschwaden während der Beleuchtung. Ab Mitternacht klare Nacht und schöner Morgen mit wolkenlosem Himmel.
22.03 Uhr Beginn Nacht.
05.46 Uhr Beginn Tag.

Bemerkung – Das Grollen der abbrechenden Eismassen vom hinteren Gletscher in der Nacht war unheimlich mahnend und weitum zu hören. Auch war es eine der drei Touren, bei denen ich beim Aufstieg wegen des Gewichts sehr gelitten habe.

Das Gewicht des Lichts

Tierberglihütte – Innertkirchen

15.–16. Juli 2013

12

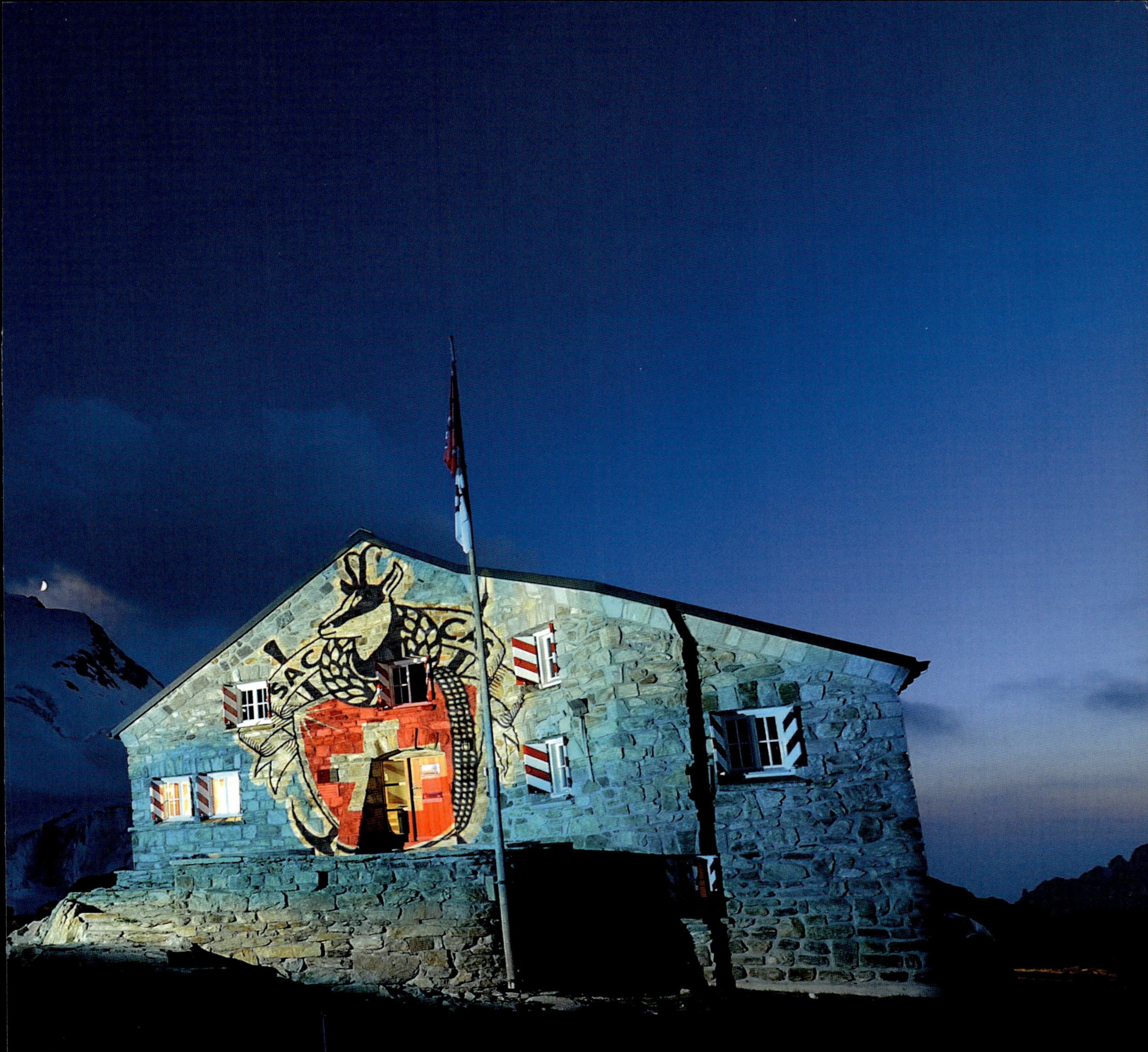
SAC

12

Ohne Zweifel: Das war der schlimmste Aufstieg unserer bisherigen SAC-Karriere! Wir stiegen im Hochsommer auf beinahe 3000 Meter, bei brütender Hitze, zudem hatte es viel Schnee. Drei Schritte vorwärts, einer zurück. Geschähe dies auf hartem Untergrund, müsste der Muskel im Bein nicht nachjustieren. Rutscht man aber mit Gewicht im Schnee, müssen sämtliche Muskeln ständig ausgleichen und stehen dauernd unter Belastung. Auf einem Schneefeld ist das wie ein Gang auf einem Power Plate. Um die Balance zu halten, sind alle Muskeln permanent angespannt. Hinzu kommt der steile Anstieg, der konstant steil blieb bis auf 2850 Meter. Ab 2000 Meter über Meer wird es kritisch mit dem Sauerstoff. Von da an wird jeder zusätzliche Höhenmeter noch härter. Man spürt, wie einem die dünnere Luft zusetzt. Selbst Henry, der sonst gar nichts kennt in den Bergen und behände wie eine Gemse durchs Gelände geht, schloss sich hier brav dem Konvoi an. Wir litten alle bei diesem Hüttenaufstieg. Und wie! Ich schätze es meinem Team hoch an, dass ich nie auch nur eine Andeutung von einem Murren gehört habe. Auch die Sherpas schalteten auf stumm. Immer wieder erwischte ich mich in Trance als Folge der Anstrengung, in meinem Kopf wiederholten sich die immer gleichen Sätze: Wie konntest du dir nur diesen Blödsinn dieser Tour ausdenken. Das wirst du nie schaffen, heute schon gar nicht. Du bist weit über deiner Selbsteinschätzung, noch besser Selbstüberschätzung, angelangt. Dein Herz wird demnächst ein Leck kriegen vom Pumpen.

Ich konnte die Anstrengung meines Motors in der linken Brusthälfte bis in die Ohren hören. Es pochte richtig schwer und laut. Ich bekam ein ganz mulmiges Gefühl, ob es mich nun gleich zusammenlegen würde. Aber irgendwie schien mir das alles egal. Ich hatte andere Probleme und Schmerzen. Einige Leser dieser Zeilen kennen das auch. Schlimmer wird es noch, wenn man nicht mehr mit dem Tempo der Gruppe mithalten kann. Dann bist du plötzlich am Schluss des Teams, und beim nächsten Blick nach vorne liegst du schon 30 bis 50 Meter hinter dem Letzten der Gruppe zurück. Ich fragte mich, wie schaffen es denn alle diese Sherpas und mein Team. Mike, der Fotograf, sprang fröhlich vor die Gruppe für ein gutes Foto, liess sich überholen und zog von unten kommend an allen wieder vorbei. Henry, der Filmer, offensichtlich wieder fit, suchte sich in den Diagonalen im Schneefeld, abseits unserer Route, den besten Winkel für Filmaufnahmen und trug dabei schön brav das bleischwere Stativ und die Kamera. Ich hatte grösste Hochachtung, wie die das alles schafften und einfach vorwärtsstapften und durchstanden. In der Zwischenzeit wurde mein Abstand zur Gruppe grösser und grösser. Ich wurde immer einsamer auf dem Schneehang inmitten der grossartigen Bergwelt. Doch diese Bergwelt war mir in der Zwischenzeit auch mehr als egal geworden. Ich konnte mir niemals mehr vorstellen, diese für mich gigantische unendliche Distanz von über 100 Meter zur Gruppe aufzuholen in brütender Hitze in einem steilen und rutschigen Schneefeld, wohlwissend, dass es rein theoretisch noch über eine Stunde so weitergehen würde mit dem Gewicht des Lichts auf dem Rücken, dem Projektor, und der Beleuchtung im Kopf.

Völlig ausgelaugt kamen wir oben an. In solchen Momenten darf man sich nicht der Müdigkeit hingeben. Wir wurden vom Hüttenwartpaar Christine und Hans-Peter Imboden mit einem herzlichen Apéro empfangen. Danach placierten wir den Projektor, positionierten die Filmkamera, und der Fotograf Mike richtete sich neben dem Projektor ein. Noch während des Einrichtens auf dem Platz deutete sich an, dass uns womöglich ein grandioses Setting erwartete: Die Sonne ging glutrot genau hinter der Hütte zwischen den Wolken unter, und es gab einen dramatischen Wechsel in die Vollmondnacht. Unterdessen trieben Wolken in hohem Tempo heran. Sie tauchten alles in eine mystische Stimmung. Für das Lichtspektakel am

12

Morgen zügelten wir den Projektor auf die andere Seite der Hütte. Als eine der wenigen verfügt die Tierberglihütte über zwei fotogene Seiten. Sie steht auf einem Felssporn. Mein Lieblingsbild? Die Hüttenerweiterung. Die Sektion Baselland, zu der die Hütte gehört, plant eine Renovation. Aus Jux, aber auch um zu zeigen, dass der SAC modern ist, strahlte ich eine moderne Städtefassade an die Fassade der Hütte. Der Sektionspräsident Bernhard Meier, der als Chefsherpa mit von der Partie war, spielte mit und präsentierte seinen Vorstandsmitgliedern das Bild in der darauffolgenden Woche an der Versammlung mit dem Kommentar: «Voilà, wir haben die Hütte jetzt komplett erneuert.» Die Leute verstanden die Welt nicht mehr, aber nur für einen kurzen Moment.

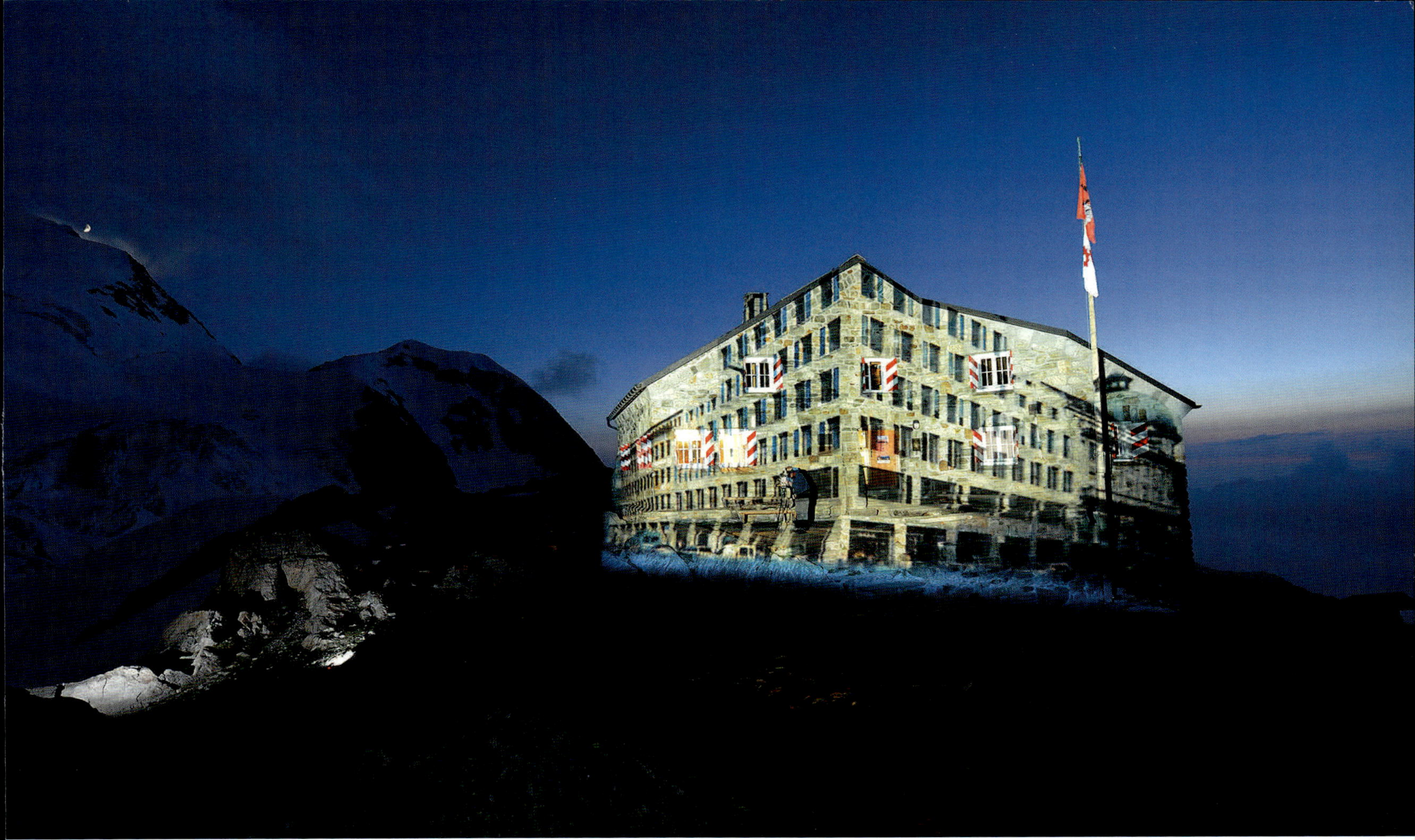

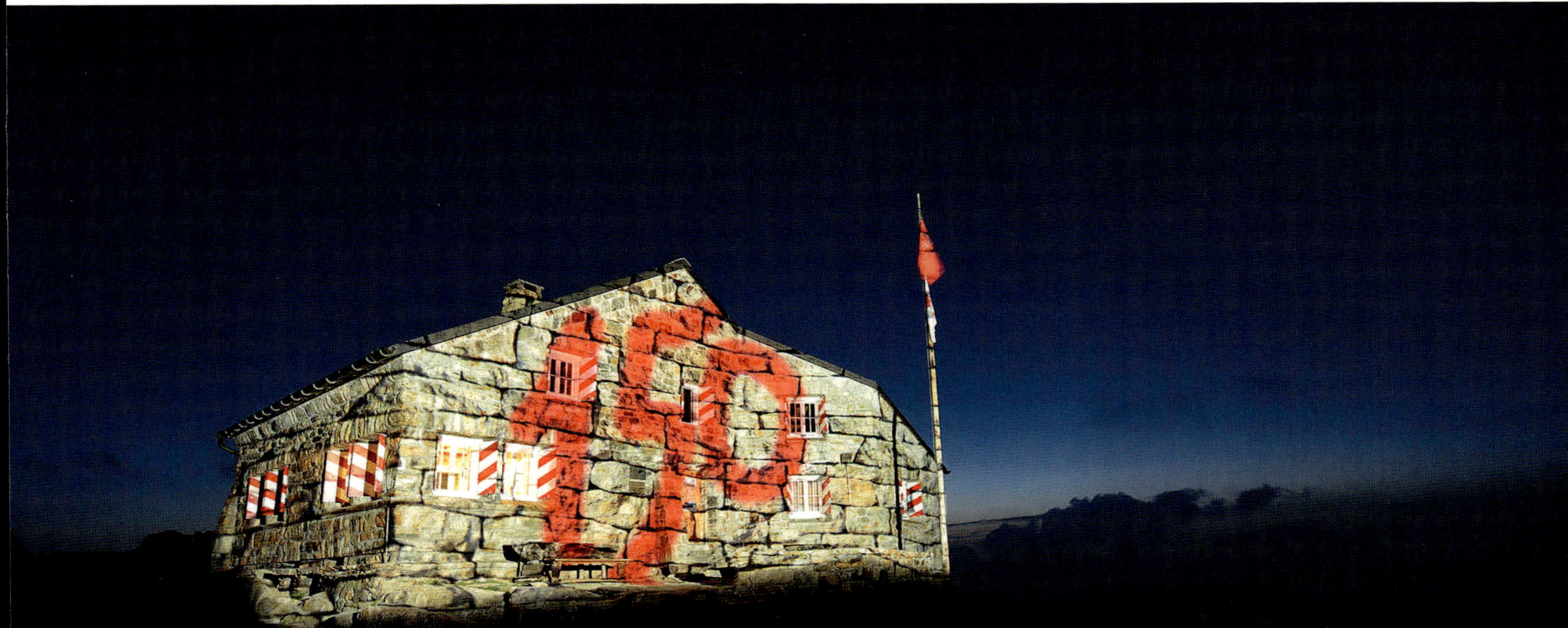

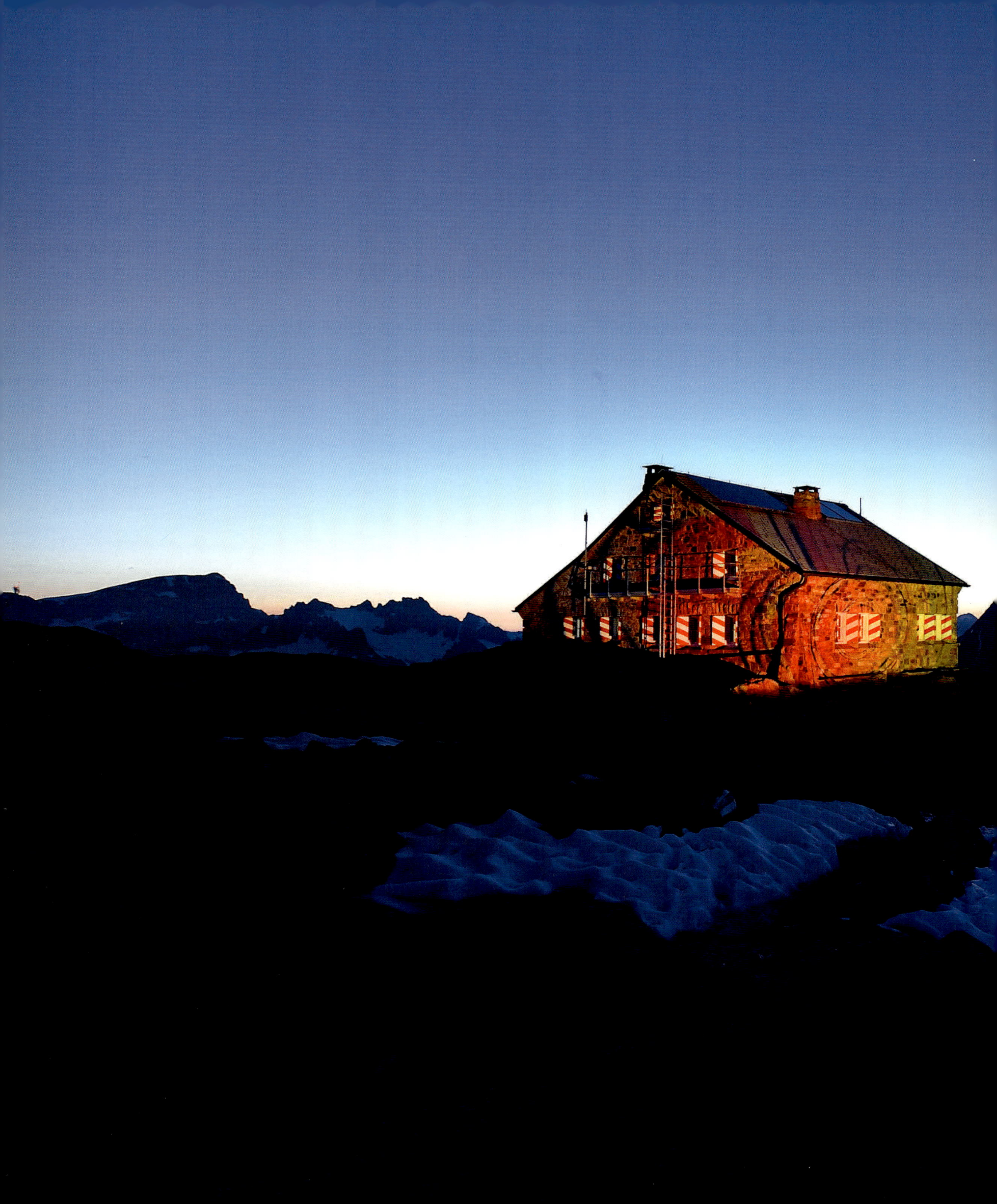

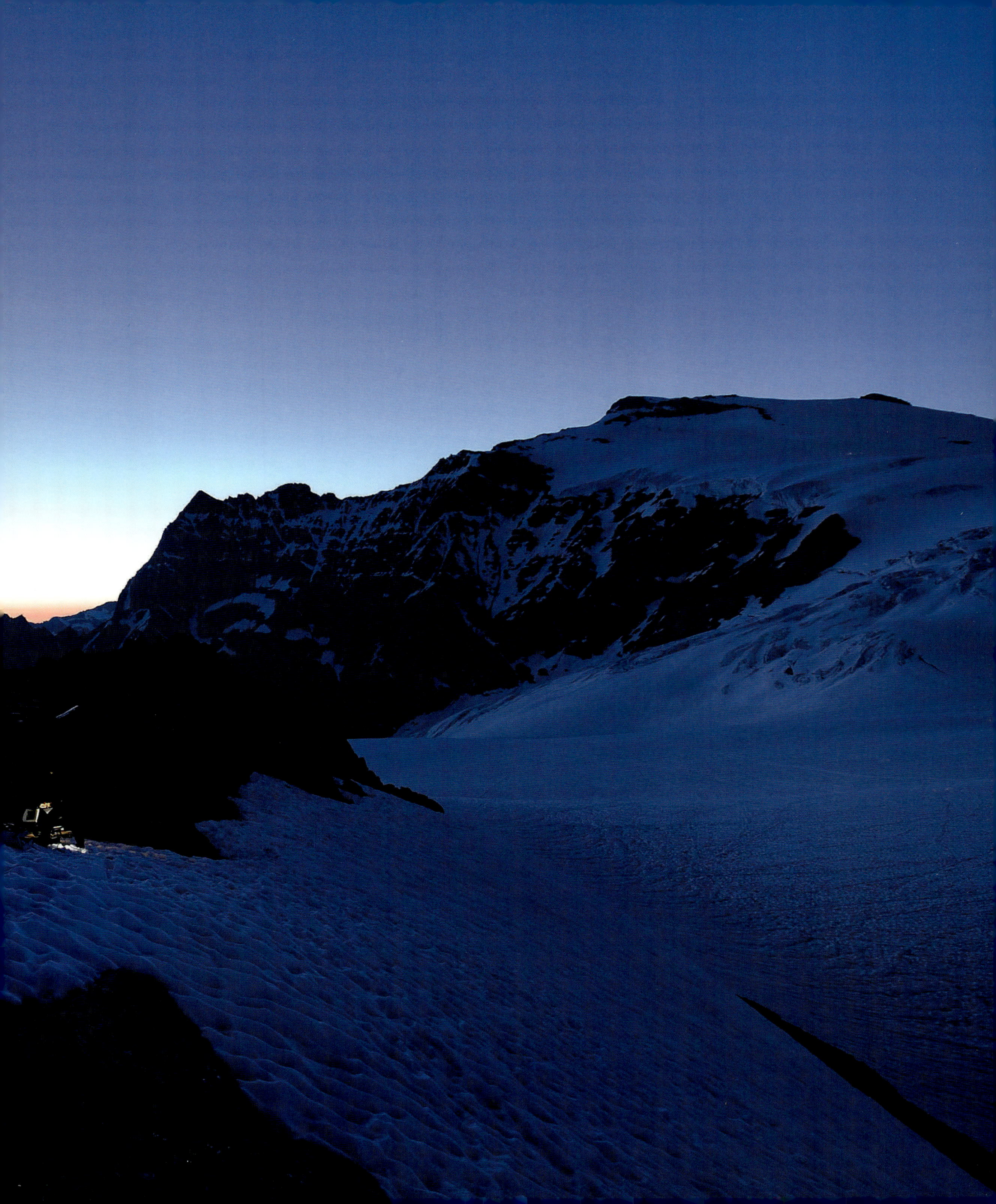

12 Das bewohnte Fenster

Licht ist Leben, Licht ist Hoffnung. Also sollte eine Beleuchtung von mir dies auch so ausstrahlen. In einem Gebäude wohnen Menschen. Da ist Leben. Als ich mit Lichtkunstbeleuchtungen begonnen hatte, störte mich jeweils irgendetwas bei den Inszenierungen der Gebäude. Es brauchte ein paar Runden, bis ich das Problem erkannte. Logischerweise wurden alle Lichter innen und aussen gelöscht, wenn wir ein Gebäude beleuchteten. Die Fassade verschwand in dem Design der Projektion. Das gefiel den Leuten, und es sah tatsächlich gut aus. Doch der Charakter des Hauses ging meiner Meinung nach verloren. Es fehlte etwas. So kam ich auf die Idee, dass bei meinen Beleuchtungen irgendwo in einem Raum das Licht brannte und die Vorhänge nicht gezogen waren. Und siehe da. Das Gebäude bekam Leben. Dies kam dann auch bei den Fotos so rüber. Die Lichtquelle im Innern des Gebäudes liess ein Fenster erleuchten und vermittelte auf den zweiten Blick Wärme, Gastfreundschaft. Es signalisierte, dass hier Leben ist und Menschen da drinnen wohnen. Und so war es auch auf der Tierberglihütte. Die ersten zehn Minuten beleuchteten wir, ohne in einem Raum der Hütte Licht zu haben. Danach ging der Hüttenwart Hans-Peter auf unser Geheiss hinein und zündete in der Stube und beim unteren Eingang das Licht an. Nun stimmte die Wirkung für mich.

Bernhard Meier, Präsident SAC Sektion Baselland und Chef Sherpas, Tierberglihütte.

«Gerry und seine Leute haben den T4-Aufstieg bestens gemeistert»

Ich hatte ja keine Ahnung, was für einen Freak wir uns mit Gerry angelacht hatten. Die Idee der Beleuchtungen allein entlockte mir ein «Wow», entsprechend einstimmig befanden wir im Vorstand, dass die Sektion Baselland mitmachte. Natürlich habe ich mir über Google ein Bild von Gerry gemacht: Einer, der Eisberge in der Arktis beleuchtet und von diesen kopfüber ins Meer springt, muss ein verrückter Kerl sein. Live kennengelernt habe ich Gerry bei der Vernissage am 18. April 2013 in Bern, und ich bleibe dabei: Dieser Mann ist angenehm verrückt. Wir hatten es lustig, witzelten, ein Wort gab das andere. Damals wussten wir noch nicht, welch happiger Aufstieg uns bevorstand. Gerrys Team und die Sherpas haben den sehr alpinen Weg zur Tierberglihütte – immerhin ein T4 – mit der nötigen Vorsicht und ausreichend Kondition bestens gemeistert. Entsprechend wurden wir alle belohnt: Nebelschwaden im Hintergrund zogen zum Anbruch der Abenddämmerung auf. Sie gaben eine derart mystische Kulisse, dass Gerry statt der geplanten halben Stunde gleich zweieinhalb Stunden lang die Hütte beleuchtete. Die Inszenierung hätte nicht zu einem besseren Zeitpunkt stattfinden können: Wir trieben einen Umbau voran, bis Sommer 2016 sollte die Hütte mit ihren 70 Plätzen erneuert werden. Der SAC muss sich öffnen, will er erfolgreich und vor allem für junge Leute attraktiv bleiben. Das betrifft die Infrastrukturen genauso wie die Konzepte einer Hütte. Wasser und Strom in einer Hütte sind heute unabdingbar. Wichtig ist, dass wir mit beidem sorgsam umgehen. Eine Stärke sehen wir von der Tierberglihütte im zukünftigen Angebot selber: Mit einem zuvorkommenden Hüttenservice und der Beherbergung von Alpin-Kursen steuern wir die Auslastung und bieten das spezielle Tierbergli-Feeling. Die Beleuchtung hat uns den Weg gezeigt: Die Nebelschwaden verzogen sich, und vor uns öffnete sich ein wolkenloser Abendhimmel. Ich habe viele E-Mails von begeisterten Bekannten und Tierbergli-Gästen erhalten, die uns gratulierten. Das ist uns ein Ansporn für die Zukunft.

Bernhard Meier

12

⑫ Tierberglihütte, 2795 m,   15.–16. Juli 2013
Innertkirchen, Sustenpass, Tel. 033 971 27 82
Sektion Baselland, Kanton Basel-Landschaft

Gewählte Route – Ab Hotel Steigletscher mit den Autos nach Umpol. Ab da zu Fuss. Ab Start sehr steiler Aufstieg. Zwei Drittel der Strecke mussten wir in faulem Schnee gehen. Extremst kräfteraubend.
Zeit – Normal 3 Std. 15 Min., wir 3 Std. 30 Min.
Sherpas 8.

Wetter – schön und heiss. Am Abend dramatische Wolken im Alpenglühn und wolkenfrei bei Beleuchtungsstart. Klare Nacht mit hellem Mond. Super wolkenfreier Morgen eines perfekten Hochsommertags.

Beleuchtung – War von zwei Seiten möglich. Perfekter Ort für Beleuchtung.

Bemerkung – Unbedingt bei Vollmond beleuchten mit Zeitraffer. Das war für mich der härteste Aufstieg der Tour.

183

Mike und das Monster – zum Ersten

Capanna Basòdino – San Carlo

18. –19. Juli 2013

13

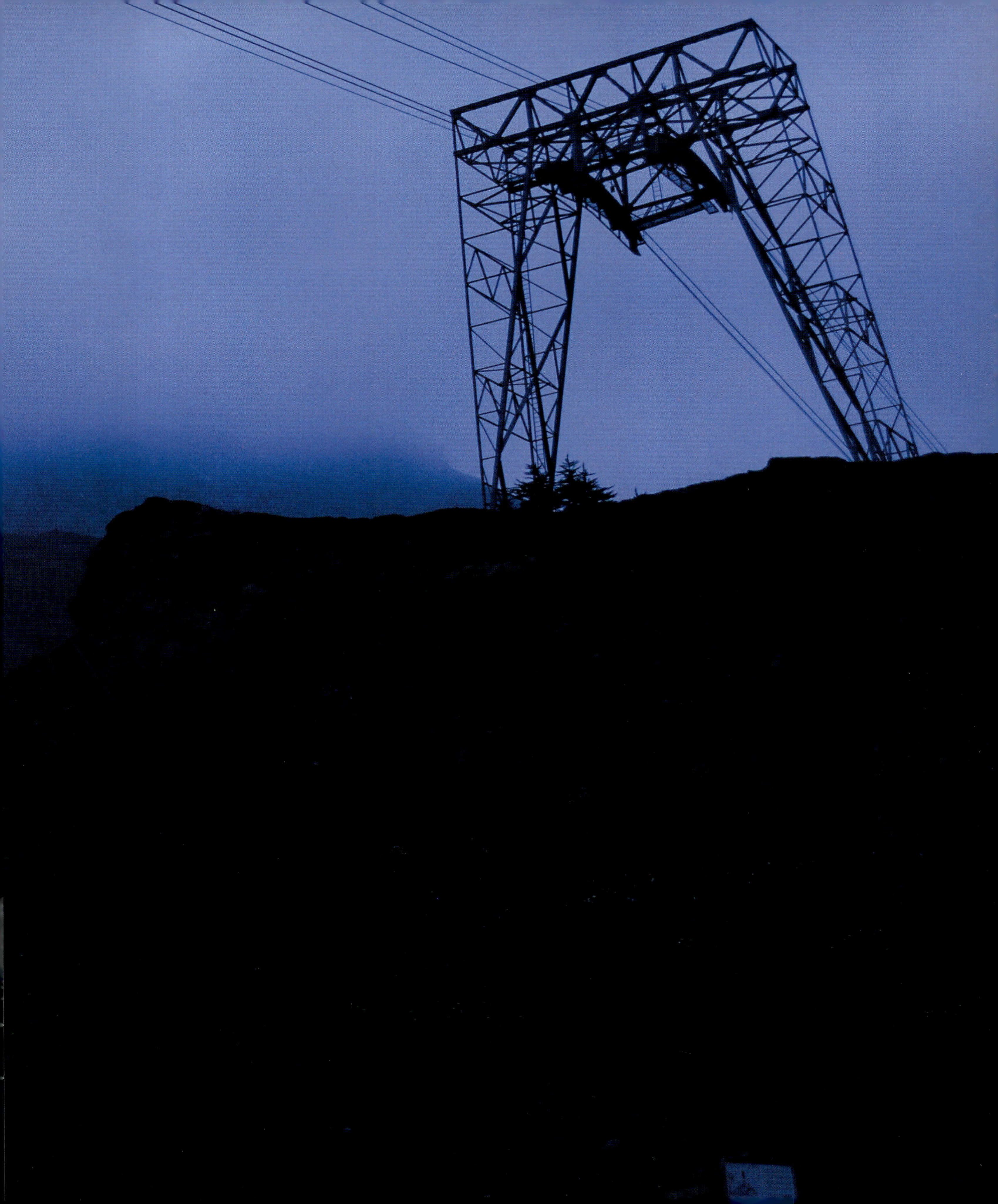

13

Ich kannte die Capanna Basòdino aus meiner Militärzeit im Tessin als Rekrut und Offizier. Als Gebirgsgrenadiere hatten wir die Sommergebirgsausbildungen jeweils in der Robiei, dem Stauseegebiet, das oberhalb der Basòdino-Hütte liegt und zu Fuss in fünf Minuten zu erreichen ist. Den Termin der Beleuchtung legte ich auf die Tage vor dem Filmfestival von Locarno – unser Kulturereignis könnte den einen oder anderen Filmbesucher anlocken. Das Maggiatal selber hat ohnehin jede Aufmerksamkeit verdient: Es kämpft als Tessiner Seitental gegen die Abwanderung von Einheimischen und der damit einhergehenden Verwahrlosung. Dabei finden sich dort noch einzigartige Schlangen, der weisse Marmor aus der Schweiz kommt von dort, das Essen ist phantastisch, und architektonische Leckerbissen sind in diesem Tal auch zu finden. Eine Luftseilbahn erschliesst ab San Carlo zuhinterst links im Tal die Capanna Basodino perfekt. Sie wird dadurch auch für Leute im Rollstuhl oder mit Kinderwagen zugänglich. Ueli Nyffenegger, der Hüttenwart, ist ein hervorragender Gastgeber und Gesprächspartner. Wir haben die halbe Nacht bei einem Glas Tessiner Merlot über den Zeitgeist philosophiert und darüber, wohin das Dasein als Hüttenwart einer SAC-Hütte führen möge. Nyffenegger arbeitete früher sehr erfolgreich als Unternehmensberater. Er hat den Ausstieg oder, besser gesagt, den Aufstieg in die Berge bewusst gewählt. Seit Jahren setzt er sich für mehr Komfort in den SAC-Hütten ein, seien es Daunendecken oder Kopfkissen. Zudem stellt Nyffeneggers Philosophie das Essen ins Zentrum. Die Aussicht und die Sportmöglichkeiten, sagt der erfahrene Manager, seien in dieser Region eh nicht zu übertreffen. «Ein neues Publikum ziehen wir über die Küche an», ist er überzeugt. Der Erfolg gibt ihm recht. Unlängst löste eine Frau im Hauptbahnhof Zürich am Morgen ein Billett nach San Carlo im Maggiatal und zurück. Der SBB-Verkaufsberater schaute auf und lächelte: «Gibt es heute einen schönen Zmittag in der Basòdino-SAC-Hütte?» Die Frau war perplex: «Wieso wissen Sie ...?» «Die Hütte ist bekannt», gab der SBB-Mann zurück. Sie sei nicht die erste Kundin, die ein Ticket für dieses Vorhaben bei ihm gekauft hat. Ziel erreicht, wenn man in Zürich so behandelt wird.

Das Essen schmeckte in der Tat hervorragend, Risotto mit Ragout und frischem Spinat. Den Grappa aus Uelis Privatschatulle – wir trinken selten bis nie – sparten wir uns als Schlummerbecher danach auf. Zu jener friedlichen Stunde nach dem unverfälscht guten Abendessen wussten wir noch nicht, dass Mike Kessler, der eine Fotograf, diesen Grappa nötig haben würde. Frank Schwarzbach, der andere Fotograf, stand wie immer in der Nähe des Projektors bei mir. Mike ist unser Libero. Er bewegt sich frei im Gelände und nimmt die Szenerie aus grossen Abständen auf. Wir geben ihm Tipps, was ich gerne hätte. Aber in der Umsetzung und darin, wo er die Standorte in der Distanz zum Objekt wählt, ist er frei. Stockdunkel war es an jenem Abend. Ich hatte keine Ahnung, wo sich Mike aufhalten würde und wohin er gekraxelt war. Plötzlich knisterte der Funk. Mike meldete sich. «Gerry, hinter mir knurrt es.» «Mike, keine Zeit für solchen Blödsinn. Mach weiter.» Mike ist kein Ängstlicher. Wäre ich nicht so konzentriert gewesen, hätte ich womöglich gelacht. «Geeerry, hinter mir knurrt es wirklich.» «Mike, lass das! Wir sind am Arbeiten.» «Gerry, ich komme wieder zu euch.» «Fertig Cabaret, du bleibst, wo du bist!». Frank, der andere Fotograf, und meine Tochter Céline konnten das Grinsen beinahe nicht länger verkneifen. «Gerry, hör doch ...» Mike musste das Funkgerät in die Höhe gehalten und die Sprechtaste gedrückt haben. Mir stockte der Atem. Den anderen gefror das Grinsen im Gesicht. Laut und deutlich hörten wir alle ein tiefes, furchterregendes Knurren. «Mike, flieh! Komm sofort zu uns!», schrie ich noch ins Funkgerät. Danach dauerte es eine Weile, bis er den Weg zurückgefunden hatte, so finster war es. Endlich sahen wir seine Stirn-

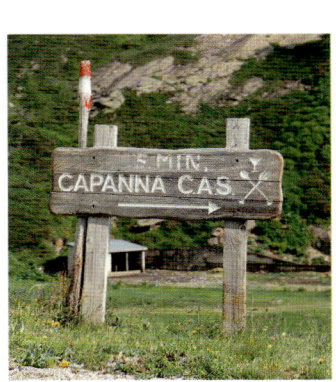

13

lampe im Zickzack über den Geröllhang näherkommen. Mike war etwas bleicher als beim Nachtessen. Er schoss seine Fotos aus sicherer Nähe zur Hütte. Beim Schlummergrappa rätselten wir lange mit Hüttenwart Ueli, was das gewesen sein könnte. Kein Schafsbock, keine Kuh. Wölfe? Fuchs? Ein kleiner Bär? Ein unentdeckter? Wir wissen es heute noch nicht. Auch Ueli nicht. Eigentlich wollten wir es ja als lustige Episode ein- stufen. Doch die Stimmung wollte nicht so recht aufkommen, denn lustig war es wirklich nicht. Ich glaube, alle waren froh, dass keiner von ihnen Mike war an diesem Abend. Acht Hütten später, in der Martinsmadhütte in Elm, sollte uns, beziehungsweise Mike, dieser Spuk erneut einholen.

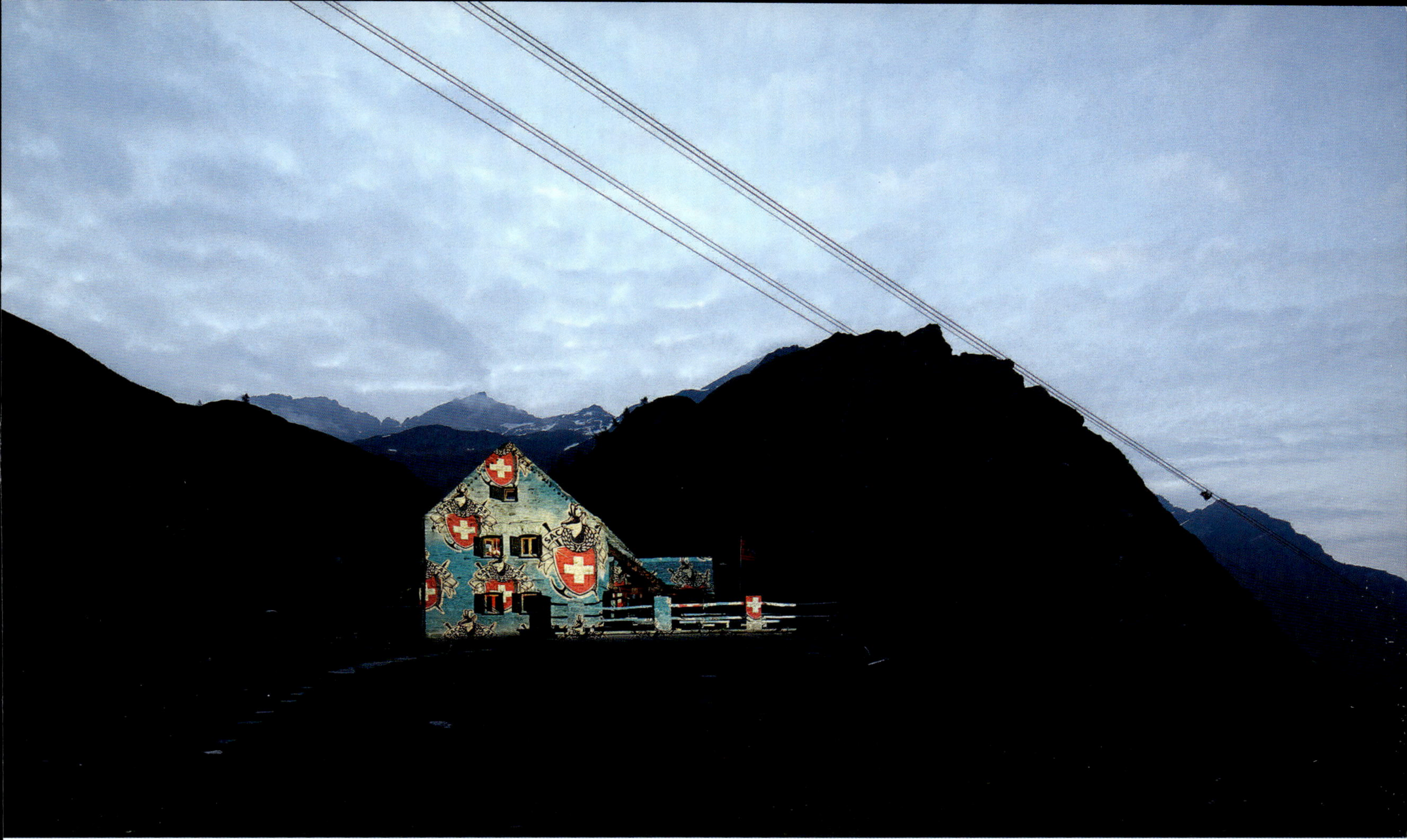

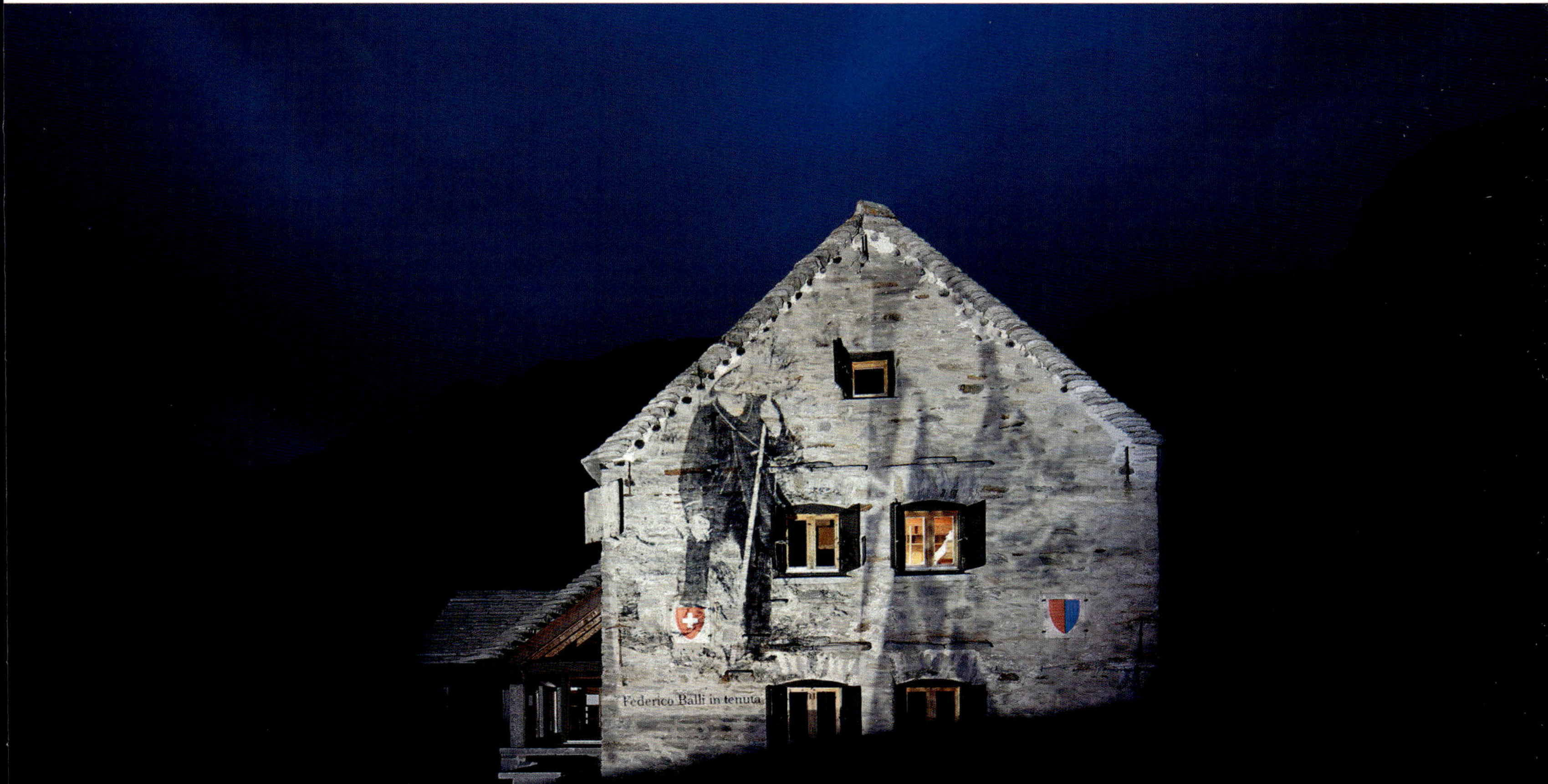
Federico Balli in tenuta

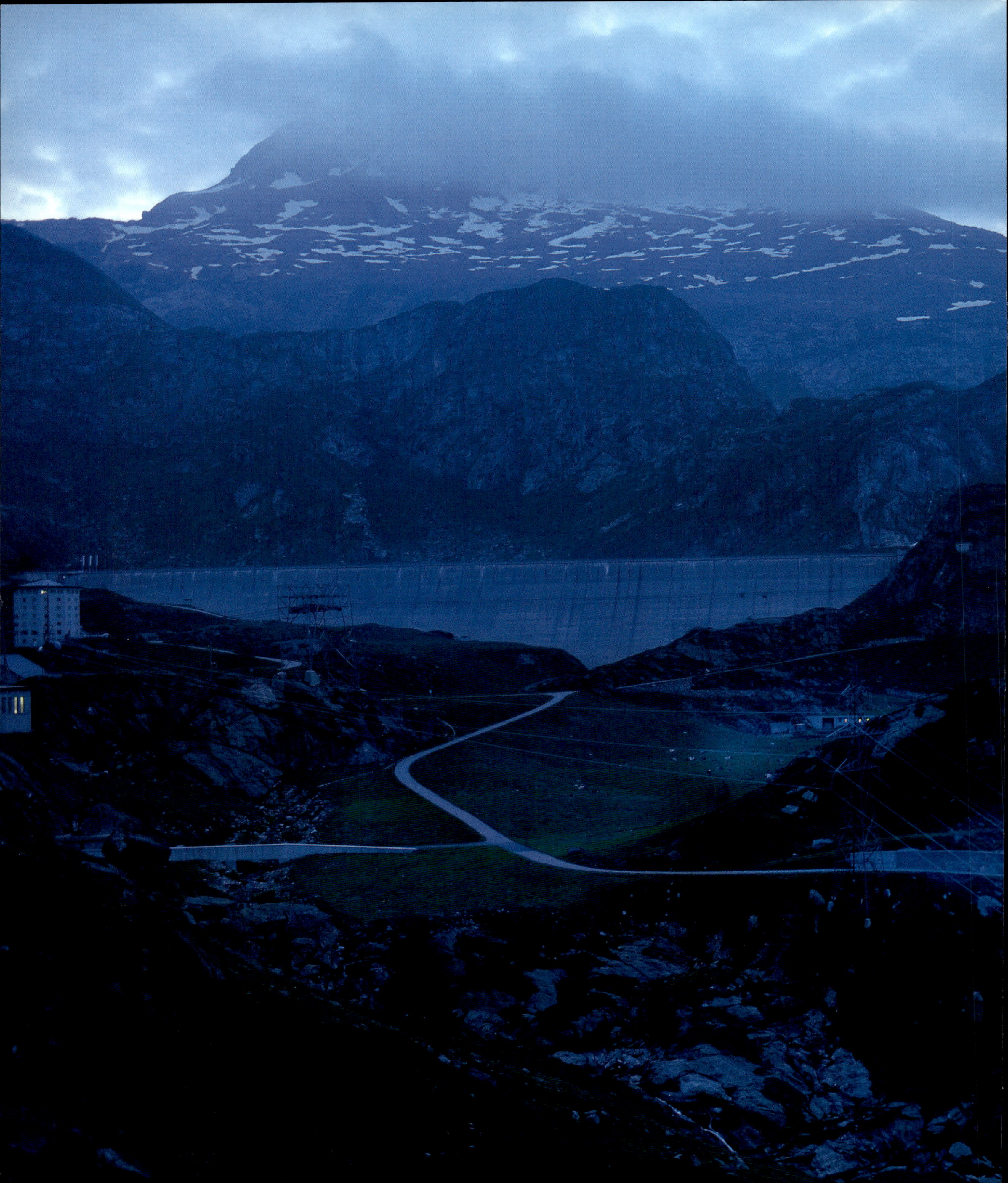

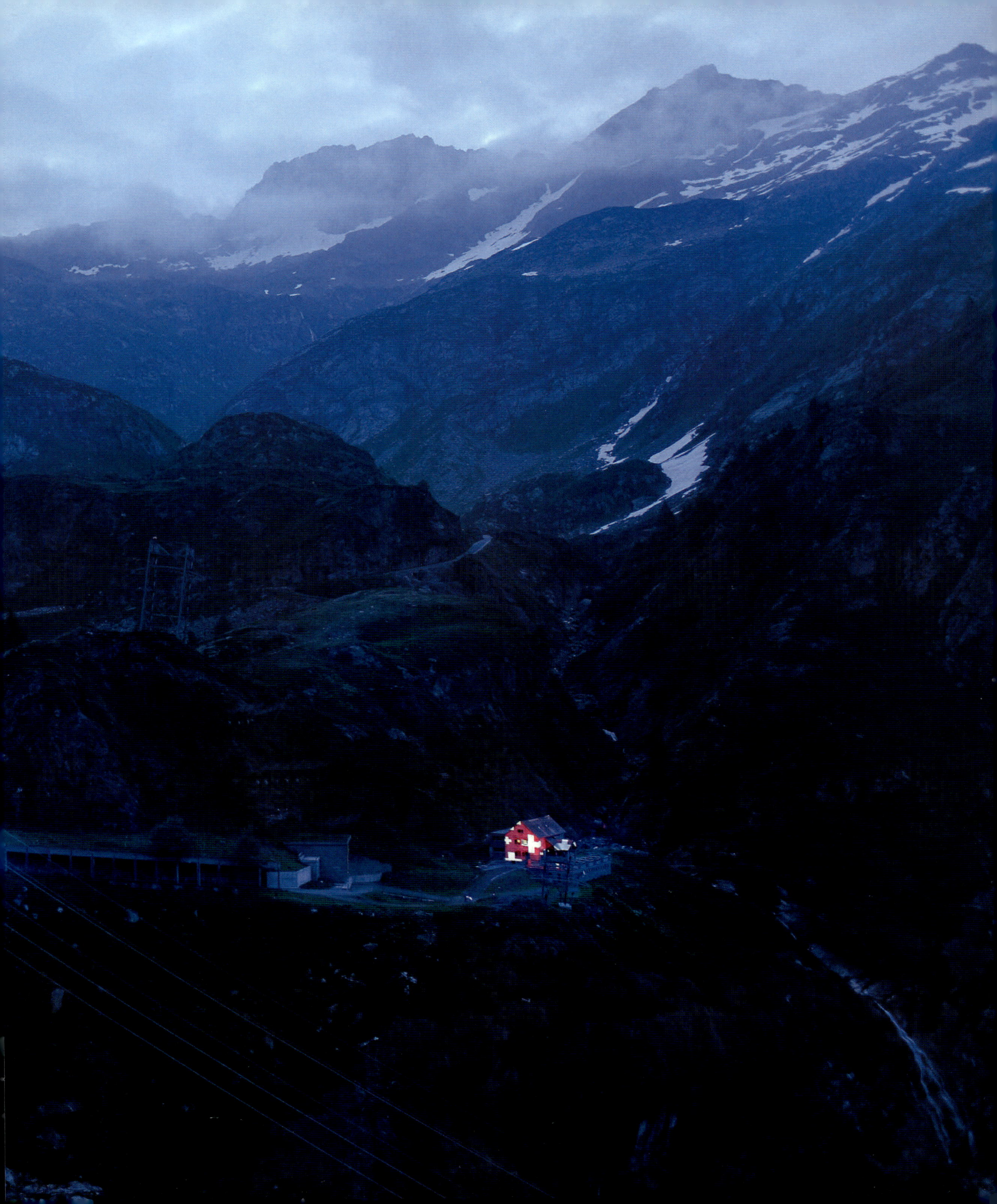

13 Hüttenwartin und Hüttenwart – ein Kulturgut der Schweiz

Die Umgebung einer jeden Hütte ist derart grosses Kino, dass sich die einzelnen Hütten nur durch Dienstleistungen voneinander abheben können. Die Küchenleistung zählt dabei ebenso viel wie die Hüttenwartinnen und Hüttenwarte, die als Menschen einem Haus seine Seele geben. Ein Hüttenwart (die Frauen immer auch gemeint) ist in jedem Fall gastfreundlich, professionell, stresserprobt, er weiss sich als Zimmermann und als Elektriker zu helfen, kann kochen, ist ein marketingorientierter Unternehmertyp, ein Jäger, ein Naturheilkundler, ein Maurer, ein Bergführer, sportlich ohnehin, denn ohne XXL-Rucksack ist er selten unterwegs. Er ist Arzt, Kellner, Bürolist, Unterhalter – oder unter einen Nenner gebracht: Er ist ein Idealist. Jemand, der herausfinden will, was alles in ihm steckt, sollte als Hüttenwart anheuern. Das ist übrigens – so meine Meinung – auch die beste Schule, sich in Psychologie und Menschenführung auszubilden. Diese Ausbildung dauert nicht vier Jahre, sondern crashkursmässig eine Hüttensaison lang. Danach folgt über die Jahre die Verfeinerung des Erlernten. Und wenn jemand noch nicht gelernt hat zu arbeiten, nun aber willens ist, dies zu tun, sollte sie oder er eine Hütte übernehmen. Der SAC bietet jedes Jahr Hüttenwartkurse an. Die angehenden Hüttenwartinnen und Hüttenwarte arbeiten sich in Modulen ein in Themen wie Personalführung, betriebswirtschaftliche Führung, Bewirtung/Küche, hüttentechnische Kenntnisse, Gesundheit/Erste Hilfe, Logistik sowie Zusammenarbeit/Kooperation. Alle Hüttenwarte geniessen meine allergrösste Hochachtung. Sie haben für mich einen Status als Kulturgut der Schweiz. Sie sind weltweit einzigartig, gelten für mich als stille Helden, die die Fahne für unsere schönen Berge sehr hoch halten. Lassen wir die Hausberge vor den jeweiligen Hütten als stille Denkmäler für alle unsere Hüttenwarte, Hüttenwartinnen und Hüttenwartpaare gelten.

Ulrich Nyffenegger, Hüttenwart Basodino-Hütte.

«Für ein perfektes Gelingen brauchen Sie mehlig kochende Kartoffeln»

Bei mir kommen keine Convenience-Produkte auf den Tisch. Die Herausforderung, mit guter Küche, guter Bedienung und Sauberkeit eine Hütte zu einem gut frequentierten Gasthaus zu machen, hat mich vor 25 Jahren bewogen, hobbymässig als Hüttenwart einzusteigen. Meine erste Wirkungsstätte war die Alzascahütte, die damals gerade mal 400 Übernachtungen zählte. Heute sind es 1400 Logiernächte. Bis dreimal pro Woche stieg ich die 1400 Meter ins Tal hinunter, um einzukaufen, und trug alles wieder hoch. Inzwischen wechseln sich 25 Paare in der Führung der Alzascahütte ab. Jedes Jahr kommen elf Paare zum Einsatz, da die Hütte nur vom dritten Maiwochenende bis zum dritten Oktoberwochenende offen ist. Unter den Freiwilligen sind mittlerweile solche, die das bereits seit mehr als zehn Jahren machen. Im November 2012 unterschrieb ich den Vertrag für die Basòdino-Hütte. Den seit mehr als fünf Jahren rückläufigen Trend von immer weniger Übernachtungen konnte ich schon im ersten Jahr stoppen. Im zweiten Winter konnte ich die Übernachtungszahlen gegenüber dem ersten Winter mehr als verdoppeln. Zum Erfolg beitragen können gutes Essen, Präsenz, Flexibilität, anregende Diskussionen und Glück, das braucht es auch. Der SAC selber hat für mich eine marginale Bedeutung. Ich wollte beweisen, dass es auch anders geht im Vergleich zu den vor 30 Jahren nicht immer sehr zuvorkommenden Hüttenwarten. Ich fühle mich verbunden mit den Bergen. Täglich unternehme ich Touren, allein schon, um mir ein Bild über die aktuelle Flora zu machen, damit ich den Gästen Auskunft geben kann, wo beispielsweise gerade die Orchideen blühen. Manchmal suche ich neue Wege – hier oben tun sich immer wieder neue Welten auf. Hut ab vor Gerry, wie er sein Produkt verkauft. Er ist ein grandioser Verkäufer, ein Marketingtyp. Seine Inszenierung hat mir einen ganz neuen Blick auf die Hütte gezeigt.

Wie gesagt: Ich lege grossen Wert auf gutes Essen für meine Kundschaft. Die Gnocchi sind eine meiner Spezialitäten. Für ein perfektes Gelingen brauchen Sie mehlig kochende Kartoffeln. Die Kartoffeln am besten mit Schale gar kochen. Anschliessend die Kartoffeln abkühlen lassen, pellen und durch eine Presse drücken. Dann die Eier, Gewürze oder andere Gemüse dazugeben, nicht zu viel Mehl zu der Kartoffelmasse hinzufügen und alles gut durchkneten. Anschliessend die Gnocchi formen und zubereiten – oder aber einfrieren.

Ueli Nyffenegger

13

194

13 - Tierberglihütte, 2795 m,   15.-16. Juli 2013
Innertkirchen, sustenpass, Tel. 033 971 27 82
sektion Baselland, Kanton Basel-Landschaft

Gewählte Route – Ab Hotel steigletscher mit den Autos nach Umpol. Ab da zu Fuss. Ab start sehr steiler Aufstieg. Zwei Drittel der strecke mussten wir in faulem schnee gehen. Extremst kräfteraubend.

Zeit – Normal 3 Std. 15 Min., wir 3 Std. 30 Min. Sherpas 8.

Wetter – Schön und heiss. Am Abend dramatische Wolken im Alpenglühn und wolkenfrei bei Beleuchtungsstart. Klare Nacht mit hellem Mond. Super wolkenfreier Morgen eines perfekten Hochsommertags.

Beleuchtung – War von zwei seiten möglich. Perfekter Ort für Beleuchtung.

Bemerkung – Unbedingt bei Vollmond beleuchten mit Zeitraffer. Das war für mich der härteste Aufstieg der Tour.

Vollmond auf den Zentimeter genau

Bergseehütte – Göschenen

21.–22. Juli 2013

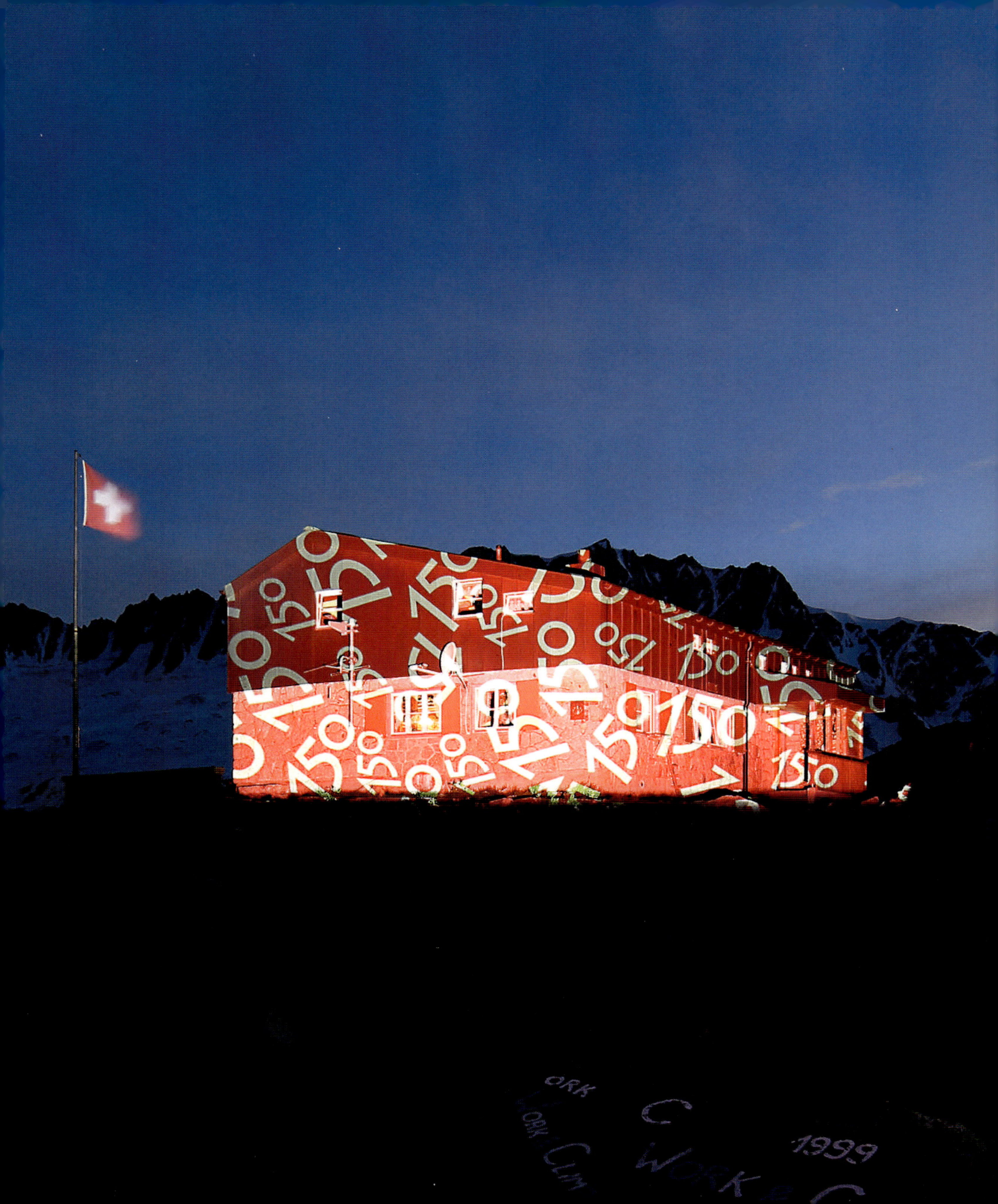

14

Improvisieren am Berg hiess im Fall der Bergseehütte, dass wir selber kurzfristig noch ein paar Sherpas anfragen mussten. Weil es für einmal drängte und wir etwas knapp dran waren mit der Organisation, konnte der SAC Angenstein zu wenig Freiwillige aufbieten, um die 200 Kilogramm Material mit uns hochzutragen. Ein Glück, brachte das Hüttenwartpaar Toni und Maria Fullin die Idee auf, eine Kletterschulklasse von Jugendlichen, die bei ihnen zur Zeit der Beleuchtung logieren würde, zu fragen, ob sie aus Trainingsgründen Material von der Göscheneralp für uns hinauf- und später wieder hinuntertragen würden. Man muss wissen, dass die Bergseehütte eine der meistfrequentierten SAC-Hütten ist. Sie verzeichnet über 6000 Übernachtungen im Jahr. Wir vereinbarten, dass wir das Material eine Woche im Voraus an den Tourenstart liefern würden. Die Schulklasse trug uns anschliessend das Hauptmaterial hoch, den Projektor und gewisses Last-Minute-Material brachte ich aus unserem Lager in Zumikon mit. Zwei Ducati-Kollegen von mir hatten von Beginn an durchsickern lassen, sie würden auch gerne einmal als Sherpa dabei sein. «Jetzt oder nie», gab ich Ramsy Hayek und Loris Pivetta durch. Sie liessen sich nicht zweimal bitten. Den Projektor nahm wie üblich ich auf den Rücken. Es blieben vier Rucksäcke und zwei freie Rücken: Die beiden Freiwilligen kamen nicht umhin, einen Rucksack hinten und einen vorne anzuhängen. Wir zogen bei schönstem Wetter los. Mit dabei waren Henry, der Kameramann, Frank, der Fotograf, und der Videojournalist Sven Epting vom Innerschweizer TV Tele M1. Ein mögliches Gewitter und rund vier Stunden Bergmarsch lagen vor uns. Das Gewitter würde zwar hinter den Bergen durchziehen, ich schloss jedoch nicht aus, einen Sprutz davon abzubekommen. Solche Dinge lesen sich halb so dramatisch, wie sie in Wirklichkeit sind. Eine Viertelstunde vor Ankunft goss es, was die Wolken hergaben. Kaum begrüssten wir das Hüttenwartpaar Toni und Maria Fullin, riss der

Himmel auf. Diese Stimmung liebe ich in den Bergen. Die Sonne kommt und schimmert durch die geleerten Cumuluswolken, die sachte hochsteigen und sich verflüchtigen. Ein solches Setting ist an Dramatik nicht zu überbieten. Während wir in klarster Nacht die Hütte abwechselnd in neue Sujets hüllten, hatte Toni Fullin andere Sorgen. Die Toilette war verstopft. Er musste Stangen bestellen, die per Helikopter am Morgen angeliefert wurden, um die Ware in den WC-Schüsseln hinunterzudrücken. Infrastruktureinrichtungen wie eine Toilette oder auch Strom müssen wie am Schnürchen funktionieren, sonst kollabiert das System auf einer Hütte, zumal die 70 Schlafplätze bis auf den letzten ausgebucht waren.

Nicht verpassen durfte ich an diesem Abend den Vollmond. Seine Bahn würde so verlaufen, dass er hinter einem Berg durchgeht, sich wieder zwischen zwei Berggipfeln zeigt, dann erneut hinter einem Gipfel verschwindet. Würde ich den ganzen Verlauf genau beobachten, so könnte ich abschätzen, wo genau seine Position war, wenn er hinter der Hütte durchwanderte. Würden wir ihn sehen, oder wäre er schon zu tief hinter den Bergen? Wie schön, wenn wir seine Position im Foto auf Süd-Südwest zwischen zwei Gipfeln einfangen könnten. Um 23 Uhr begann ich zu rechnen und eruierte, dass er, wenn er drei Zentimeter pro Minute von meinen Standort aus wanderte, so gegen 3.10 Uhr für etwa zehn Minuten leicht links von der Hütte und zugleich über der Bergkrete zu sehen wäre. Dies ergäbe ein sensationelles Bild, speziell in dieser klaren und hellen Vollmondnacht. Danach würde er für den Rest der Nacht hinter der Gebirgskette verschwinden. Der Fotograf Frank hätte also nur ein Zeitfenster von zehn Minuten, das ihm erlaubte, maximal zehn Bilder zu schiessen. Das war unsere Welt: Natur, Umwelt, Technik, Kunst und Vision in einem Cocktail zu vereinen und sich dann wie Lausbuben zu freuen, wenn es tatsächlich so rauskommt wie ausgebrütet. Und es kam auf die Minute genau so

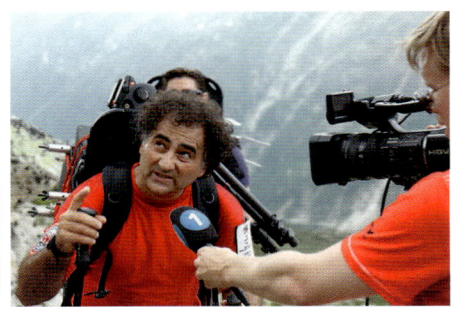

Nummer 19 - Dammahütte
Beleuchtung 5 Wochen nach Bergseehütte

wie von uns errechnet und erhofft. Die Freude war allen Anwesenden um 3.11 Uhr ins Gesicht geschrieben, als Frank genüsslich mit einem Pokerface, wie wenn nichts wäre, seine zehn Fotos reinzog. Und weg war er, der Mond. Wir stellten den Projektor ab, tranken einen Kaffee aus dem Thermoskrug, den das Hüttenwartpaar uns bereitgestellt hatte. Diese Pause hatten wir uns verdient. Um vier ging es weiter mit der Beleuchtung in die Morgendämmerung. Toni war nun auch da und sass auf einem Stein. Ganz andächtig verfolgte er das Schauspiel, in dem seine Hütte die Hauptrolle hatte. Es hatte ihn sehr beeindruckt. Uns auch, nicht nur die Beleuchtung und das Ambiente, sondern dass wir – dem Namen der Tour entsprechend – am Abend und am Morgen wieder ein wunderschönes Alpenglühn über den Bergen erleben durften.

Was blieb mir sonst noch speziell von dieser Tour zurück? Am Vortag kamen wir auf dem Weg zur Hütte nach einer Stunde Aufstieg auf eine Alp. Dort war ein kleines Holzhaus, ein Brunnen stand davor. Ich hatte normalen Durst und trank vom Wasser, das aus einer Röhre in den Brunnentrog plätscherte. Ich kann mich nicht erinnern, dass ich jemals in meinem Leben so gutes Wasser getrunken hatte.

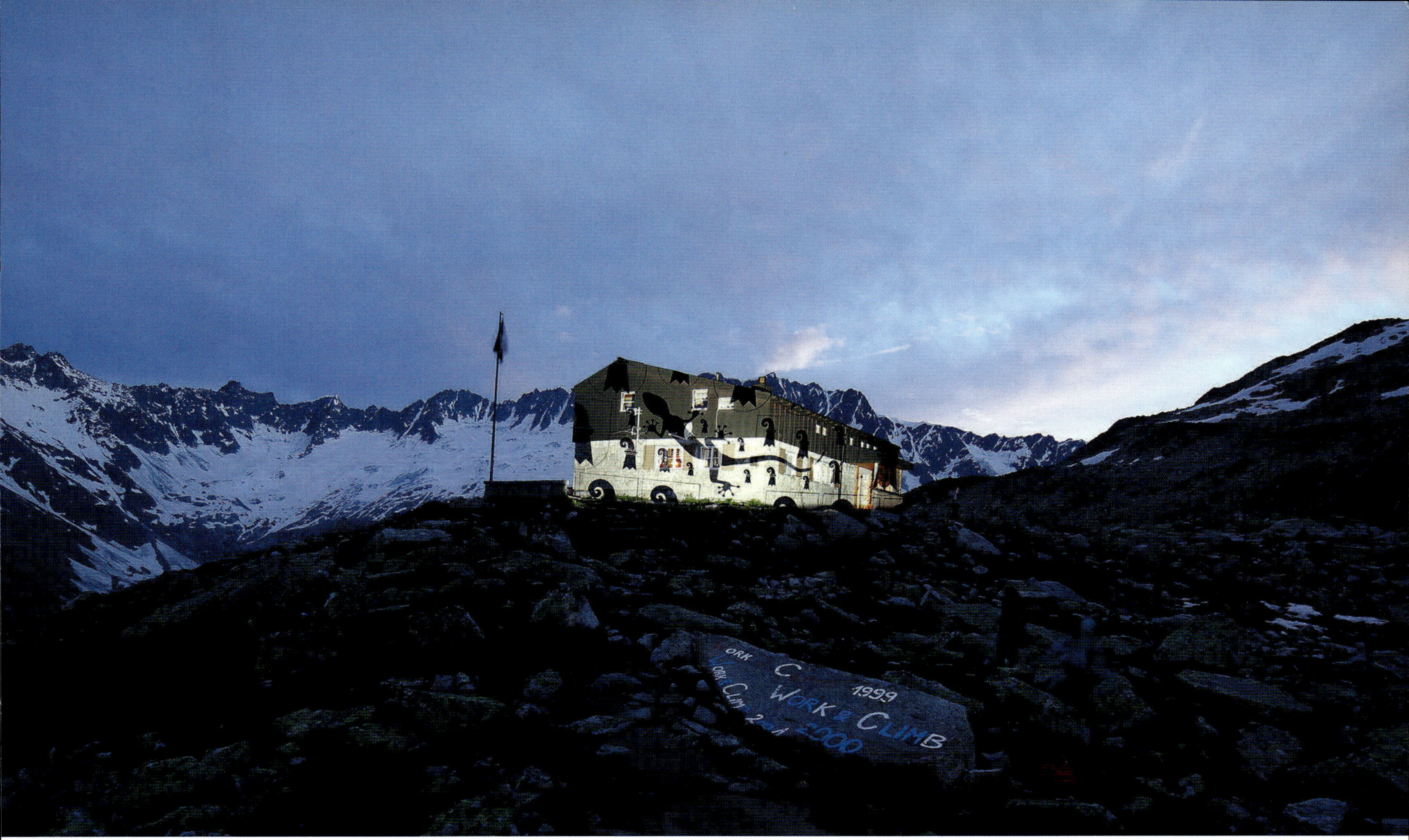
1999
WORK & CLIMB

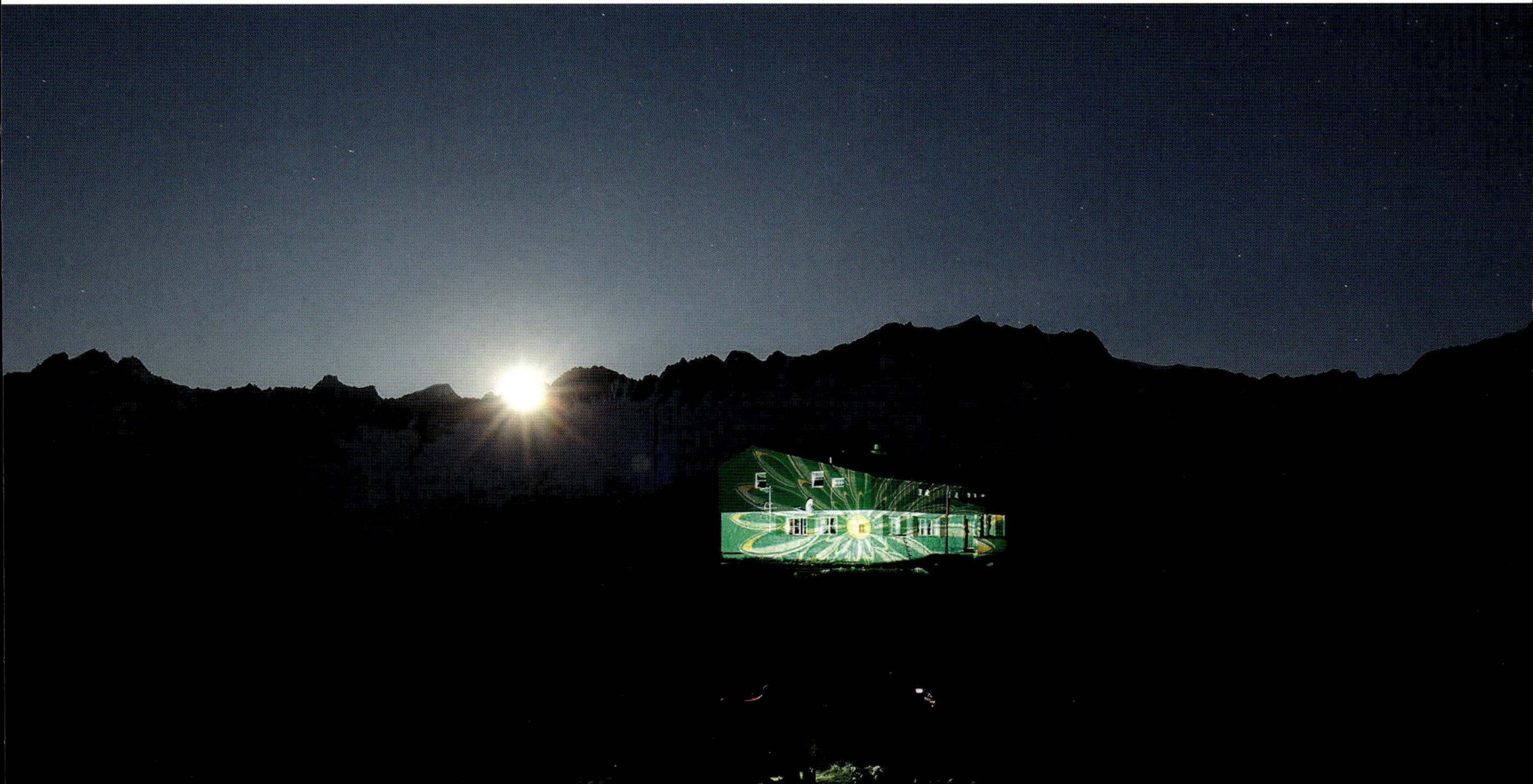

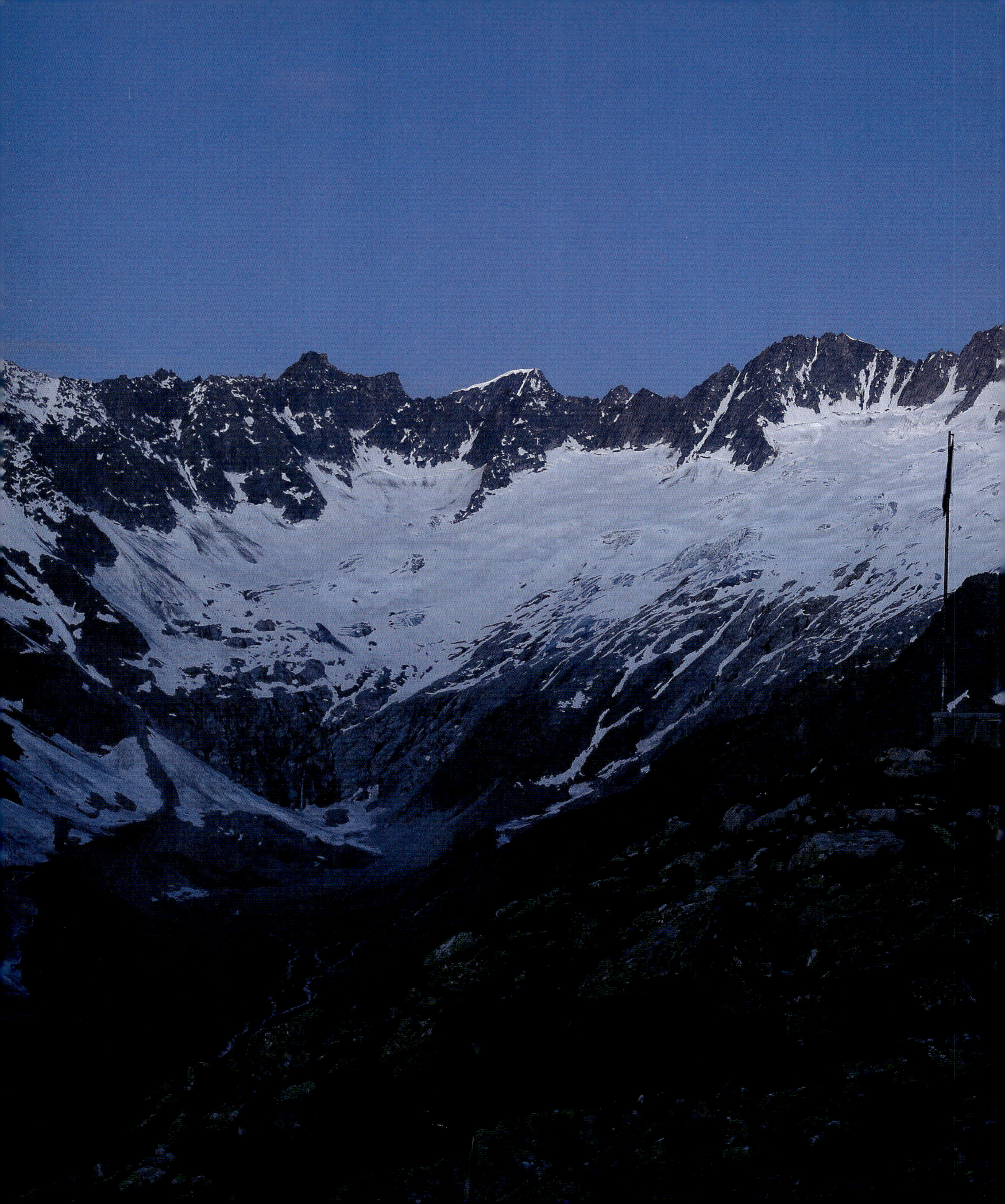

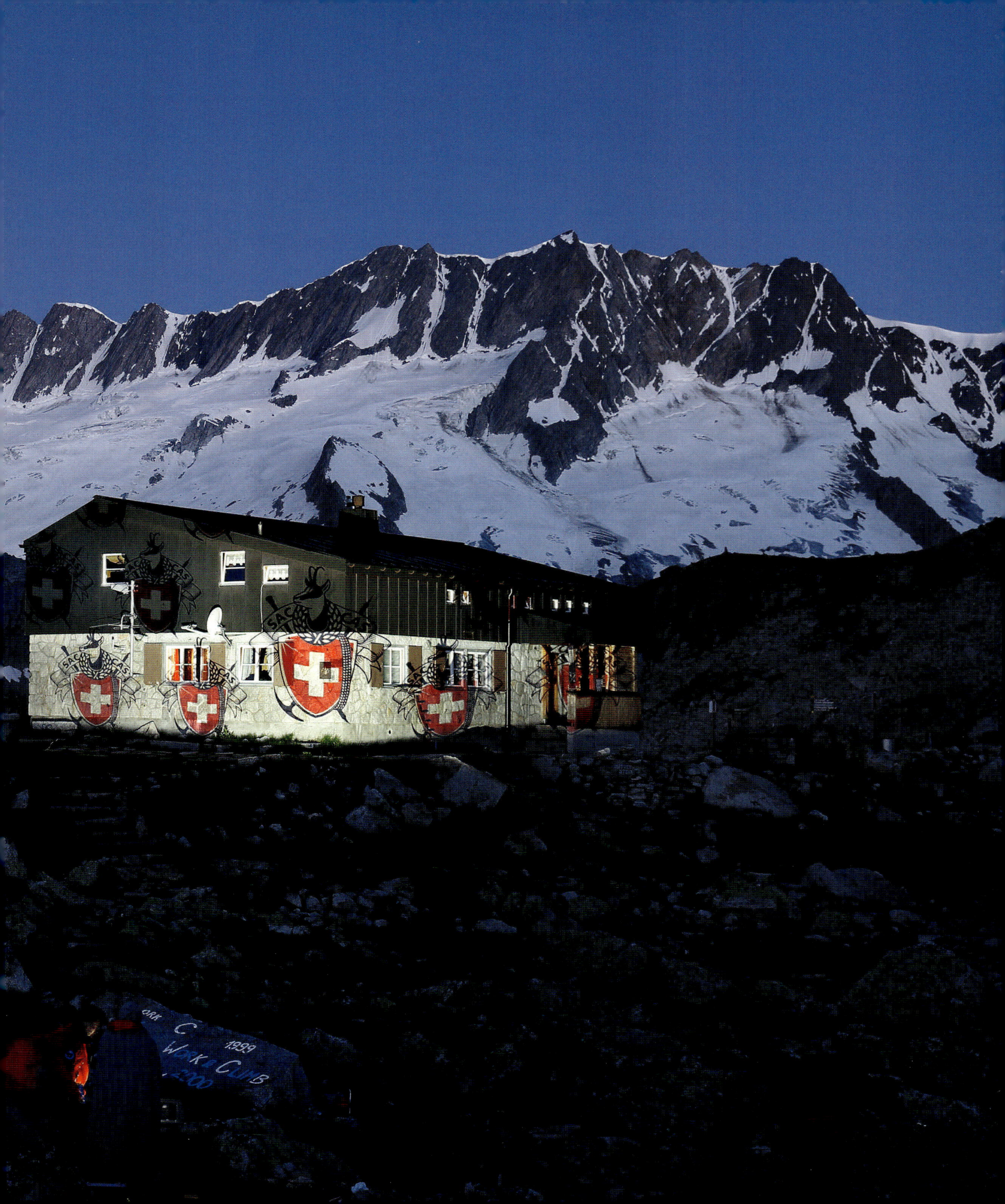
SAC
CAS
1999

14 Granit nicht für die Ewigkeit

Die Strasse zur Göscheneralp, dem Ausgangsort zur Bergseehütte, schmiegt sich an schroff abfallende Granitwände. Diese Anfahrt in diesem Tal mit vier roten Audis entlang der Felswand mussten wir natürlich mit der Kamera festhalten. Da war eine besonders imposante Stelle. Die Strasse wirkte wie an den Fels geleimt. Henry und Mike fuhren vor und auf die andere Talseite, von wo sie uns aufnahmen, wie wir in einer Kolonne die gigantische Wand passierten. Es brauchte mehrere Anläufe: Beim ersten Mal fiel der Abstand zwischen Wagen 2 und Wagen 3 zu gross aus, ein anderes Mal waren wir zu schnell. Wie auch immer, wir fuhren mehrmals hoch, wendeten, starteten erneut, bis die gewünschten Aufnahmen im Kasten waren. Vier Wochen später, auf dem Weg zur Dammahütte, mussten wir erneut diese spektakuläre Stelle passieren, wo der Fels über und unter der Strasse pfeilgerade hinaufragt oder hinunterfällt. Noch eine Kurve und wir würden jenen Abschnitt erreichen, wo wir damals um der Aufnahmen willen lange verweilten. Ich sah die Signalisationstafel nach der Kurve: «Achtung Gefahr», und machte intuitiv einen Vollstopp. Überall waren Abschrankungen. Die linke, dem Tal zugewandte Hälfte der Strasse fehlte. Weggerissen. Viel weiter oben musste sich eine gigantische Granitplatte gelöst und schlicht und einfach die Strasse mitgerissen haben. Allein die Vorstellung, dass über uns seit Millionen von Jahren Fels gehangen ist, der genau eine Woche nach unserer naiven Drehsession zu Tale donnerte und die Hälfte der Strasse wegriss, auf der wir für Film- und Fotoaufnahmen geduldig hin und her fuhren, schauderte mich. Ich wollte mir nicht ausmalen, was geschehen wäre, wenn wir eine Woche später dort gewesen wären. Wir, und ich denke, auch andere Besucher des Tals, hatten schlichtweg Glück, auch das Postauto, welches drei Minuten vorher den Ort passierte. Je nach Blickpunkt waren wir ganz einfach die falschen Leute am falschen Ort, aber zur richtigen Zeit! Mit anderen Worten kann man auch sagen: Nichts auf unserem Planeten ist für die Ewigkeit gemacht, aber auch gar nichts.

Frank Schwarzbach, Fotograf Team Gerry Hofstetter (www.grube45.ch).

«In Wahrheit haben wir viel zu gut gegessen»

Es braucht viel, bis der Mensch ans Limit kommt. Ich bin kein geübter Berggänger, und Gerry wusste, dass er mich bei Extremtouren ausklammern musste – allein meines Knies wegen, das Abstiege missbilligt. Dennoch freute ich mich auf dieses grosse Unterfangen. Gerry inszeniert nie bloss einen Event. Er macht eine Geschichte daraus. Das eine oder andere Mal musste ich dazu meine Komfortzone verlassen, etwa, als wir mit Ski zur Monte-Rosa-Hütte hinaufstiegen. Bei einer Zwischenabfahrt fiel ich, verdrehte mir das Bein und musste umkehren. Ich hätte den Weg nicht in nützlicher Frist geschafft. Am Ende siegte die Vernunft, auch wenn ich mir die Bilder nur ungerne entgehen liess. In uns steckt mehr Abenteurergeist, als wir meinen – solange wir uns nicht mit Gerry vergleichen, da käme ich höchstens auf 40 Prozent. Wir müssen uns bloss überwinden. Wie gewaltig die Bergwelt komponiert ist, hat mich jedes Mal aufs Neue überwältigt. Allein das Ritual eines Aufstiegs: Du stehst unten, siehst hoch, fragst dich, ob das überhaupt geht, und folgst Bogen für Bogen. Plötzlich stehst du vor der Hütte und fühlst eine grosse Zufriedenheit. Vieles relativiert sich, was im Atelier noch von Belang schien. Wir Menschen sind ein vergängliches Nichts im Vergleich zu den Bergen. Ich habe auf jeden Fall an Kondition zugelegt – leider auch an Umfang. Erst dachte ich, es sei die Muskelmasse. Hand darauf! Es hätte ja sein können. In Wahrheit haben wir viel zu gut gegessen. Einzelne Bilder werden mich fortan begleiten: Die Sternschnuppen auf Martinsmad, die japanisch anmutende Hügellandschaft im Binntal, der Wind und die Mondlandschaft auf dem Weg zur Monte-Leone-Hütte, überhaupt alle Wege, die markiert, signalisiert und gut unterhalten sind. Der SAC trägt unermesslich viel dazu bei, dass selbst Städter wie ich auf solche Berge kommen. Dieses Buch wird in vielen Menschen etwas bewegen.

Frank Schwarzbach

14

206

⑭ Bergseehütte, 2370 m 21.–22. Juli 2013
Göschenen, Tel. 041 885 14 35
Sektion Angenstein, Basel-Stadt

Gewählte Route – Göscheneralpsee, von dort rechts weg zur Hütte.

Zeit – Normal 1 Std. 30 Min., wir 3 Std. Sherpas 2. Hauptmaterial wurde eine Woche vorher durch eine Schulklasse, die im Kletterlager in der Bergseehütte war, als Training mit dem Hüttenwart hochgetragen.

Wetter – Bei Start Sonne, aufkommende Gewitter in den Nachbartälern. 15 Minuten vor Ankunft Regen. Dann sensationelle Aufhellung mit Alpenglühn. Klare Vollmondnacht mit Morgenglühn. Schöner Sommertag beim Abstieg.
21.53 Uhr Beginn Nacht.
05.56 Uhr Beginn Tag.

Beleuchtung – Wunderschön mit Vollmond und Gletscher im Hintergrund.

Bemerkung – Während der Beleuchtung konnten wir zum Gegenhang hinüberschauen zur Dammahütte, die wir vier Wochen später beleuchten würden. War speziell.

Der Wachposten in der Mondlandschaft

Monte-Leone-Hütte – Simplon

13.–14. August 2013

15

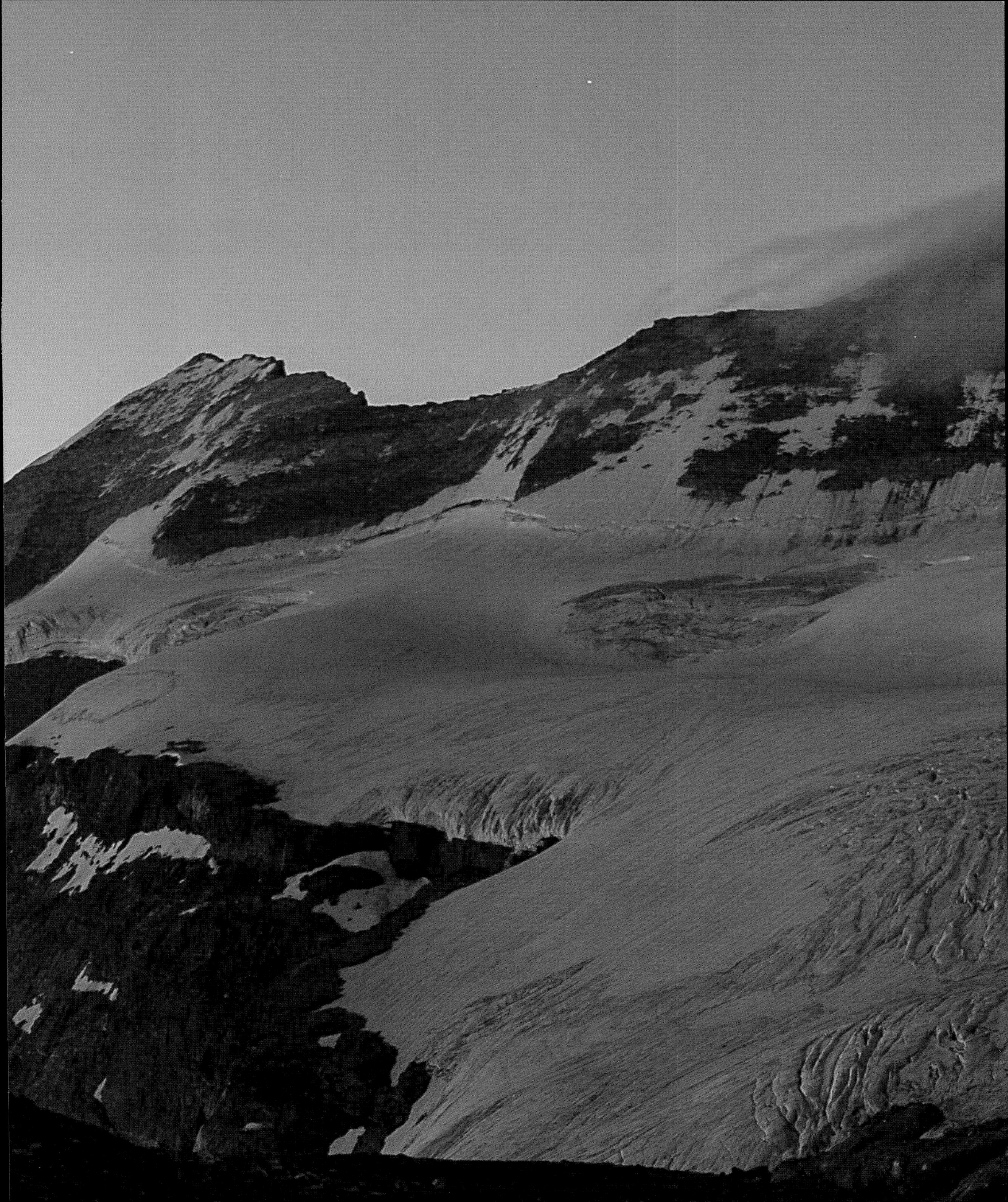

15

Mondlandschaft erwartete uns auf dem letzten Teil des dreieinhalbstündigen Aufstiegs zur Monte-Leone-Hütte vom Simplonpass her. Mit Gepäck und diversen Fotoshootings unterwegs benötigten wir in der Regel doppelt so viel Zeit wie vorgegeben. Wir, das waren dieses Mal das Kernteam und 13 Sherpas, vorwiegend junge, gut gelaunte Frauen aus der SAC-Sektion Delémont, die uns das Gefühl gaben, Teil einer grossen Familie zu sein. Auch meine Tochter Céline war mit von der Partie. Es sollte ihre erste grosse Tour werden nach einschneidenden Knieoperationen zwei Jahre zuvor. So harmlos das Ganze sich anliess: Ich rechnete mit einem leichten Wind, weil es nach einem Druckausgleich zwischen Süden und Norden aussah. Je höher wir kamen, umso mehr zogen die Winde an. Die Monte-Leone-Hütte diente der Schweizer Armee im Zweiten Weltkrieg als Beobachtungsposten. Zwei Meter neben der Hütte liegt die Grenze zu Italien. Diese wird geführt von 24 Hüttenwarten, die jeweils zu zweit eine Zeitperiode oben sind und zum Rechten sehen. Wir trafen auf Cyrille Bertschinger und Erhard Schärer, die «Dienst» hatten. Die Sektion will, so weit wie möglich, die ursprünglichen Einrichtungen in dieser Hütte belassen und eher zurückhaltend auf Modernisierungswünsche des neuen Publikums eingehen.

Oben angekommen, realisierten wir, dass die Mondlandschaft sich als Standort entpuppte, der schon fast kriminelles Vorgehen erforderte. Wir mussten die Projektoren an Steine im abfallenden

Gelände anbinden. Frank Schwarzbach, der Fotograf, suchte lange einen guten Standplatz in dem Steinmeer. Als die Sonne am Horizont langsam verschwand, kühlte die Luft schnell ab. Zugleich gaben die Felsen noch Restwärme ab. Das begünstigte Winde, die eh schon am Aufstarken waren wegen des Wetterumschwungs. Die Sonne ging unter – aber oho. Nun windete und «chutete» es immer stärker. Frank blies es beim Fotografieren beinahe von seinem Posten, und der Projektor zitterte regelrecht. Céline und ich versuchten, den Projektor möglichst ruhig zu halten, damit die Fotos der Beleuchtungen nicht verwackelt wurden. Frank war mit ein paar Sherpas damit beschäftigt, Steine an sein Fotostativ zu binden, damit dieses nicht auch im Wind wackelte. Alle versuchten alles, um saubere Fotos zu schiessen Nach einer halben Stunde kam richtiger Sturm auf, und wir mussten das Manöver abbrechen und in die Hütte flüchten. Henri und ich schliefen in der Küche, um die anderen nicht zu wecken. Wir wollten auf dem Sprung bleiben und allenfalls um Mitternacht die Beleuchtung fortsetzen, alleine mit Frank. Dabei unterschätzte ich völlig, dass sich auf diesem Plateau die Winde bei der Passlücke stärker verengen als ich dachte, bevor sie auf der anderen Seite nach Italien fallen. Der Wind stürmte und peitschte mit über 100 Stundenkilometer durch die Nacht. Ich sah uns schon samt der Hütte wegfliegen. WC und Waschraum lagen in einem separaten Gebäude, fünf Meter von der Hütte entfernt. Bei diesen Winden spannen die Hüttenwarte jeweils ein Seil vom Hauptgebäude zum Sanitärraum. Für den Gang aufs stille Örtchen müssen die Gäste, so will es die Vorschrift, den bereitliegenden Klettergurt anziehen, sich am Seil einhängen und dann hinüberlaufen. Es hätte auch schon Kinder weggewindet, berichtete Max Vogt einer der Hüttenwarte und überzeugte damit auch jene, die bei der Instruktion nur ein ungläubiges Lächeln für diese Sicherheitsvorkehrungen übrighatten. Wir sagten die Mitternachtsbeleuchtung ab und vertagten den zweiten Versuch auf die Morgendämmerung. Gegen Morgen legten sich die Winde, die Kulisse hätte nicht klarer sein können beim Anbrechen eines neuen Tags in den Bergen.

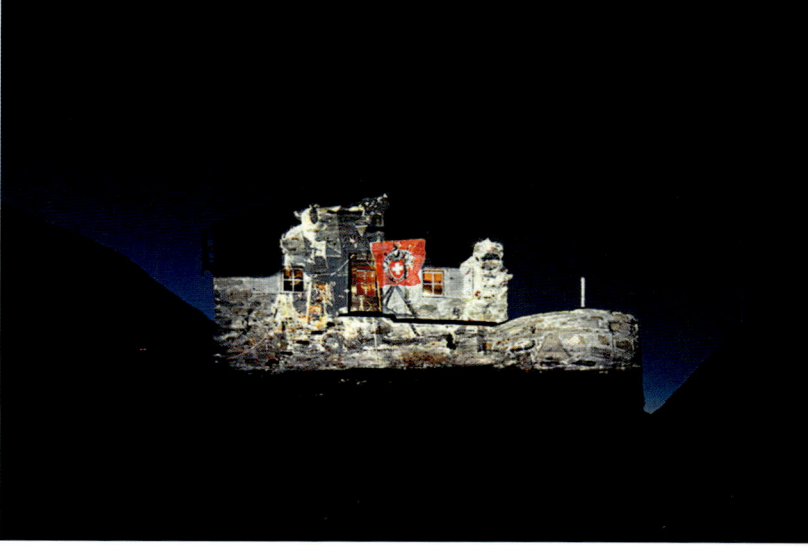

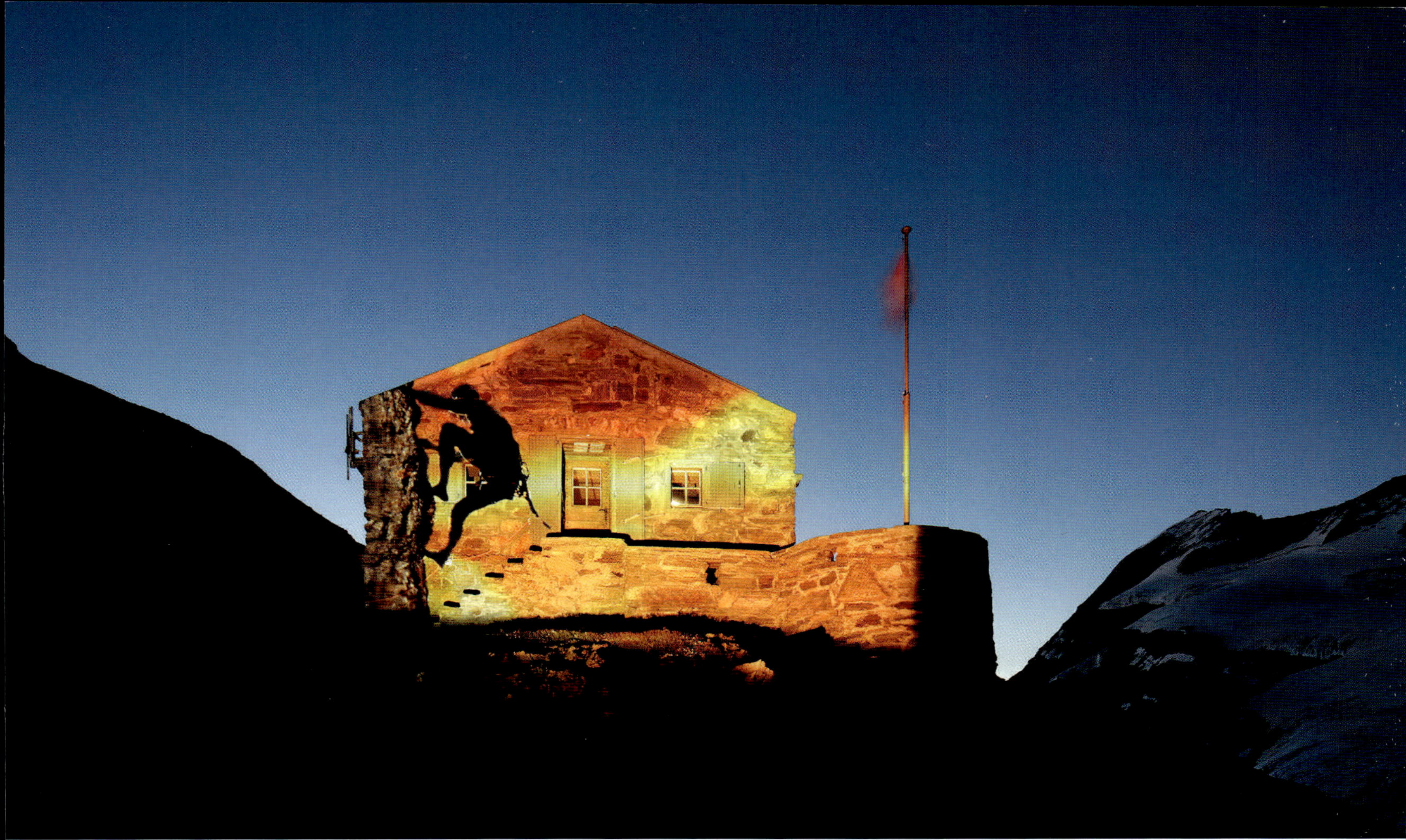
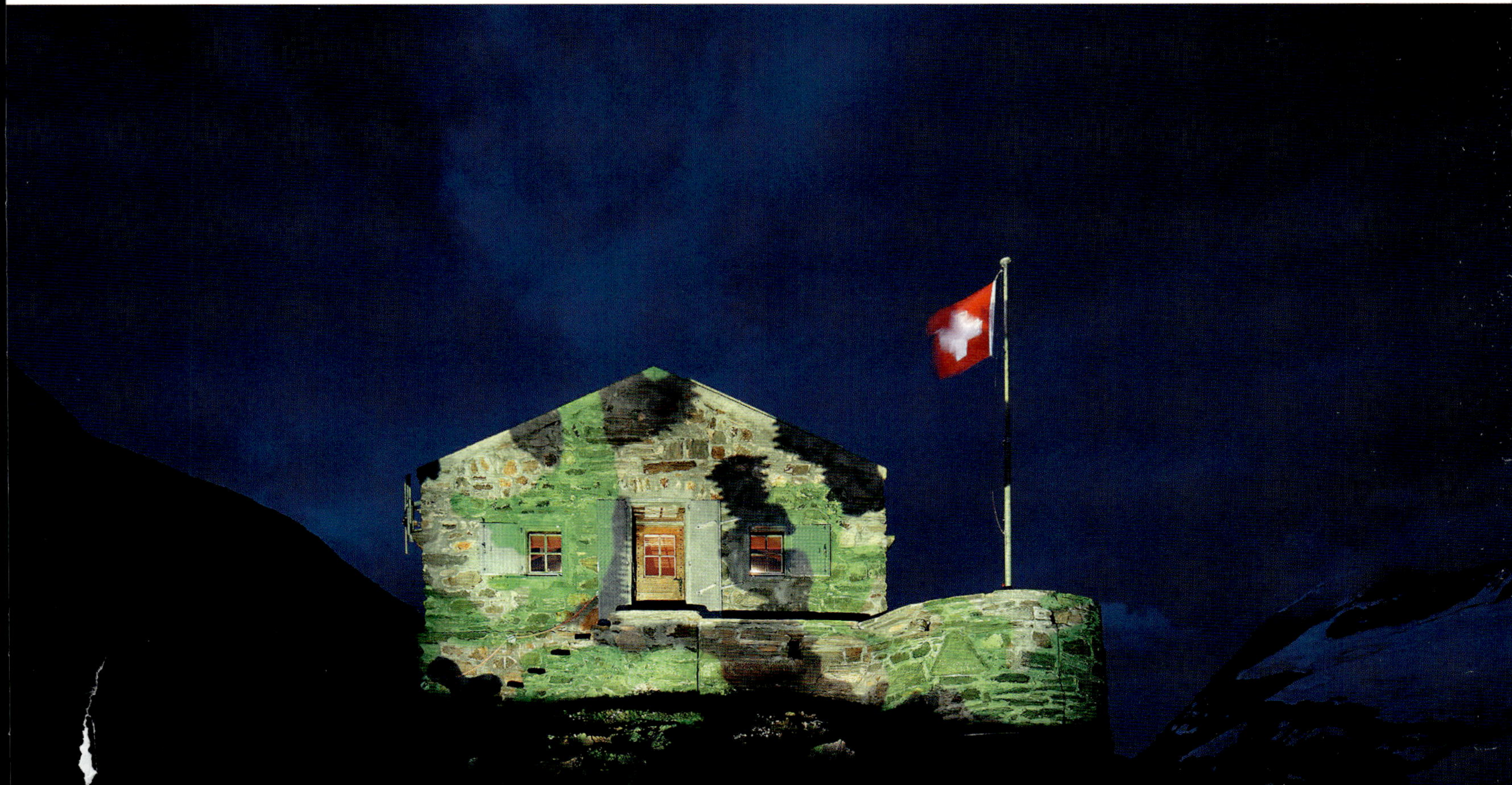

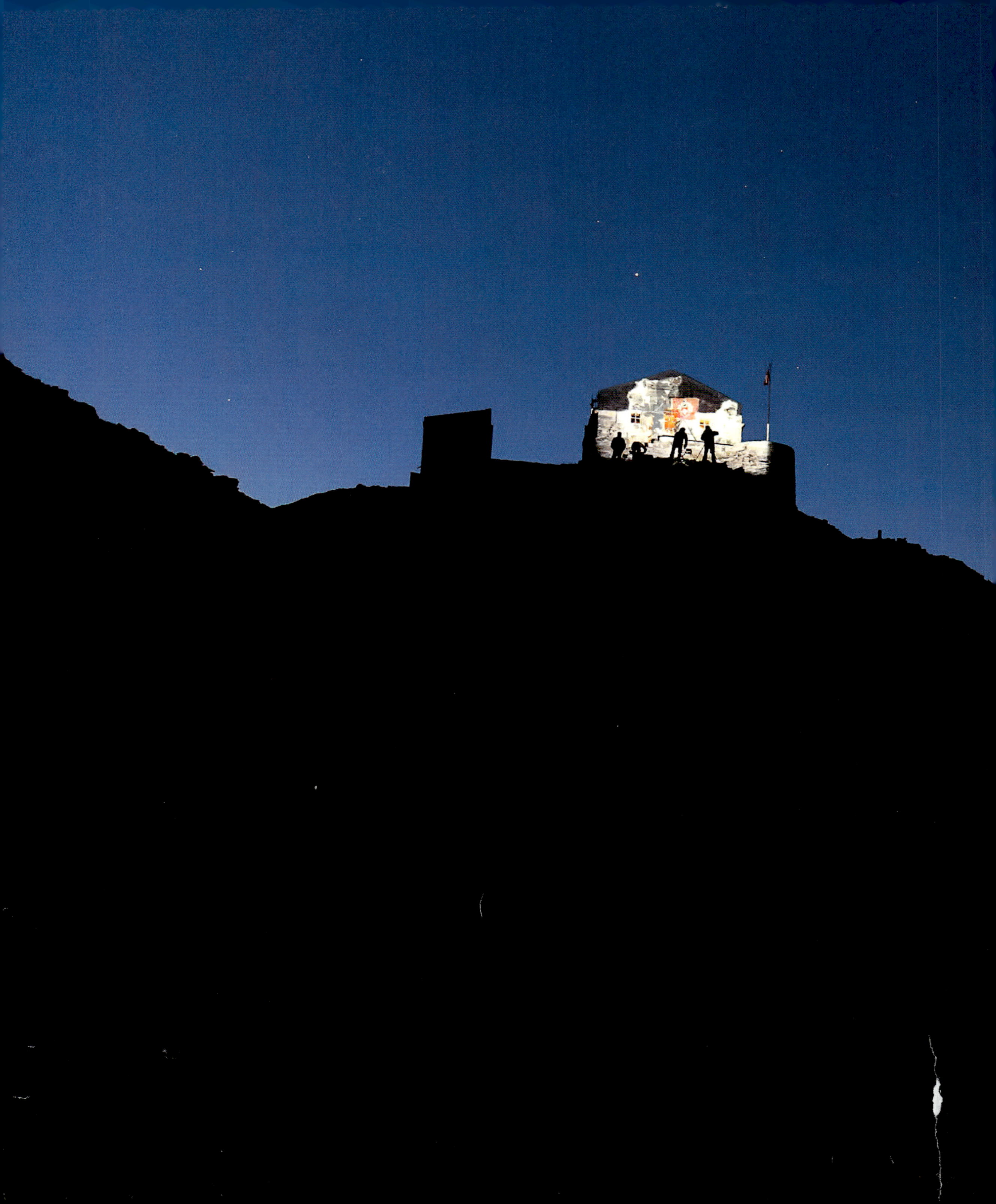

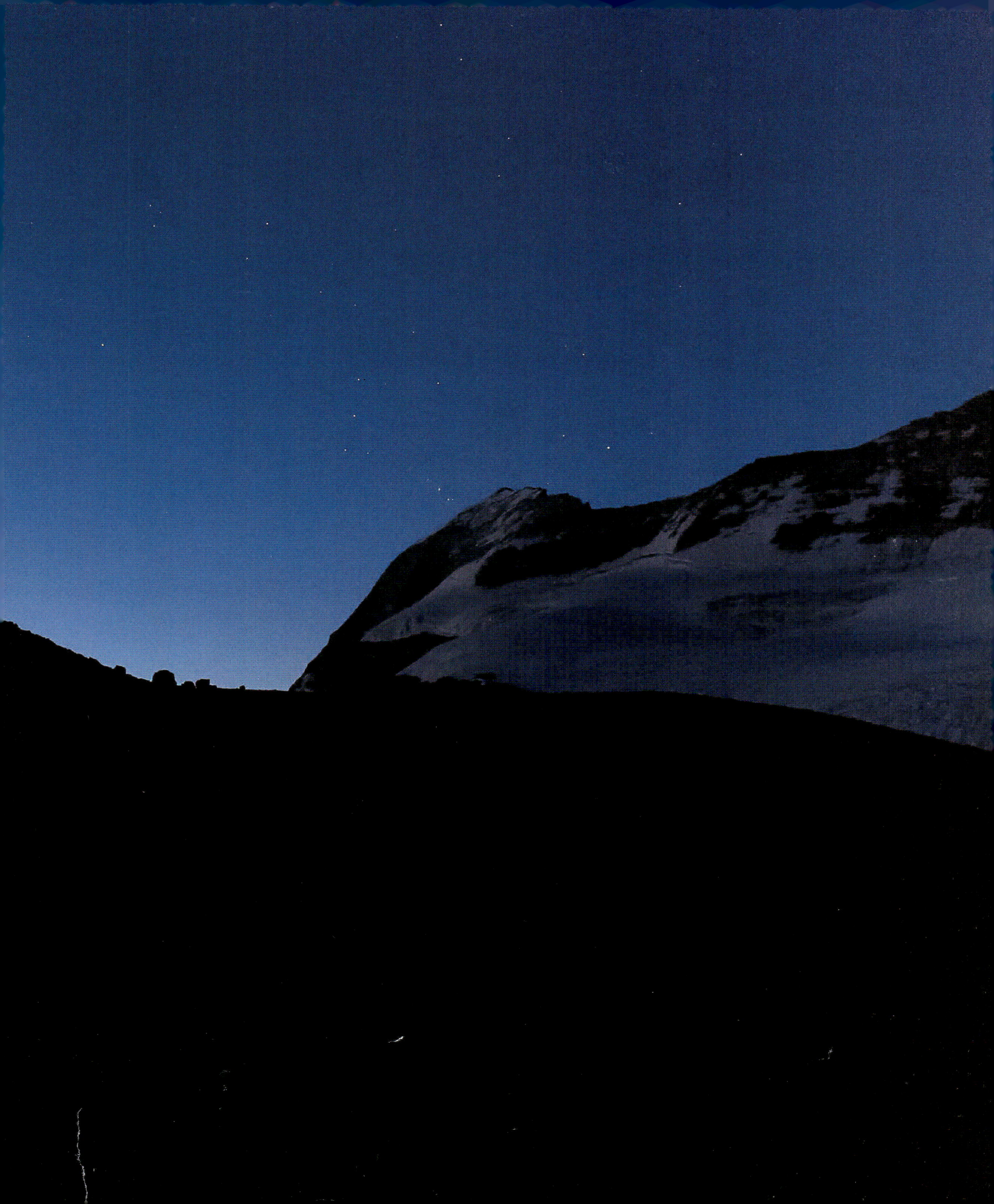

Windige Auswirkungen

Nüchtern betrachtet, ist der Wind ein physikalisches Naturphänomen, das zu unserem Planeten gehört. Er entsteht, weil wir verschiedene Temperaturen, viel Wasser (Meere) und unterschiedliche Topografien haben. Ich erlebe den Wind oft bei meinen Tätigkeiten in den Bergen, in der Wüste, zwischen den Eisbergen, zwischen Häuserschluchten, auf dem Meer, in den Ferien oder beim Fliegen. In meiner Ausbildung zum Helikopterpiloten wurde mir eigentlich erst richtig bewusst, wie eine minimal falsche Einschätzung von Wind zum Beispiel beim Landemanöver oder hinter oder vor einer Bergkrete den Flug anders enden lässt als geplant. Und so begann ich mir viele Gedanken über den Wind zu machen.

Der Wind kommt bekanntlich von irgendwo. In den Sagen und Mythen bringt er manchmal Geister mit. Er kann Düfte herbeiführen, was bei der Jagd sehr wichtig werden kann – für den Jäger und für das gejagte Tier! Der Jäger riecht den Gejagten, und das Tier, das im Begriff ist, gejagt zu werden, hört den Jäger. Somit bringt der Wind wohl jeder Partei etwas Positives, das Resultat kann aber verheerend für den Gejagten sein. Der Jäger hat bei Versagen im schlimmsten Falle nur Hunger. Da kann der Wind, auch wenn er nur schwach ist, über Tod oder Leben entscheiden, nur weil er Duft oder Lärm weiterträgt.

Wind kann für Sport, Energiegewinnung oder Vorwärtsbewegung genutzt werden. Starke Winde wirken zerstörerisch auf Bauten der Zivilisation. In der Natur braucht es orkanartige Böen, bis Bäume knicken. Es ist auch der Wind, der Wellen auf dem Meer produziert, die sich dann an der Küste auftürmen und brechen. Je nach Grösse können auch sie zerstören. Man spricht dann von Sturmfluten und davon, was das Wasser alles zerstört hat. Dabei liegt die Ursache auch hier beim Wind. In den Bergen kann er Schnee verfrachten und heimtückische Wächten oder Lawinenhänge entstehen lassen. In der Wüste verschiebt er ohne Mühe ganze Wüstenstriche näher und näher an die grüne Zivilisation heran: Die Wüste wächst. Dies ist ein Problem für unsere Erde. Darum war das Jahr 2006 auch das UNO-Jahr der Wüste und Wüstenbildung. Wind trocknet, er trocknet aber auch aus. Nicht nur uns Menschen, sondern alle Lebewesen, die Wasser zu sich nehmen müssen, um zu leben. Wir alle wissen: Wenn es kalt ist in den Bergen und gleichzeitig bläst der Wind, kommt der sogenannte Windchill-Faktor dazu. Ein Beispiel, um zu zeigen, was damit gemeint ist: Wenn es minus 7 Grad kalt ist und ein Wind 60 Kilometer die Stunde bläst, so fühlt sich das an wie minus 30 Grad ohne Wind. Das wäre noch ok, falls die Kleidung winddicht ist. Durchdringt der Wind jedoch die Kleidung oder gelangt zu lange an ungeschützte Hautpartien, wird es schneller kritisch, als man wahrzunehmen glaubt. Nicht auszumalen ist die Wirkung, wenn man verletzt irgendwo ausgesetzt liegt und auf Hilfe wartet. Wind kann trocken sein, Wind kann feucht sein. Die Folgen sind vielschichtig, Rheuma ist eine davon. Eines weiss ich aus Erfahrung: Man darf nie im Wind einschlafen oder versuchen zu schlafen. Oder sich mit Menschen abgeben, die sich, je nachdem, wie der Wind weht, verhalten. Auf jeden Fall bin ich froh, dass es den Wind gibt. Warum? Er bringt schlechtes Wetter, und danach wird es wieder schön und die Sonne kommt. Ich denke, wenn es auf unserer Erde keine Winde mehr gäbe, würden wir auch verschwunden sein.

Claude-André Montandon, Hüttenchef und Chef Sherpas, Monte-Leone-Hütte.

«Gerry hat Träume in uns geweckt»

In meinen 33 Jahren beim SAC habe ich noch kein vergleichbares Spektakel erlebt. Die Monte-Leone-Hütte gehört mit 32 Betten zu den kleineren. Seit zehn Jahren verantworte ich die Führung der Hütte, das heisst, ich engagiere Pächterpaare, die jeweils eine Woche auf der Hütte die Gäste betreuen. Unter den zwölf Paaren pro Saison gibt es Wiederkehrer, aber stets auch neue. Warum diese häufigen Wechsel? Für eine Saisonstelle wäre die Hütte zu wenig rentabel. Die jeweiligen Hüttenwarte finden bei Wochenantritt alles bereits vor Ort, sie können sich vollumfänglich um die Gäste kümmern und müssen sich nicht mit dem Einkauf abmühen. Hätten wir immer solch ein Aufkommen wie an jenem 13. August 2013, als Gerry Hofstetter und sein Team kamen, wäre es vielleicht etwas anderes. Die grossartigen Bilder wirken noch. Wir haben eine völlig neue Welt entdeckt, die uns auch die Sicht auf unsere Hütte geschärft hat. Dabei begann alles mit einem Missverständnis: Ich habe die Anzahl benötigter Sherpas missverstanden. Als ich dann das immense Ausmass des Gepäcks sah, musste ich subito Verstärkung anfordern. Ehe wir uns versahen, wurden wir Teil des Abenteuers. Die überraschenden Motive und das sehr professionelle Vorgehen von Gerry Hofstetter verdeutlichte, wie sehr wir in einem Künstlerumfeld gelandet waren. Er und seine bestens eingespielte Equipe trotzten dem Wind, der alles mitriss, was leichter war als ein Projektor. Wie behände das Beleuchtungsteam ans Werk ging, zeigte sich auch am Morgen: Der Tag brach unerwartet schnell an. Jeder Handgriff musste entsprechend sitzen. Es wäre wünschenswert, die Zukunft des SAC würde sich auch so klar abzeichnen. Der Verband muss den Ausgleich zwischen der Entwicklung der Gesellschaft und dem Grundgedanken der alpinen Schutzhütten finden. Unsere Kunden schätzen die komfortablen Duvets, warum also nicht solche anschaffen? Dafür braucht es in den Bergen keine Dusche. Gerry hat weitere Träume in uns geweckt. Gut, dass es solche Künstler gibt, die mit der Natur arbeiten.

Claude-André Montandon

15

218

154 Monte-Leone-Hütte, 2848 m, 13.-14. August 2013
Simplonpass, Tel. 027 979 14 12
Sektion Sommartel, Kanton Neuenburg
Hütte ehemaliger Wachposten der Schweizer Armee im
Zweiten Weltkrieg.

Gewählte Route – Simplon Hospiz, Chalti Wasser.
Sherpas 13.
Zeit – Normal 2 Std. 45 Min., wir 4 Std.
Wetter – Schön und warm, abends Bewölkungszunahme, aufkommender Wind. Sturm um Mitternacht. Morgen top, mystische Restwolken und Morgenrot. Wolkenlos in Projektionsrichtung und kalt.
21.19 Uhr Beginn Nacht.
06.24 Uhr Beginn Tag.

Beleuchtung – sehr schwieriger Projektionsstandort. Projektor musste gehalten werden, wäre ansonsten umgewindet worden. Am Abend nach 45 Minuten Abbruch Beleuchtung wegen Wind. Morgenbeleuchtung top und stahlblauer Himmel.

Bemerkung – Komforthütte in traditionellem SAC-Standard. Die Gegend um die Hütte lässt einen glauben, man befinde sich auf dem Mond. Ich habe so was noch nie erlebt.

Die Erste steht immer noch

Weissmieshütten – Saas Grund

15.–16. August 2013

16

150
1863
2013
Mehr als Bergsport
Plus que de la montagne
Ben più che alpinismo
Dapli che alpinissem

Arthur Turi Anthamatten, der Hüttenwart auf den Weissmieshütten, ist Gebirgsgrenadier wie ich. Das verbindet und lässt Raum für Spässe. Als Turi beim Abendessen die dampfende Suppe auftischte, konnte ich nicht anders, als den Anwesenden aus den aufsteigenden Düften (Brokkoli, Kartoffeln, Muskat) die unmittelbare Zukunft zu lesen. Ich sah ganz klar, wir würden eine klare Nacht erleben und die Aussenhülle der Hütte würde an diesem Abend in einem Farbenrausch erstrahlen ... so viel sah ich ganz deutlich. Auch sah ich im Dunst der Suppe, dass es zwei Hütten sein würden, die ich zu beleuchten hatte.

Doch kehren wir zurück zum Start: In Saas Grund traf ich einmal mehr auf eine angenehme Gruppe, die mich dieses Mal begleiten sollte. Es waren zwei Sherpas vom SAC Olten, Audi mit ein paar Kunden und mein Team. Mit der Gondel fuhren wir nach Kreuzboden – wobei die Gäste von Audi es bevorzugten, von ganz unten vom Tal zur Hütte zu laufen. Von dort sieht man zwei Hütten, die nebeneinanderstehen. Das macht den Weg hinauf kürzer, als er ist. Wer schon im Gebirge gewandert ist, kennt dieses «unheilbare Phänomen», das eigentlich nur eine Kopfsache ist: Man schaut auf und sieht das Ziel in unmittelbarer Nähe, was jedoch nur eine Täuschung ist. Dagegen helfen nur ein eiserner Wille und Überzeugungskraft, nämlich sich immer wieder zu ermuntern, einfach weiterzugehen und sich auf die längere Strecke, die noch bevorsteht, einzulassen.

Die Weissmieshütten sind im Winter mit den Ski erreichbar. Der Aufstieg im Sommer gehört nicht zu den schönsten, weil man eigentlich auf der Piste (nur ohne Schnee) läuft. Meinem Team und mir war die alte Hütte als Nachtquartier zugeteilt.

So konnten wir, ohne die anderen zu stören, vor dem Sonnenaufgang aufstehen und die Morgenbeleuchtung starten. Die Gäste von Audi schliefen im neuen Gebäude. Um zwei Hütten zu beleuchten, wie im Dampf der Suppe zu lesen war, benötigten wir zwei Projektoren. Gottlob nahm der Turi einen der beiden Projektoren mit hoch, da er mit seinem Pinzgauer, einem alten Militärgeländewagen, ins Tal fuhr, um Brot, Esswaren und Getränke zu holen. Den anderen Projektor trug ich hoch. Die Hütten waren für diesen Abend komplett ausgebucht. Als besondere Zugabe für die Audi-Gäste las ich während der Illumination Berggeschichten aus dem Buch von Emil Zopfi vor. Mir gefällt sein Stil und wie er als Antiheld immer wieder sein Bestes gibt, um ein Ziel in der Wand zu erreichen. Die «alte Hütte» wurde 1894 als Berghotel Weissmies gebaut. Für damalige Verhältnisse (keine Seilbahn, keine Helikopter!) ein kühnes Projekt. Das Haus wurde 1923 zum Kauf ausgeschrieben, die SAC Sektion Olten meldete Interesse an, erwarb das Hotel 1925 und baute es innert zweier Monate zu einer SAC-Hütte um. Anlässlich des 50-Jahre-Jubiläums beschlossen die damaligen Verantwortlichen den Bau einer grösseren Hütte am gleichen Standort. Die ursprüngliche Auflage der Behörden lautete dahingehend, die alte abzureissen. Der SAC baute zwar die neue, liess aber die alte beharrlich stehen. Zu charmant stand sie da, urtümlich gebaut wie ein altes Bauernhaus. Mit der Eröffnung der Sportbahn von Saas Grund zum Kreuzboden im Jahre 1979 verkürzte sich der Hüttenweg von bis dahin vier Stunden auf eine Stunde, und als direkte Folge davon stiegen die Übernachtungszahlen rasch an. Ein weiterer Wachstumsschub folgte 1982 mit der Verlängerung der Seilbahn bis zum Hohsaas. Die Hütte wurde als Winterstandort attraktiv, erst 2004 jedoch wurde sie wintertauglich gemacht. Uns gefiel der Platz mit Aussicht auf 18 Viertausender der Mischabelgruppe. Henry versuchte sich zur Belustigung aller als Holzscheit auf dem Spaltbock, und die Gäste von Audi interessierten sich für das, was kommen würde: So grosse Projektoren? Wozu die Kabelrollen? Weshalb Wolldecken? Muss es ganz dunkel sein? Wie passt sich die Silhouette an? Wie viele Hütten noch, wie viele waren es schon? In legendäre SAC-Decken eingehüllt, verfolgten auch die übrigen Gäste der Hütten unsere Lichtinstallation, die dieses Mal doppelt so gut gelang – weil wir ja zwei Hütten beleuchteten und ich zwei Helfer aus meinem Team an den Projektoren hatte: Dani Lenherr und meine Tochter Céline. Auch schien der Vollmond in seiner vollen Kraft (ich weiss, er wird von der Sonne angestrahlt), dies jedoch hatte ich im Dunst der Suppe nicht voraussehen können.

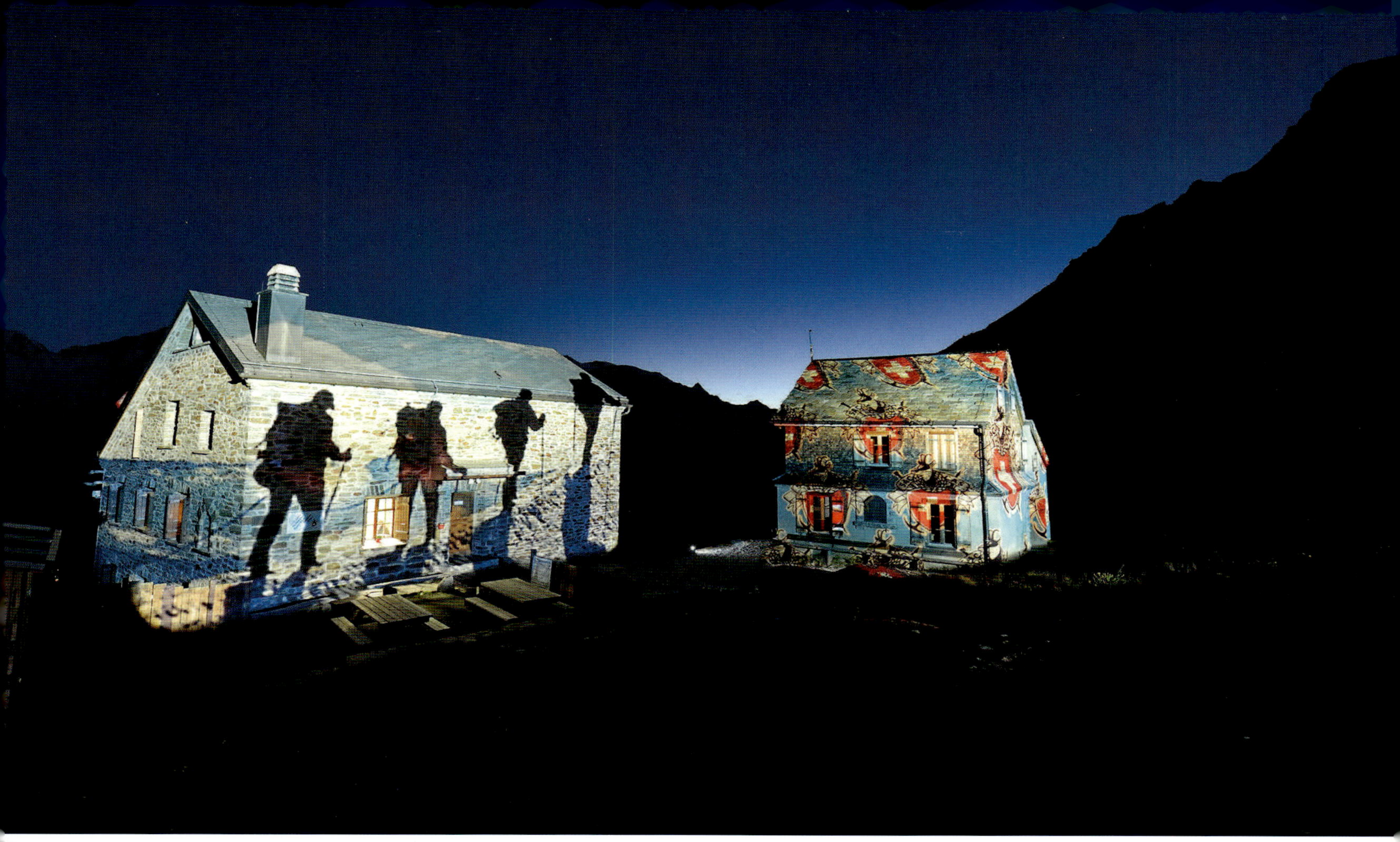

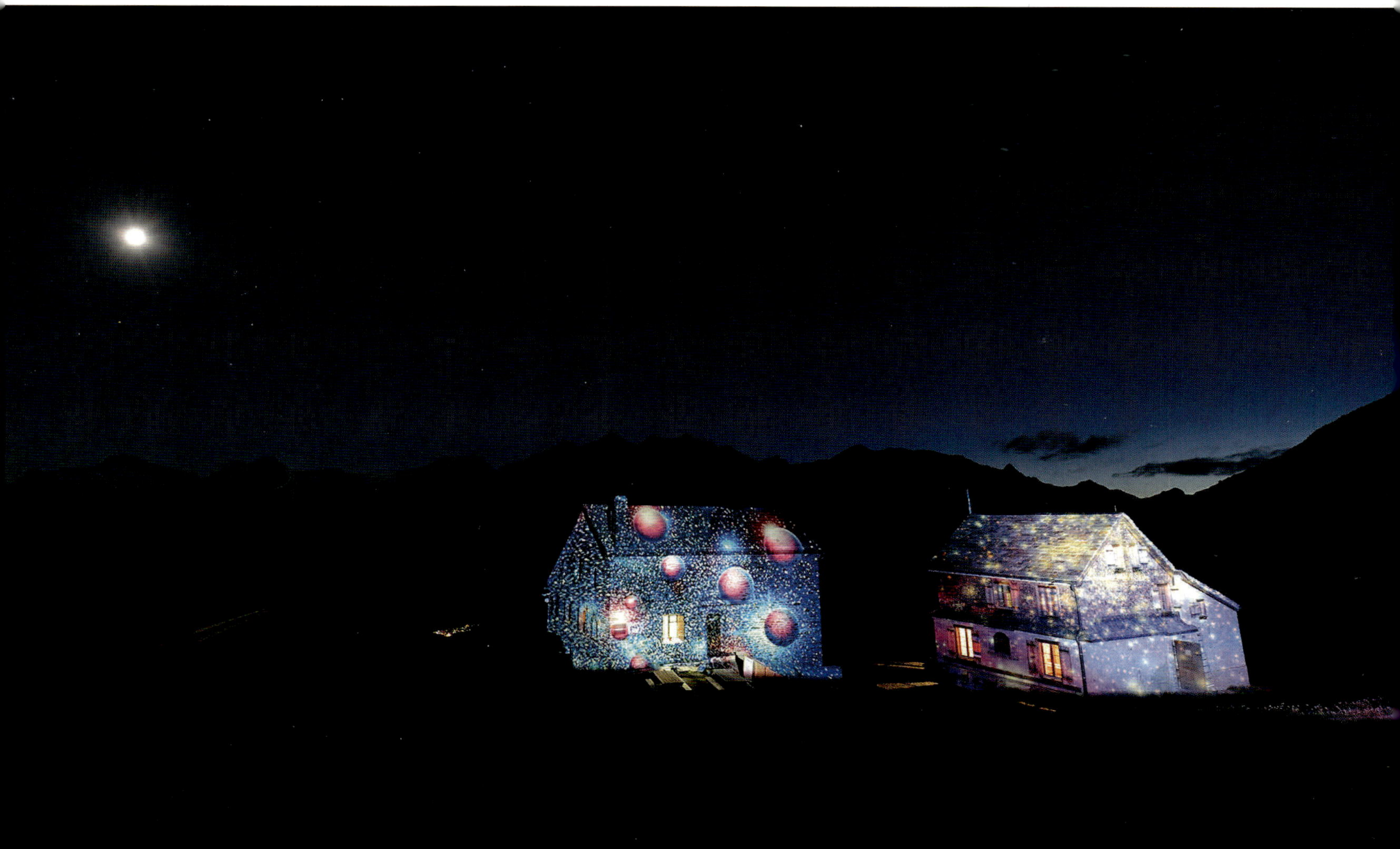

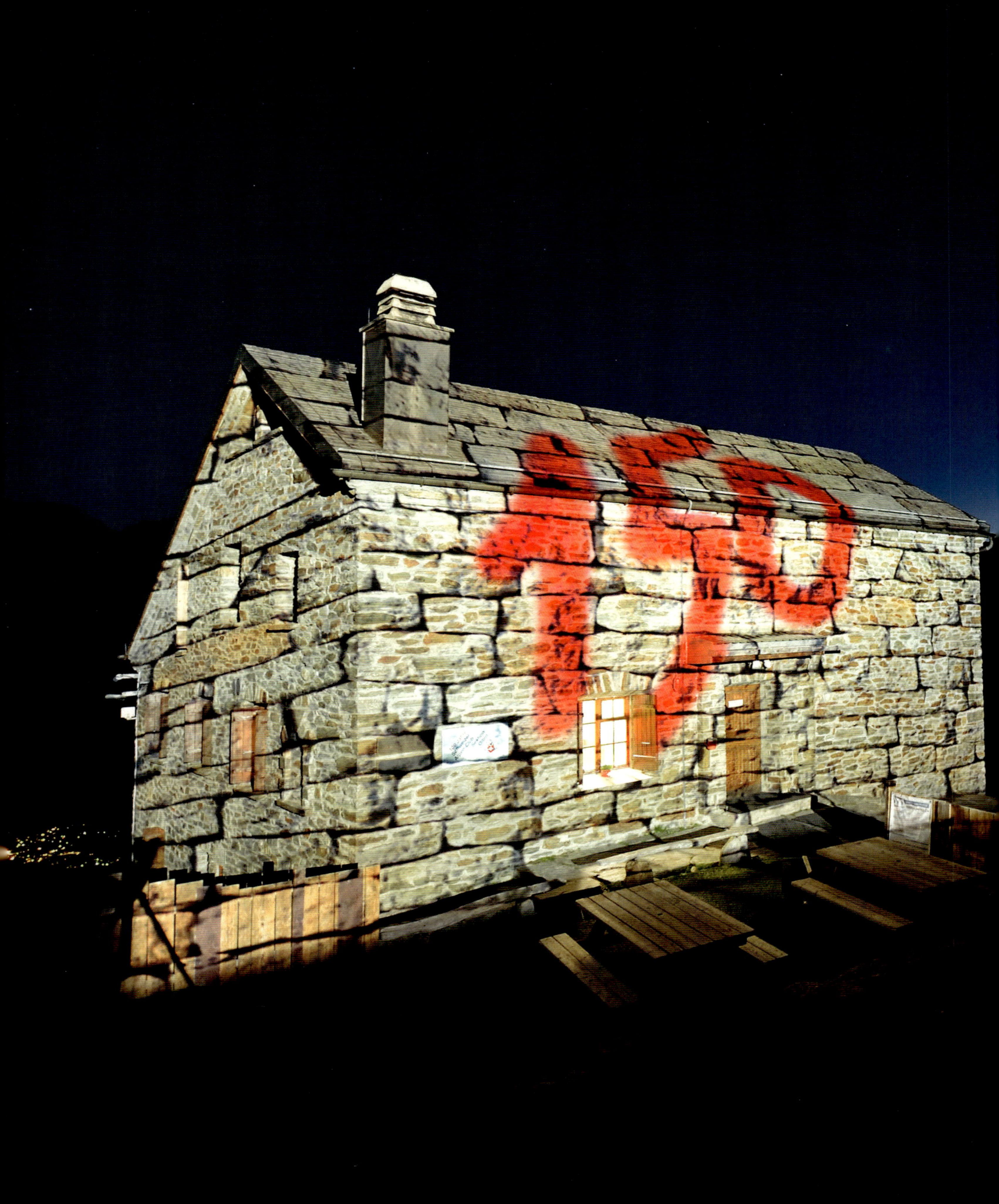

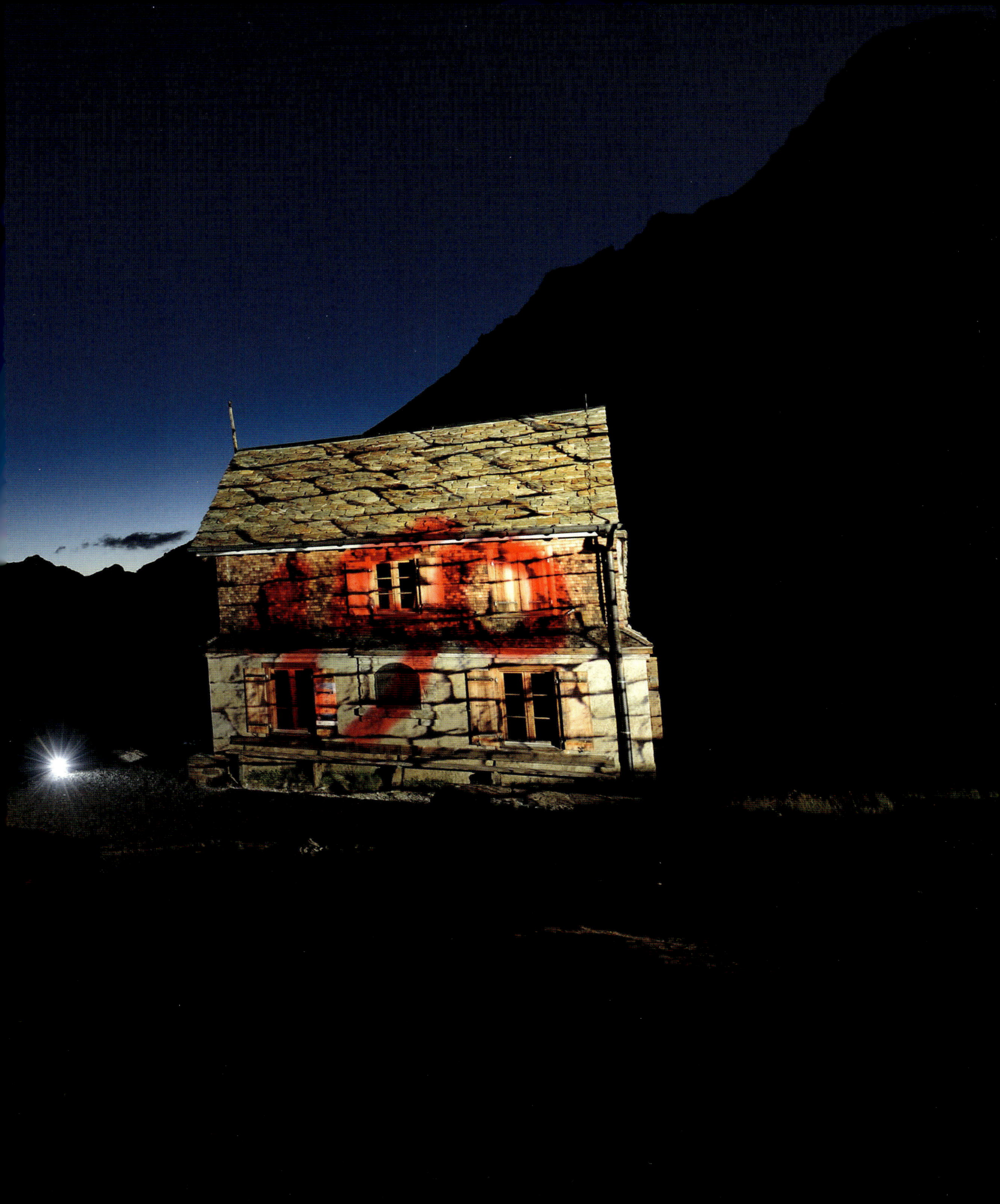

16 Das Geheimnis von Lösungsfindungen

So wie die Natur ihre Gesetze und Gesetzmässigkeiten hat, um ihr System zu erhalten, versucht der Mensch auch, Gesetze und Weisungen zu erlassen, die das Zusammenleben ermöglichen sollen. Vorlagen, Gesetze und Weisungen sind da, um Strukturen und Ordnung für ein geordnetes Zusammenleben vorzugeben. Dabei soll aber auch jedem Einzelnen ein möglichst hoher Grad an individuellem Freiraum innerhalb dieser Grenzen zur Verfügung stehen.

Nehmen wir diese alte Hütte, die so viele Menschen beherbergt hat. Gemäss Gesetz wäre Abreissen die Vorgabe der Behörden gewesen. Wenn sie aber ehrlich sind, schmerzt es auch sie, die Behörden, so ein Schmuckstück abzureissen, das über viele Jahre Geschichte geschrieben hat und nach ein paar kleinen Ausbesserungen auch weiterhin völlig intakt wäre. Also beginnen die beiden Parteien miteinander zu reden, und sie versuchen, eine vertretbare Lösung zu finden, die auch juristisch den Auflagen entspricht. Es wird gefeilscht, beraten, verworfen, gelacht, geschimpft. Und am Schluss gibt es eine Lösung und eine Übereinkunft. Was war da passiert? Man sprach miteinander, legte Argumente und Zahlen auf den Tisch und zeigte Respekt gegenüber den Anliegen der anderen Partei. Womit der Beweis erbracht ist, dass es – wenn eine Situation vermeintlich ausweglos scheint – mit Nachdenken und zusammen offen und korrekt Reden immer zu einer Lösung kommen kann, welche die beste für die Situation sein wird. Am Schluss haben beide Parteien das Gesicht wahren können und sind zufrieden. Warum? Weil es um die Sache ging und nicht um persönliche Befindlichkeiten. Das ist das Geheimnis bei einer Lösungsfindung.

Daniel Lenherr, Sherpa und Light Team Gerry Hofstetter.

«Die Zeit für unsere eigenen PS war gekommen»

Vor lauter Fragezeichen habe ich im Vorfeld der Tour deren Faszination beinahe übersehen. Alles tönte ausserordentlich spannend. Aber als langjähriges Teammitglied weiss ich mittlerweile, wie sich so etwas in Realität abspielt: Wir stellen in Windeseile bis zu 250 Kilogramm Material in Form von Projektoren, Kabel, Generatoren, Glasscheiben, Mehrfachstecker und dergleichen bereit, kontrollieren, ob alles funktionstüchtig ist, bepacken die Autos, fahren zum Schauplatz oder in diesem Fall bis zum Start des Fussweges, tragen alles hoch, richten uns ein und legen los.

Diesmal wusste ich, es würden kalte Einsätze werden mit wenig Schlaf zwischen Abenddämmerung und Morgenanbruch. Bereits der Einstieg forderte alles von mir. Für die Coazhütte fuhren wir am Morgen um halb vier los Richtung Rosegtal, wo wir die Autos gegen eine Kutsche tauschten. Um 5.15 Uhr, zuhinterst im Tal, war die Zeit für unsere eigenen PS gekommen, und zwar auf Tourenski. Für den Materialtransport bauten wir einen Schlitten, den ich anschliessend zog. Spätestens um 9 Uhr würde die Sonne prall auf uns scheinen. Für einen unbehaglichen Moment dachte ich, das schaffen wir nie. 26 Hütten lagen vor uns – und ich fühlte mich schon beim ersten Aufstieg brutal fertig. Was ich damals nicht ahnte: Wie überwältigend die Bilder werden würden, die uns auf jeder Hütte jegliche Strapazen vergessen liessen.

Ohne minutiöse Vorbereitung wäre das gar nicht möglich gewesen: Fünf Stunden sass ich mal bei Gerry im Büro und half mit, den Hüttenplan respektive den Ablauf der Tour zusammenzustellen. Da zeigte sich zum ersten Mal: Wir würden mit Tourenski, Schneeschuhen und Wanderschuhen vom Winter in den Sommer gehen. So vielseitig in so kurzer Zeit hatte sich bis anhin noch kein Projekt angelassen.

Ich habe auf diese Art zwei spannende Monate in den Bergen erlebt, und ich werde noch lange von dieser Bereicherung zehren. Entsprechend wehmütig fühlte ich mich am Ende auf der Albignahütte. Zum Glück sind bei Gerry stets neue Höhepunkte in Sicht. Die Anlässe in St. Moritz werden wieder ganz andere Eindrücke hinterlassen und seine Eisbahn «Live on Ice» in Luzern hat für mich jedes Jahr Premierencharakter.

Dani Lenherr

16

230

⑯ Weissmieshütten, 2726 m, 15.-16. August 2013
Saas Grund, Tel. 027 957 25 54
Sektion Olten, Kanton Solothurn
Zwei Hütten nebeneinander.
Kulturpartner Audi war mit Kunden auf der Tour dabei.

Gewählte Route – Mit Bahn hoch auf Hohsaas und Fussmarsch auf Skipiste zur Hütte. Sherpas 6.

Zeit – 2 Std. 45 Min., wir 3 Std. 30 Min.
21.15 Uhr Beginn Nacht.
06.27 Uhr Beginn Tag.
Wetter – Top, schön, heiss und klare, kalte Nacht.

Beleuchtung – Perfekte Bedingungen. Zwei Hütten, zwei Projektoren.

Bemerkung – Bei Vollmond beleuchten und Zeitrafferfilm erstellen.

Eine tierische Angelegenheit

Rugghubelhütte – Engelberg

20.–21. August 2013

17

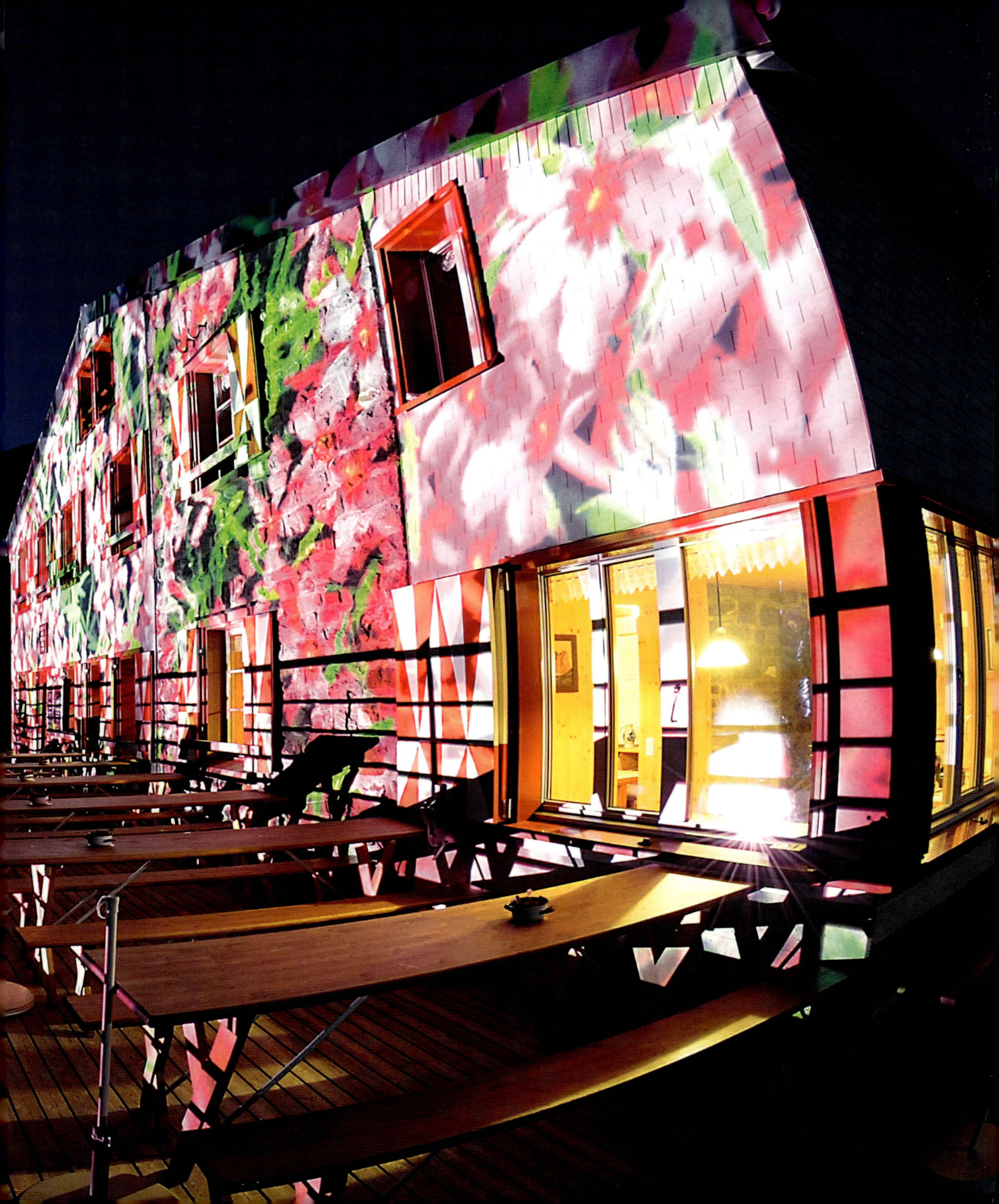

17

Eine Familiendynastie führt die SAC-Hütten Rugghubel und Brunni. Die Rugghubelhütte liegt zweieinhalb Stunden höher als die Brunnihütte. Familie Schleiss hatte sich die Arbeit geteilt: Fredy Schleiss führte früher die Rugghubelhütte, seine Frau Agnes die Brunnihütte. Allerdings ist Fredy als Hüttenwart ausgestiegen, dafür besitzt er nun Maultiere – oder waren das Maulesel?–, die wir nach alter Säumersitte beluden (basteten) und mit denen wir den Berg hinauftrotteten. Ich wollte bei dieser Hütte die Tradition des Säumens wiederaufleben lassen. Das Gute daran war, dass ich den einen der beiden Projektoren, die ich für die Beleuchtung brauchte, einem der Maultiere aufbinden konnte.

Wir fuhren zuerst von Engelberg aus mit der Gondel hoch und danach ein Stück mit dem Traktor von Fredy bis zum Stall, wo die beiden Lasttiere auf uns warteten. Sie zu beladen, war ein Einfaches. Der Hüttenwart von Rugghubel, Chrigel Menon, hatte sich zu uns gesellt und half mit beim Basten der Tiere. Übrigens: Ein Maulesel trägt rund 130 Kilogramm, ein Maultier bis zu 140 Kilogramm, je nach Steilheit und Gelände. Doch das genügte diesmal nicht, es blieb noch Material übrig – das die Mitarbeiterinnen und Mitarbeiter unseres Kulturpartners Bayer in ihre Rucksäcke füllten. Bayer nutzte die Gelegenheit, die Beleuchtung einer Hütte als Mitarbeiteranlass zu organisieren. So kam es, dass die Bayer-Leute unverhofft zu Sherpas mutierten und noch herzlicher bei uns im Team aufgenommen wurden. Auch diese Aufgabe haben sie mit Bravour gemeistert. Der Aufstieg mit den Maultieren entwickelte sich anders, als ich mir vorgestellt hatte. Ich habe zwei Beine, die Maultiere haben vier und sind somit wie ein Audi quattro mit 4x4 unterwegs. Dass es sich mit zwei zusätzlichen Beinen manchmal doppelt so schnell laufen lässt, musste ich unterwegs erfahren: Mit dem Projektor auf dem Rücken kam ich zeitweise ans Limit beim Mithalten, wenn die Maultiere das Tempo in den steilen Passagen erhöhten, um mit Schwung den Ballast über mühsame Stellen zu tragen. Nichtsdestotrotz war es ein schöner Aufstieg. Die Sonne begleitete uns beim Start, bei unserer Ankunft in der Hütte ging ein leichter Nieselregen nieder. Der Sonnenuntergang gestaltete sich, wie ich ihn mir gewünscht und auf den Fotos von der Hütte bereits gesehen hatte. Ein perfekter Abend, eine perfekte Beleuchtung, ein weitreichendes Nebelmeer und eine klare Nacht standen uns bevor – perfekt für einen Zeitraffer in der Nacht mit der Fotokamera.

Doch ohne nächtliches Intermezzo sollte es nicht gehen. Der Albtraum von Kameramann Henry Maurer – er war jeweils auch zuständig für die Installation des Zeitraffers – waren nächtliche Toilettenbesucher oder Nachtwandler. Deren unschuldiges Verschulden bestand darin, dass sie auf ihrem Weg zum stillen Örtchen oder zum Sternegucken munter durch das Aufnahmefeld des Zeitraffers marschierten, den Henry am Abend zuvor sorgfältig installiert hatte. Der nächtliche Ausreisser auf der Rugghubelhütte beispielsweise gab sich auf seinem frivolen Gang besonders ungeschickt: Er trug eine Stirnlampe und fand nur mühsam und auf Umwegen zur Hütte zurück. Wie eine gehetzte Ameise in Begleitung eines Glühwürmchens hastete er nun im Film durch die Gegend und zog damit alle Aufmerksamkeit auf sich, die doch vielmehr der aufhellenden Morgenstimmung gebührt hätte.

Nach dem Frühstück ging es wieder ans Basten der Maultiere, und wir stiegen bei schönstem Schweizer Sommerwetter den Berg hinunter bis zum Stall der Tiere. Von da aus fuhr Fredy uns und das Material mit seinem Traktor zur Brunnihütte für die Abendbeleuchtung. Wir standen im Transportkorb, sassen auf und vor dem Traktor (um die Räder unten zu halten) und fuhren auch an Wanderern vorbei. Im Korb waren der Lichtassistent Daniel Lenherr, der Filmer Henry Maurer und ich. Der Schlaueste von uns war der Fotograf Mike Kessler: Er stieg nicht in den Korb. Als Fotograf hat er ein Auge für das gewisse Etwas und fotografierte von aussen. Er hat sich halb totgelacht beim Fotografieren, und wir wussten nicht, warum. Als ich später das vorliegende Buch zu kreieren begann, wusste ich, warum er so fröhlich war nach dem Abdrücken. Auf den Fotos entdeckte ich, dass hinten am Transportkorb des Traktors ein nicht zu übersehendes Schild angebracht war: «Achtung, Maultiere». Und da drin steckten wir drei!

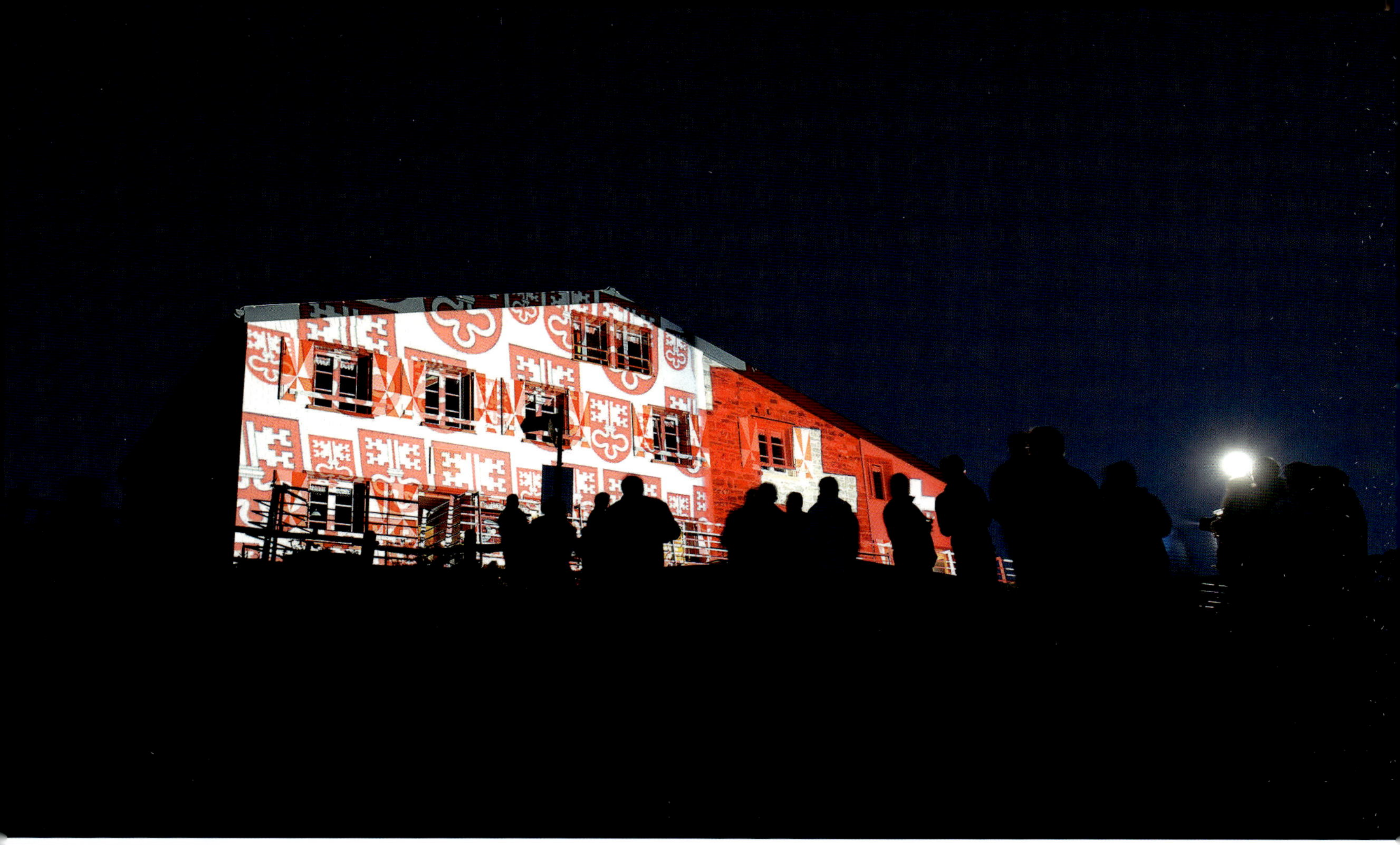

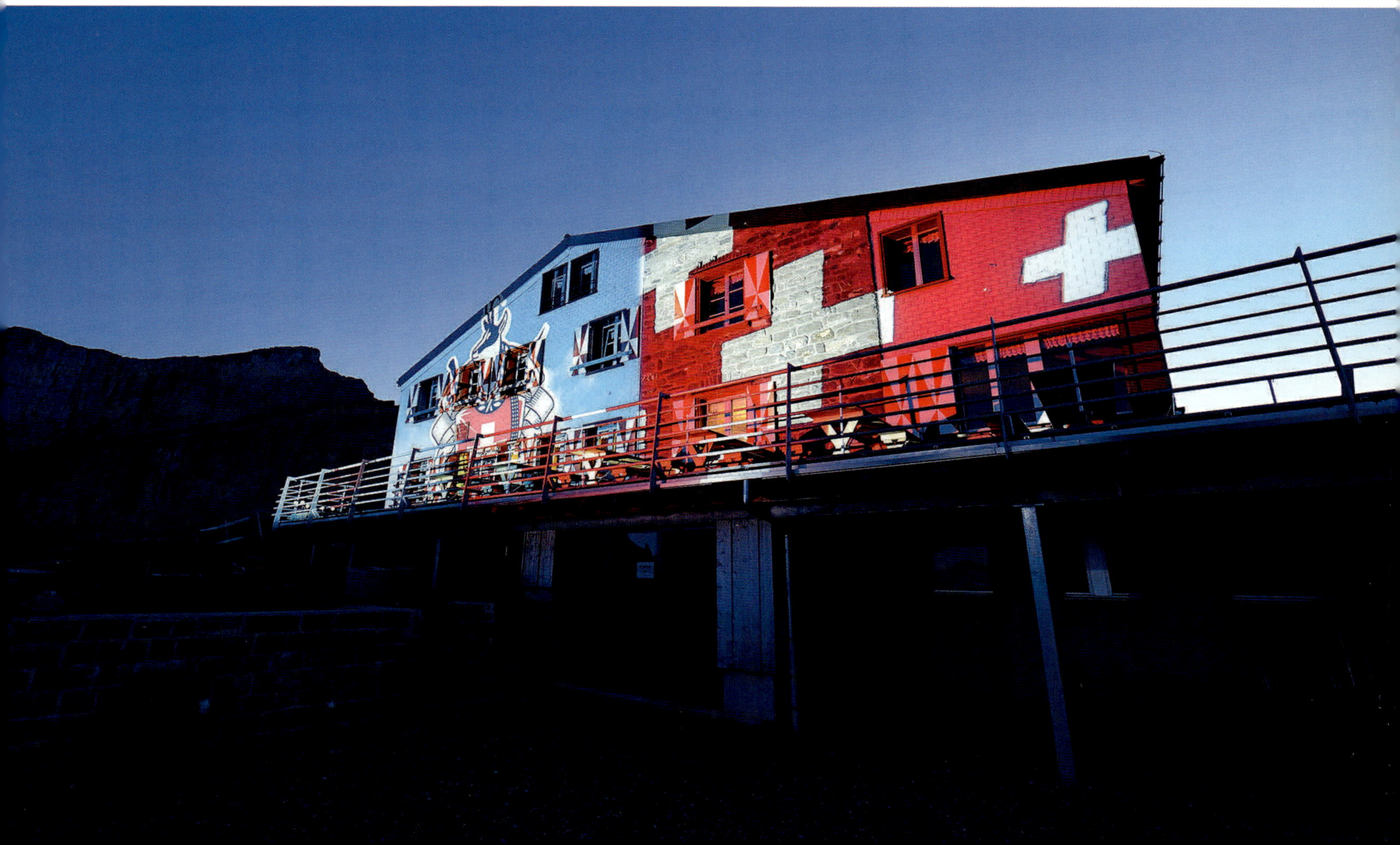

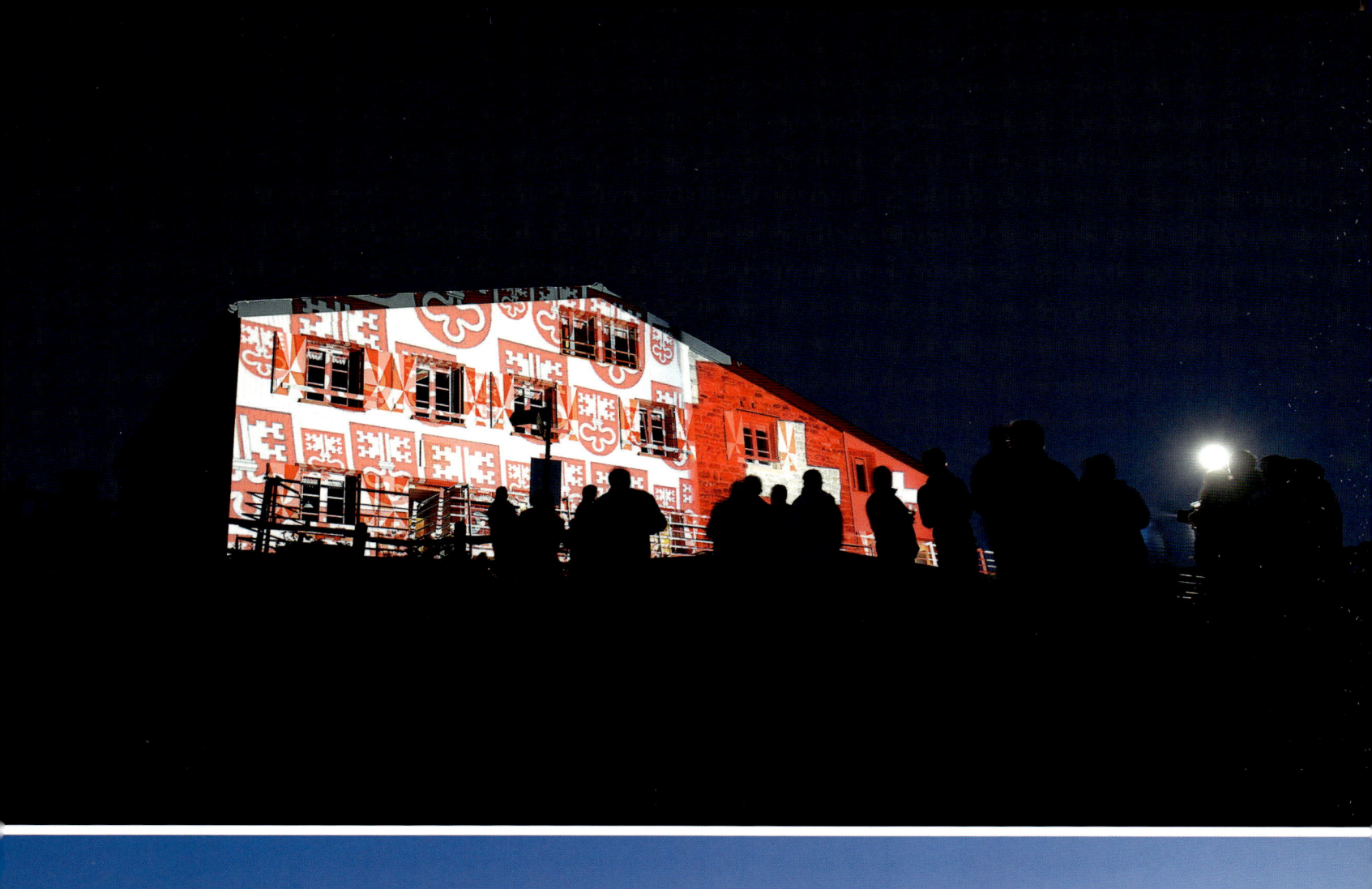

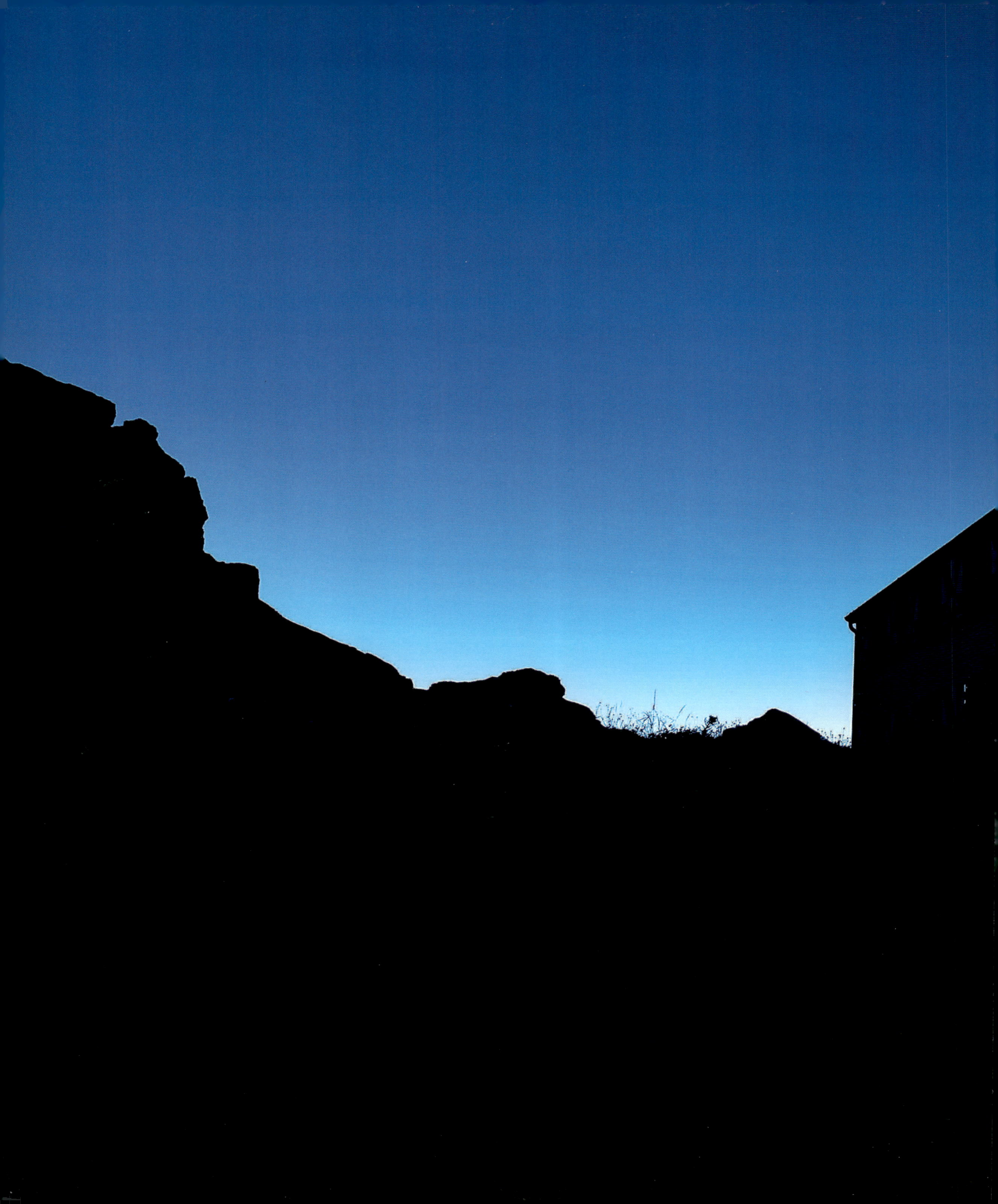

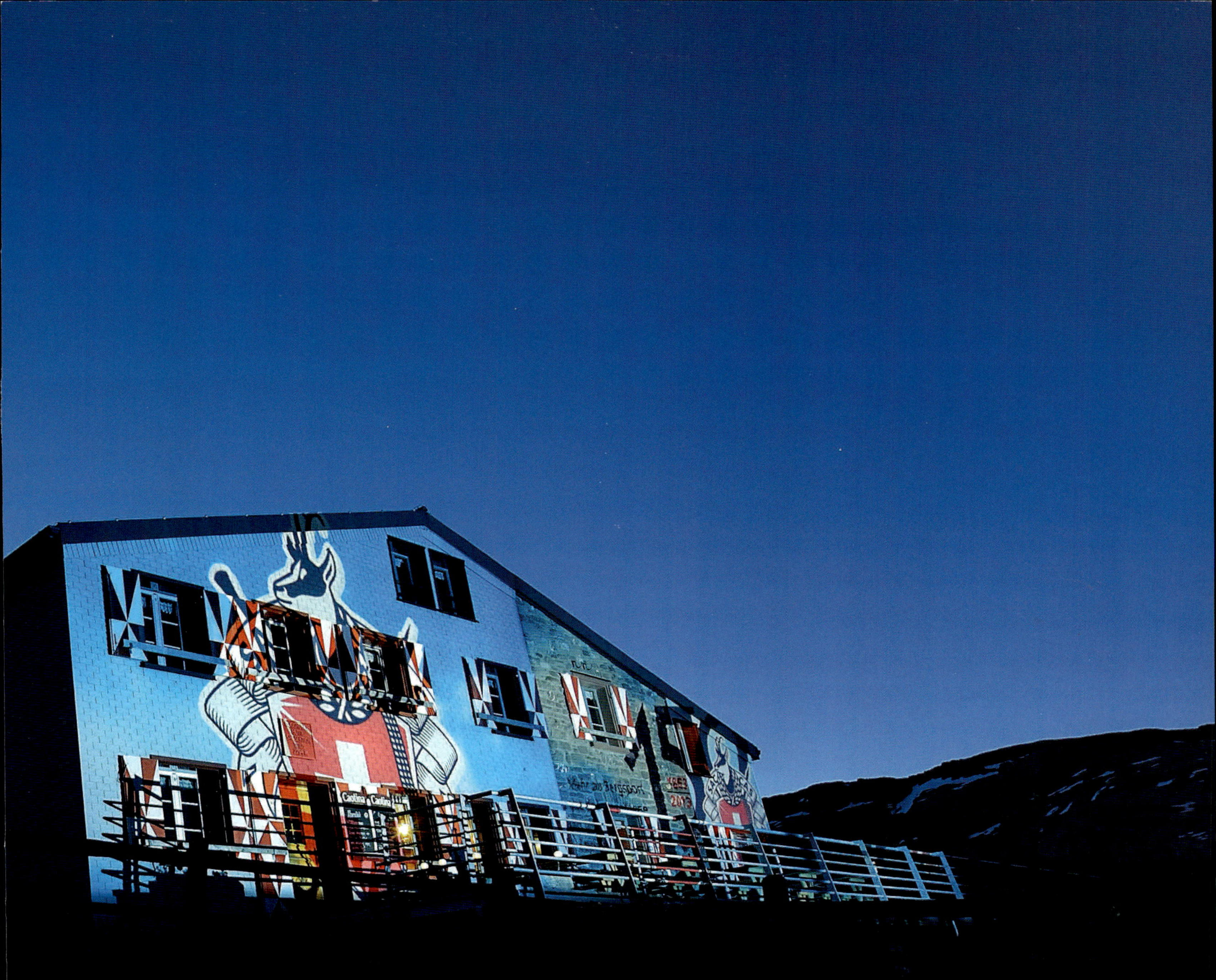

So eine Eselei

Das Maultier (auch Muli genannt, nach dem lateinischen Wort «mulus») ist eine Kreuzung zwischen Pferdestute und Eselhengst, der Vater ist also ein Esel und die Mutter ein Pferd. Die umgekehrte Paarung, also Pferdehengst und Eselstute, wird Maulesel genannt. Als Hybriden sind Maultiere mit seltenen Ausnahmen nicht fortpflanzungsfähig, weil bei der Kreuzung ein ungerader Chromosomensatz entsteht (Pferd 32, Esel 31). Maultiere sind einfacher zu züchten als Maulesel und werden aufgrund ihrer grösseren Ausdauer und ihrer Robustheit meist als Zug- und Tragtiere verwendet, eignen sich aber auch gut zum Reiten. Der Maulesel unterscheidet sich äusserlich nur wenig von einem Hausesel, allein seine Stimme klingt ein wenig anders. Maulesel gelten in der Regel vom Charakter her als gutmütig, wenn auch nicht in dem Mass wie Maultiere. Ihr Wesen entspricht eher dem von Eseln, sie sind weniger scheu als Pferde. Maulesel haben als dominantes Erbmerkmal längere Ohren. Maultier und Maulesel sind trittsicherer in den Bergen als die Pferde. Ein Maultier kann bis zu 140 Kilogramm tragen, ein trainierter Maulesel etwa 10 Kilogramm weniger. Wandert man angestrengt mit Gewicht auf dem Rücken so vor sich hin und sieht dabei dauernd die vier Beine der beladenen Maultiere, beginnt man unweigerlich zu denken und zu rechnen, wer es jetzt strenger hat und mit wem man Mitleid haben sollte bei dieser Schufterei am Berg. «Die armen Tiere», hörte ich zu Beginn die «Neuen» im Team sagen. Meine Rechnerei führte zu einer erstaunlichen Feststellung: Man nehme das Gewicht des Maultiers inkl. Bastgeschirr – aber ohne Gepäck – und setze es ins Verhältnis zum Gepäck, das es trägt. Dann nehme man mein Gewicht inklusive Kleidung und Schuhe – aber ohne Gepäck – und setze es ins Verhältnis zu den 47 Kilogramm Gepäck, die ich heute in die Rugghubelhütte trage. Stellt man diese beiden Resultate einander gegenüber, zeigt sich, dass das Maultier 30 Prozent seines Gewichts trägt und ich 60 Prozent, also doppelt so viel. Das Maultier hat indes vier Beine und ich nur zwei, also halb so viele wie ein Muli. Dies bedeutet nach meiner Logik, dass ich, verglichen mit dem Maultier, das überdies doppelt so viele Beine hat wie ich, mit zwei Beinen doppelte Nutzlast im Verhältnis zum Machbaren tragen kann. Resultat: Pro Bein mehr, das dem Muli zum Tragen zur Verfügung steht, reduziert sich die Nutzlast um 50 Prozent im Vergleich zur Last, die der Mensch trägt. Habe ich zwei Beine, schultere ich über 60 Prozent meines Gewichts. Wäre ich aber ein Maultier und hätte ich vier Beine, würde ich nur gegen 30 Prozent meines Gewichts tragen. Um fair zu bleiben, muss man aber anerkennen, dass das Maultier 140 Kilogramm gleichzeitig trägt. Um als Mensch dieses Gewicht zu befördern, müsste ich zusätzlich noch sechs trainierte Kollegen motivieren, einen Teil dieser 140 Kilogramm zu schleppen. Wir wären dann 14 Beine, verteilt auf sieben Lebewesen, ohne Maultier. Vorher waren es sechs Beine, aber nur zwei Lebewesen zu füttern. Und zum Schluss: Hätte ich nur ein Bein, so würde ich 120 Prozent meines Körpergewichts tragen. Alles klar?

Fredy Schleiss, Maultierhalter und ehemaliger Hüttenwart Rugghubelhütte.

«Ich musste Gerry überzeugen, dass Maultiere mehr tragen als er»

Da kommt einer, der Mut hat, dachte ich mir, als ich von der Idee hörte. Nun ja, uneigennützige Arbeit ist in der heutigen Zeit keine Selbstverständlichkeit mehr. Damit wir anderen den Plausch haben, nimmt Gerry viel Arbeit auf sich. Ohnehin hat es etwas auf sich mit dem «Auf-sich-Nehmen»: Gerry beharrte beim Materialtransport zur Hütte darauf, die wuchtigen bleischweren Geräte selber zu tragen. Ich musste ihn zuerst überzeugen, dass Maultiere noch mehr tragen als er. Er und sein Team wollten ursprünglich später anreisen, doch dann hätten sie sich in der Zeit verrechnet. Wir vereinbarten einen früheren Abmarsch, und selbst wenn es manchmal den Anschein machte, es laufe alles ein wenig chaotisch, musste ich am Ende sagen: Gerry ist schier wie unsereiner.

Ich hatte ja keine Ahnung, geschweige denn auch nur eine leise Vorstellung davon, wie er Tiere, Kantonswappen und Blumen an die Hüttenfassade zaubern wollte. Die Technik ist beeindruckend, all die Projektoren und erst die Drohne. Wenn auch die Maultiere von dieser fliegenden Kamera nicht begeistert waren: Als die Drohne bis zu zwei Meter an sie heranflog, wichen sie äusserst verängstigt zurück. Das, obwohl sie zuvor ganz ausgelassen den Tisch angesteuert hatten, auf dem der Projektor stand. Sie hätten wohl zugeschnappt oder den Tisch umgestossen, doch im Grunde hatte sie irgendetwas auf jeden Fall angezogen. Zum Glück konnte ich rechtzeitig eingreifen.

Ich hatte damals ein Maultier von meinem Vorgänger übernommen, ein weiteres kaufte ich dazu. Laut Vorschrift sollte man immer zwei halten, damit sie miteinander spielen können. Wir transportieren Ware mit ihnen oder setzen sie bei Trekkings mit Gästen ein. Besonders bei Familien ist das beliebt. Ein Maultier beobachtet genau, was du machst. Es ist sehr vorsichtig, aber auch sehr schlau.

In den fünf Jahren als Hüttenwart auf der Rugghubelhütte habe ich einiges erlebt. Nichts von alledem reicht an diese Nacht mit all den ergreifenden Bildern und Impressionen heran. Gerry soll unbedingt weiter machen und ja, er soll auch mal wieder vorbeikommen.

Fredy Schleiss

17

242

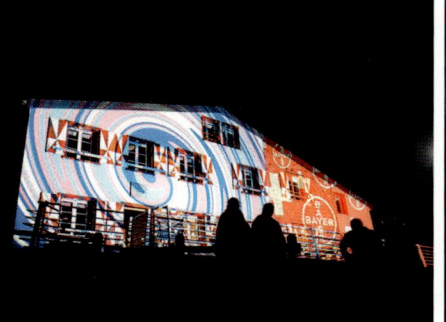

⑰ Rugghubelhütte, 2290 m, 20.–21. August 2013
Engelberg, Tel. 041 637 20 64
Sektion Titlis, Kanton Nidwalden
Mit dabei sieben Mitarbeiter von Kulturpartner Bayer.

Gewählte Route – Seilbahn Engelberg nach Ristis, Traktor nach Rigidalalp, weiter mit Maultieren zur Hütte. Sherpas 8 plus zwei Maultiere, weil zwei Projektoren mitgenommen werden mussten wegen der Grösse der Hütte.
Zeit – 2 Std. 30 Min., wir 4 Std.

Wetter – Bei Ankunft in Engelberg schön und heiss, während Aufstieg zunehmend Sommerbewölkung, bei Ankunft auf der Hütte Wolken und Nebel. Plötzliche Auflösung auf Abend hin und Entstehung eines Nebelmeers im Tal mit einem unglaublich schönen Alpenglühn. Genau so, wie ich mir es ein halbes Jahr vorher in den Vorbereitungen gewünscht hatte. Beleuchtungsstart mit leichtem Nebel, plötzlich klare Nacht und Vollmond. Morgenglühn vom Schönsten, mit sichtbarem Vollmond im Sonnenaufgang.
21.06 Uhr Beginn Nacht.
06.31 Uhr Beginn Tag.

Beleuchtung – Perfekte Bedingungen. Knifflige Hütte für Beleuchtung, da aus zwei Teilen bestehend und nur aus einer Richtung möglich.

Bemerkung – Das Nebelmeer am Abend auf der Rugghubelhütte zu erleben, gehört in die Kategorie «Muss man gesehen haben».

Der See und das Nebelmeer

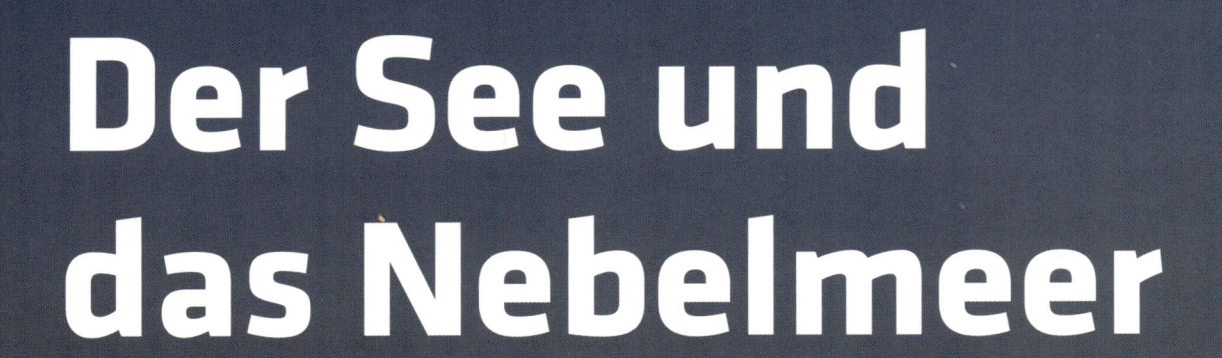

Brunnihütte – Engelberg

21.–22. August 2013

18

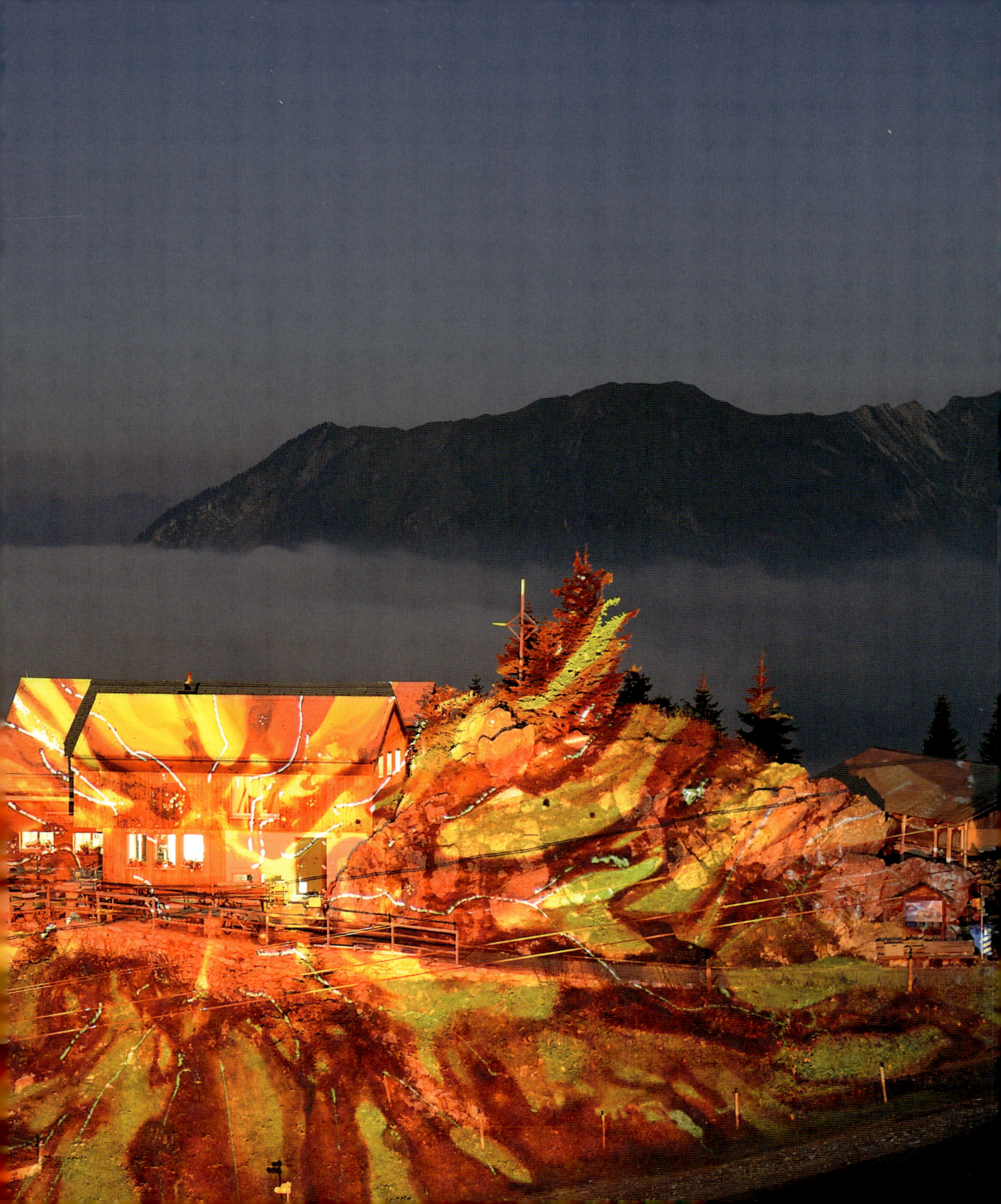

18

Gleich anschliessend an die Rugghubel-Beleuchtung begaben wir uns hinunter in die Brunnihütte. Zwei Nächte statt nur eine in einer Region zu bleiben, räumte uns ein wenig Zeit für wichtige Nebensächlichkeiten ein. Ich feilte bei schönstem Sommerwetter an meiner Sprungtechnik und sprang mehrmals in den Härzlisee bei der Hütte. Es überkommt mich einfach beim Anblick dieses idyllischen Seeleins. Dann muss ich einen Taucher vollziehen. Die Kopfsprünge und die gelegentliche Luftsprünge sind ein Überbleibsel aus meiner Zeit als Junioren-Schweizermeister im Kunstturnen. Sie halten mich fit und zeigen mir, wie gut oder weniger gut meine aktuelle Form ist für ein nächstes Abenteuer. Es «Sprüngli» machen, nennt mein Team inzwischen diesen Akt. Inzwischen ist es schon so weit: Wenn einer der Fotografen, Frank oder Mike, sagt: «Gerry, jetzt es Sprüngli», weiss ich, dass ich es machen muss, weil es für sie stimmt. Ob es für mich dann gestimmt hat, sehe ich leider erst nach dem Sprung! Und wenn es für mich nicht stimmte – nach dem Sprung –, hat sich der «Rest» vom Team jeweils halb totgelacht, weil die Landung nicht so war, wie sie eigentlich hätte sein sollen.

Vor der Brunnihütte einverleibte sich Henry, der Kameramann, eine Extraportion heisse Schokolade, und dies bei 30 Grad Sommerhitze! Der Bergjunge hat einfach ein anderes Denken als ein Durchschnittsstädter. Mike, der Libero-Fotograf, und Dani, der Projektionsassistent und Sherpa, spielten mit einem Hüttenwagen herum – alles sehr zur Unterhaltung der Gäste, die uns kaum glaubten, dass auch solche Momente zu unserer Arbeit gehörten. Es lief ja sonst nichts an diesem freien Nachmittag. Frank lief barfuss im

Kneipp'schen Wasserwanderweg um den Tümpel und liess sich von Lurchen oder so was Ähnlichem die Hornhaut an den Füssen abknabbern. Interessanterweise machten dies auch noch einige Gäste, die vor Ort waren.

Die Hütte liegt unmittelbar neben einem Sessellift und ist im Winter mitten in einem Skigebiet. Wir beleuchteten die Brunnihütte auf zwei Arten. Ganz nahe vor dem Eingang kamen zwei kleinere Projektoren zu stehen. Ein grosser, 80 Kilogramm schwerer Projektor, der bereits die Pyramiden von Ägypten und Eisberge in den Polarmeeren erhellt hatte, fand weiter hinten im Steilhang seinen Platz. Diesen hatten wir mit einer Spezialbewilligung hochfahren lassen. Er beleuchtete die Hütte und den Hügel, wo sie draufstand, vom 300 Meter entfernten Gegenhang aus. Eine Schulklasse und viele Schaulustige verfolgten das Bilderspektakel gebannt, raunten «ah» und «oh», sobald die SAC-Gemse das Schweizer Kreuz als Sujet ablöste. Die Hüttenwartin Agnes Schleiss hatte mit ihrem Team die Werbetrommel gerührt und einen Anlass am Abend auf der Hütte mit Grill und Musik organisiert. Unter der Hütte lag wie bestellt das Nebelmeer, ab und an zog eine kleine Schwade Nebel auch vor der Hütte durch. Der Mond hatte praktisch immer noch die Grösse und Helligkeit des Vollmonds der Vornacht auf der Rugghubelhütte. Die Stimmung hätte nicht besser gemalt werden können.

Wir, da spreche ich vom ganzen Team, sind zwar hart im Nehmen. Aber nach der Morgenbeleuchtung waren wir alle nun wirklich etwas erledigt nach den Aktionen der beiden vergangenen Tage. Wir machten uns auf den Weg talwärts. Da kommt doch Mike spontan auf die Idee, den

150 Meter hohen Klettersteig vor der Hütte noch vor Abmarsch machen zu wollen. Wir waren zu ausgelaugt und fanden die Idee mehr als suspekt. Mike beschwörte Dani, dass dies ein wirkliches Erlebnis für ihn sein würde und er doch mitkommen solle. Und ... Dani willigte ein. So erhielten die beiden von den Mitarbeitern der Hütte deren Kletterfinken und die Ausrüstung geliehen. Wir leisteten den beiden Gesellschaft, als sie die Ausrüstung anzogen. Während der dummen Sprüche – auf beiden Seiten – ertappten wir uns, dass wir zwischen Bedauern und Hochachtung für die beiden hin und her schwankten. Nachdem wir uns verabschiedet hatten, gingen die beiden dem Klettersteig entgegen, und wir machten uns auf den Weg talwärts. Man kann sich ja vorstellen, was wir uns am nächsten Tag alles anhören mussten, was wir alles verpasst hätten. Aber Spass beiseite und Hochachtung für das, was die beiden noch schnell «nach em Zmorge» geleistet haben, trotz den strengen Tagen zuvor.

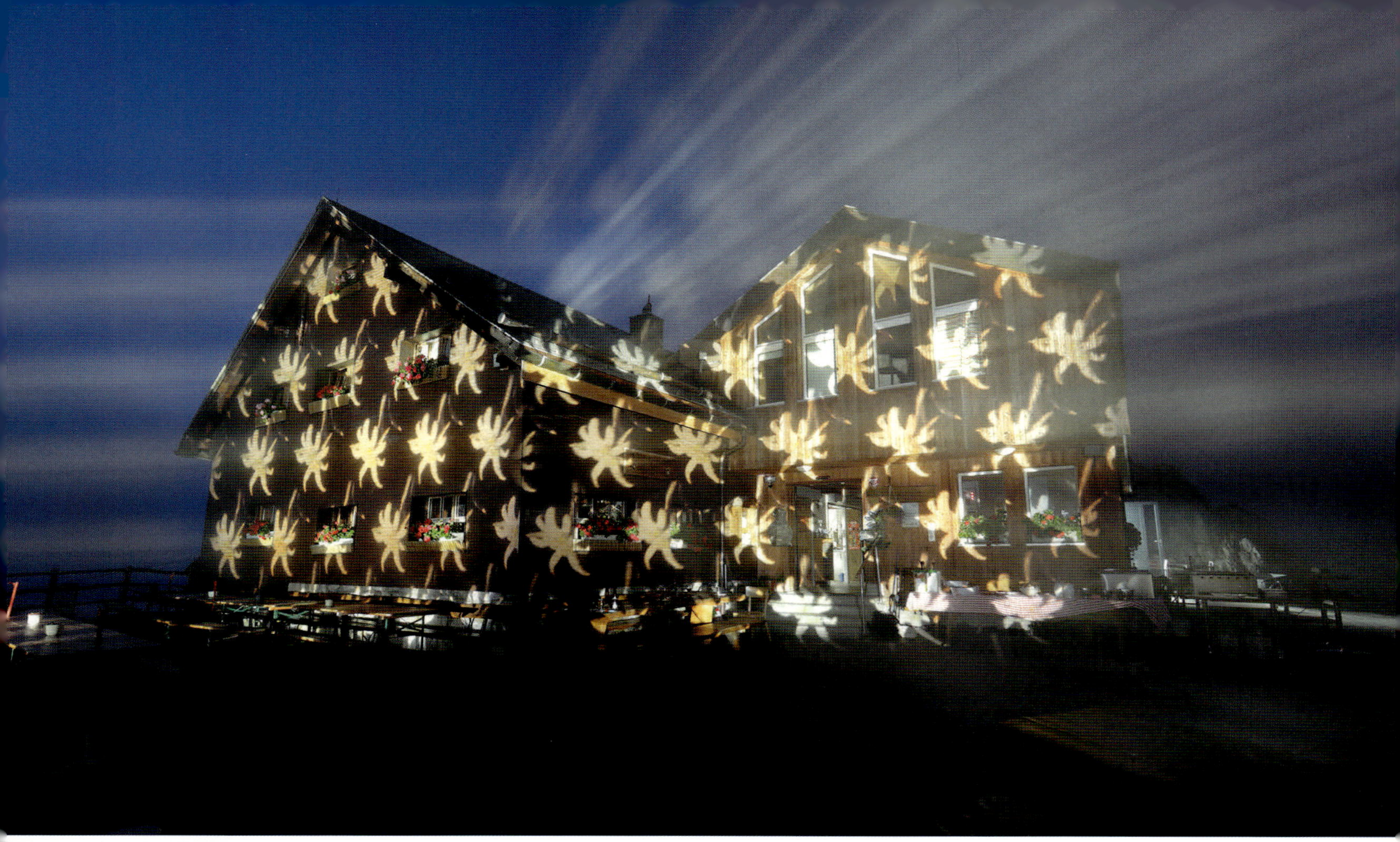

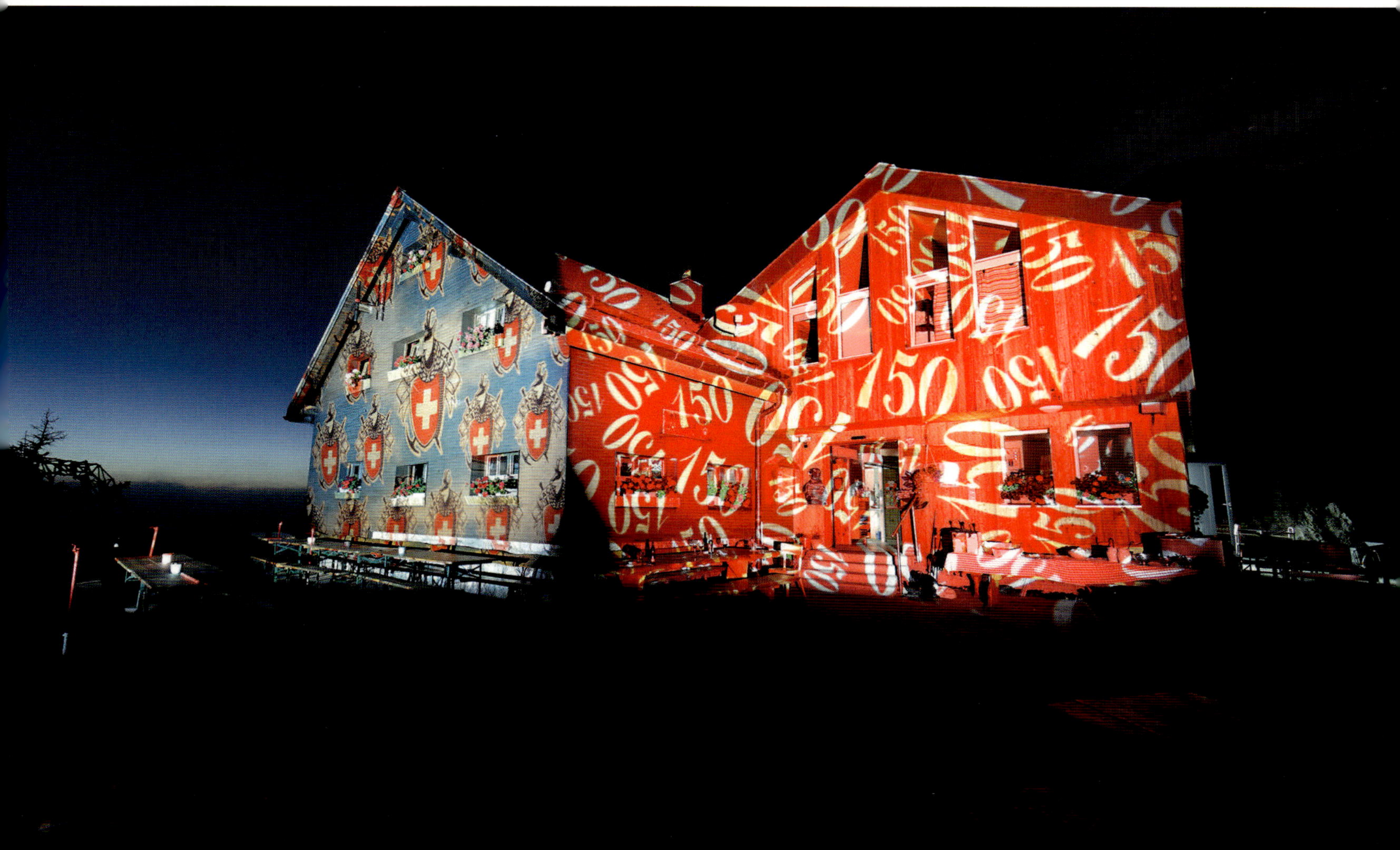
150

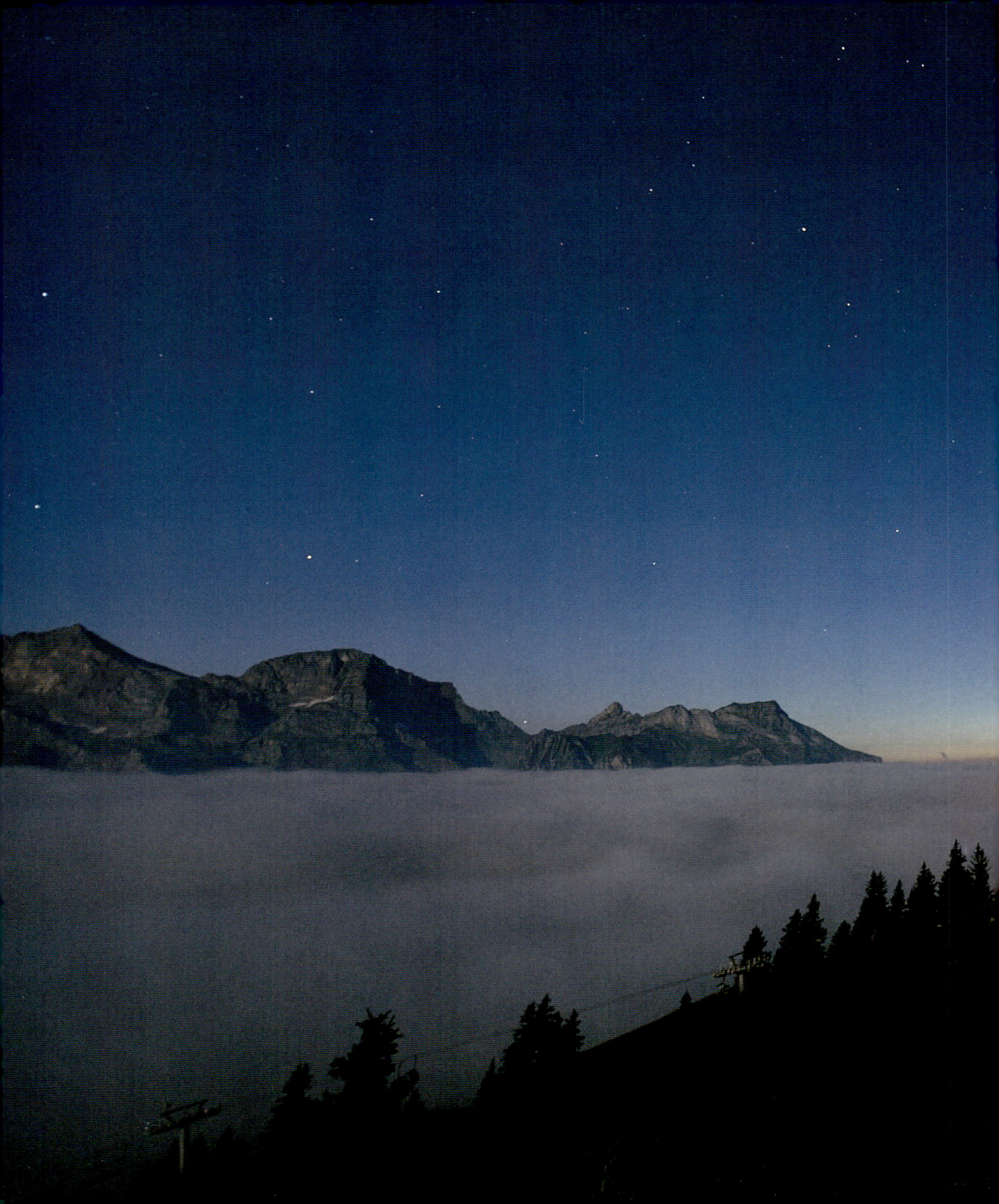

Material versus Individualität

Es gehört zur Natur der Lichtkunst, dass sie dann stattfindet, wenn kein anderes Licht mehr da ist. Mit anderen Worten: sie wird durchgeführt, wenn es dunkel ist, und das ist jeweils nachts. Und in der Nacht schlafen gute Bürger, die am Tag arbeiten müssen. Das hat zur Folge, dass die meisten Geschäfte, die interessant sind für Material, das ich für die Beleuchtungen brauche, geschlossen sind. Oft finden unsere Arbeiten an Orten statt, wo es gar keine Geschäfte um die Ecke hat mit helfenden Menschen und Produkten, falls ich etwas benötigen sollte, weil etwas defekt ist, verloren oder vergessen ging, um die Beleuchtung zu realisieren. Diese Ausgangslage macht nun meine Arbeit unheimlich spannend, schon im Vorfeld. Ich muss mir wie ein Bergsteiger überlegen, was ich zwingend mitnehmen muss, was noch gut wäre, dabeizuhaben, was noch mitkommen könnte, was ich dalassen muss, was ich dalassen kann, welcher Gegenstand oder welches Material ich in möglichst vielen Situationen einsetzen kann. Um diesen Prozess zu beschleunigen, gibt es eine Formel, und die gilt für alle Vorhaben, die zu starten man im Begriff ist: Mit welchem maximalen Minimum an Material kann ich die Mission schlicht und einfach erfüllen. Faktoren wie Wetter, Finanzen, Jahreszeiten, Umwelt, persönliche Verfassung, Team als Ganzes, einzelne Teammitglieder, Partnerinnen und Partner, Transporte, Material, Spezialmaterial, Kleidung, Ernährung, Erfahrung, Ausbildung, Zeit zur Verfügung, Vorbereitungszeit, Fotografen, Filmteam, Medien, Auflagen, Behörden, Flexibilität, Gesundheit, Erwartungen – Aufzählung nicht abschliessend – müssen berücksichtigt werden. Aber es gilt auch zu variieren, je nach Vorhaben, bei der Gewichtung der einzelnen Punkte. Die Wertung der einzelnen Faktoren ist eine individuelle Angelegenheit, die meistens durch den «Anführer» erfolgt. Darum scheitern Expeditionen und Vorhaben bei den einen, und bei anderen klappt es. Es bleibt am Schluss immer eine individuelle Geschichte von einem oder mehrerer Menschen, die ein Ziel erreichen wollen. Und sei es auch nur eine kleine Wanderung von zwei Stunden rund um einen See in den Voralpen im Hochsommer an einem späten Nachmittag. Auch so ein Vorhaben kann bei falscher Gewichtung einzelner Faktoren bei den Vorbereitungen mit grossen Überraschungen enden. Darum sage ich: In der Natur ist das Material nur so gut, wie du es bist. Im technischen Umfeld ist man nur so gut, wie es das Gerät ist. Es gibt aber zum Glück auch Faktoren, die bei veränderten «Bedingungen» helfen können. Und letztlich gilt: Kreativität wird gekoppelt mit Improvisationsgabe – und Glück.

Agnes Schleiss, Hüttenwartin Brunnihütte.

«Künstler wie Gerry schlagen eine Brücke»

Die Kraft dieser Bilder hatte ich total unterschätzt. Genau genommen hatte ich gar keine Vorstellung davon. Dabei begann der Tag der Beleuchtung mit einer Hiobsbotschaft für mich: Unser Schwager war an einem Herzinfarkt verstorben. Mein Team übernahm die Betreuung von Gerry Hofstetter und seinen Leuten, ich selber verbrachte den Tag und den Abend im Tal bei der Familie.

Ich weiss nicht mehr, was mich am nächsten Morgen gezogen hat. Ich spürte, dass ich bei der Morgenbeleuchtung unbedingt dabei sein wollte. Rechtzeitig vor Ort angekommen, setzte ich mich mit einem Kaffee auf die Terrasse – es sollte ein grossartiger Augenblick werden. Nach all dem Trubel und der emotionalen Hektik verströmten diese Bilder eine Ruhe, die mich tief berührte und mir Kraft gab. Von ihrer Schönheit nicht zu sprechen. Steinböcke auf unserer Hüttenfassade – selten habe ich das Leben am Berg in derart verdichteter Form wahrgenommen.

Die Brunnihütte ist nur bedingt eine veritable SAC-Hütte. Sie ist mit der Bahn erschlossen. Im Restaurant sitzen Kinder neben Touristinnen, Wanderern und Sonnenanbetern. Manche Gäste verstehen nicht auf Anhieb, dass wir für das Abendessen nur ein einziges Menu für alle zubereiten und nicht etwa «à la carte» servieren. Wenn immer möglich beziehe ich Produkte aus der Region: Backwaren von der Bäuerin unten im Tal, Käse von den verschiedenen Alpkäsereien, und für die Rösti müssen stets frische Kartoffeln her. Es ist dies mein kleiner Beitrag zu diesem grossartigen Platz mitten in der Engelberger Bergwelt.

Gerrys Lichtinszenierungen haben den Blick auf das Wesentliche gelenkt in einer Zeit, in der jeder lieber auf sein Display starrt, statt einfach mal das Bergpanorama zu bestaunen. Wie sollen wir noch ein Gefühl für die Dinge entwickeln, wenn wir uns diese Zeit nicht gönnen? Der SAC leistet einen wichtigen Beitrag dazu, und ich finde es angebracht, den Leuten in den Bergen einen angemessenen Komfort zu bieten. Künstler wie Gerry schlagen eine Brücke, indem sie die Schönheit der Berge für ein breites Publikum ins Licht rücken. Solche Ideen soll einer erst haben! Ich wünsche sie Gerry noch viele Jahre.

Agnes Schleiss

18

254

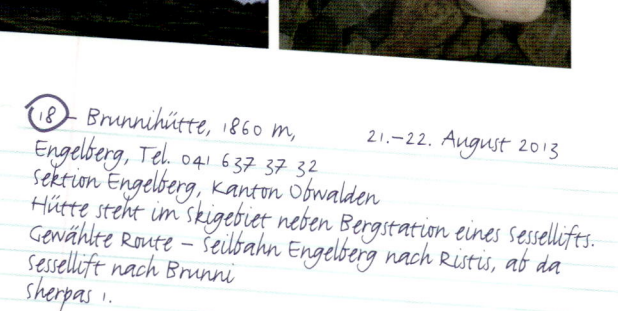

⑱ Brunnihütte, 1860 m, 21.-22. August 2013
Engelberg, Tel. 041 637 37 32
Sektion Engelberg, Kanton Obwalden
Hütte steht im Skigebiet neben Bergstation eines Sessellifts.
Gewählte Route – Seilbahn Engelberg nach Ristis, ab da Sessellift nach Brunni
Sherpas 1.

Zeit – 30 Min. mit den beiden Bahnen. Wir sind direkt von der Rugghubelhütte zur Brunnihütte gekommen.
Wetter – Schöner heisser Sommertag. Am Abend Aufzug von Nebelschwaden und wie tags zuvor ein Nebelmeer im Tal und heller Vollmond. Klare Nacht und Sterne zum Greifen nah. Morgen hochsommerlich schön.
21.04 Uhr Beginn Nacht.
06.35 Uhr Beginn Tag.

Beleuchtung – Am Abend mystische Nebelschwaden bei Start Beleuchtung, dann top, klar und mit Nebelmeer im Tal bei Vollmond.

Bemerkung – Der Fotograf Mike Kessler und der Lichtassistent Dani Lenherr waren am Morgen noch so fit, dass sie den 150 Meter hohen Klettersteig vor der Hütte zum Frühstück absolvierten. Respekt.

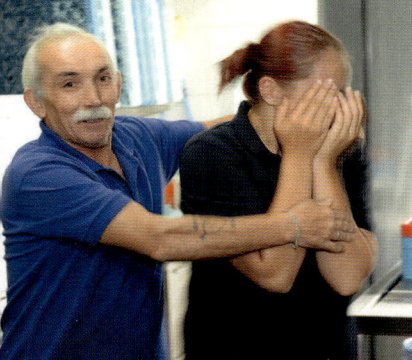

Anno 1915

Dammahütte – Göschenen

28.–29. August 2013

> 19

EXPOSITION
NATIONALE SVISSE
BERNE MAI-OCTOBRE 1914
KATALOG D
SCHWEIZERISCHE LANDES-
AUSSTELLUNG BERN 1914

19

Wir waren knapp bei Mann für den Materialtransport zur Dammahütte. In solchen Fällen kann ich auf die grossartige Unterstützung meines privaten Umfeldes zählen. Die Mutter unseres Filmers Henry liess sich spontan für den Dammaaufstieg begeistern, und Rico, der Lebenspartner meiner Schwester, kam ebenfalls mit. Er ist Triathlet und sollte meiner Meinung nach dadurch auch eine gute Hilfe sein. Im unteren Teil lag auffallend viel (zu viel) Schafskot auf dem Weg, in den wir Schritt für Schritt hineintrampten. Die Schafe der Alp nutzten den Wanderweg für ihre Verschiebungen, weil links und rechts die Hänge flächendeckend mit Alpenrosenstauden, anderen Büschen und Kleinwuchs bewachsen waren. Im oberen Teil räumte der Hüttenchef Arnold Bünter während des Marschs akribisch Steine aus dem Weg. «Der Weg muss sauber bleiben», erklärte er uns, bückte sich bei jedem Stein und legte ihn an den Wegrand. Irgendwie erinnerte mich sein Tun an den Spruch: «Jemandem Steine aus dem Weg räumen.» Der Weg in die Hütte war im Vergleich zu den meisten anderen Wegen auffallend angenehm zu gehen – abgesehen vom Schafskot. Aber da lagen noch keine Steine herum, weil es dort voller Pflanzen war.

Vier- bis fünfmal pro Jahr bessert eine Equipe den Aufstieg in Fronarbeit aus, um einen sicheren Zugang zur Hütte zu gewährleisten. Dennoch bleibt der Hüttenwart verantwortlich für den Weg zu ihm hoch. Rückblickend fiel es mir wir Schuppen von den Augen: Wir waren auf der Tour bis anhin ausschliesslich auf gut unterhaltenen Routen unterwegs gewesen. Aber die fallen nicht einfach so vom Himmel und liegen dann zurechtgemacht den Berggängerinnen und Berggängern zu Füssen. Steine können auf den Weg gelangen durch Steinschlag, durch Moränenrutsche, Schneelawinen, starke Regenfälle oder durch Bäche, die über ihren normalen Wasserstand steigen. Hinter jedem Weg steckt enorm viel Fronarbeit. Die Dammahütte ist im Winter völlig unzugänglich und nur in den Sommermonaten offen. Sie hat Platz für 25 Personen und registriert 500 bis 600 Übernachtungen pro Saison. Sie ist die kleinste bewartete SAC-Hütte und gründet auf einer eigentümlichen Geschichte: Die Hütte war ein Exponat des SAC an der Landesausstellung 1914 in Bern. Nach der Ausstellung fand sich zuerst kein Käufer, der die Hütte wollte. Alsbald meldete sich aus Luzern der SAC Pilatus, der in der Hütte eine Option sah, am Fusse der Dammakette eine Schutzhütte zu errichten. Die Hütte wurde an den SAC Pilatus verkauft, die Armee transportierte sie auf Bahnwagen von Bern nach Göschenen. Von dort aus ging es wieder mit der Armee in Kombination mit Pferdefuhrwerken und ersten Lastwagen (der erste Lastwagen wurde 1896 erfunden) auf die Göscheneralp. Von da an trugen während zweier Jahre in den schneefreien Monaten Freiwillige mit Unterstützung der Armee Balken für Balken auf 2438 Meter östlich des Dammastocks an den damaligen Rand des Dammagletschers, der sich wie alle anderen Gletscher, die um 1900 in der Nähe von Hütten waren, in der Zwischenzeit sehr stark zurückgezogen hat. Dort oben bauten sie die Hütte in aussichtsreicher Lage mit Ausblick auf den Göscheneralpsee wieder zusammen. Ein Paradebeispiel von Pioniergeist und Zusammenhalt, das mich total faszinierte. Uns erging es denn auch so, dass wir während der «Expedition Dammahütte» einen Teil der

Geschichte von anno 1915 ein ganz klein wenig wieder aufleben liessen und damit sogar Teil dieser Geschichte sein durften.

Was mich an der Dammahütte faszinierte, waren die weissen alten Suppenteller mit dem Logo des SAC in einem schönen Hellblau. Vermutlich war das mal dunkelblau gewesen und durch das viele Waschen so schön hellblau geworden. Ich stehe auf Vintage Style, und mir gefiel ganz einfach das Geschirr. Ferner war das alte WC noch eine witzige Angelegenheit, an einem Standort, der mir zwar schon etwas zu weit weg von der Hütte gewesen wäre. Das WC ist trockengelegt und darf aus Umweltschutzgründen nicht mehr benutzt werden. Ich denke, dass es nun eine Funktion als eine Art Minimuseum ausüben könnte. Man beachte die Fotos.

Der Aufstieg begann ab der zweiten Hälfte streng zu werden. Die Wolken kamen uns entgegen – von oben – und Nieselregen setzte zehn Minuten vor Ankunft in der Hütte ein. Zum Glück konnten wir die Hütte wegen des aufziehenden Nebels nie sehen. Somit entfiel das Kopfzerbrechen darüber, wie lange der Aufstieg noch gehen würde. Die Hütte stand plötzlich vor uns, und der Hüttenwart Peter Ming erwartete uns schon, er stand draussen, eine weisse Küchenschürze umgebunden, und lächelte verschmitzt. War ja klar, nur er wusste, was er für uns schon im Ofen am Backen hatte für das Nachtessen. Die Abendbeleuchtung realisierten wir im Nebel und brachen nach 30 Minuten ab. Ich schöpfte allen Mut, dass der Morgen top werden würde. Ich glaubte selber fest daran, weil ich sah, wie ab etwa 22 Uhr die Wolken nun von unten zu uns hochkamen, und dies in einem sehr hohen Tempo. Also würde der Morgen klar und schön mit Morgenrot werden. Warum? Weil es das Rückseitenwetter ist vor dem nächsten Schlechtwetterschub, der gegen Nachmittag eintreffen würde. Darum würden wird ein Alpenglühn am Morgen haben.

SCHWEIZERISCHE LANDESAUSSTELLUNG
EXPOSITION NATIONALE SUISSE
BERN 1914
ALBUM-SOUVENIR

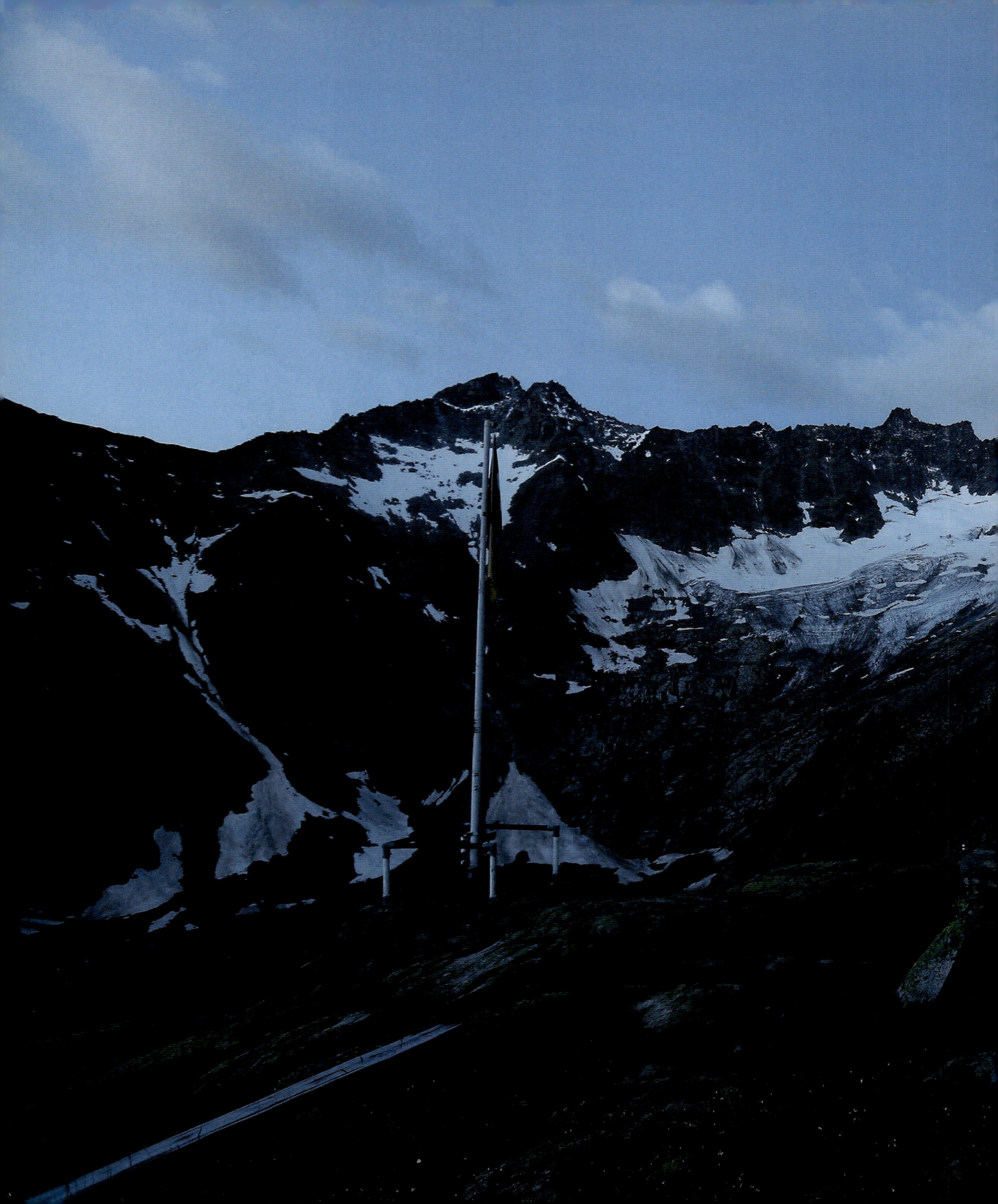

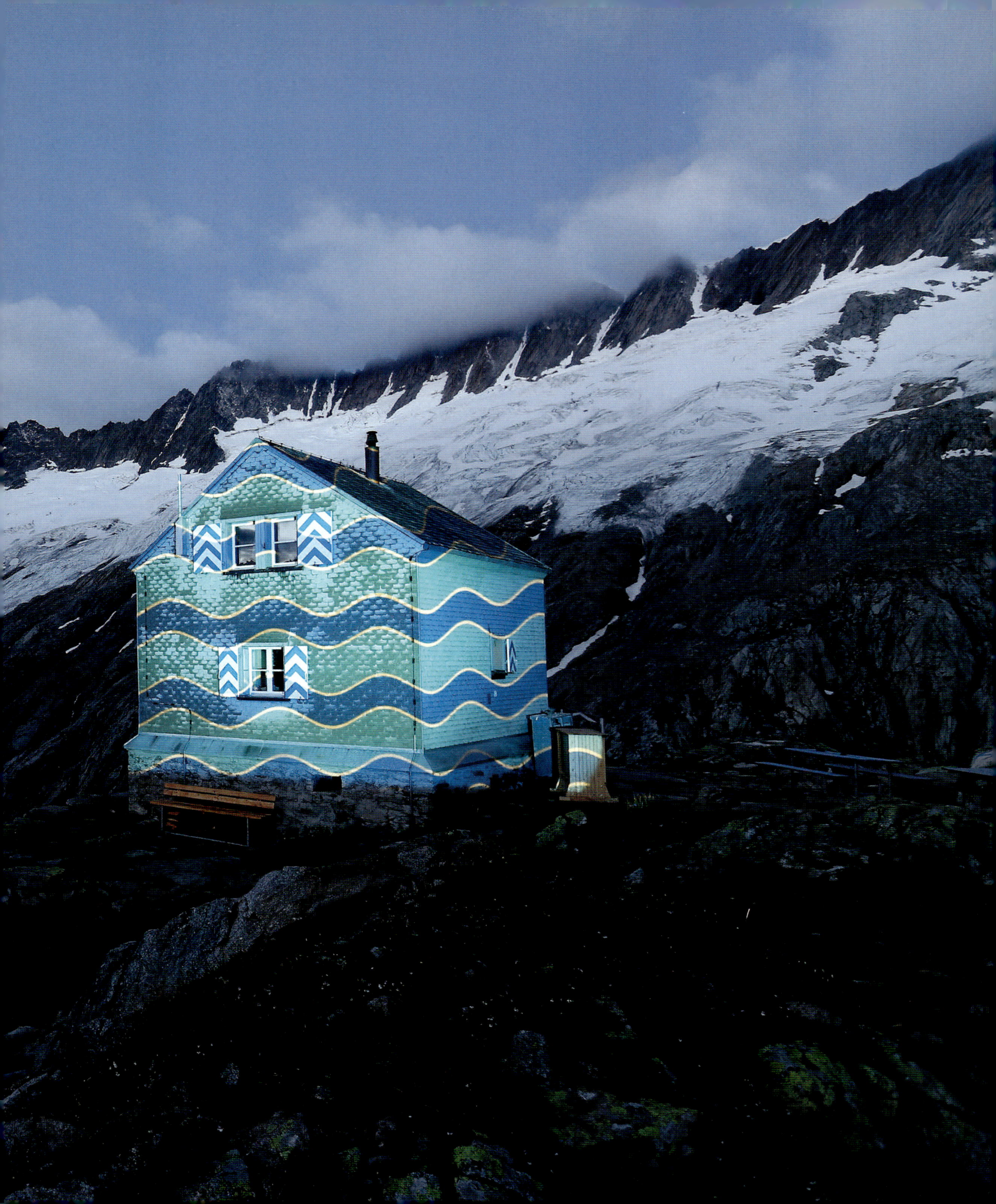

Jede Expedition entspricht dem Zeitgeist

Hinter Expeditionen liegen immer Entdeckungslust und Neugier. Und Expeditionen entsprechen dem Zeitgeist. Das war schon so, als die Mongolen nach Europa zogen, die Wikinger nach Amerika, Amundsen zum Südpol, die Mogulen nach Indien, die Engländer auf das Matterhorn stiegen usw. Auch die Tour «Hütten im Alpenglühn» war eine Expedition und entspricht dem Zeitgeist. Die Gesellschaft, und damit sind wir alle gemeint, hat Fragen zur Nutzung – oder Ausnutzung – der Berge, Fragen zum Umweltschutz, zur Kunst, zur Sicherheit, Fragen zur Geschichte des SAC. Mit dieser Lichtkunsttour haben wir versucht, Antworten zu finden oder Aspekte aufzuzeigen, was die Hütten in diesem Umfeld bedeuten und wofür sie stehen. Wir haben aber auch die Hütten ins Rampenlicht gestellt, um den nun über 150 Jahre alten SAC zu zeigen. Und dass es sich lohnt, eine solche Hütte mal zu besuchen. Das wollte ich mit meiner Tour beweisen. Man kann in der heutigen Schweiz erneut Pioniergeist auf moderne Art zeigen. Expeditionen sind möglich, und sie sind salonfähig. Unsere Berge sind phantastisch, und ich staunte jedes Mal aufs Neue, wie sehr die Natur am Ziel die Strapazen des Aufstiegs lohnte. Es war jedes Mal eine Expedition, auch im Kopf.

Henry Maurer, TimeLineFilm, Kameramann und Produzent Team Gerry Hofstetter (www.timeline.ch).

«Diese Tour hat meinen Blick auf eine verkannte Schweizer Tradition verändert»

Man würde von einem Haslitaler erwarten, dass er behände wie eine Gemse die Berge hinaufkraxelt. Als Gerry mir von der Idee erzählte, stand ich ihm noch ziemlich untrainiert gegenüber. Ich schwankte zwischen Begeisterung und Respekt, Letzteres weil ich wusste, was eine Hüttentour punkto Material bedeutet: Jeweils 30 Kilogramm und mehr den Berg hoch- und wieder hinunterzuschleppen, ist kein Pappenstiel. Selbst wenn wir Sherpas zugesprochen bekämen, würden die uns nicht alles abnehmen können. Zudem musste ich als Kameramann Fixpunkte abseits der Route wählen, um eine gute Perspektive zu erhalten. Sagen wir es so: Ab der dritten Hütte war ich eingelaufen und fortan auf Diagonalen spezialisiert, die mir den erforderlichen Vorsprung und die geeignete Perspektive ermöglichten.

Diese einmalige Tour hat auch meinen Blick auf eine verkannte Schweizer Tradition verändert. Die Hüttenwarte sind unisono Kämpfer, die sich liebevoll und mit Freude um das Wohl der Gäste kümmern. Bei exotischen Expeditionen wie jenen in die Arktis, in China oder in der Sandwüste verständigten wir uns oft mit Händen und Füssen, um den Leuten Gerrys exotische Ideen zu erklären. Entsprechend haben wir das Schweizerdeutsch auf den SAC-Hütten genossen. In einem Punkt habe ich die überwältigenden Landschaften und die geologische Vielfalt der Schweizer Bergwelt unterschätzt: Ich brauchte viel länger, um die grandiosen Eindrücke zu verarbeiten. Als Kameramann wandelt man in diesen majestätischen Kulissen durch eine Häufung von Totalen. Wieder im Büro brauchte ich doppelt so lange, um im Tagesgeschäft anzukommen. Eine solche Tour schweisst zusammen. Da mag es erregtere Momente leiden, etwa, wenn ich ein Bild nicht machen kann, weil keiner anhält. Diese Leidenschaft gehört dazu. Sie macht die Zusammenarbeit mit Gerry und den anderen vom Team so einzigartig.

Henry Maurer

19

266

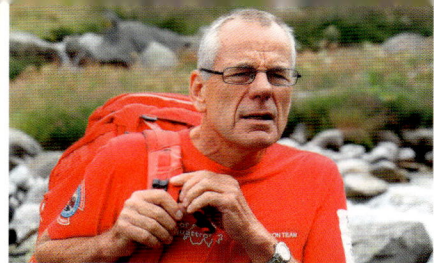

(19) Dammahütte, 2439 m,   28.–29. August 2013
Göschenen, Tel. 041 885 17 81
Sektion Pilatus, Kanton Luzern
Hütte stand 1914 in der Landesausstellung in Bern.

Gewählte Route – Göscheneralp und Weg links vom Stausee.

Zeit – Normal 2 Std. 45 Min., wir 4 Std. Sherpas 8.

Wetter – Kühl, wolkenverhangen, 10 Minuten vor Ankunft bei Hütte leichter Nieselregen. Aufklarung in der Nacht. Sensationelles Morgenrot mit Fernsicht.
20.50 Uhr Beginn Nacht.
06.44 Uhr Beginn Tag.

Beleuchtung – Am Abend mit Nebelschwaden, die sich verdichteten. Am Morgen perfekte Bedingungen mit spannenden Restwolken über den Bergspitzen.

Bemerkung – Zeitraffer nicht geeignet, da Toilette in einem Nebengebäude ist. Störende Lichter von Stirnlampen im Film nachts.

Den Te
die Wa

Glattalphüt

1.–2. September 2013

20

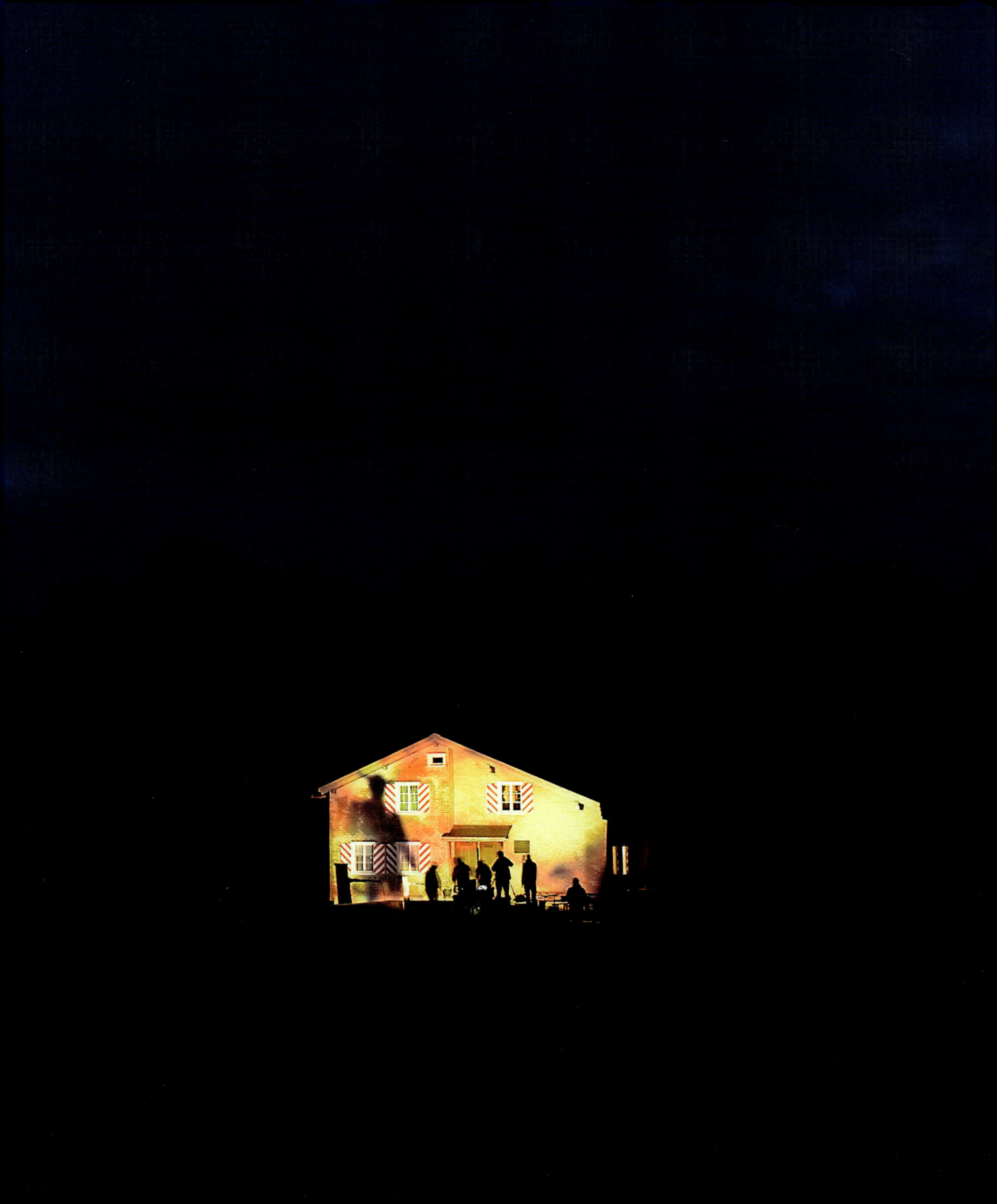

Die Landschaft rund um die Glattalphütte habe der Teufel kreiert, erzählt man sich zuhinterst im schaurig-schönen Muotatal. So soll es gewesen sein: «*Der Satan schritt eines Tages entlang den Feldern und sah einen Landmann, der kraftvoll seine Tiere meisterte und saubere gezogene Furchen pflügte. Was er sah, gefiel ihm so gut, dass er selber einmal ein Feld beackern wollte. Der Teufel fragte den Bauern, ob er diesen Acker kaufen könne. Der Bauer erschrak. Als ehrenhafter Landmann wollte er von einem Handel mit dem Satan nichts wissen und machte sich eilig davon. Der Satan versuchte sein Glück noch an anderen Orten, wurde aber überall abgewiesen. Verärgert ob der vielen Absagen kam er schliesslich ins Muotatal, wo brave Leute die Kapuziner mit frommen Sprüchen und Weihwasserwedeln auf ihn hetzten. Da wurde der Teufel fuchsteufelswild und versengte mit seinem glühenden Atem alle Kirschblüten im Tal. Die entsetzten Bauern, die um das künftige Kirschwasser bangten, eilten zur alten Äbtissin des Frauenklosters. Die kluge Frau trat dem tobenden Wüstling entgegen. Er wünsche Land zu kaufen, damit er auch einmal pflügen könne, gab der Teufel an. Die Äbtissin bot ihm die Silberen-Hochfläche an, eine Gegend wie für den Bösen geschaffen, rau, armselig, ein Tanzboden für die Stürme. Froh ob des geglückten Handels stampfte der Teufel mit hartem Huf auf ein Grabkreuz. Da fuhr ein Riesenpflug aus dem Boden, bespannt mit zwei mächtigen Feuergäulen. Der Teufel donnerte mit seinem Gespann funkenschlagend der Silberen entgegen und rasselte mit der Pflugschar über den mageren Weideboden. Ohne sich einmal umzuschauen, pflügte er hastig Furche um Furche. Klaftertief frass sein Ackergerät sich in die Eingeweide der Erde, kreischend zerriss es den Felsengrund, wühlte Gestein an die Oberfläche und schuf ein schauerliches Wirrwarr. Erst beim Einnachten erlahmte sein Eifer, und er sah, was für ein unseliges Werk er vollbracht hatte. Der Teufel fühlte sich schwer gedemütigt, gab den Feuergäulen die Peitsche und rasselte mit Donnergepolter der Unterwelt zu.*

Bei dieser Flucht entstand ein Felstor, das heute Hölloch genannt wird. Als Ackerland des Teufels liegen die Karrenfelder der Silberen noch immer unheimlich bleich im Glanz der Mondnacht.» (Remo Kundert / Werner Hochrein: «Bergfloh 1». Glarnerland und Zentralschweiz, Rotpunktverlag, Zürich 2008)

Und so war es: Die Ankunft bei der Talstation der Bahn in Sahli unten zeigte uns, wie sehr wir dorthingehörten – die rote Seilbahn passte perfekt zum Look unserer roten Expeditions-Quattros. Einen Designliebhaber wie mich stimmte das bereits zuversichtlich. Das wildromantische Wandergebiet, das sich von der Mulde an bei der Bergstation öffnet, zieht unzählige Besucher an, Bergambitionierte genauso wie Familien oder Gemütsmenschen. Die Glattalphütte verzeichnet daher unter den SAC-Hütten am meisten Besucher pro Jahr, liegt sie doch nur gerade zehn Gehminuten von der Bergstation der Seilbahn entfernt. Sie wird auch von Schweiz Tourismus gerne als Vorzeigebeispiel für eine typische SAC-Wanderhütte zitiert – ideal für jemanden, der seine Bergpremiere noch vor sich hat. Umgeben von unberührt schöner Fauna und Flora lernt man hier leichten Fusses ein unverfälschtes Stück Schweiz kennen. Die Hüttenwartin Franziska Gwerder hat die Hütte von ihrem Vater übernommen und managt sie mit ihrem Team. Die Hütte steht auf einer kleinen Anhöhe. Allein ein Sonnenaufgang in den Bergen illustriert den magisch anmutenden Kosmos: Die Wassertropfen hängen noch an den Blättern, eine Restfeuchtigkeit bleibt, es ist still, kalt, plötzlich sticht die Sonne hervor. Sie hat noch lange nicht die pralle Kraft, aber gibt einem instinktiv das Gefühl, dass es gut wird.

Das Muotatal an sich bot mit seinem Hölloch und den dramatischen Wetterverhältnissen beste Sujets, mit denen wir die Hütte ins Licht rückten. Mit dabei waren Gäste eines Audi-Kundenevents, angeboten von amag Zürich. Die Audi-Gäste liefen wie bei den Weissmieshütten wieder zu Fuss hoch (es waren andere Kunden als bei der Weissmies), wir entschieden uns aus Zeitgründen dieses Mal für die Seilbahn. Das Wetter spielte jedoch nicht mit. Regen war angesagt. Im Eiltempo schleppten wir unser Material von der Bergstation zur Hütte. Der Weg dauerte auch nur zehn Minuten, dafür liefen wir mehrmals. Am Wegrand entdeckten wir einen schwarzen Molch. Er sah aus wie ein Artverwandter des Symbols von Audi für den Quattro-Antrieb, des Gekko. Laut meinen Berechnungen konnten wir während der «Blue hour» bis 22 Uhr beleuchten, danach würde es regnen. Und wie es danach aus dem Himmel goss! Zuerst kamen Winde auf, die üblichen Vorboten des Regens, Nebelschwaden drückten von unten herauf. Frank, der Fotograf, machte es sich neben mir mit seinen Kameras unter einem grossen Schirm «gemütlich», Mike, der zweite Fotograf, ging wieder in die Dunkelheit hinaus und fing dieses Ambiente, inklusive Zuschauer, von weiter hinten ein. Ein Bild dieser Serie wurde denn auch eines meiner Lieblingsbilder: Die Gäste erscheinen als Schattentheater auf der Hütte. Kombiniert mit einem Space-Bild scheint es, als spiele sich die Szenerie auf einem anderen Planeten ab. Eine typische SAC-Stimmung ergibt sich: Man fühlt sich in diesen Hütten manchmal wie in einer anderen Welt. Wir projizierten die letzten Bilder, als der Regen aus dem Vollen schöpfte. Um 23 Uhr gab ich das Kommando: «Hinein, sofort, los!», es schüttete aus Kübeln. In diesem Moment angelte ich mir das zweite Missgeschick der Tour ein. Ich rutschte im Dunkeln auf einem Kuhfladen aus. Sollte Glück bringen, hat mir mal ein Bauer gesagt, und die sind ja schlau. Um nicht mit dem Kopf auf dem Felsen aufzuprallen, klammerte ich mich instinktiv mit einer Hand an die Rillen des Projektors. Leider klemmte der linke Ringfinger sich zwischen zwei Rillen ein, während ich zu Boden ging. Ich hörte einen Knacks und sah für einen Moment nur noch Sterne. Gebrochen! Schienen kam nicht infrage für die nächste Zeit, ein Gips schon gar nicht. So hielt ich so oft wie möglich die nächsten Wochen die Finger gestreckt oder band sie mit Klebeband zusammen. Hat übrigens funktioniert. Wieder drinnen, las ich auf dem Kachelofen den anwesenden Gästen und Sherpas erneut eine Geschichte vom Antihelden Emil Zopfi vor. Während des Vorlesens dachte ich an das Wetter. Gemäss meiner Erfahrung regnet es im September wenig. September und Oktober sind in der Schweiz statistisch gesehen sehr trockene Monate und darum auch geeignet für Höhlenforschungen. Warum? Weil nicht plötzlich orografische Gewitter auftreten und die Rückwege in der Höhle, die oft eine Art Siphon sind, mit Wasser des Regens füllen. Der Morgen würde bestimmt mystisch schön werden, da hätten mir auch die Wetterschmöcker nicht widersprochen.

Weil der Teufel nicht sauber pflügte, entstanden nicht nur die Furchen, sondern auch Luft- und Karstlöcher, das Höllochsystem. 280 Kilometer davon sind bereits erforscht. Das Hölloch zählt damit zu den grössten natürlichen zusammenhängenden Höhlensystemen der Welt. Die Amerikaner brüsten sich mit einem System von 350 Kilometern. Allerdings haben sie mit Sprengungen nachgeholfen und zwei kleinere Systeme vereint, um das Hölloch an Grösse zu übertreffen. Schaurig schön war auch das Bild einer verschwommenen Teufelsfigur, die ich an die Hütte projizierte. War ja klar, dass ich um die Figur die Farben des Feuers machte. Das daraus entstandene Foto dieser Beleuchtung zeigt für mich eine sehr symbolhafte Situation. Man sieht links auf dem Gebäude die besagte Figur und im rechten Teil der Beleuchtung sieht man uns, auch in Schwarz und in lockerer Haltung. Wir sind unbekümmert am Arbeiten und nehmen gar nicht wahr, wer sich links auf der Hütte präsentiert. Wir haben keine Angst und wissen, dass ER schon längst nicht mehr da im Muotathal ist. Uns kann nichts geschehen. Oder war er trotzdem am Vortag hier gewesen, in der Form des schwarzen Molchs? Wir hatten den Teufel an die Wand gemalt; und nichts geschah. Oder war es schon geschehen – in Form eines gebrochenen Fingers? So oder so – die magische Stimmung mit dem Wetter blieb auf jeden Fall. Die Dämmerung begann, hinten rechts im Bild war noch der Mond, in der Ferne hörte man Kuhglocken, und die Wolken rissen auf. Ein neuer Tag begann, alles fügte sich passend zusammen, und ich freute mich sehr auf das Frühstück mit meinem Team in der warmen SAC-Hütte. Denn: Die Glattalp liegt in einer Mulde oberhalb von Bisisthal im Kanton Schwyz. Auf der Höhe von 1850 Meter über Meer. Immer wieder werden hier Tiefsttemperaturen gemessen. Im Jahr 1991 gab es hier den schweizerischen Minusrekord: minus 52,2 Grad. Weil die Glattalp aber nicht bewohnt ist, anerkannte MeteoSchweiz diesen Rekord nicht. Deshalb gilt weiterhin der Ort La Brévine im Neuenburger Jura als kältester Ort der Schweiz.

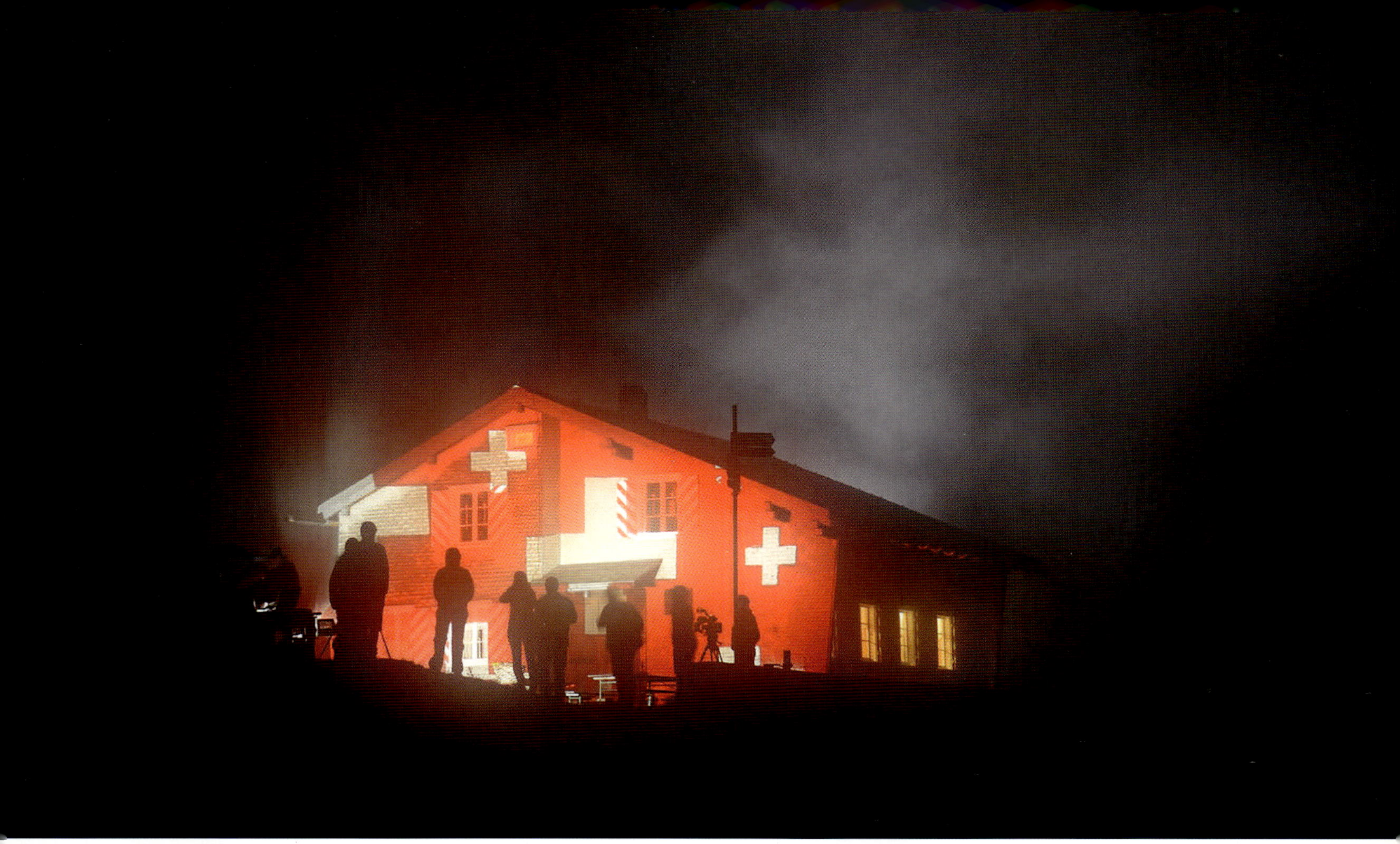

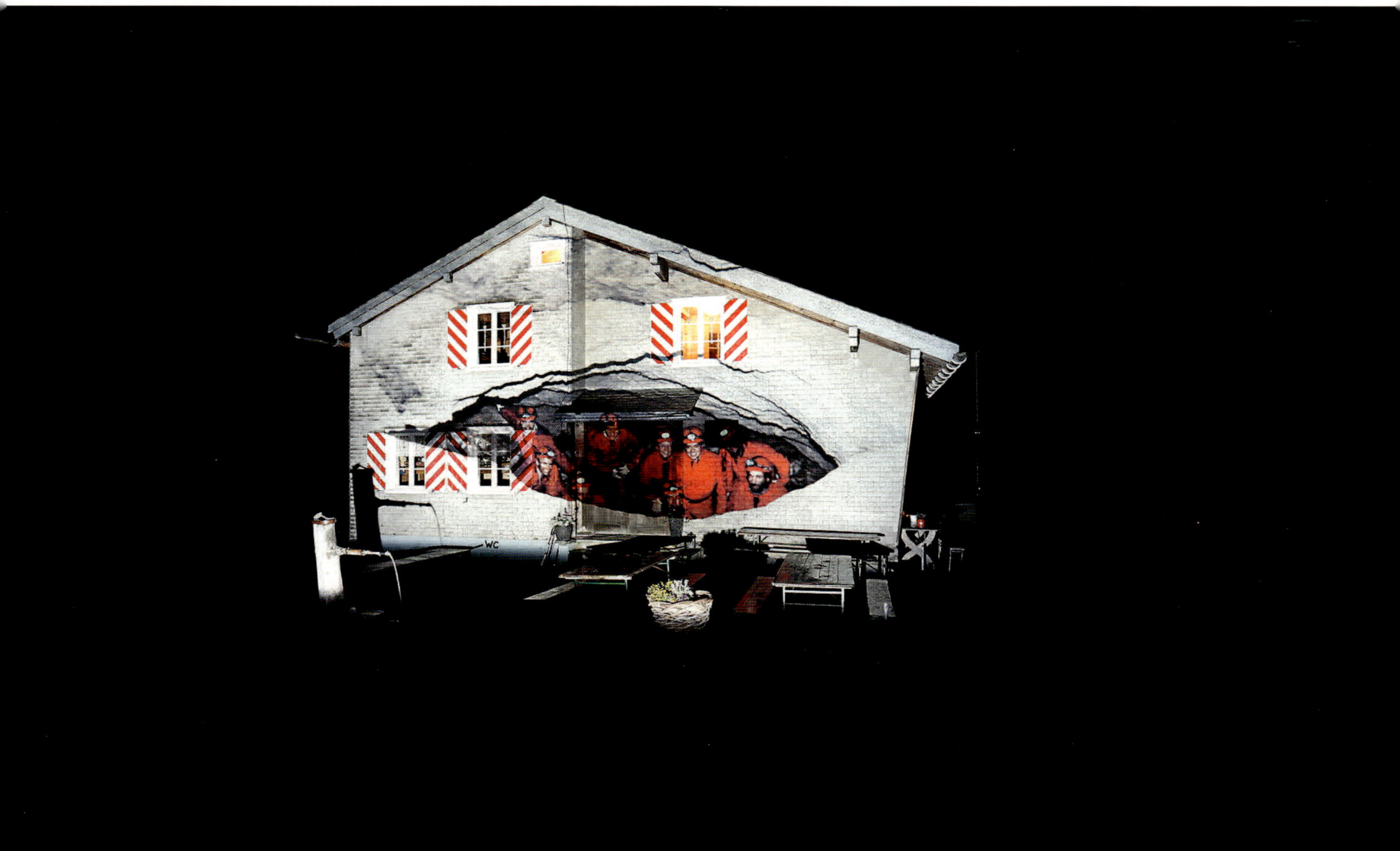

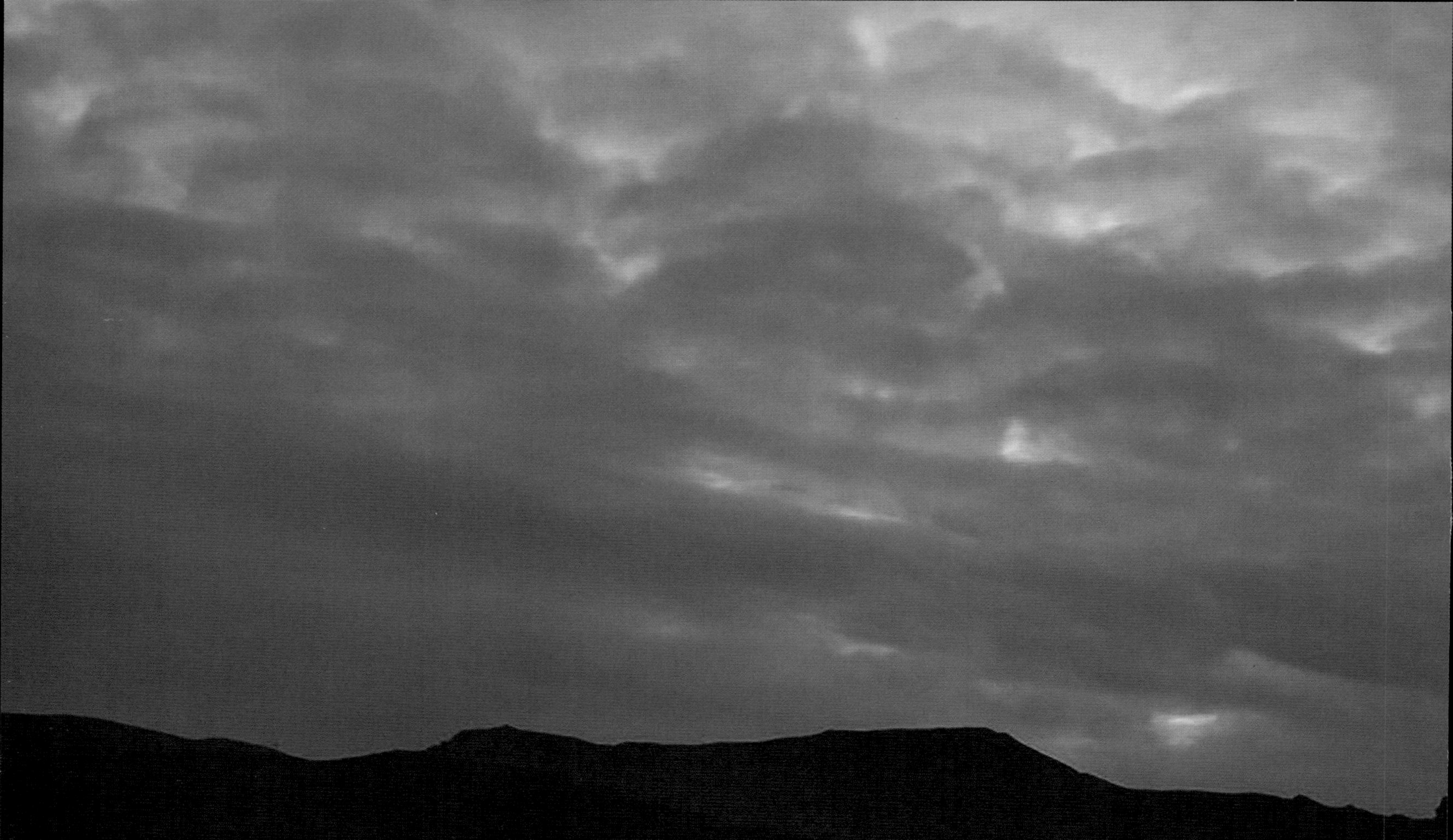

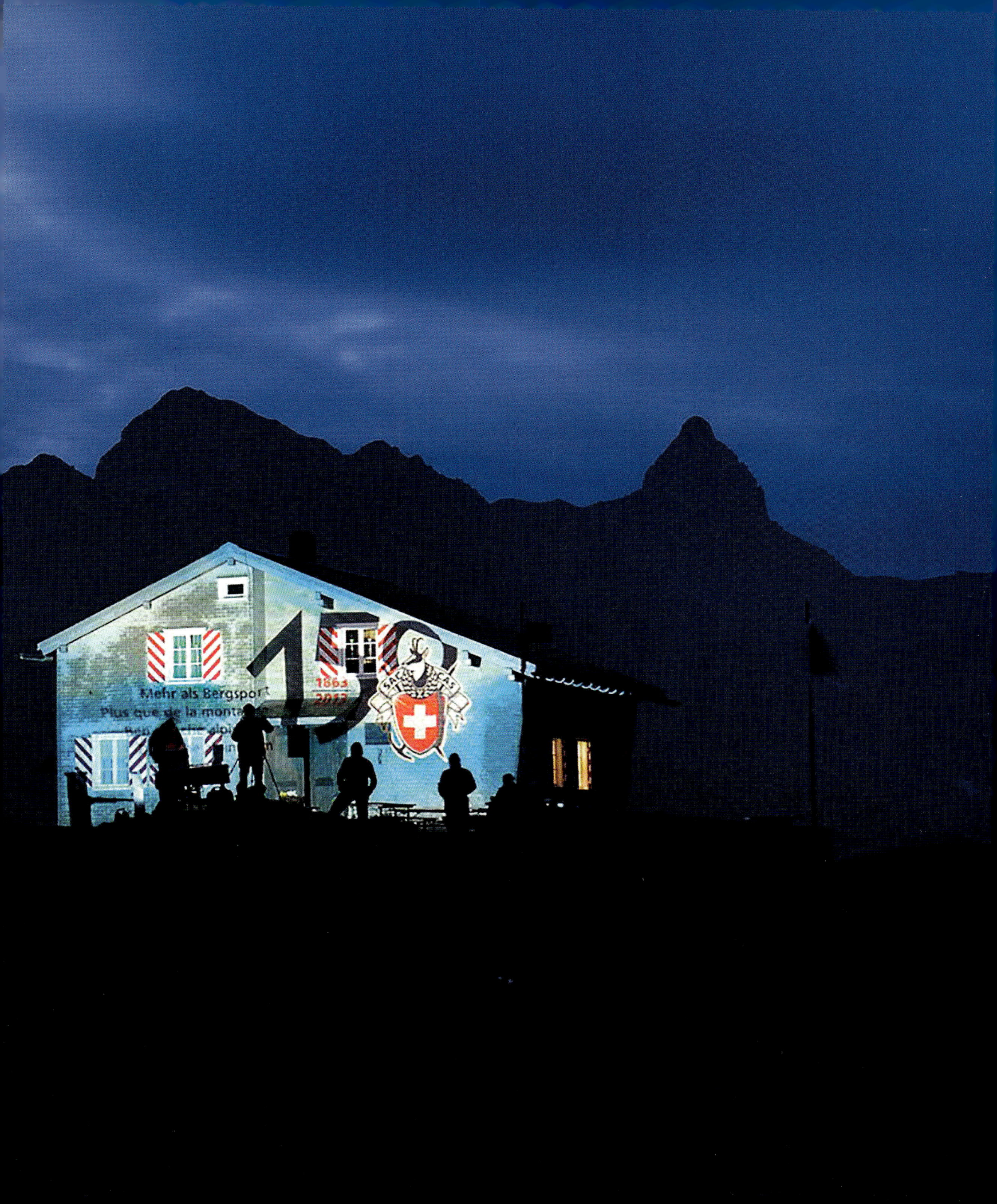
Mehr als Bergsport
1863
2013
SAC
CAS

20 Der Partner – die Partnerschaft

Im Wort Partner erkenne ich, dass das Wort «Part» enthalten ist. Das deutet darauf hin, dass ein Partner seine wohlwollende Unterstützung oder Zuwendung einer Sache zuteilt und damit auch einen Teil der Arbeit oder Leistung übernimmt und Teil der Sache oder des Projekts wird. Die Unterstützung kann in unterschiedlichsten Formen erfolgen. Partner kann man im Zusammenleben werden, im Geschäft, im Sport, in der Freundschaft. Ein Partner kann ein Mensch oder ein juristisches Gebilde sein wie eine Unternehmung, eine Stiftung, ein Verein. Dabei ist aber hier nicht zu vergessen, dass hinter diesen juristischen Gebilden ein Mensch oder mehrere Menschen stehen, die im Namen dieser Organisation entscheiden, wenn die Organisation irgendwo als Partner dabei ist. Beide Parteien (Partner) wissen, welches Ziel sie gemeinsam erreichen wollen. Die Leistungen und Gegenleistungen werden definiert in Wort oder Schrift. Sie können aber auch ganz einfach ohne Worte still im Raum stehen, weil alles klar ist. Beim Bergsteigen beispielsweise kann es so sein, in einer Seilschaft, beim Tanzen, als Schauspieler, beim Heiraten usw. Auf einen Partner sollte Verlass sein, und zwar gilt das gegenseitig. Beide gehen am gleichen «Seil». Und dann geht das «Arbeiten» los. Auf gut Deutsch nennen wir es «schaffen». Beide wollen gemeinsam das Ziel schaffen und erschaffen somit einen Prozess des gemeinsamen Tuns. Darum das Wort Partnerschaft, darin ich das Wort «Schaffen» sehe. Partnerschaften können nur funktionieren, wenn sie von Beginn an auf gegenseitigem Respekt und auf einer Grundsympathie für die Sache und für die involvierten Personen basieren. Wenn man am Schluss das Ziel gemeinsam erreicht hat, durch alle Höhen und Tiefen, so hat man es geschafft, und die Partnerschaft hat sich bewährt. Die Tour «Hütten im Alpenglühn» hätte ich nie realisieren können ohne die Partnerschaft mit dem SAC, der das Patronat übernommen hat, ohne die Partnerschaft von Bayer und von Audi als Kulturpartner. Nie hätte man im Tal unten von den Beleuchtungen gesehen und gelesen ohne die Partnerschaft mit den Medien. Nie wäre unser Material in die Hütten gekommen ohne die Partnerschaft mit den Sektionen mit ihren Sherpas und ihren Hüttenwarten und Hüttenwartinnen. Ich danke aufrichtig für alle diese Partnerschaften, die mit dem Glauben an den Erfolg der Tour verbunden waren und dadurch die Realisation ermöglichten.

Stephan Knaus, Geschäftsführer, Audi Center amag Zürich (3. von unten links).

«Von Gerrys verrückten Ideen lernen»

Gerry Hofstetters Tour kam genau zum richtigen Zeitpunkt – auch für uns. Der Mix aus Technik, Natur und Tradition passt hervorragend auf Eigenschaften, die Audi verkörpert. Zudem fand ich die Ausgangslage äusserst ambitiös: 26 Hütten in sechs bis sieben Monaten, eine solche Kadenz soll erst einmal jemand hinlegen. Für mich und meine Kunden bot die Tour Gelegenheit einer Tuchfühlung mit der Schweizer Ursubstanz. Die Plätze, die ich für den Kundenanlass buchte, füllten sich indes nur zögerlich. Wohl waren alle begeistert von der Idee, aber im Massenschlag zu schlafen, ohne Dusche auch, das ist in der heutigen Zeit nicht mehr jedermanns Sache. Dafür werden jene zehn Kunden, die mit uns den schönen Abend in der Glattalphütte verbrachten, diesen noch lange in Erinnerung behalten. Die Kombination Audi und SAC birgt mehr Gemeinsamkeiten, als auf den ersten Blick ersichtlich ist. Die Naturfreunde gehen mit der Zeit, sind modern. Audi wiederum nutzt die Natur als Inspirationsquelle. Viel Technik von Audi ist der Natur entlehnt, man geht und lernt von der Natur. Audi setzt das in «Vorsprung durch Technik» um. Ich habe von Gerry gelernt, an verrückte Ideen zu glauben und nie aufzugeben, wenn man eine Idee hat. Es braucht Leute wie ihn, die andere Wege gehen und die nicht nur darüber reden, sondern eine Sache durchziehen.

Stephan Knaus

20

278

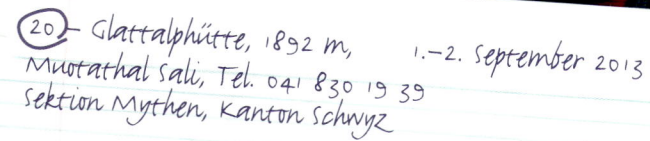

㉠ Glattalphütte, 1892 m,   1.–2. September 2013
Muotathal Sali, Tel. 041 830 19 39
Sektion Mythen, Kanton Schwyz

Kulturpartner Audi von der amag Autowelt Zürich
war mit Kunden dabei.
Gewählte Route – Von Sali mit Gondel auf Glattalp.
Fussmarsch 10 Min. Die Audi-Kunden gingen vom
Talboden aus hoch.
Sherpas 2.

Zeit – Mit Bahn und Marsch 35 Min., wir 45 Min.
Wetter – Bewölkt, leichter Nieselregen, Start in der
Nacht mit Regen während der Projektion. Am Morgen
bewölkt, mystisch schön, kein Regen.
20.42 Uhr Beginn Nacht.
06.49 Uhr Beginn Tag.

Beleuchtung – Am Abend Abbruch während Beleuchtung
wegen Regen und Wind.
Am Morgen schaurig schön romantisch mit leichter
Bewölkung.

Bemerkung – Ideale SAC-Hütte für Leute, welche die
Berge und die SAC-Hütten kennenlernen wollen.

Martin's mad trail

Martinsmadhütte – Elm

4.–5. September 2013

«Mike und das Monster zum Zweiten», so betitelt sollte diese Tour uns in Erinnerung bleiben. «Seid ihr schwindelfrei?», fragte mich Barbara Rhyner, die Hüttenwartin, im Vorfeld. Den als T3 klassierten Hüttenweg sollten nur geübte Berggänger in Angriff nehmen. Anlaufschwierigkeiten hatten wir jedoch bereits bei der Zusage der Hütte. Geldsorgen plagten die Sektion Randen aus dem Kanton Schaffhausen nach einer umfassenden Renovation. Weitere Auslagen wie die Kosten für die Beherbergung von 15 Leuten lagen nicht drin. Ich machte mit dem Präsidenten aus, dass meine Unternehmung Hofstetter Marketing die Kosten für Verpflegung und Übernachtung für das gesamte Team und die Sherpas bezahlt. Ich wollte alle Kantone dabeihaben, und die Martinsmadhütte ist die einzige des Kantons Schaffhausens. Der SAC in Bern war beruhigt und glücklich, dass man sich einigen konnte und «Schaffhausen» dabei war. In fünf statt den vorgegebenen zweieinhalb Stunden erreichten wir die Hütte, die malerisch auf einem Schanzentisch liegt. Das würde ein phantastisches Abendrot geben. Ausnahmslos alle hatten wir bei diesem schroffen Aufstieg gelitten – und das in einer Gegend, die in ihrer archaischen Schönheit kaum zu überbieten ist. Seit Juli 2008 gehört der aussergewöhnliche visuelle Wert der Tektonikarena Sardona zum UNESCO-Welterbe. Das ist die Glarner Hauptüberschiebung bei den Tschingelhörnern, die im Prozess der Gebirgsbildung entstand. Altes Gestein schob sich über neues junges Gestein. Man sieht es auch sehr gut an den unterschiedlichen Farben der Felsen.

Hüttenchef Klemens Winzeler begleitete uns als einer der Sherpas. Er ermahnte uns, die Kräfte einzuteilen, weil der happige Teil noch kommen würde. Und dieser Teil kam. Ein Steilstück mit Ketten und Seilen drin, um sich raufzuhangeln. Diese eine Stunde Durchstieg gehörte definitiv zu den härtesten Abschnitten der Tour. Oben angekommen, gab es eine kurze Erfrischung, danach schnell einrichten, bestens essen und schon ging's los. Der Fotograf Mike Kessler, gewiefter Sportkletterer, der er war, begab sich auf den Aussenposten weit ab im Gelände. Frank war wie immer bei mir. Kaum hatten wir die ersten Sujets gezeigt, funkte Mike. «Gerry, ich komme wieder nach vorne zu euch!» «Mike, was ist los? Wir sind noch lange nicht fertig.» «Es knurrt hinter mir!» «Mike, wir sind nicht im Tessin.» Wir lachten schallend, wenn er auch mit einem Schrecken im Tessin davongekommen war. Ein Knax im Funk, kurze Stille ... und wir hörten ein tiefes Grollen und Knurren. Das war kein Jux, sondern bedrohende Realität in der Wildnis irgendwo da oben hinter, neben, vor Mike. Mike verliess subito seinen Posten und hastete, so gut es ging, durch die dunkle Nacht zu uns hinunter. Die Hüttenwartin Barbara Rhyner wusste uns später auch keine Antwort zu geben. Wölfe aus den Bündner Bergen? Schafe können es nicht gewesen sein, die grollen nicht so tief. Es muss ein grösseres Tier gewesen sein, eines mit scharfen Eckzähnen. Ein Hirsch? Doch so weit oben leben keine Hirsche. Wir rätseln noch heute darüber, wer uns vielleicht einen Bären aufgebunden hat. Es war auf jeden Fall nicht der Chihuahua, den ein Sherpa mitbrachte. Diesem zierlichen Hund hätte ich den Aufstieg niemals zugetraut. Doch er lief bis oben alleine und ohne Probleme. Er hatte ja auch vier Beine und kein Gepäck. Auf jeden Fall konnten wir am Abend und am Morgen bei besten Bedingun-

gen leuchten und umwerfende Aufnahmen in der Nacht mit der Milchstrasse schiessen. Die SAC-Sektion Randen war so glücklich und zufrieden mit der Aktion, dass sie sich kurzfristig entschloss, die Vereinbarung zu kippen und uns als ihre Gäste zu betrachten. Offensichtlich hatte sich die finanzielle Situation in der Zwischenzeit verbessert, was uns für die Sektion freute. Man muss bedenken, je weiter und härter der Aufstieg in eine Hütte ist, desto kleiner wird die Anzahl der potenziellen Besucher. Dies erhöht die finanziellen Risiken für den Betrieb und Unterhalt der Hütte. Man muss sich auch bewusst sein, dass alle Arbeiten und die Führung der Sektionen von Freiwilligen geleistet werden. Dies ist im ganzen SAC so. Hut ab, mit welcher Stetigkeit und Weitsicht, zum Teil mit kleinsten Mitteln, die Hüttenbetriebe aufrechterhalten werden.

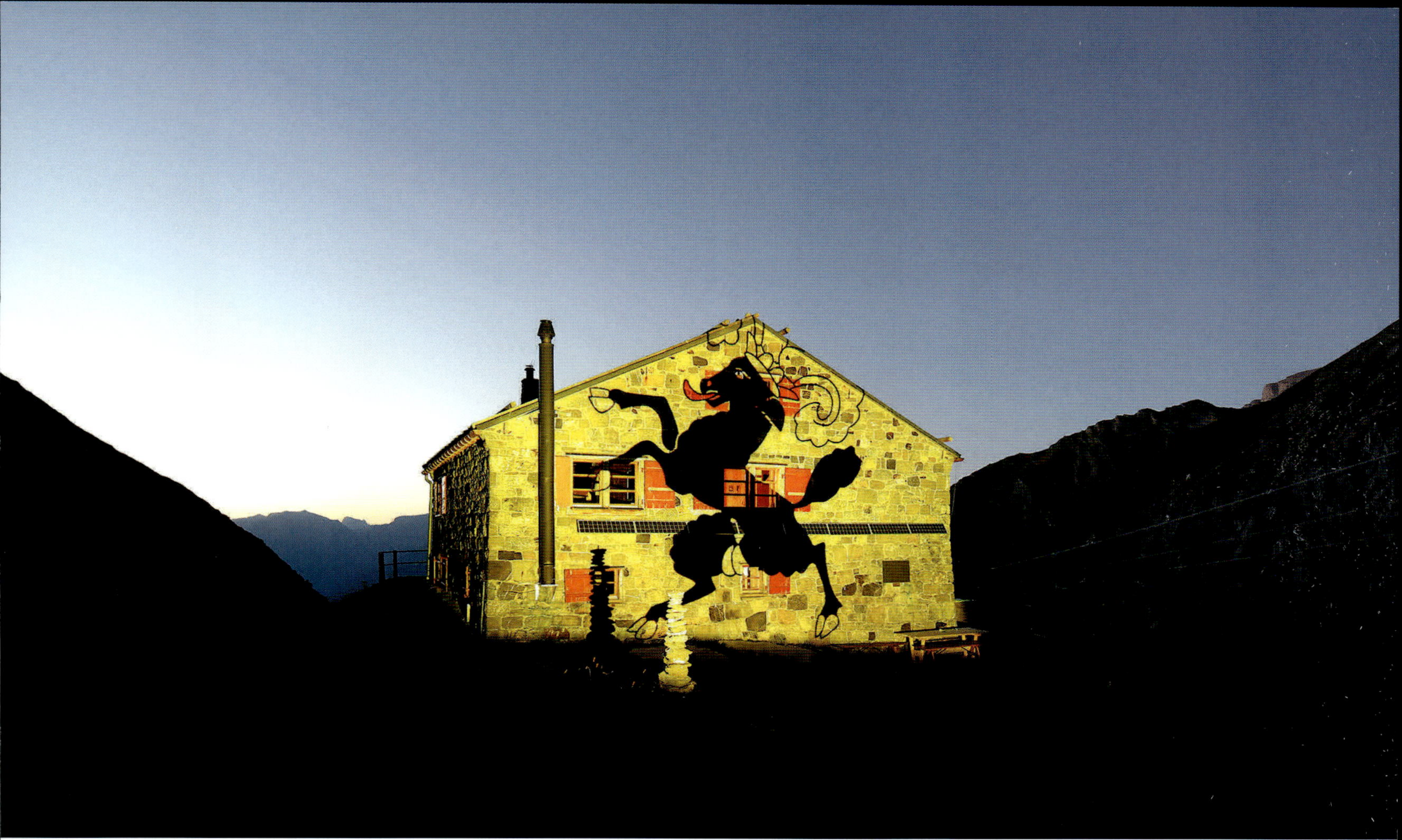

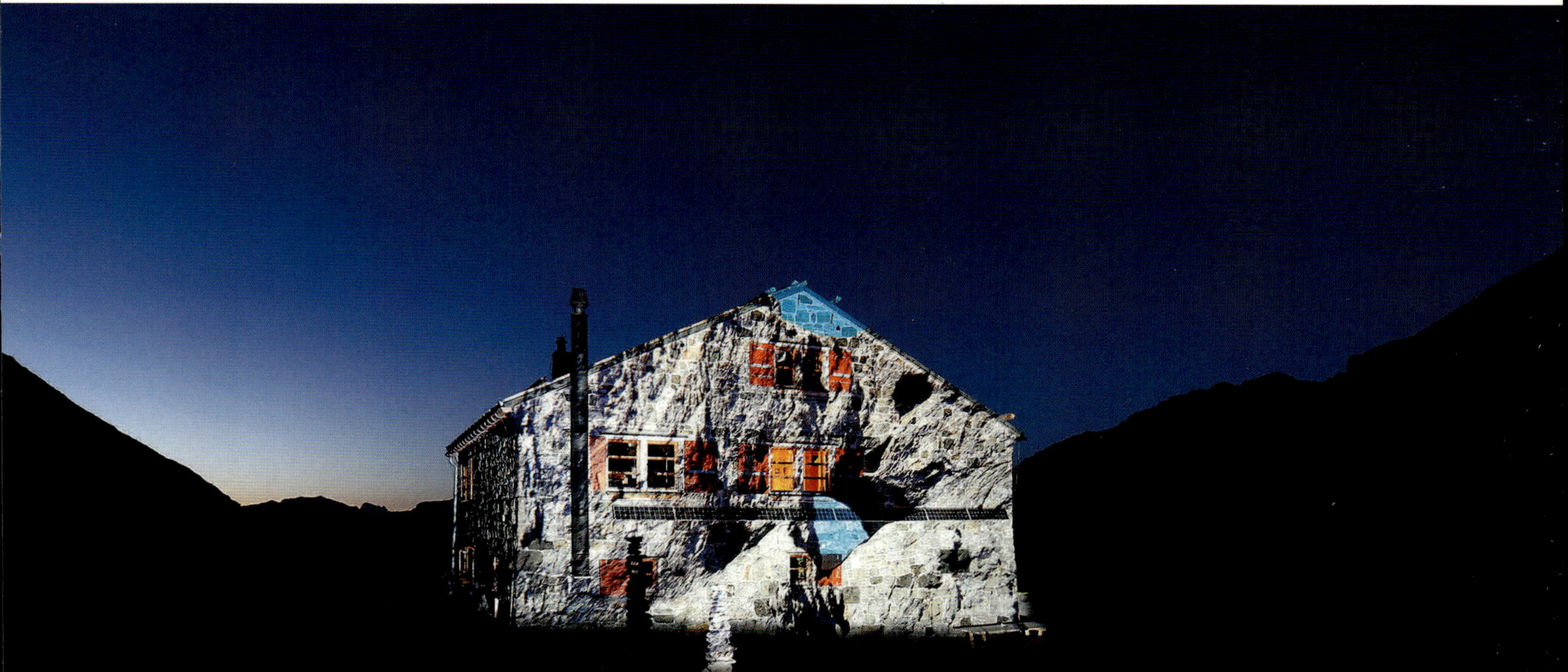

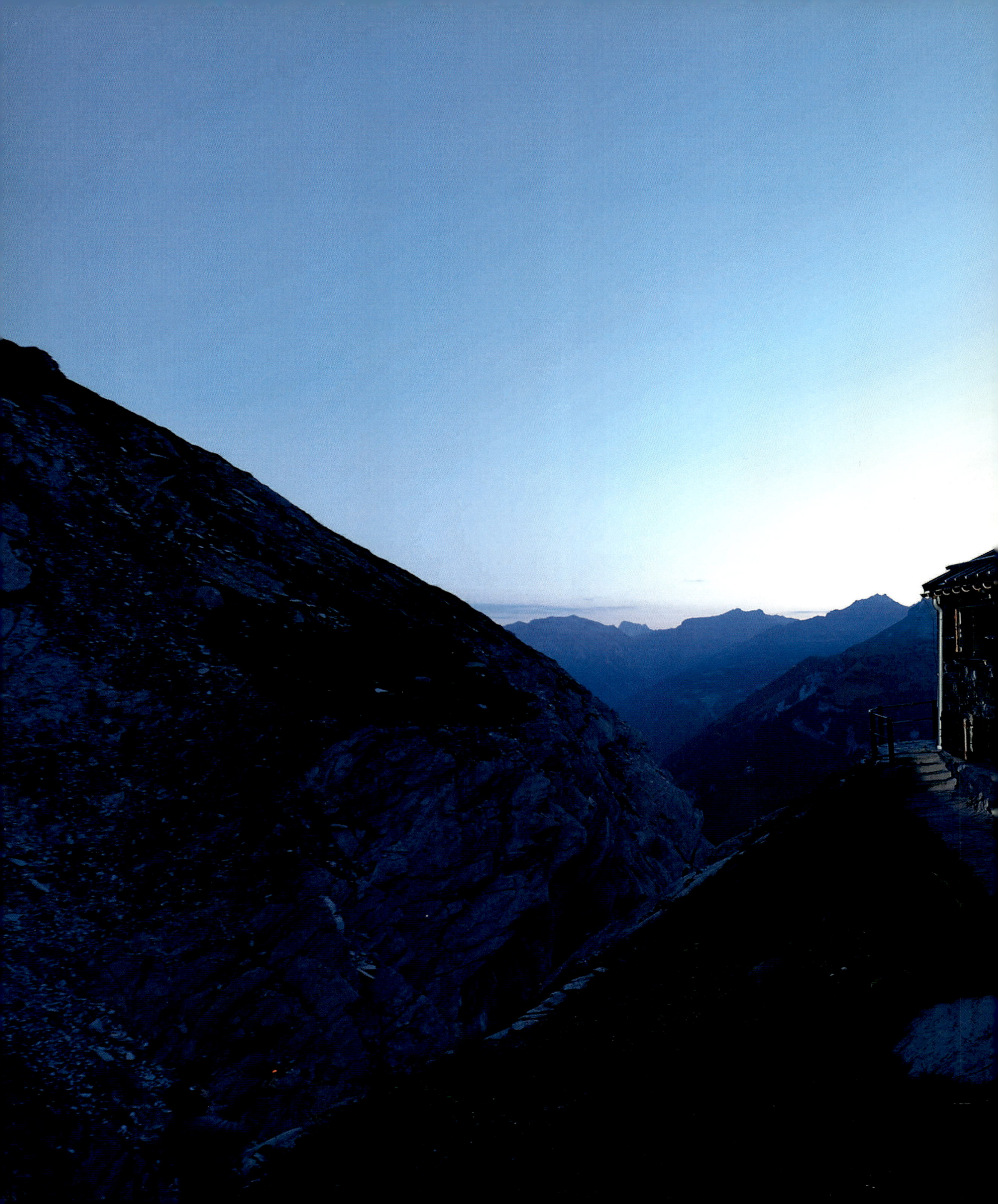

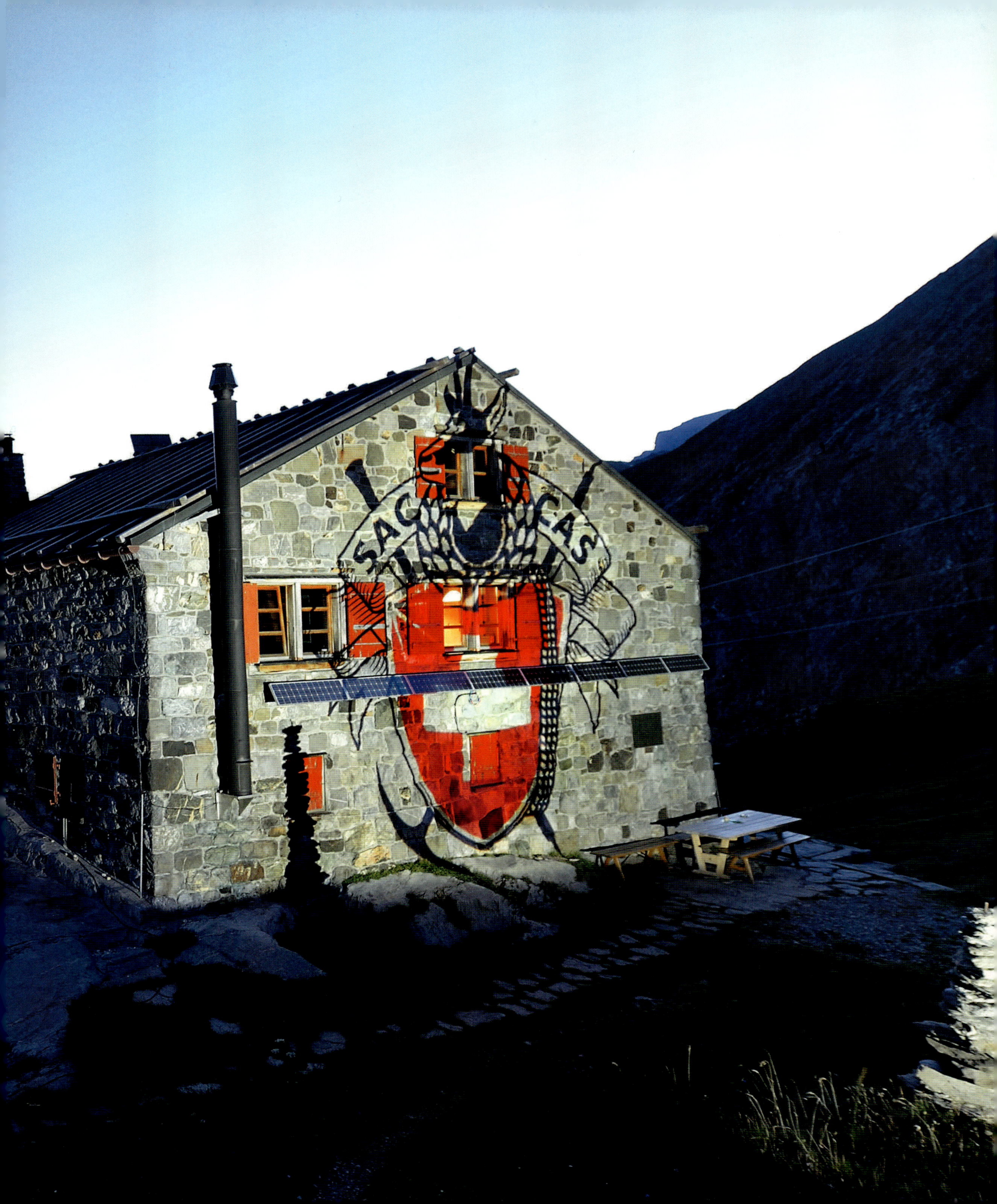
SAC
CAS

Schneetunnel mit Sackgasse

Schiesst eine Lawine über einen Felssporn ins Tal und kommt an einer steilen Felswand zum Stillstand, presst sich der Schnee dort besonders stark zusammen. Im Verlaufe des Sommers wärmt die Sonne den Felsen, der Sturzschnee jedoch bleibt hartnäckig liegen. Das Kondenswasser und das Regenwasser am Fels suchen sich in der Folge einen Weg zwischen Felswand und Schnee nach unten und wegen der Schwerkraft in der Neigung des Hanges nach aussen. Mit der Zeit gräbt sich das Rinnsal im Schnee einen Kanal den Felsboden entlang. Das «warme» Wasser fliesst nach aussen und nimmt dabei auch ein Stück Schnee von unten mit. So entsteht eine kleine Schneehöhle, die immer grösser wird und einen Tunneleingang am Ende des Schneefelds kreiert. Dabei bildet sich auch ein kleiner Bach im Innern des Schneekegels, und man ist auf dem Felsboden.

So ein Schneetor fanden wir vor auf dem Weg zur Martinsmadhütte. Die Dichte des Torbogens signalisierte mir, dass wir einen kurzen Erkundungsgang hinein riskieren durften. Das Tor sollte noch vier bis fünf Wochen halten, bevor es einbrach. Ich fragte alle, wer freiwillig dabei sein will beim Gang in den Sackgassentunnel. Alle machten mit. Wir taten es für Henry, der draussen bleiben und uns beim Ein- und Aussteigen für unseren Kinofilm aufnehmen musste. Im Nachhinein stellte ich mir die Frage: Musste das sein? Nein, hätte nicht sein müssen, weil man so etwas nicht tun sollte. Die Natur ist nicht berechenbar. Cool war es trotzdem.

Mike Kessler, Fotograf, Team Gerry Hofstetter (www.profifoto.ch).

«Eine Bereicherung, weil ich gerne an Grenzen gehe und die raue Natur liebe»

Ein Wolf hätte Angst vor mir gehabt. So realistisch bin ich. Nicht vor mir als Mike im Besonderen, sondern vor Menschen generell. Aber der Stempel «Mike und das Monster» wird mir wohl noch eine Weile bleiben. Und das kam so: In Gerrys Team fällt mir die Rolle des Libero zu. Ich suche für die Fotos der Beleuchtungen Orte auf, die weiter entfernt liegen, während die anderen in der Nähe des Projektors bleiben. Bei der Martinsmadhütte kraxelte ich eine halbe Stunde durch die stockfinstere Nacht den Hang hinauf, bis sich mir ein einmaliger Blick auf die Szene eröffnete. Kaum hatte ich an der Traumlage das Stativ aufgestellt, hörte ich hinter mir ein tiefes Knurren. Ich schaute mich um, konnte aber nichts entdecken und in dem Dunkel nicht einmal genau orten, aus welcher Richtung das schaurige Geräusch kam, ob ich weit weg oder nahe stand. Meine Meldung hinunter zur Hütte löste dort eine rege Diskussion aus, was mir nur bedingt bis gar nichts half. Kurz darauf funkte Gerry hoch: «Hey Mike! Zurück! Lauf zurück zu uns!» Was war ich froh darum! Ich lief, stolperte, hüpfte, rutschte, so gut es ging. Ich habe bis heute keine Ahnung, was sich dort oben versteckt hielt.

Dabei habe ich innerlich frohlockt, als ich das erste Mal von der Tour hörte. Die Kombination von Bergtouren und Fotografieren ist seit Jahren ein Spezialgebiet von mir. Bei allen 22 Touren, die ich begleitete, wurde mir einmal mehr bestätigt, wie majestätisch, wildromantisch und urig schön die Schweiz sein kann: das volle Winterprogramm mit Unmengen von Schnee und Regen auf der – dem Namen volle Ehre erweisend – Wildstrubelhütte, die liegen gebliebene Fototasche in Verbier, die wunderschönen Aufstiege zur Krönten- und zur Monte-Rosa-Hütte und immer wieder diese archaischen Landschaften, die sich dort oben in der Abgeschiedenheit öffnen. Manchmal war das Gehen für mich pure Erholung, weil man nirgends so gut abschalten kann wie in den ruhigen, wilden Bergen.

Natürlich gab es auch einige wenige schwierige Momente. Etwa, wenn die «blue hour» anbrach – wir also bereits leuchten, filmen und fotografieren sollten – und Gerry noch frischfröhlich in Schafspelz-/Skibrille-Montur die Hüttengäste erschreckte. Dabei brauchen gute Dinge manchmal mehr Zeit. Zum Glück hört er auch auf uns. Das macht den Teamspirit einmalig. Und wenn ich ehrlich bin: Gerry setzt immer noch ein Pünktchen drauf und begeistert damit die Leute. Ungeachtet dessen, wie verrückt seine Ideen sind – ich trage gerne zum Erfolg bei.

Mike Kessler

21

290

㉑ – Martinsmadhütte, 2002 m, 4.–5. September 2013
Elm, Tel. 055 642 12 12
Sektion Randen, Kanton Schaffhausen
Hütte steht im Gebiet des UNESCO-Welterbes
Tektonikarena Sardona.

Gewählte Route – Ab Elm mit Gondel nach Wisli.
Dann zu Fuss zur Hütte. Im oberen Teil ausgesetzt
und mit Ketten und Drahtseilen gesichert. Dies ist
auch der Grund, weshalb die Hütte bei uns intern
«Martinsmäd» heisst, also englisch ausgesprochen
wird, weil der Weg eben mad war, um mit diesen
Gewichten da hinaufzusteigen.
Sherpas 13.
Zeit – 1 Std. 30 Min., wir 3 Std.
Wetter – Perfektes wolkenloses Spätsommerwetter.
20.36 Uhr Beginn Nacht.
06.53 Uhr Beginn Tag.

Beleuchtung – Perfekte Bedingungen.

Bemerkung – Hütte ist ideal gelegen, um sehr schöne
Sonnenuntergänge und Sonnenaufgänge zu erleben.

Im Regen läuft Diverses nicht

Länta-Hütte – Vals

7.–8. September 2013

22

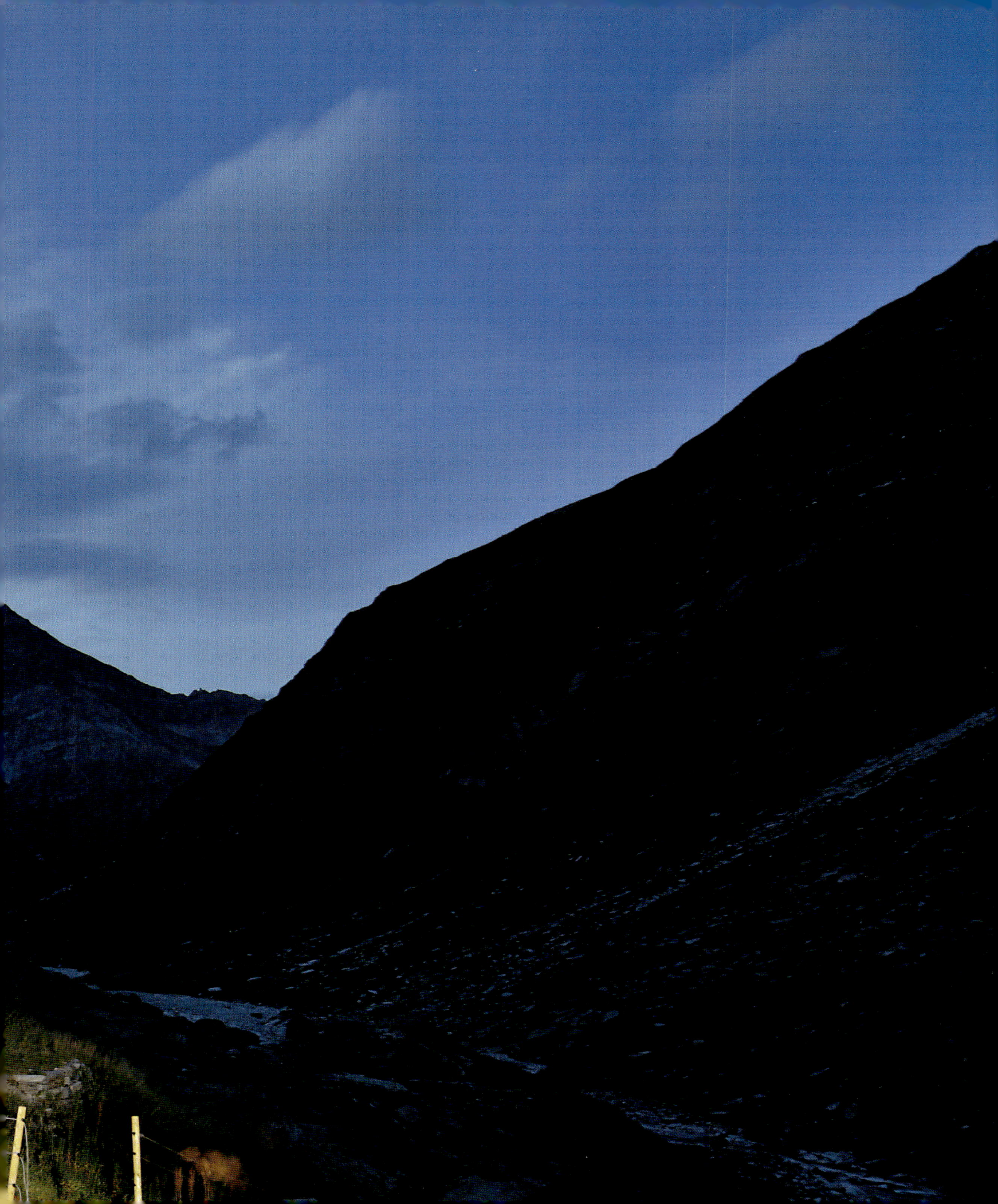

22

Die Tessiner und Valser rangen um das wildromantische Tal mit den berühmten Berggipfeln der Länta, von denen die Bündner in Anspielung auf das Matterhorn nicht ohne Stolz behaupten: «Das Original steht in Graubünden.» Zwischen Gletschertor und Zervreilasee sind rund um die Länta-Hütte viele Formen der Bergwelt zu sehen und zu erleben. Bizarres Felsengebirge, wilde Gletscher, der Valserrhein an seinem Ursprung, Bergseen und Wasserfälle, und als Kontrast die grünen Weiden der Lampertschalp. Doch wie ging es weiter mit dem einstigen Zwist: Der Teil links vom Fluss gehe an das Tessin, jener rechts davon an die Valser, kam als Einigung zustande. Ein Tessiner Advokat legte den Valsern diesbezüglich einen Vertrag vor, den diese ohne Kontrolle in bestem Treu und Glauben unterschrieben. Der findige Advokat hatte indes im Vertrag alles Land den Tessinern übertragen. Das brachte die Valser in Rage, zumal die Weiden sehr saftig sind. Kräftige Gräser gedeihen darauf, die wiederum den Käse aromatisieren, der sich wiederum besser verkauft. Der Betrug flog auf, und – sei es Schicksal oder höhere Macht – der trickreiche Anwalt rutschte auf einer Bergtour aus, fiel in eine Gletscherspalte und verschwand auf immer. Seither muss er als Feuerreiter in dem Tal reiten und die Kühe im Tal hüten.

Das Sujet des Feuerreiters passte denn auch bestens auf die Hütte, die generell schwierig zum Beleuchten war, flach und schmal, wie sie sich dort seit über hundert Jahren an einen Felsblock schmiegt. Mitunter deswegen bauten wir den Fels in die Illumination ein, inklusive Schattentheater und Kletterhilfe. Thomas Meier, der Hüttenwart, schickte uns zwei Esel als Hilfssherpas, da wir die Lichtkunst mit zwei Projektoren planten – einer beleuchtete den Felsen, der andere die Seitenwand der Hütte. Der Föhn würde laut Barometer und Kopfschmerzen einiger Anwesender zusammenfallen, und das bedeutete nichts anderes als zuerst Wind und dann starken Regen. Im Valsertal führt eine solche Wetterlage zum Venturi-Effekt. Giovanni Battista Venturi berechnete, dass die Geschwindigkeit des Fluids dort am grössten ist, wo der Querschnitt des Rohres am kleinsten ist. Das Läntatal war auch an jenem Tag so ein Luftbeschleuniger: Der Wind kanalisierte sich, beschleunigte an engen Stellen, und Weltuntergangsstimmung kam auf. Bei der Ankunft begann es zu tröpfeln. Die Abendbeleuchtung passte just noch in den Zeitplan. Henry und ich schliefen erneut im Raum neben der Küche. Um 2 Uhr in der Früh mussten wir die Fensterläden verriegeln, ähnlich wie wir das auch auf der Monte-Leone-Hütte getan hatten. Wir dachten, dass in jedem Moment der Wind die Fenster eindrücken würde. Die Morgenbeleuchtung fiel buchstäblich wegen Regen ins Wasser und die Stimmung des Hüttenwarts irgendwie auch. Er wich mir aus, begrüsste uns nicht einmal richtig zum Frühstück. Seltsam. Hatten wir ihn zu wenig gelobt? Habe ich Fehler gemacht, was Falsches gesagt? Seine Alpensushi – in einheimischer Abwandlung mit Sauerampfer, Rüebli und Fleisch aus der Gegend – war etwas vom Phantasievollsten und Feinsten, was ich je gegessen hatte. Ich wollte klare Verhältnisse, bevor wir aufbrachen, und sprach Thomas Meier an. «Thomas, holst du die Esel für den Abstieg bitte, wir wären bereit zum Packen.» Er rannte in einer wetterfesten Jacke umher und kam mit einem grossen Rucksack zurück. «Sollen wir die Esel hinter der Hütte laden, oder bringst du sie nach vorne?», insistierte ich. «Gerry ...». «Ja?» «Vergiss die beiden Esel.» Ich fragte: «Warum?» Thomas antwortete etwas leiser: «Wenn's regnet, laufen Esel nicht. Keinen Schritt. Tut mir leid, Gerry.» Mir schossen beinahe die Tränen ins Gesicht. 60 Kilogramm hätte der männliche Esel tragen sollen, 40 Kilogramm das Muttertier. Zudem hatten wir zu wenig Sherpas. Ich brauchte das Material in zwei Tagen für die Gelmerhütte. Wie sollten wir bloss die 150 Kilogramm auf die wenigen Leute verteilen zusätzlich zu dem, was ich eh zu tra-

gen habe? Und wieso sind diese Esel nicht wasserfest im Gegensatz zu uns Eseln? In solchen Momenten empfiehlt es sich, eine Minute ruhig durchzuatmen. Ein junger Alpinist vom SAC kam gelaufen. Er schien mir ausreichend fit, da er erzählte, er habe soeben die Rekrutenschule absolviert. Ich vereinbarte mit ihm, dass er den kleineren 18 Kilogramm schweren Projektor trug. Ich lud den grösseren Projektor (38 Kilogramm) auf und dazu noch 30 Kilogramm anderes Material. Das auf dem glitschigen Untergrund bei strömendem Regen. Auch die Gäste von Audi trugen mit. Thomas ebenso. Er war auf dem ganzen Weg hinunter ruhig. Vielleicht wusste er warum. Auf jeden Fall war er wasserfest, und das schätzte ich sehr an ihm. Wir waren eben alle keine Esel! Heute weiss ich, wie bei den Dohlen auf der Britanniahütte: Jedes Tier hat seine Eigenart (Menschen übrigens auch). Es regnet. Die Esel laufen nicht. So einfach geht das. Die Morgenbeleuchtung würde ich gerne einmal nachholen bei einer zentralen Hochdrucklage über ganz Europa.

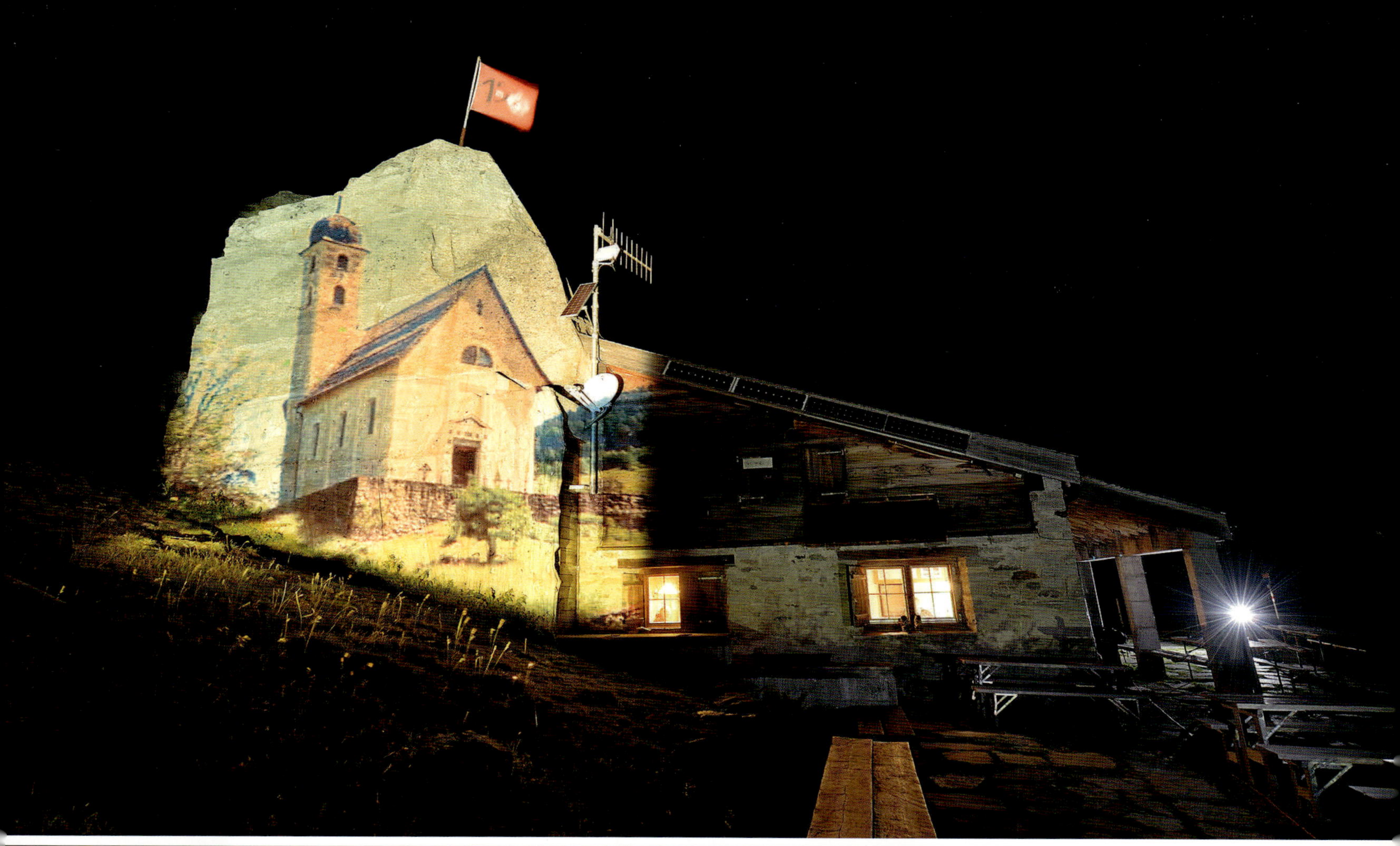

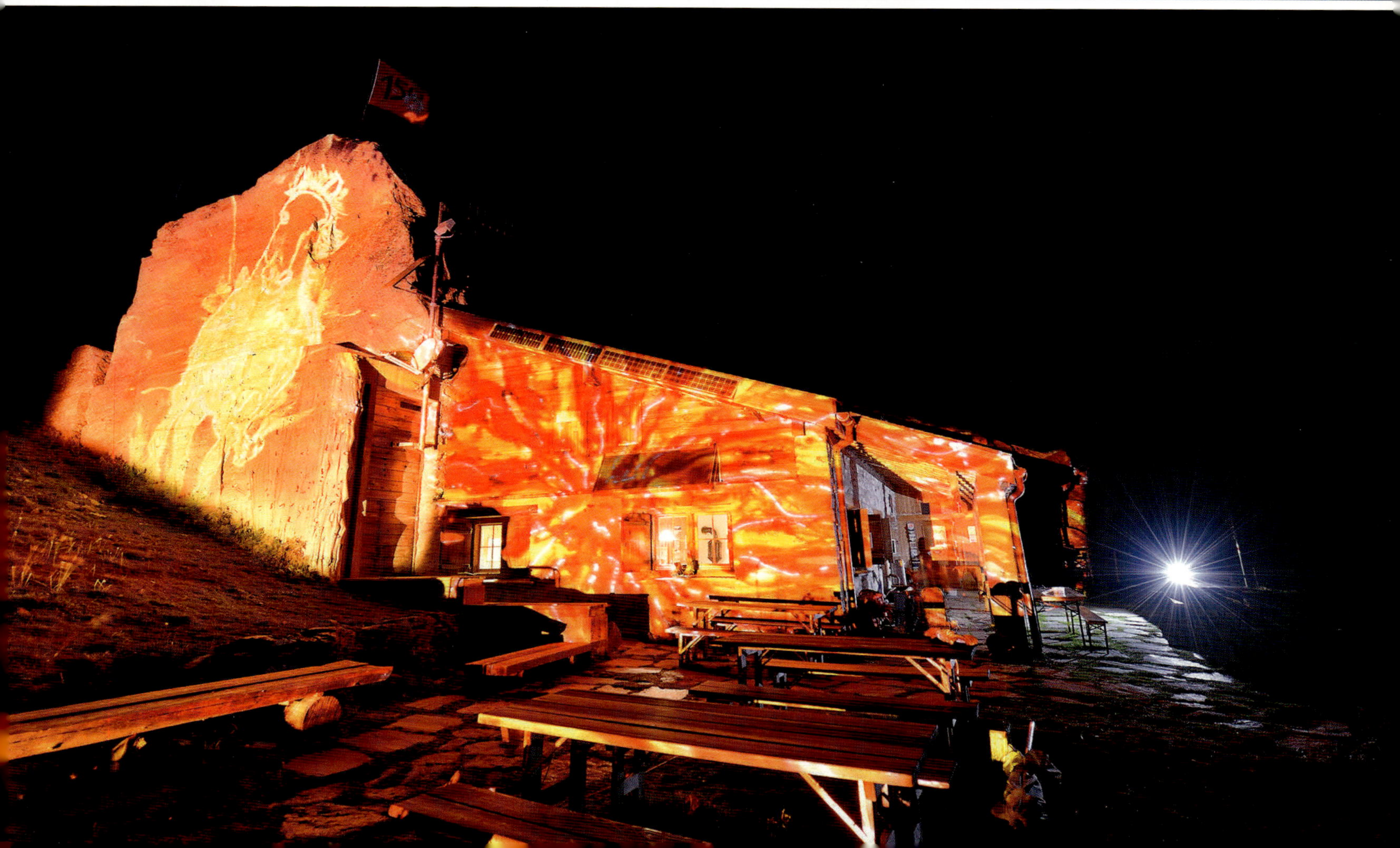

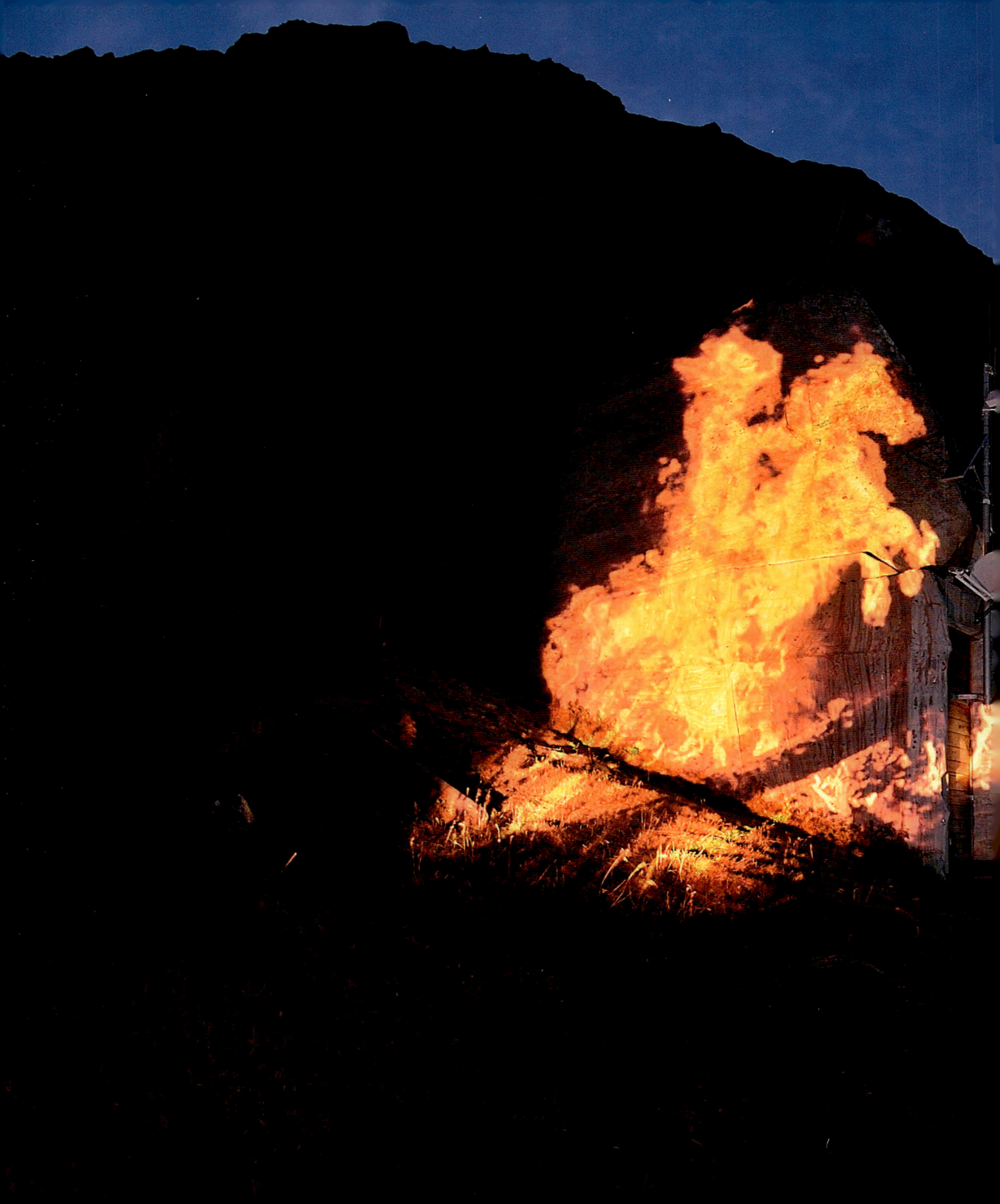

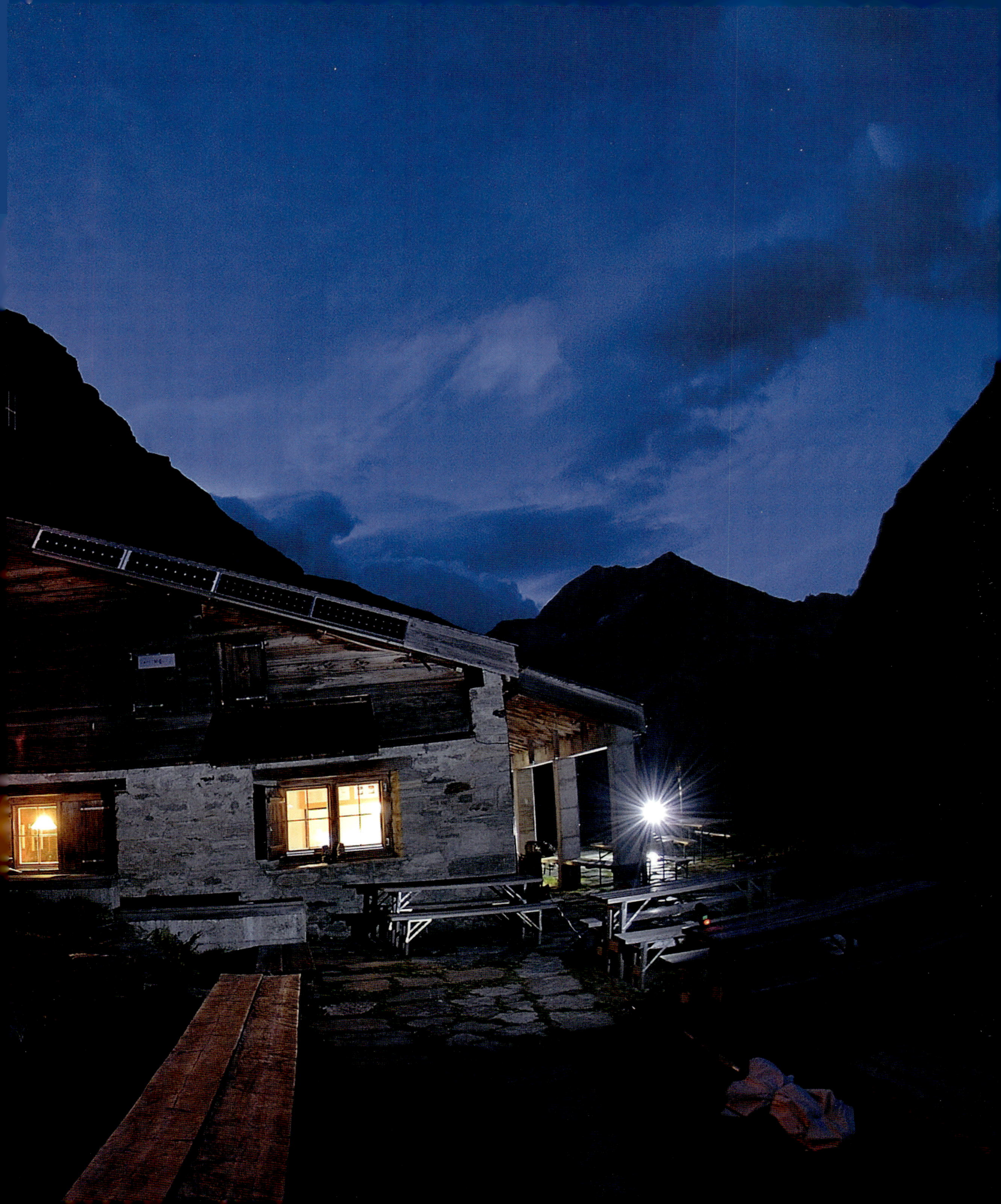

Trickreiches Coaching

Angst am Berg ist der schlechteste Ratgeber. Esel lassen sich womöglich schlecht therapieren. Wohl aber kann man Leute, die nicht schwindelfrei sind, mit einem Trick durch heikle Situationen führen, indem man ihren Fokus auf etwas anderes lenkt und sie dabei mehrschichtig mit sich beschäftigen lässt respektive etwas stärker dazu motiviert. Wir hatten einmal einen Journalisten dabei, der beim Anblick der Bergbahn bleich wurde. Wir konnten ihn nicht zurücklassen. Auch war ich in meinem Ehrgeiz gefordert: Bring ich den hier rauf, so dass es ihm passt und er selber stolz auf sich sein kann? Ich dachte kurz nach und empfahl ihm Folgendes vor der gefürchteten Seilbahnfahrt – ein Trick, den ich bei den Indianern in den Hochtälern der Anden in Südamerika kennenlernte: In die Gondel steigen und absitzen, Rücken gegen den Berg, Kopf somit talwärts, die Mütze über den Vorderteil des Gesichtes ziehen, damit es vor den Augen dunkel ist, den Kopf senken, die Knie zusammenpressen, die Füsse nebeneinander auf den Boden, Oberkörper leicht nach vorne neigen, die Fingerspitzen beider Hände aufeinanderlegen und leicht gegeneinanderdrücken und dabei laufend laut und deutlich von 30 abwärts bis auf eins zählen. Wenn bei null angelangt, sofort wieder von vorne beginnen. Niemals darf dabei der Kopf bewegt werden.

Der Journalist musste in der Gondel bergwärts mir gegenüber sitzen, damit ich ihn kontrollieren konnte, dass er dies alles auch ununterbrochen korrekt tat. Die Vierergondel schloss die Tür. Sherpa Fritz, ein guter Militärfreund von mir, und die Partnerin des Journalisten waren auch in der Gondel. Sie fuhr los. Manchmal musste ich den Journalisten auffordern, deutlicher und fliessender zu zählen und nicht mit dem Kopf zu wippen beim Zählen. Dabei genoss ich die Bahnfahrt an diesem herrlichen Spätsommertag und schaute aus dem Fenster. Fritz und ich schauten uns nie an während der Fahrt, obschon wir uns seit über 25 Jahren kannten. Der Journalist tat während der elf Minuten Gondelfahrt alles, was ich ihm aufgetragen hatte. Er kam unversehrt an, war erstaunt, schon oben zu sein und nichts mitbekommen zu haben. Er entspannte sich. Die steilen Passagen auf dem Wanderweg nahm er tapfer und sichtlich gelöster unter die Füsse. Seine Partnerin erkannte ihn gar nicht wieder. In der Hütte bedankte er sich mehrmals für meine Tricks von den Indianern aus den Anden Südamerikas. Meine Teammitglieder und Fritz vermieden, wo sie nur konnten, den direkten Blickkontakt zu mir. Warum? Ich konnte mir den Grund gut vorstellen.

Thomas Meier, Hüttenwart Länta-Hütte.

«Gerry hat mit seiner Illumination ein wichtiges Fenster zur Welt geöffnet»

Der SAC hat uns im Vorfeld vor Gerry «gewarnt», wenn ich das pointiert sagen darf. Ich habe in den 18 Jahren auf der Länta-Hütte schon viel mit Künstlern gearbeitet. Entsprechend stellte ich mir den Ablauf relativ chaotisch vor. Mir war bekannt, was Gerry tat, ich kannte ihn und seine Crew aber nicht persönlich. Mein Interesse für seine Arbeit wuchs, als ich im Internet sah, wie international der Lichtkünstler unterwegs war. Die Umsetzung solcher Projekte gelingt nur mit Drehbuch und präzisem Schaffen. Da musste somit mehr dahinterstecken.

Ich lernte in Gerry einen cleveren Unternehmer kennen, der seine kreativen Ideen gekonnt und mit Beharrlichkeit umsetzt. Das ist Kunst, zumal die Länta-Hütte weiss Gott keine einfache Projektionsfläche bietet. Sie ist auf zwei Seiten direkt an den Berg gebaut. Die Südfassade ist überdies keine Paradefläche für Projektionen. Und gleich daneben ragt auch noch eine Kletterwand aus Beton und Gneis in die Höhe.

Das Ergebnis ist eine Wucht. Wie Gerry zusammen mit seinem Team die zwei Projektoren genau richtig placierte – es hätte keinen besseren Standort geben können – und wie sie an Fassade und Felssporn bildgewaltige Geschichten erzählten, freut mich heute noch. Leider konnten wir aufgrund des schlechten Wetters nur am Abend leuchten.

Der Morgen danach bleibt mir ebenso eindringlich in Erinnerung. Wie erklärt man einer Truppe, dass zwei Esel viel Gepäck tragen, nicht aber, wenn es regnet? Mir fiel nicht einmal auf, wie wortkarg ich war, so sehr beschäftigte mich die Organisation einer passablen Alternative. Es galt, die rund 100 Kilogramm Last komplett neu zu verteilen, damit trotzdem alles in einem Abstieg wieder ins Tal fand. In den Bergen muss man mit solchen Planvariationen rechnen, entsprechend bereitwillig stimmten alle Sherpas zu, zusätzliches Gepäck zu schultern, zudem fanden wir zwei weitere Träger.

Auf die Länta-Hütte hat mich der Zufall geführt. Ich wollte als Luzerner mit beruflichen Wurzeln in der Grafik und im Verlagswesen wissen, ob ein Städter in den Bündner Bergen überhaupt eine Chance hat. 18 Jahre sind es seither, ein modernes Nomadenleben zwischen Dorf und Berg. Die Rückkehr in die Stadt scheint in weite Ferne gerückt. Mit Aufgaben im Tourismus und in der Kultur halte ich aber weiterhin Kontakte in den urbanen Raum. Und es sind Menschen wie Gerry, die mit ihren Verrücktheiten wichtige Fenster hinaus in die Welt öffnen.

Thomas Meier

22

302

㉒ – Länta-Hütte, 2090 m, 7.–8. September 2013
Vals, Tel. 081 935 17 13
Sektion Bodan, Kanton Thurgau
Mit dabei Kunden von Audi Zug.

Gewählte Route – Mit Fahrzeugen von Vals nach Zervreila zum Ochsenstafel. Ab da zu Fuss und mit zwei Lasteseln weiter zur Hütte. Lasteseln, weil ich zwei Projektoren benötigte für Hüttenbeleuchtung.
Zeit – Normal 2 Std., wir 2 Std. 15 Min. Die Esel haben das Tempo gesetzt.
Sherpas 9 plus zwei Esel.

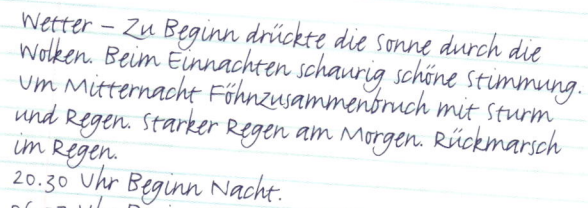

Wetter – Zu Beginn drückte die Sonne durch die Wolken. Beim Einnachten schaurig schöne Stimmung. Um Mitternacht Föhnzusammenbruch mit Sturm und Regen. Starker Regen am Morgen. Rückmarsch im Regen.
20.30 Uhr Beginn Nacht.
06.57 Uhr Beginn Tag.

Beleuchtung – Am Abend spektakulär und stressvoll mit zwei Projektoren.
Morgen keine Beleuchtung wegen starkem Regen.

Bemerkung – Zwei Dinge: Alpensushi vom Hüttenwart als Vorspeise sehr empfehlenswert. Eigenarten von Arbeitstieren (=Esel) sollte man vorgängig bei der Analyse des Wetters miteinbeziehen.

Abstieg drei Stunden, Schmerzen drei Wochen

Gelmerhütte – Grimsel

9.–10. September 2013

23

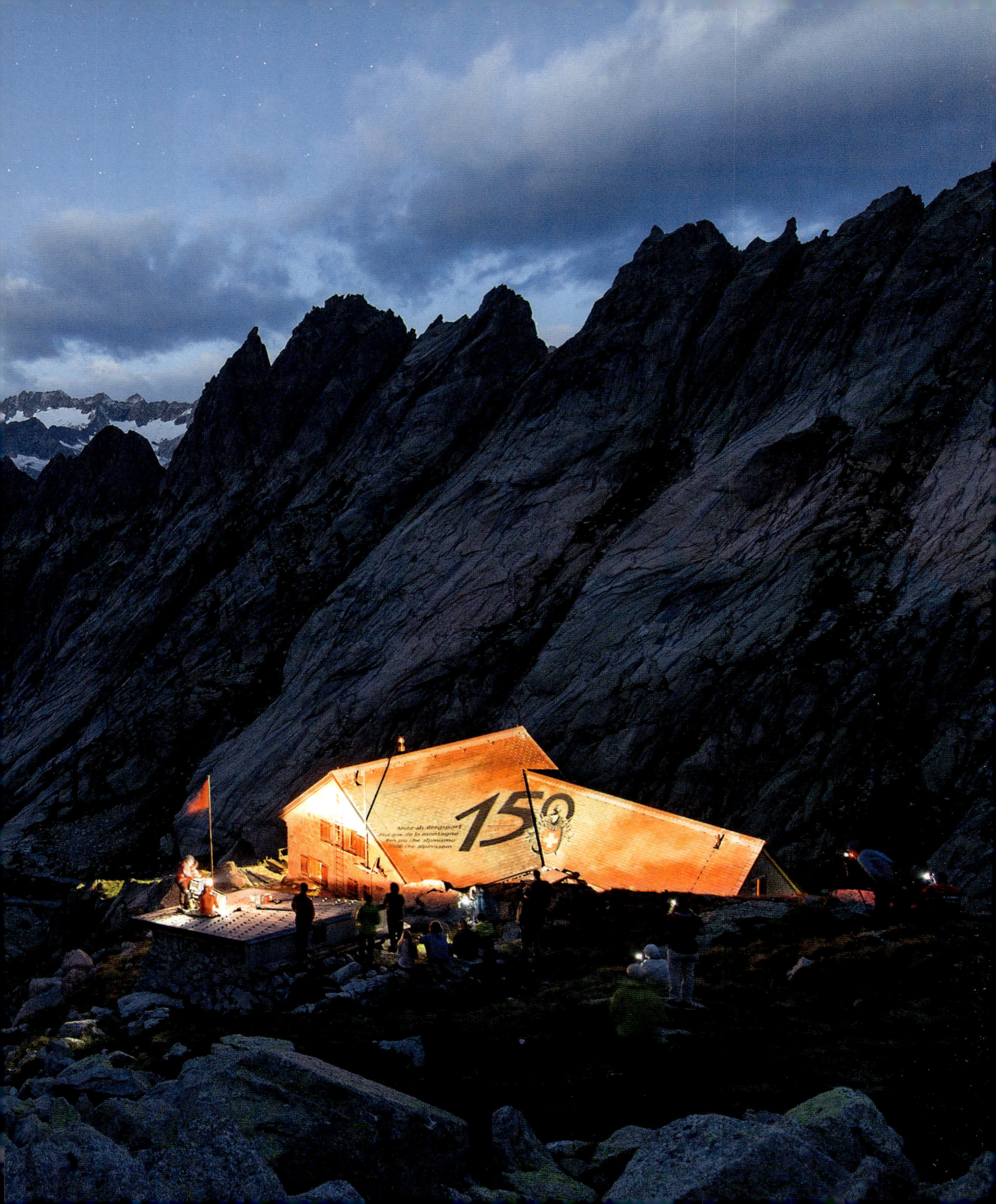
150
Plus que de la montagne
Ben più che alpinismo

23

Die Gelmerhütte wurde zur Muskel- und Knieprobe für das gesamte Team. Die letzten anderthalb Stunden ging es nur noch über Steintritte aufwärts. Und der Abstieg sollte uns lange in den Knien in Erinnerung bleiben. Neulich traf ich einen der Freiwilligen, dessen Knie erst zwei Monate nach dem Abstieg nicht mehr schmerzten. Die Beleuchtung fand anderthalb Wochen später statt als geplant, da Schneefälle angesagt waren. Der Sektionspräsident Heinz Frei und ich telefonierten mehrmals und wogen ab, sollen wir, sollen wir nicht. Ich wollte einen Fotoausschnitt mit dem See im Hintergrund während einer trockenen Nacht. Am festgelegten Datum sollte es laut meinen Prognosen frühestens wieder am anderen Mittag regnen, sobald wir unten bei den Autos angekommen waren. Alles traf wie gewünscht ein. Die Fahrt mit der haarsträubenden roten Gelmerbahn stimmte uns auf den Tripp ein. Der idyllische Weg entlang des Sees weicht zuhinterst einem steilen stufenartigen Aufstieg. Wir absolvierten anderthalb Stunden lang pures Oberschenkelmuskeltraining. Einzelne aus der Gastgruppe von Audi, welche die Tour begleiteten, waren erstmals in solchem Gelände unterwegs. Mit dabei war Ursula Schüppach von der SAC-Geschäftsstelle Bern. Als Bereichsleiterin Umwelt wollte sie einmal einen direkten Einblick in unsere Arbeit haben. Oben angekommen, mischten sich Nebelschwaden mit Sonnenschein. Es würde alles gut werden. Alles?

Den einen Projektor placierten wir, das heisst der Projektleiter von Bayer, Michael Häberli, und ich, auf das Dach der Hütte nebenan. Dort sollte er nach meinem effizienten Plan auch über Nacht bleiben, damit wir am Morgen direkt loslegen konnten. Nach angenehmer, kurzer Nachtruhe setzte ich morgens um 5 Uhr das erste Bein auf das Dach und warf zugleich einen Blick in die Runde. Flutsch! Das Bein rutschte weg und ich um ein Haar mit ihm. Die Eternitplatten waren vom Raureif gefroren. Wären wir auf das Dach gestiegen, hätte man uns irgendwo weiter unten in den Felsen zusammensuchen müssen. Der Projektor war bis an den unteren Rand des Schrägdachs gerutscht. Eine klassische Falle und ein Fall, weil ich nicht alle Faktoren der Idee «Projektor auf Dach belassen» berücksichtigt habe. Peter Schläppi-Kehrli, der Hüttenwart, half uns mit zwei Bergseilen aus. Michael Häberli und ich sicherten uns, bevor wir die Beleuchtung inszenierten. Nach dem Frühstück drängte ich zum Aufbruch – wir wollten trocken unten ankommen. Die Stufen fuhren einem in die Beine, speziell mit diesem Gewicht auf dem Rücken. Es wurde der schlimmste Abstieg meiner SAC-Karriere. Kaum sassen wir in unseren roten Quattros, begann es heftig zu regnen.

23

308

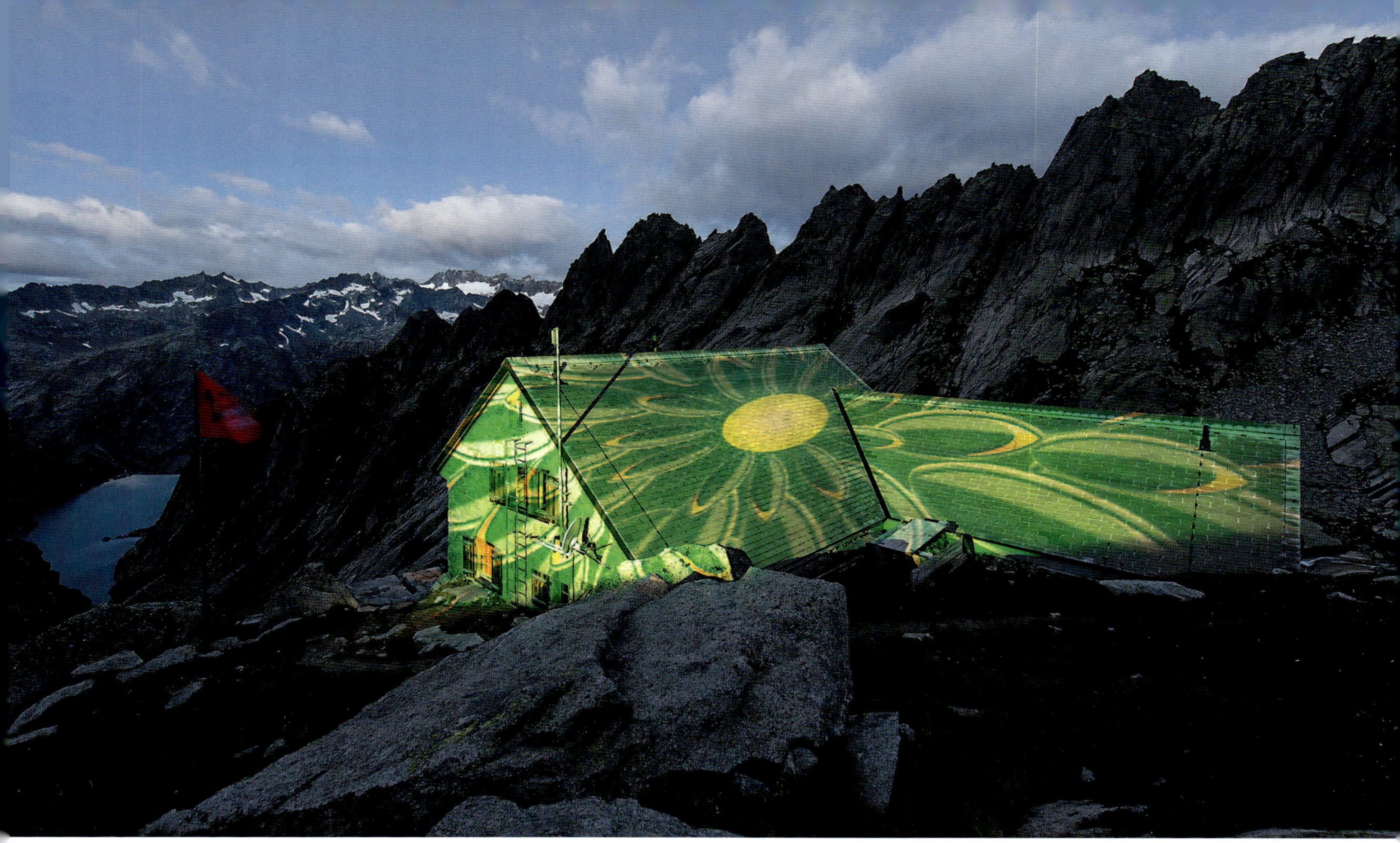

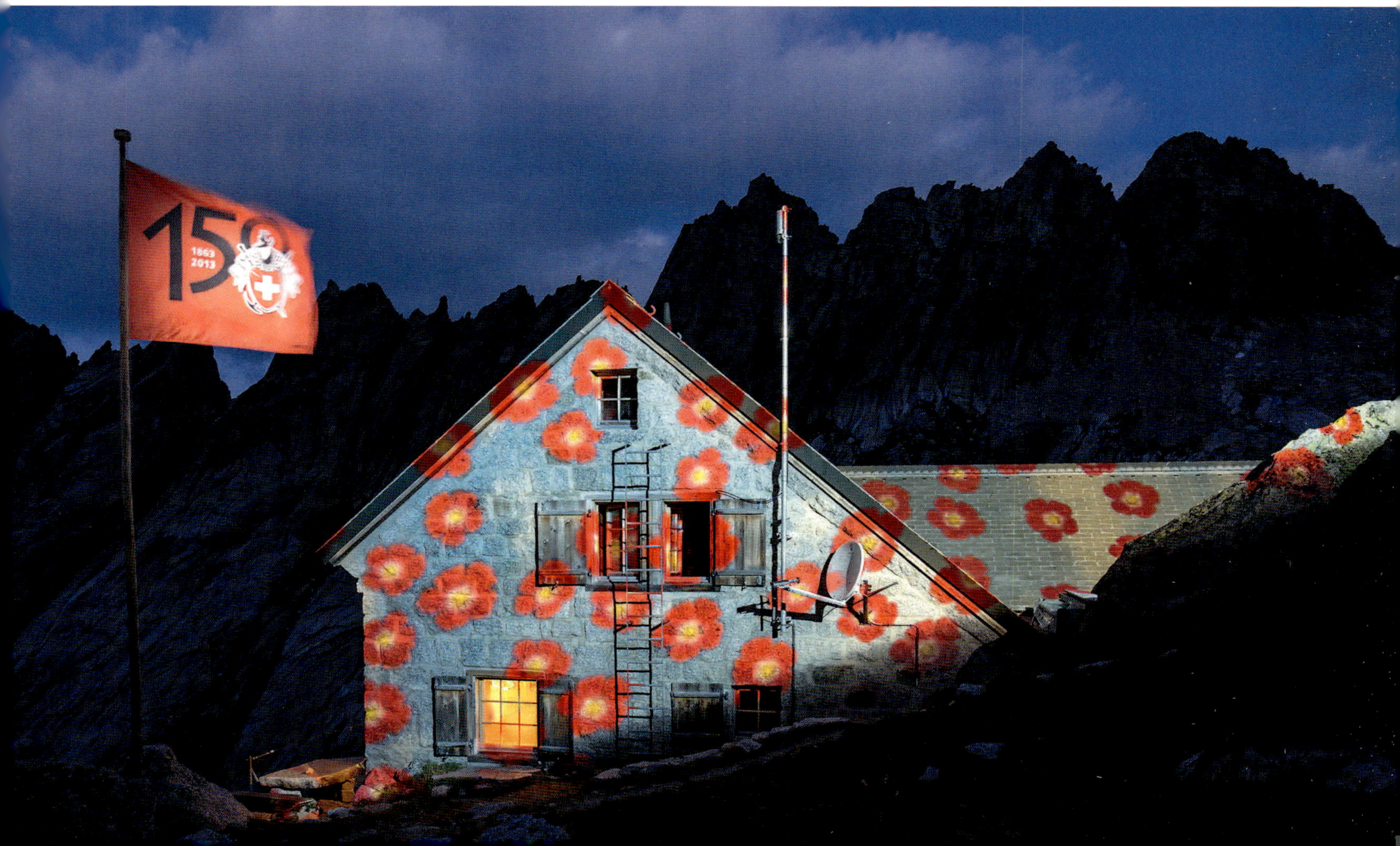
150
2013

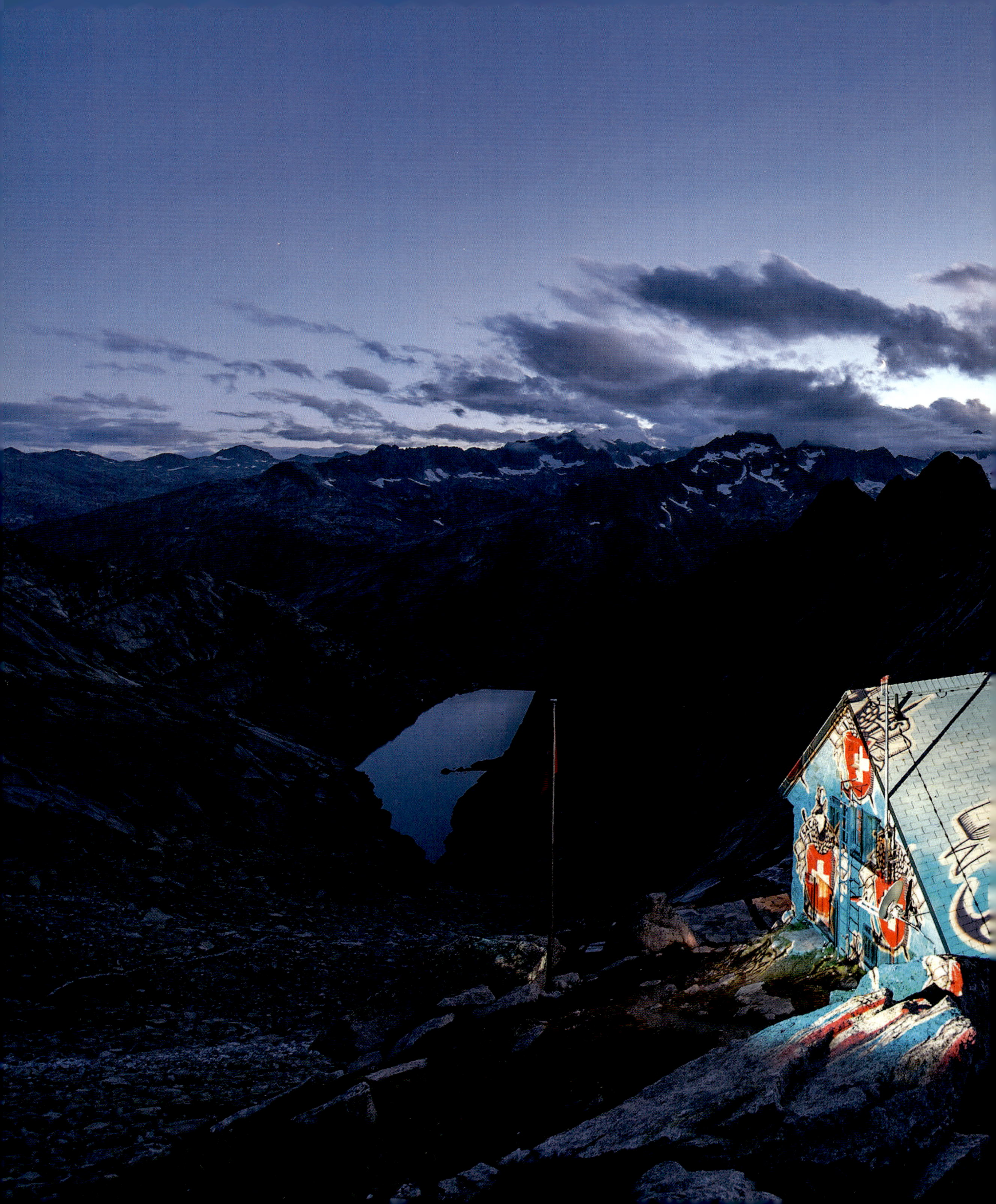

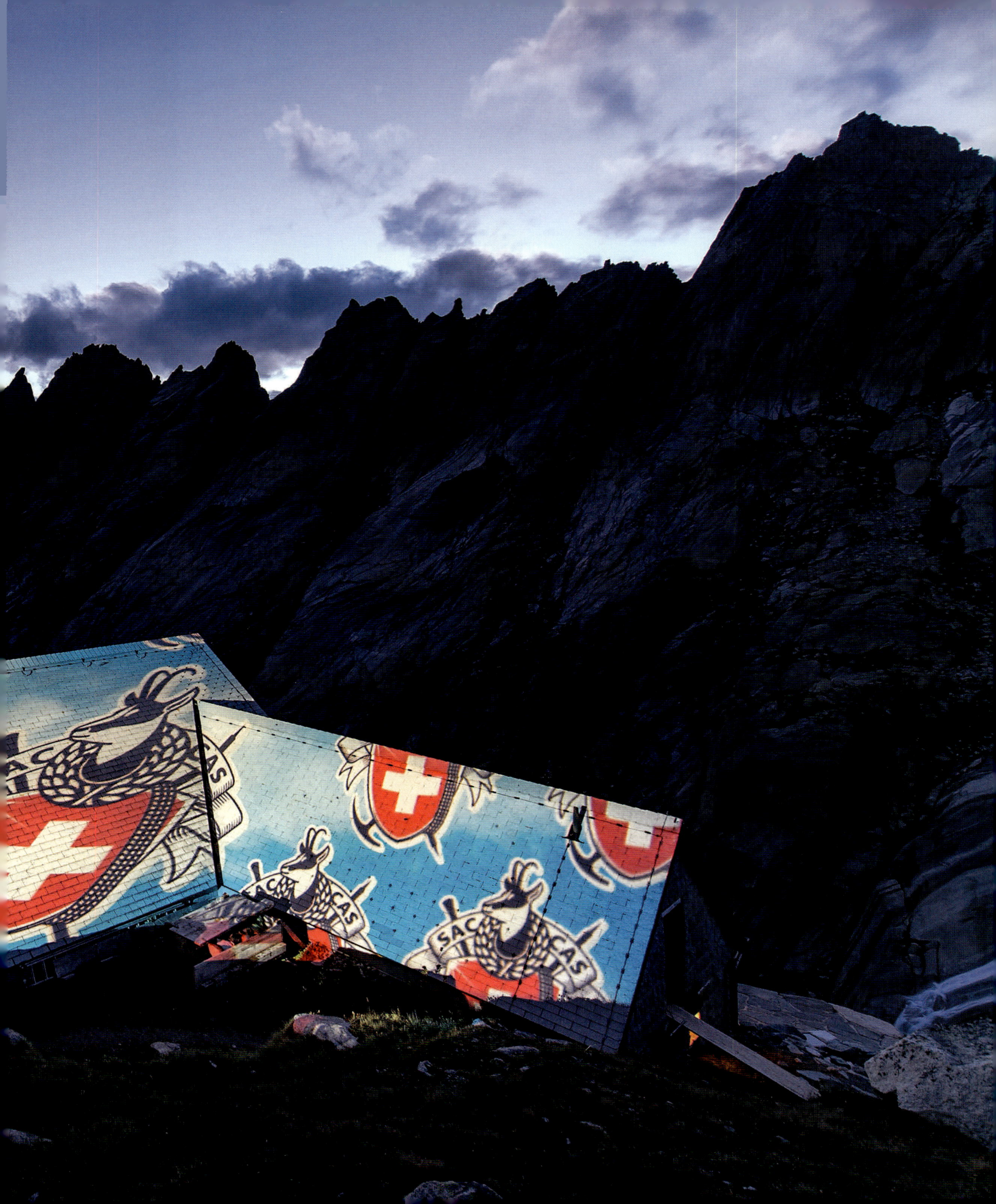
SAC
CAS

Visionäre Revoluzzer

Die Gelmerhütte müsste man eigentlich die «Schelmenhütte» nennen. Sie ist die einzige Hütte, bei der wir – vom Dach aus – auch das Dach beleuchteten. Einzig aus dieser Perspektive rückte der darunterliegende See ins Bild. Und das war mein Hauptziel, weil dieser Stausee direkt mit der Geschichte der Hütte zu tun hat. Die Hütte verfügt über ein eigenes Wasserkraftwerk. Sie bietet unter anderem Duschen mit Warmwasser. Der SAC Brugg als Inhaber dieser Hütte gilt im Schweizer Alpen-Club als Wilhelm Tell der Gilde. Die Revoluzzer wagten es, 1935 als Erste beim Schlaflager das alte Bergheu durch Matratzen zu ersetzen. Dieser Komfort erregte die Gemüter des Central-Comitees in Bern. In einem nächsten vernünftigen Streich ersetzten sie als Partisanen 1937 die Petrollampen mit Petrol aus Südamerika durch elektrisches Licht mit Strom vom Stausee, vor der Hütte erzeugt. Grosses Kopfschütteln beim Central-Comitee in Bern. Im 1994 doppelten diese Alpentalibans nach. Sie schafften Duvets an und die Wolldecken ab. Dennoch ist auch dieser Club nicht vor zeitgemässen Nebenerscheinungen wie mangelndem Zusammenhalt gefeit. Die Pensionierten, die uns als Sherpas zur Seite standen, schwärmten im Nachhinein unisono, sie hätten bei dieser Expedition erstmals wieder den Vereinsgeist gespürt. Offenbar haben mein Team und ich etwas wiedererweckt.

Michael Häberli, Head of Trade Marketing, Bayer Schweiz, Projektleiter Kulturpartner Bayer und Sherpa.

«Für mich hat auch der SAC an Kontur gewonnen»

Gerry Hofstetter führte mich zurück zu meinen Wurzeln – grossartig. Als Wirtschaftsgeograf war die Natur quasi mein Schreibtisch, jetzt, als Projektleiter bei Bayer, bin ich freilich überwiegend in einem Büro anzutreffen. Das liegt mir auch sehr, der Gesundheitsbereich ist einer der spannendsten Märkte, der ständig in Bewegung ist und eine gewisse Agilität verlangt. Diese ist auch mit Gerry zusammen von Vorteil – etwa als wir uns auf dem Dach des Nebengebäudes der Gelmerhütte anseilen mussten, weil die Frühherbstnacht ersten Frost gebracht hatte. Wir hatten einen Projektor am Vorabend dort aufgestellt. Auf der dünnen Eisschicht wären wir schnurstracks in die Felsen runtergedonnert. So kam es, dass wir angeseilt die Morgenbeleuchtung durchführten.

Dieses Gefühl, dass es keine Grenzen oder immer einen Weg gibt, hat uns dazu bewogen, mit Gerry zusammenzuarbeiten. Er inspiriert, denkt in mehreren Dimensionen und verfügt obendrein über die Kunst, diese Fülle in eine Form zu bringen. Unser Engagement hatte – im Rahmen des 150-jährigen Bestehens von Bayer – zum Ziel, eine Brücke von jener der höchsten Qualität verschriebenen und daher reglementierten Bayer-Welt zu der künstlerischen Performance von Gerry Hofstetter und seinem Team zu schlagen. Wohlverstanden, auch die Beleuchtungen sind professionell und qualitativ einwandfrei, der Weg dahin ist jedoch unvergleichbar kreativer. Unsere eingeladenen Kunden und Mitarbeiter haben es uns bestätigt: Diese Bilder bleiben in Erinnerung. Erst recht, da wir in der Schweiz innert kürzester Zeit vom Büro zum Berg in eine völlig andere Kulisse eintauchen können, die uns Ruhe, Kraft, Weitblick gibt und die uns Aktivität ermöglicht. Warum also in ferne Länder reisen, wenn man ‹es› vor der Haustür hat? Für mich hat auch der SAC an Kontur gewonnen: In meiner Freizeit unternehme ich oft Bergtouren. Der Blick hinter die Kulissen zeigte mir, wie viel es braucht, um diese Dienstleistung in den Bergen zur Verfügung zu stellen. Und wie unverkrampft das geht: Wo in der Stadt würden wir uns gemeinsam am Tisch so heiter unterhalten? Es braucht auch keinen Mobileempfang. Wer sich einen Abend lang diese majestätische Kulisse vor Augen führt, erlebt grosses Kino. Gerry soll noch viele Beleuchtungen inszenieren, das wünsche ich uns allen. Seine Offenheit und seine Ideen sind eine Bereicherung für uns alle.

Michael Häberli

23

㉓ Gelmerhütte, 2412m, 9.–10. September 2013
Grimsel, Tel. 033 873 11 80
Sektion Brugg, Kanton Aargau

Kulturpartner Audi war mit Kunden der amag Audi Biel mit dabei.
Projektleiter Kulturpartner Bayer mit dabei.

Tour wurde um eine Woche verschoben wegen schlechtem Wetter (Schneefall).
Gewählte Route – Guttannen nach Handegg. Ab Handegg ehemalige Arbeiterstandseilbahn zum Gelmersee hoch. Ab da zu Fuss zur Hütte.

Zeit – Normal 2 Std. ab Gelmersee, wir 3 Std. 40 Min. Sherpas 20.
Wetter – Wir fuhren bei Regen in Zürich ab. Man glaubte mir nicht, dass wir im Trockenen aufsteigen und am anderen Tag bis zur Rückkehr etwa um 12 Uhr auf dem Parkplatz keinen Regen haben würden. Es war trocken, die Sonne kam, oben Nebel bei Ankunft in der Hütte. Klare Nacht und schöner Morgen. Um 11.50 Uhr, wieder unten bei den Fahrzeugen, setzte Regen ein.
20.26 Uhr Beginn Nacht.
06.59 Uhr Beginn Tag.
Beleuchtung – Genau so, wie ich es mir vorgestellt hatte Wochen vorher. Perfektes Rückseitenwetter und malerische Abend- und Morgenstimmung in den Bergen.

Bemerkung – Aufstieg und Abstieg waren sehr hart, besonders für die Knie.

Appenzeller Warnlichtfladen

Hundsteinhütte – Brülisau

13.–14. September 2013

24

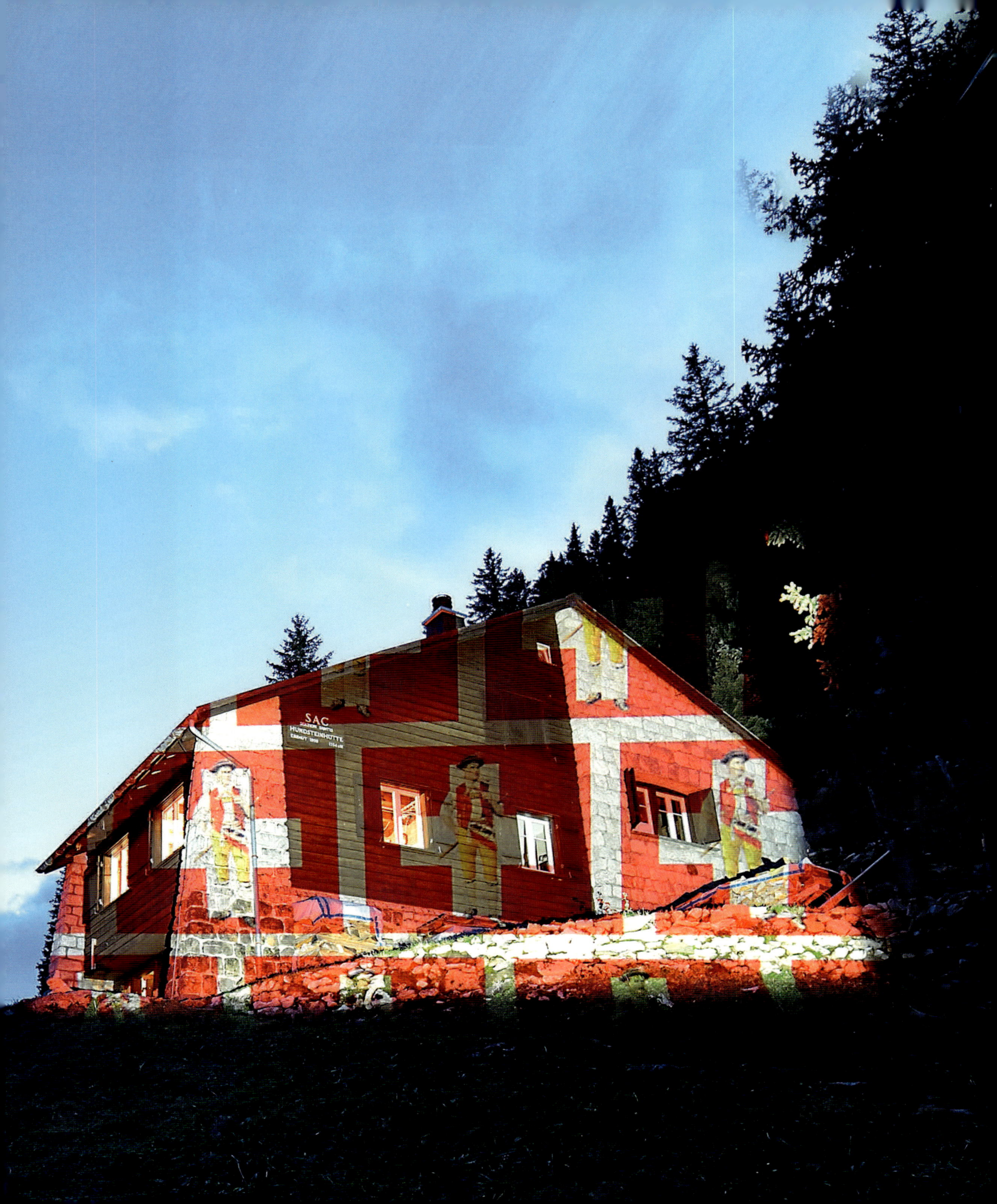
SAC
HUNDSTEINHÜTTE

Unterschätze nie ältere SAC-Mitglieder. Das Schweizer Fernsehen hatte in der Dokumentarreihe «Hüttengeschichten» im Rahmen von *SRF bi de Lüt* den Besuch auf der Hundsteinhütte als Schlusssendung gewählt, weil das Hüttenpaar Ruth und Paul Graf im Herbst in Pension gehen würde. Das Fernsehen wollte unsere Illumination als Abschiedsgeschenk integrieren. Das Wetter liess sich geheimnisvoll an. Ich setzte insgeheim auf Wetterglück. Wir hatten ausnahmsweise einmal viele Sherpas zur Seite. Es waren mehrheitlich pensionierte Frauen und Männer. An ihrem wachen Blick und den Sprüchen konnte ich schon bei der Begrüssung auf dem Parkplatz erkennen, dass sie sich bereits länger kannten und eine verschworene Gemeinschaft waren, denen man nichts vorzumachen brauchte. Die wissen, wie der Hase im Appenzellerland läuft, und fit erschienen sie mir auch. Mit dabei war Rainer Schorr, der ehemalige Länderchef von Bayer Schweiz, der bei Bayer mitbeteiligt war, als die Kulturpartnerschaft entstand. Er wollte unbedingt als Sherpa eine solche Hüttenbeleuchtung miterleben. Das musste er uns nicht zweimal sagen.

Doch dieser Hüttenweg ist gemein: Ähnlich wie zur Sustlihütte geht es vom ersten Schritt an auf einer Naturstrasse im Wald sehr steil hinauf. Wählt man einen zu schnellen Schritt beim Einstieg, ist man nach der ersten halben Stunde erledigt. Der Fotograf Mike, ganz im Element ob der lieblich alpinen Voralpengeologie auf der Suche nach dem richtigen Fotostandort, rutschte in einem Bachbett aus. Er fiel nicht ins Wasser, wohl jedoch der Fotoapparat, seine geliebte Nikon. Er musste das gesamte Shooting mit dem Ersatzapparat, den er dabei hatte, machen (so viel zum Thema Material, wie auf Seite 252 ausgeführt). Oben breitet sich ein idyllisches Wandergebiet aus. Sanfte Berge, Kühe, Gaststuben, allesamt mit wettergegerbten Schindelverkleidungen an den Fassaden, als kämen sie aus einer anderen Zeit. Es war recht kühl und die Wolken wussten nicht, ob sie runterkommen sollten oder oben bei den Berggipfeln bleiben. Nach etlichen Kurven und Bögen kamen wir in der Hütte an, die beinahe im Wald stand. Vor der Hütte empfing uns das Hüttenwartpaar Ruth und Paul mit einer herzlichen Begrüssung. Einen leicht misstrauischen Blick von den beiden auf unser Gepäck und Material konnte ich aber doch noch ausmachen. Sie fragten sich sicherlich, wie um alles in der Welt Gerry mit seinem Team dieses Material so zusammenfügen würde, dass es eine Beleuchtung auf die Hütte ergab. Nach dem Apéro begannen wir mit dem Zusammenbau des Projektors. Der Fotograf Frank war etwas müde und machte einen Powernap auf einer Bank draussen. Wir gingen alle sehr fürsorglich mit ihm um, wollten wir doch alle, dass er am Abend gute Fotos schoss. Und so brachten wir ihm eine der beliebten SAC-Wolldecken und deckten ihn zu, damit er sich ja nicht erkälten würde, bis sein Job erledigt war. Er sah uns dankbar an, als wir die Decke auf ihn legten. Doch irgendwie schien es ihm nicht zu passen. Immer wieder hob er ein wenig den Kopf und rümpfte die Nase. Er liebt feines Essen und hat einen guten Riecher dafür, aber auch für gute Fotos. Plötzlich aber nahm er den Teil der Decke in die Hand, den wir ihm bis unter seine Nasenspitze gelegt hatten. Er hob ihn hoch, wie wenn er etwas gerochen hätte, was nicht so ganz dem Duft der Umgebung zu entsprechen vermochte. Ein lautes Nein brach aus ihm heraus. Am Ende der Decke war eine nicht zu übersehbare weisse Etikette aufgenäht, Appenzeller Stickerei in Blau, auf der das Wort «Füsse» zu lesen war. Wir hatten die Decke verkehrt aufgelegt, dabei meinten wir es doch nur gut mit ihm, dass er nicht krank würde.

Beim Abendessen begannen die Pensionierten Witze zu erzählen. Mit Hochgenuss machten sie auch explizit Witze über Zürcher und schauten dabei komischerweise immer mich an. Als nach dem Essen der Kaffee fertig kam, begannen sie zu jodeln. Wir stimmten ein, wissend, dass wir diese

Kunst nicht beherrschen. Alle im Raum jodelten, auch Rainer, der ein Deutscher war. Erstaunlicherweise glaubten wir zu hören, dass er besser jodelte als wir Schweizer. Einfach herrlich. Doch mit der Zeit wurden wir immer mutiger, lauter, forscher und fanden Gefallen an dem. Es tönte auf jeden Fall ähnlich – wir fanden sogar gut in unseren Laienohren. Zwischendurch sahen wir einander entgeistert mit offenen Mündern an, wie wir, die wir wirklich nicht singen können, da voll auf einer Appenzeller Voralpenwelle mitgrooviten. Wie cool war das denn. Die Chefjodler sangen derart laut, dass wir uns einfach den Melodien hingeben konnten. Derart eingestimmt, machten wir uns an das Lichtspektakel, mussten zuerst aber noch ein kleines Hindernis überwinden. Das Gebiet um die Hütte war schräg und übersät mit Kuhfladen. Was tun, damit wir im Dunkeln nicht hineintraten oder, noch schlimmer, den Projektor hineinsetzten? Ich hatte eine zündende Idee. Wir steckten Kerzen mitten in die Kuhfladen hinein und zündeten sie an. So romantisch hatte ich eine Wiese noch nie gesehen, abgesehen vom Duft. Die Kerzen waren zum Teil zu kurz und wärmten die Fladen um die Kerze auf. Und wie wir alle nun wissen, steigt warme Luft, was wiederum als kleinen «Wind» betrachtet werden kann, der Düfte weiterträgt. Wir haben im Duft des grossen weiten Appenzells buchstäblich geleuchtet. Es sah aus, als sei die Alp mit lauter Geburtstagstorten übersät. Trotz der Warnung: «Wo Kerze brennt = Gefahr», hat Dani Lenherr aus dem Team einen erwischt. Die Morgenbeleuchtung widmeten wir der anderen Seite der Hütte. Um ihren Charakter zur Geltung zu bringen, integrierten wir auch den angrenzenden Wald. Das alles zum gefühlten tausendsten Mal mit Wetterglück. Der Regen setzte erst ein, als wir um die Mittagszeit erneut im Tal in unseren Audi quattros sassen. Dani fuhr in seinem Auto, weil er seine Eltern in Gams besuchten wollte. Wir waren sehr froh darüber, da er noch seine Schuhe vom Abend trug.

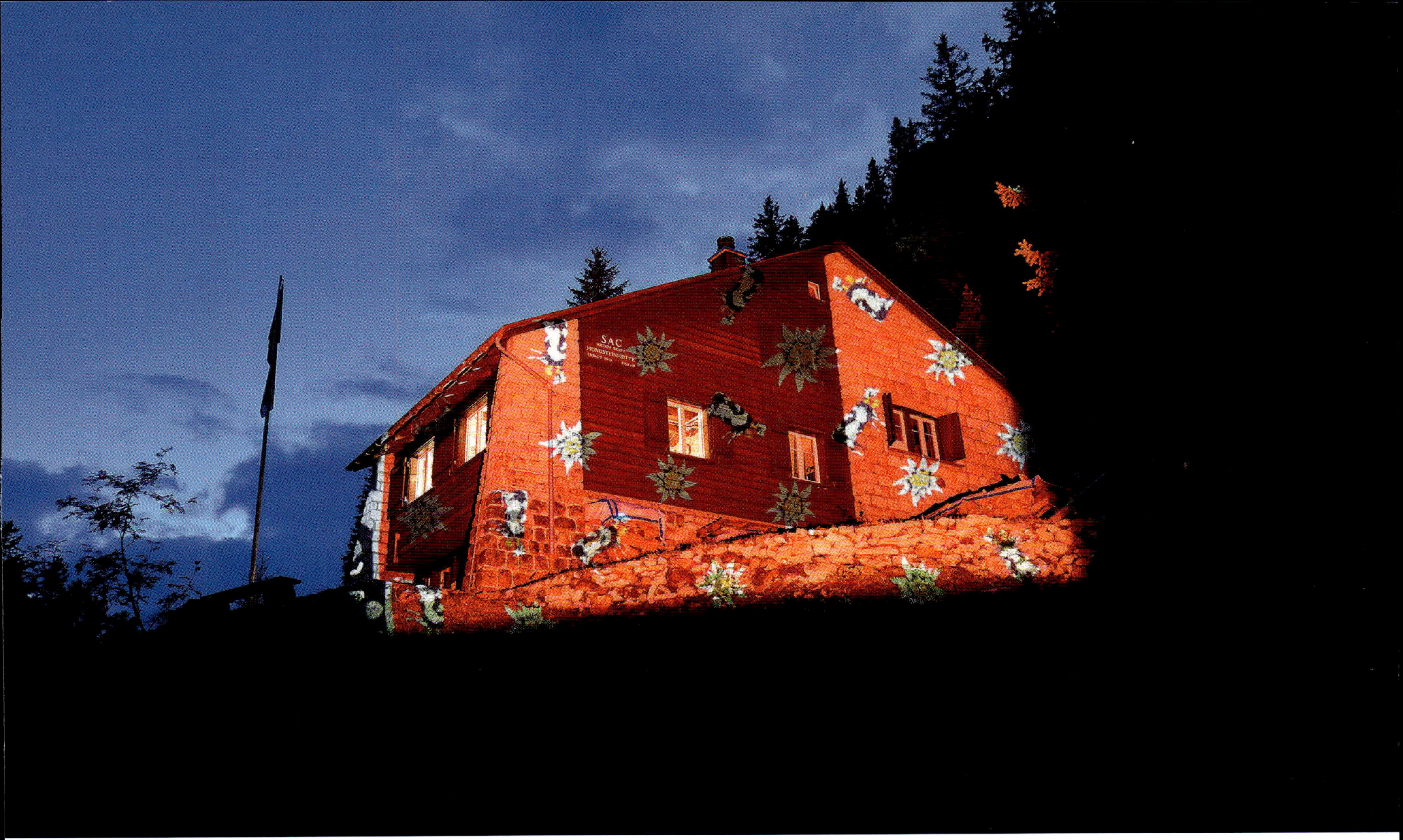

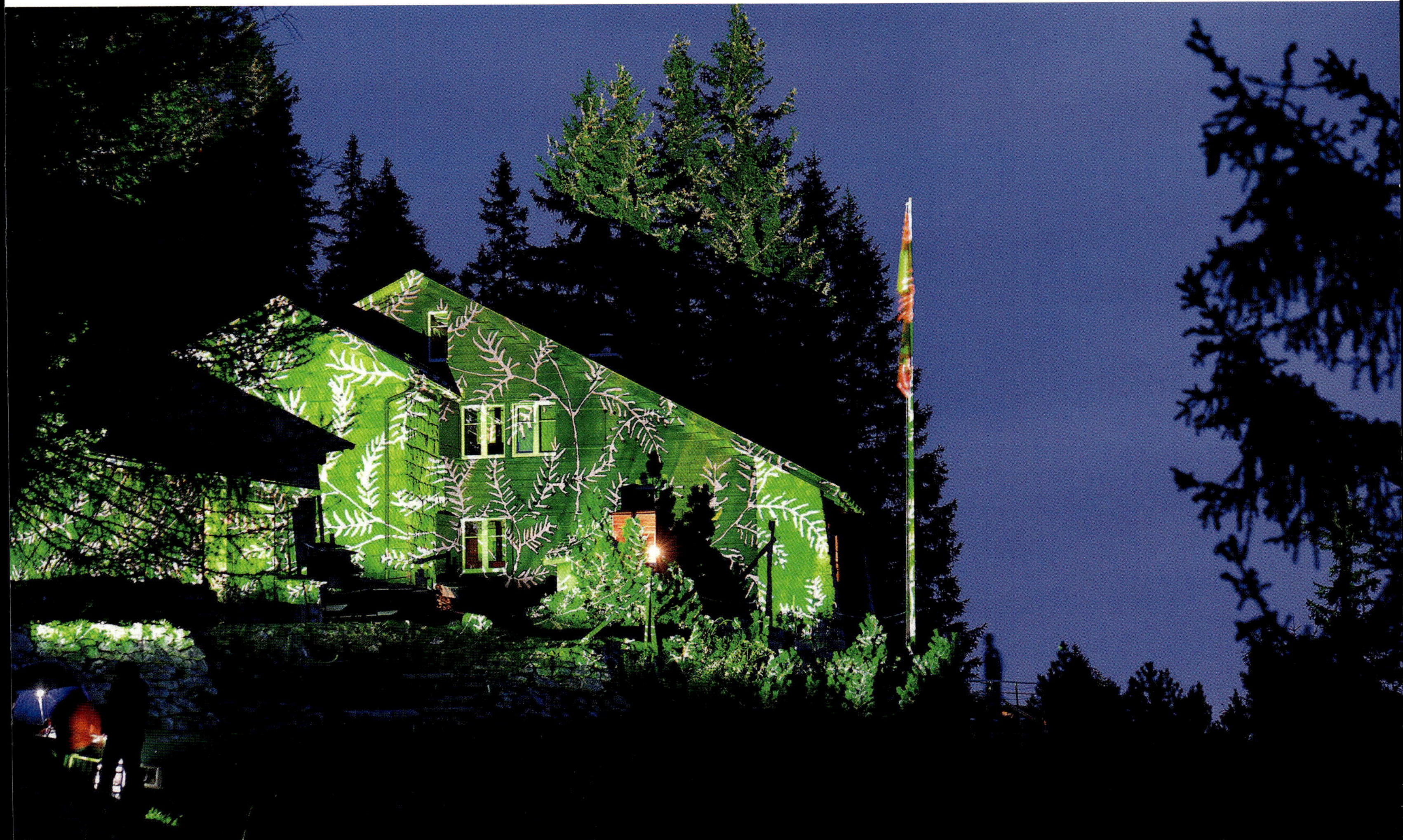

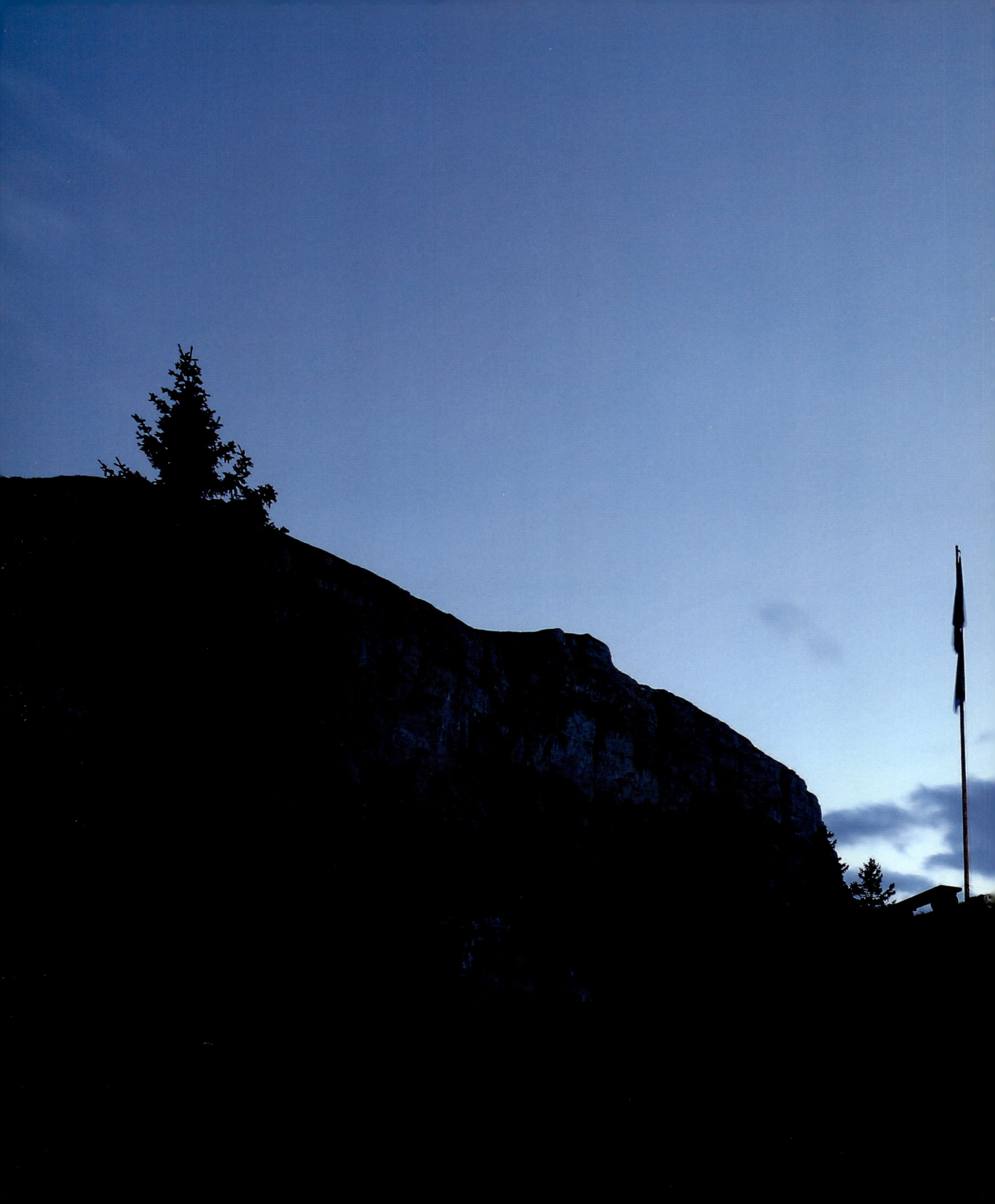

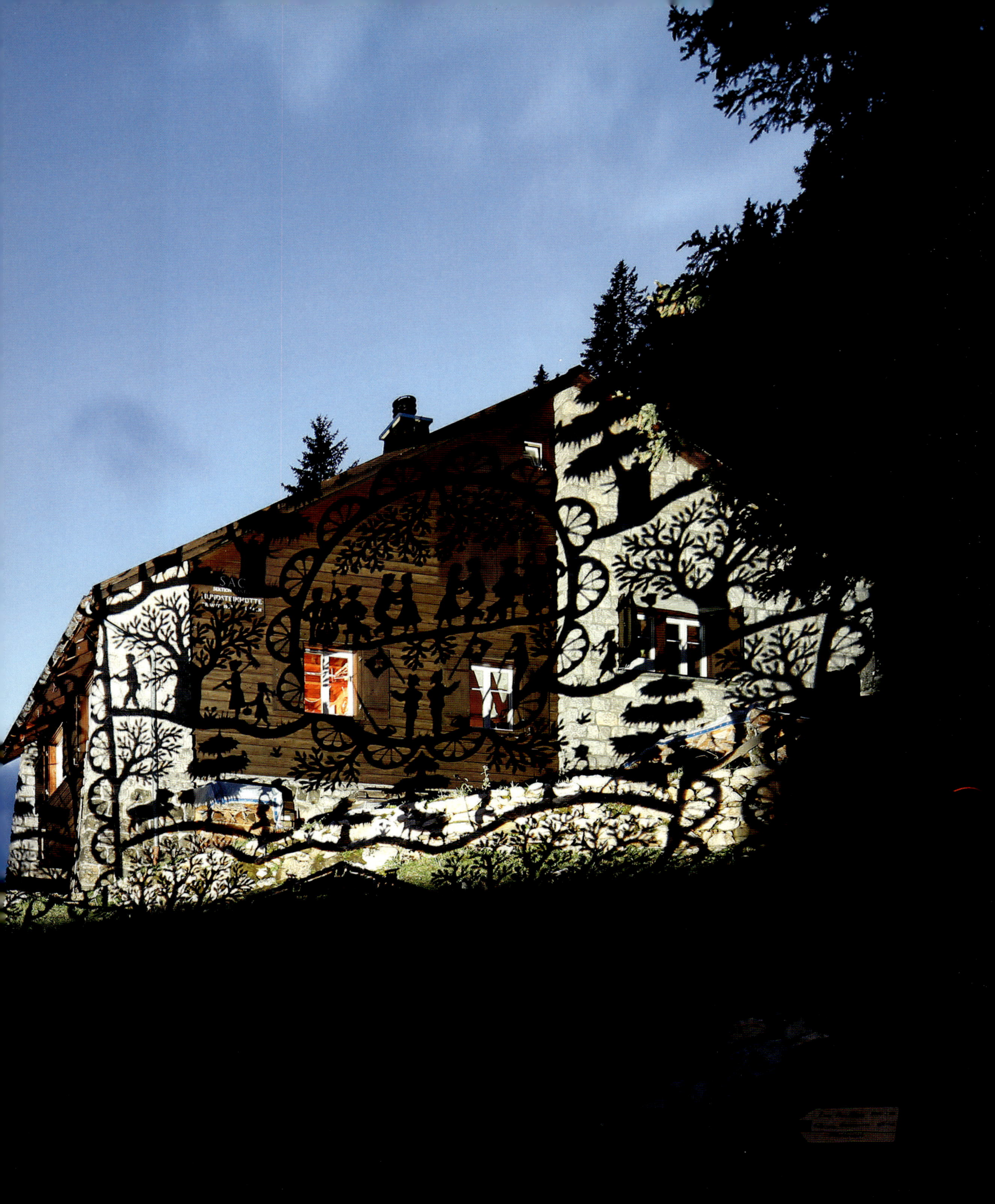

24 Werdegang des Abgangs

Da waren eben noch Neugier, Euphorie, Erfahrung – und schon ist alles wieder normal, nüchtern, sachlich. Doch die Freude ist geblieben. Schwierig ist es, sich mit dem Ende, dem Aufhören zu befassen. Vor allem, wenn man viel Zeit hat, dabei in Gedanken zu verweilen. Wenn der Zeitpunkt aber rasch näherkommt und es noch dies und das vorher zu erledigen gibt, ist die Ablenkung gross, die Traurigkeit geht weg. Und plötzlich ist der Tag des Abschlusses da. Da werden die Gefühle gemischt, zwischen «Traurig, dass es fertig ist» und «Froh, dass es fertig ist». Es ist ein Hin und Her. Man fühlt sich den ganzen Tag wie auf einem Meer mit Wellengang vor einer Bucht. Es treibt einem förmlich in die Bucht rein: Am Abend ist man in der ruhigen Bucht und verlässt das Boot. Der nächste Tag ist übersät mit Unsicherheiten und Fragen, bis die ersten Dinge klar sind, die für das Tagesgeschäft gemacht werden sollten. Und so geht es von einem Tag in den anderen, und plötzlich geht man in der neuen Situation auf, ohne dass man es merkt, und hat schon alle Hände voll zu tun.

Ruth und Paul Graf, Hüttenwartpaar Hundstein.

Die Hütte wurde zur Heimat

Noch heute werde ich auf der Strasse auf diese besondere SAC-Aktion angesprochen. Neun Saisons lang habe ich auf der Hundsteinhütte als Hüttenwartin für das Wohl der Gäste und der Hütte gesorgt; sechs Jahre allein, die letzten drei zusammen mit meinem Mann – und dann ein solches Finale: Das Fernsehen begleitete uns in der letzten Saison, bevor wir in Pension gingen, und Gerry Hofstetter setzte mit seiner Jubiläumsbeleuchtung den Höhepunkt.

Man lernt auf einer Hütte, Ruhe zu bewahren. Aber davon war nichts mehr zu spüren an jenem Tag. Was passiert? Was kommt? Wie läuft's? Wohin mit all den Schaulustigen? Was ist der Gerry für ein Typ? Plötzlich stand er da, sagte Hallo, ging auf die Leute zu, und ich wusste: Das kommt gut. Für die Beleuchtung selber gibt es kaum Worte – ein ganz klein wenig wehmütig verfolgte ich diese grossartige Inszenierung mit. Es war ausserordentlich schön und sehr speziell. Die Hundsteinhütte wurde zur Heimat für mich, wie auch der SAC zu einem Fixpunkt geworden ist. Paul und ich sind vor über 40 Jahren zu unserer Hochzeitsreise auf die Camona da Punteglias aufgebrochen. Und schon damals gingen wir an jedem Wochenende zu Berg, wie auch heute noch.

In den letzten zwei sehr strengen Jahren hoben wir Kübel für Kübel den Keller aus, um die Hütte für den Umbau vorzubereiten. 50 Kubikmeter. An manchen Abenden konnte ich schier die Arme nicht mehr bewegen. Die Bauerei brachte mich an den Rand der Belastbarkeit. Umso mehr schätze ich jetzt dieses leichte Leben: später aufstehen, gemütlich frühstücken, Zeit haben für eine kleine Tour, herrlich. Diesen Sommer legen Paul und ich eine Hundsteinhütte-Pause ein. Wir werden die Cluozza-Hütte besuchen. Mindestens die.

Ruth Graf

24

326

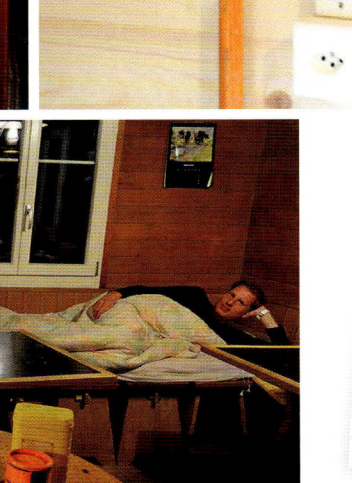

24. Hundsteinhütte, 1551 m,   13.–14. September 2013
Brülisau, Tel. 071 799 15 81
Sektion Säntis, Appenzell (AR)

Mit dabei «SRF bi de Lüt» mit der Sendung zu SAC-Hütten.
Die Beleuchtung war auch ein Geschenk für das Hüttenpaar, das in Pension ging.

Gewählte Route – Brülisau zu Fuss über Bollenwees.
Zeit – Normal 2 Std. 45 Min., wir 3 Std. 30 Min. Sherpas 13.

Wetter – Leicht bewölkt mit Tendenz zu Aufhellungen. Bei Beleuchtungsstart wolkenfrei und danach stimmige Wolkenschleierbänder über den Bergen. Am Morgen hochliegende Wolkendecke, kurzer Nieselregen während der Beleuchtung und kühl.

Beleuchtung – Verschiedene passende Stimmungen durch Wetter. Schwierig war, den richten Projektionsstandort für beide Seiten zu finden.

Bemerkungen – Mehr Kerzen mitnehmen das nächste Mal, um all die Kuhfladen zu markieren in der Nacht, die vor und um die Hütte liegen.

327

Tundra im Herbst; in der Ostschweiz

Spitzmeilenhütte – Flumserberg

2.–3. Oktober 2013

25

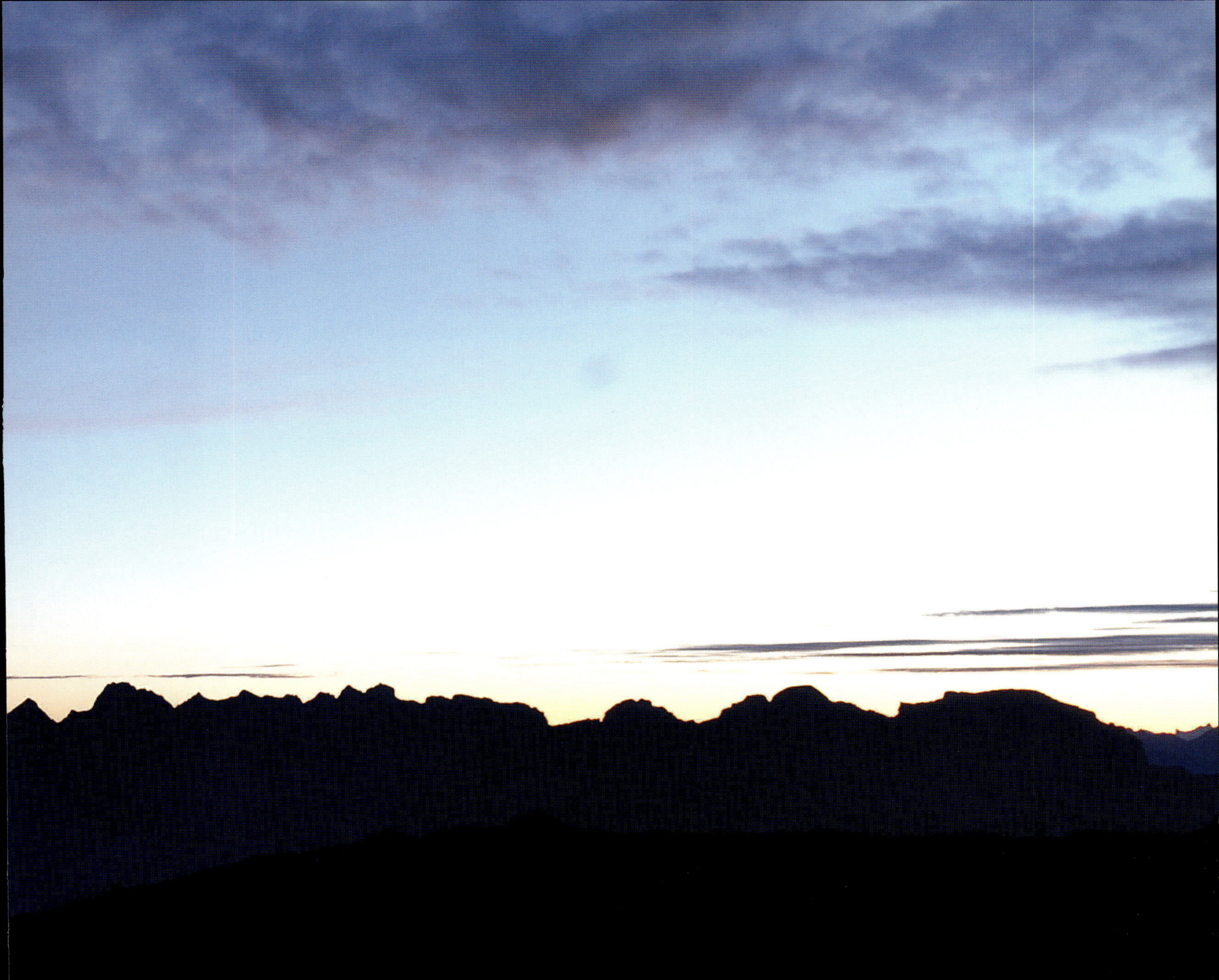

25

Die Spitzmeilenhütte kenne ich auch von früher, von den Skitourenwochenenden. Die als Würfel konzipierte moderne Holzhütte liegt auf einem Plateau. Wir benötigten diesmal drei Projektoren. Zwei durften wir von einem Seitental aus per Materialtransport hinaufbefördern. Ich selber wählte mit meinem Projektor auf dem Rücken den offiziellen Weg von den Flumserbergen mit der Bahn hoch und dann zu Fuss etwa zwei Stunden ungefähr der Höhenlinie nach. Uns begleiteten 40 Gewinnerinnen und Gewinner, die an einem Wettbewerb von Audi zusammen mit der *SonntagsZeitung* erfolgreich mitgemacht hatten. Oben erwartete uns eine pralle Herbstlandschaft, wie sie die meisten nun einmal nicht kennen. Sattes Senfgelb, leuchtendes Purpurrot, ockerfarbene Gräser, feuerrote Sträucher, bordeauxrote Felsen – es hätte in Nordkanada oder in einer Tundra sein können. Eine völlig andere Welt tat sich uns auf, und selbst ich schämte mich ein wenig, dass ich dies so nicht kannte – oder vergessen hatte, dass es dies 40 Minuten Fahrt von meiner Haustür entfernt gibt. Ich wohne und arbeite in Zumikon – auf der Forch / Pfannenstil.

Einzelne der Gäste waren zum ersten Mal in den Bergen unterwegs und erstaunt, wie unkompliziert und selbstredend einer dem anderen hilft am Berg und was für einen gastfreundlichen Empfang Anna-Barbara Kayser und Paul Buchmann als Hüttenwarte bereiteten. Mein Team und ich schliefen draussen in einem Indianerzelt neben der Hütte, da die Hütte selber bis auf den letzten Schlafplatz ausgebucht war. Im Herbst ist die Luft bereits feuchter, was die Sonnenuntergänge noch intensiver macht – eine andächtige Atmosphäre. So bewahrheitete sich meine Vision erneut von den Hütten im Alpenglühn. Zur Überraschung der Gäste trat am Morgen die Swiss Yeti Gang auf. Die Swiss Yetis schritten hintereinander aus dem Zelt, allesamt mit einem Schaffell vermummt, stumm,

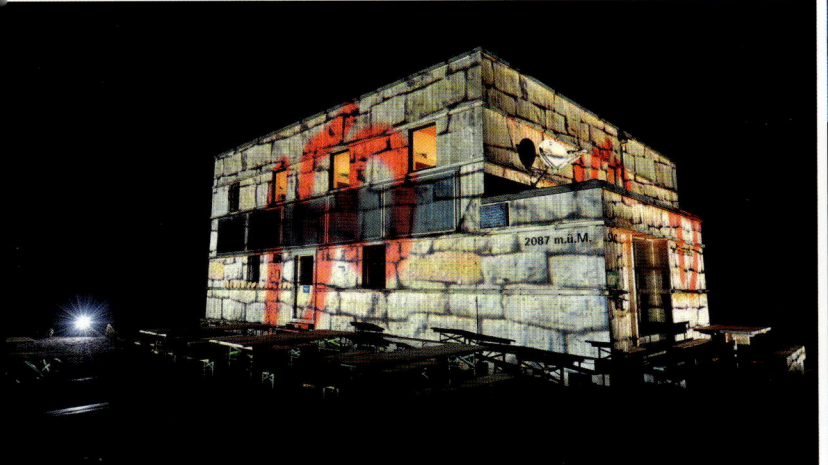

25

beschaulich gestikulierend – eine Truppe von ergreifendem Charisma. Wir wissen von ihnen nur, dass ein «Grosser Rat» bei einer alle Jahre stattfindenden Zeremonie auf einem Gletscher darüber berät, wer allenfalls als weiteres Mitglied infrage kommen könnte. Zum erlauchten Kreis gelangt nur, wer sich bedingungslos und ehrlich für die Umwelt einsetzt. Der Grosse Rat beobachtet seine Kandidaten über Jahre, setzt die Namen mit weisser Kreide auf eine grosse, schwarze Schiefertafel aus dem Glarus. Wer zu wenig tut für die Schweizer Berge, die Eisberge oder für das Klima, wird radikal mit dem Schwamm wieder ausgeputzt.

Wissmilenpass
Spitzmeilen
Fursch
Prodalp
Tannenheim
3 h 10 min
73
2087 m.ü.M.
SAC

SAC

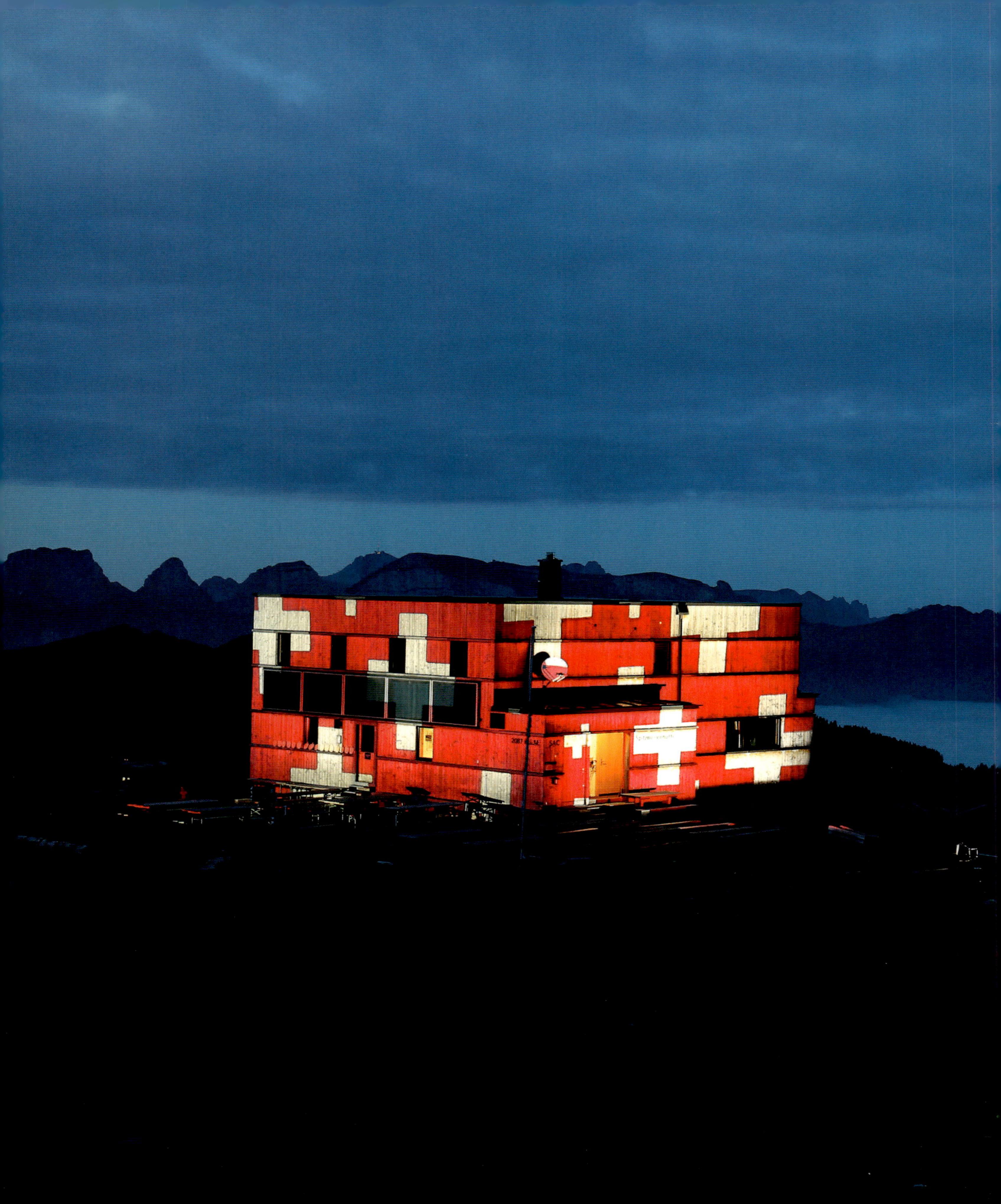
SAC

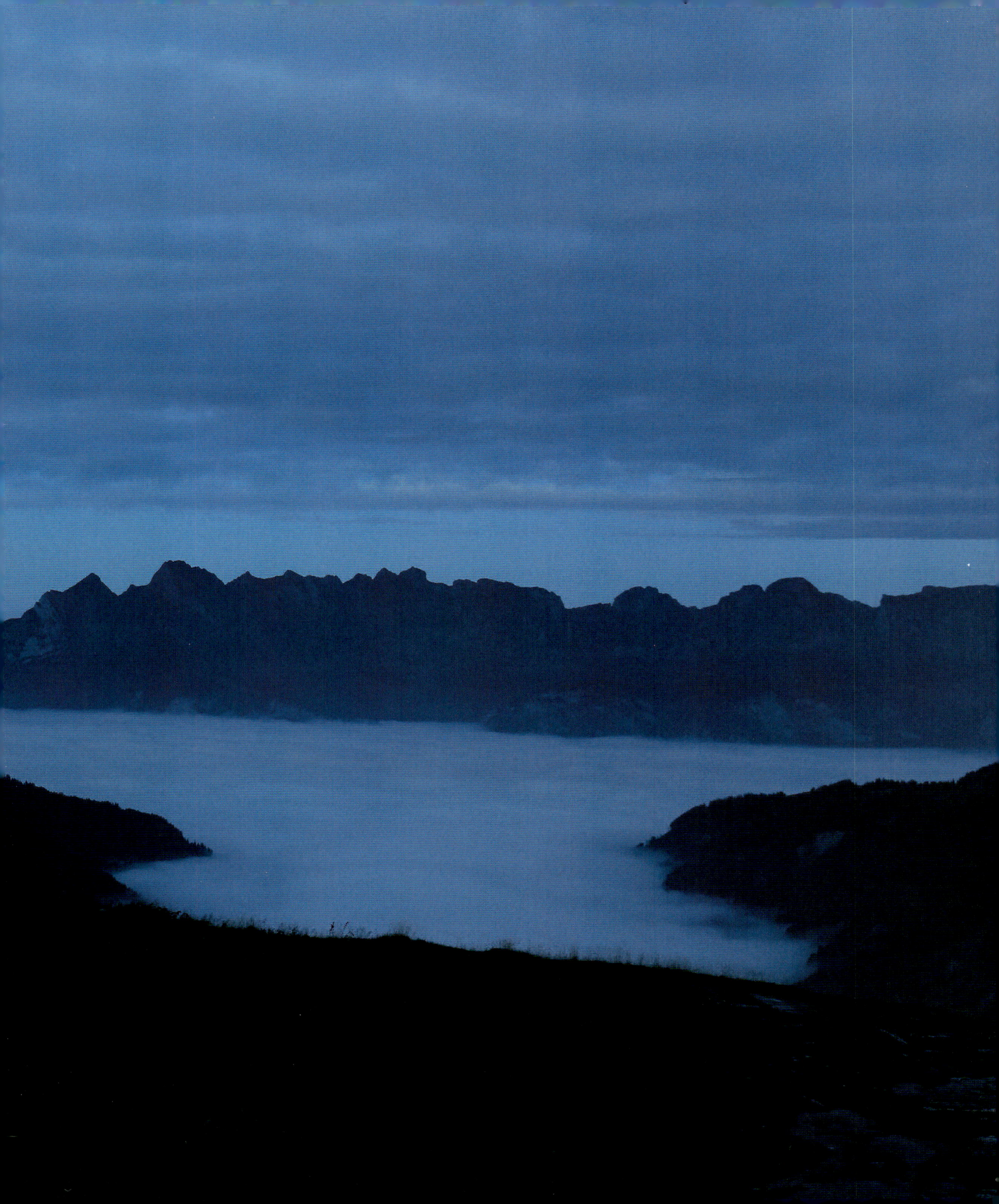

Die Faszination «Herbst in den Bergen»

Jeden Herbst wird die Schweiz noch einmal neu erfunden. Zumindest jene in den Alpen. In der goldenen Jahreszeit beginnen die Alpweiden zu leuchten, die Lärchenbäume glühen gar. Die Luft wird klarer, so klar, dass selbst aus grosser Distanz einzelne Nadeln an Tannenbäumen auszumachen sind. Es scheint, als blicke man über den Horizont hinaus, so weit reicht die Fernsicht. Die warme Tagessonne unter dem stahlblauen Himmel wärmt noch einmal, es riecht förmlich nach Herbst, wenn der Bergthymian süss-würzig duftet, etwas weniger intensiv als im Sommer, aber immer noch. Der Altweibersommer gilt als zuverlässigste letzte schöne, warme Hochdruckwetterphase des ganzen Jahres, die sowohl im September wie auch noch im Oktober eintreffen kann. Dies ist meine Lieblingsjahreszeit in der Schweiz.

Ramsy Hayek, Sherpa.

«Ich spürte den Pioniergeist der früheren Alpinisten»

«Gerry, ich habe auf E-Bay einen Maulesel ersteigert. Du kannst mich als Sherpa buchen», sagte ich zum Scherz, als Gerry Hofstetter mir zum ersten Mal von seiner Idee erzählte. Der Maulesel sollte ihm signalisieren, dass ich es ernst meinte. Gerry machte Ernst. Irgendwann später, ich hatte das Gespräch beinahe schon vergessen, rief er an: «Bist du dabei. Abfahrt übermorgen 10 Uhr ab Zumikon. Wir brauchen dich.» Ich habe alles in Bewegung gesetzt, um mein Tragangebot einzulösen.

Es ist nicht so, dass ich ausgesprochen viel SAC-Hüttenerfahrung mitbrachte. Umso mehr hat mich dieses Ambiente überrascht. Im Alltag verzichten wir immer weniger auf Annehmlichkeiten. Doch diese Einfachheit da oben in den Bergen blendet das alles auf einen Schlag aus. Man sitzt zusammen an langen Tischen und redet miteinander, ohne auch nur einen Augenblick auf ein Mobiltelefon zu schauen. Solche Abende geben einem viel Zeit und Ruhe, gerade weil man die alltäglichen Muster aufbricht. Diese Erfahrung wünsche ich vielen Leuten.

Nein, ich fuhr nicht mit einer Ducati hoch. Im Gegenteil: Ich bin ein passionierter Wanderer. Allerdings bevorzuge ich Touren im Nationalpark. Es macht mir Spass, mit Gepäck unterwegs zu sein. Der Aufstieg zur Spitzmeilenhütte war relativ kurz und sehr angenehm. Wir fuhren den ersten Teil mit der Seilbahn hoch. Danach gab Gerry ein angepasstes Tempo vor. Zudem legten wir oft Foto- und Filmpausen ein, schritten einzelne Wegabschnitte ein zweites Mal ab, bis die Szenen im Kasten waren. Wie viel Arbeit hinter den Kulissen einer solchen Expedition steckt, realisiert man erst, wenn man Teil davon ist. Kondition erforderte eher die hohe Arbeitskadenz: ankommen, aufstellen, essen, leuchten, kaum schlafen, wieder leuchten, frühstücken, heimkehren – quasi 24 Stunden auf Draht zu sein, bin ich mir nicht mehr gewohnt. Ich habe Gerry bei der Fashion-Parade in Zürich kennengelernt, wo wir bei seinem Anlass einen Auftritt hatten mit unseren Ducati-Motorrädern. Ihn und sein Team ins Ausland zu begleiten, wäre für ihn und mich aufwändiger gewesen. Mit dieser Installation hat er mir einen neuen Blick auf die Schweiz ermöglicht. Die SAC-Hütten liegen uns quasi zu Füssen, kleine Highlights in monumentaler Kulisse. Ich spürte immer noch den Pioniergeist der früheren Alpinisten. Gerry ist auf seine Art ein Pionier. So schreibt sich die Geschichte fort. Er soll immer genug Sherpas haben, und seine PS in den Beinen sollen so stark bleiben wie seine Ducatis.

Ramsy Hayek

25

125 – Spitzmeilenhütte, 2087m, 2.–3. Oktober 2013
Flumserberg, Tel. 081 733 22 32
Sektion Piz Sol, Kanton St. Gallen

Mit dabei 40 Gewinner vom Audi-Leserwettbewerb von in der SonntagsZeitung.

Zuerst geplant mit Ski, wegen Schneemengen auf den Herbst für zu Fuss verlegt.
Gewählte Route – Mit Gondeln von Unterterzen auf den Maschgenkamm rauf. Ab da zu Fuss der Höhenlinie nach zur Hütte. Der für die Hüttenbeleuchtung benötigte zweite Projektor ging mit der Materialseilbahn des Hüttenwarts hoch.

Zeit – Normal 2 Std. 15 Min., wir 4 Std.
Sherpas 40.

Wetter – Schönes Herbstwetter. Am Abend Nebelmeer im Tal und dünne Wolkendecke hoch oben. Wunderschönes Alpenglühn am Abend und herrliches Morgenglühn bei Tagesbeginn. Auch Rückweg erfolgte bei schönem Wetter.

Beleuchtung – Schlicht und einfach perfekte Bedingungen.

Bemerkung – Es war sehr schön zu erleben, wie diese grosse Gruppe fremder Leute plötzlich zu einer Familie zusammenwuchs auf der Wanderung. Ausgesprochen gute Stimmung auf der ganzen Tour.

Zum Abschluss die Wette

Capanna da l'Albigna – Pranzaira Bergell

5.–6. Oktober 2013

26

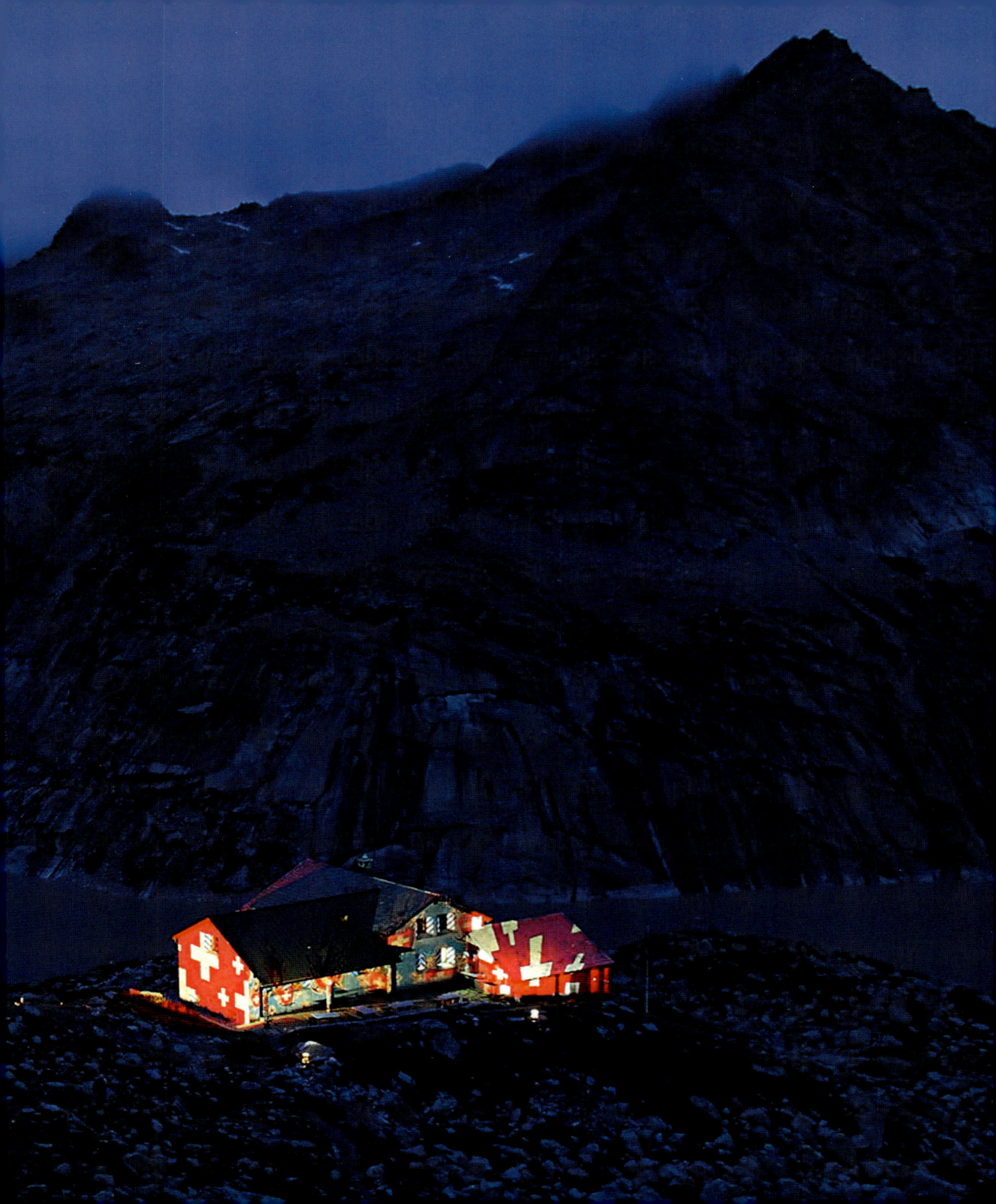

Zum Finale traten wir mit drei Projektoren an. Als besonders lange Hütte verlangte die Capanna da l'Albigna diesen Aufwand. Sie liegt 24 Kilometer Luftliniendistanz von der ersten Hütte unserer Tour entfernt. Nun waren wir wieder im Osten der Schweiz, dort, wo die Sonne aufgeht. So schloss sich der Kreis. Mir würde weniger die Beleuchtung als viel mehr die knifflige Wette in Erinnerung bleiben, die ich am Hüttenabend einging. Doch der Reihe nach: Ich trug einen Rucksack mit Projektor und Material von 57 Kilogramm. Eigentlich sollte man bei jeder Last noch in der Lage sein, die Schnürsenkel zu binden. In diesem Fall verzichtete ich darauf. Eine Stunde Leiden sollte im Leben drinliegen. Im Himalaya sollen Sherpas nicht mehr als 35 Kilogramm tragen über sechs bis acht Stunden. Am Kilimandscharo sind es 20 Kilogramm. In jenen Tagen führte die UIAA (International Climbing and Mountaineering Federation) in Pontresina eine Tagung durch, an der ich unter anderem die SAC-Tour «Hütten im Alpenglühn» präsentieren sollte. Aufgrund der Tagung traf ich etwas später am Abmarschort im Bergell ein. Die Sherpas waren vorausgezogen, hatten jedoch nicht ganz so viel Material wie erwünscht mitgenommen. Nach 25 Hütten fühlte ich mich fit, um die Grenzen auszuloten, brauchte aber über zwei Stunden für den Weg, statt eine Stunde.

Die Beleuchtung verlief nach Wunsch, das Publikum war begeistert, und wir verdrängten vorerst noch, dass es die letzte Hütte sein sollte. Zurück in der voll gebuchten Hütte servierte uns das Hüttenwartpaar Michel und Heike Anrig das Dessert persönlich. Zur «Ustrinkete», das ist der letzte Abend der Hütte nach einer Saison, bevor sie zugemacht wird, hatten sie einen zwei Meter grossen Schwyzerörgelispieler organisiert. Er entlockte diesem Musikinstrument mit einer unbeschreiblichen Leichtigkeit eingängige fröhliche

Melodien. Mein Blick blieb an seinen Händen hängen, ich suchte den Code zu entziffern. Später wechselte der Musikant zu populären Melodien von Abba oder interpretierte Ohrwürmer wie «Du bist mein Stern». «Gefällt dir, Gerry, oder?», stachelten Mike, Frank und Henry mich an, während ich völlig fasziniert und halb weggetreten dem Spiel folgte. «So möchte ich auch spielen», sprach es aus mir, und in dem Augenblick schien mir, ich hätte die Technik durchschaut. Mich ereilte eine Eingebung, ein Gefühl davon, was es braucht. Wir schlossen eine Wette ab: Am 5. Oktober 2014, genau ein Jahr danach, würde ich in der Lage sein, mindestens drei Lieder auswendig auf dem Schwyzerörgeli zu spielen. Die Wette galt. Schaffe ich es nicht, muss ich mein Team für ein Wochenende ohne Projektor und ohne Arbeit nach Venedig einladen.

Nun hörte ich auf meinen Autofahrten vorläufig ausschliesslich Volksmusik-CDs, um mir die Melodien einzuprägen. Klar ist, dass ich die Wette verloren habe. Aber sicher. Mein Zeitmanagement stand eben nicht unter einem guten Stern.

Wir waren extrem gut drauf an jenem Abend. Geschafft – die unglaubliche Hüttentour in 53 Tagen bei Wetterglück wie Wetterkapriolen, bei Steinschlag, Schnee, Sonnenschein. Es hat unglaublich Spass gemacht, und wir haben viele neue Freunde gewonnen. Doch ging es nicht ohne eine strikte Disziplin. Wir hatten in einem Wahnsinnssommer alle Jahreszeiten durchlebt und unser Expeditions-Know-how entscheidend einbringen können. Wer in die Berge geht, erweitert den Horizont. Die Sehnsucht nach der Höhe, der Stille, der unberührten, wilden Schönheit wird immer bleiben.

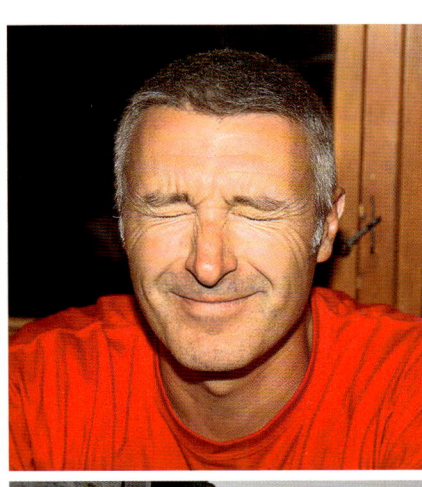

26

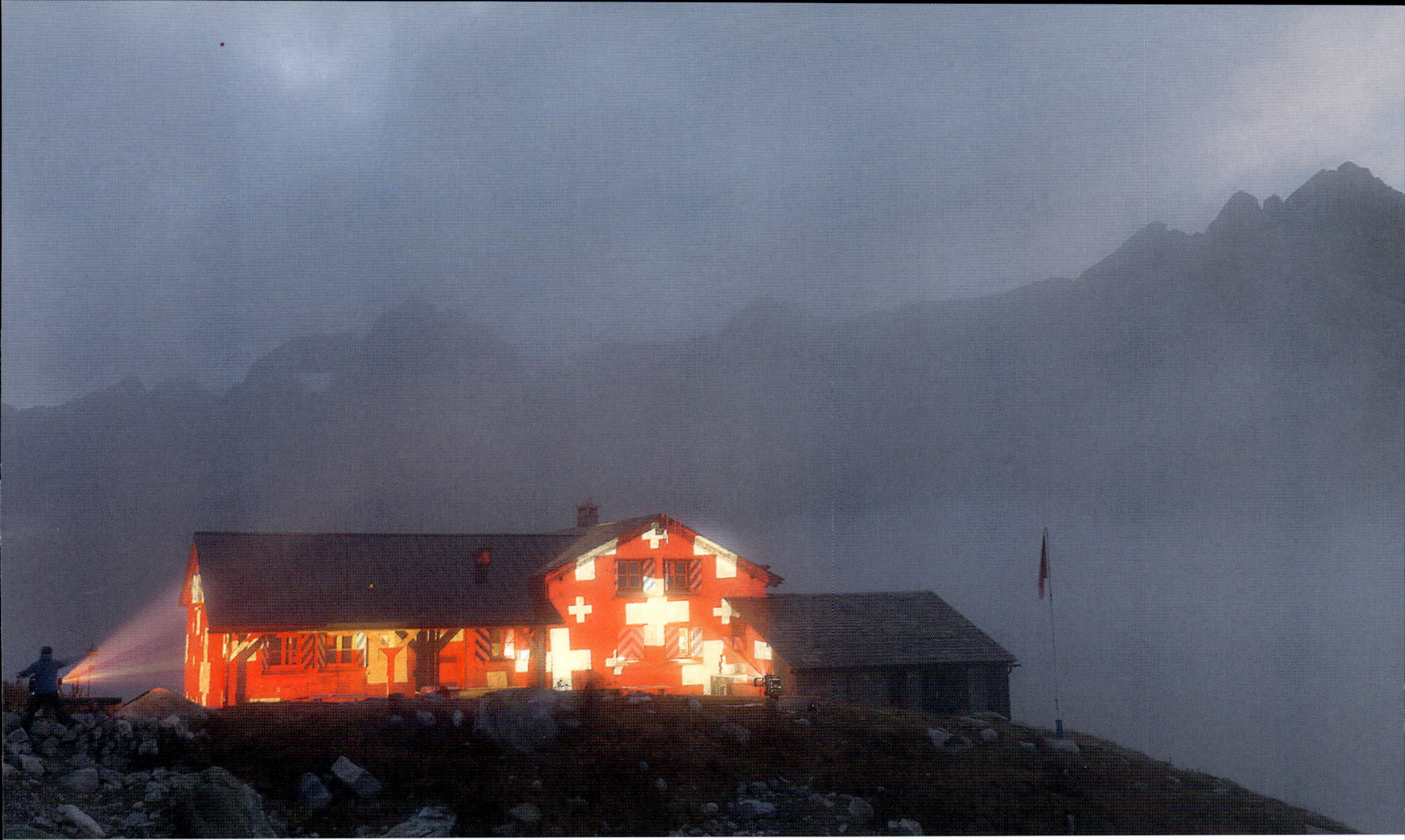

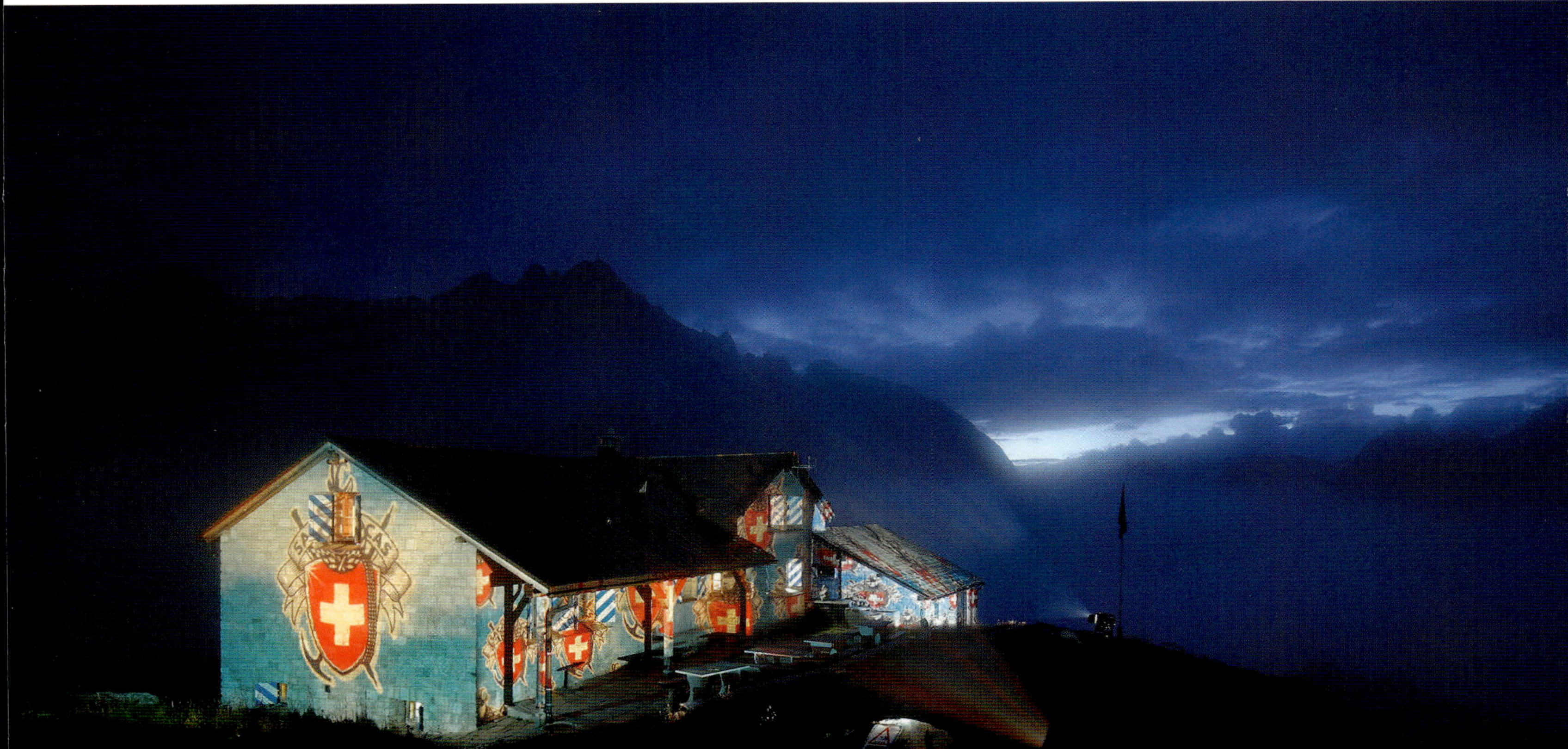

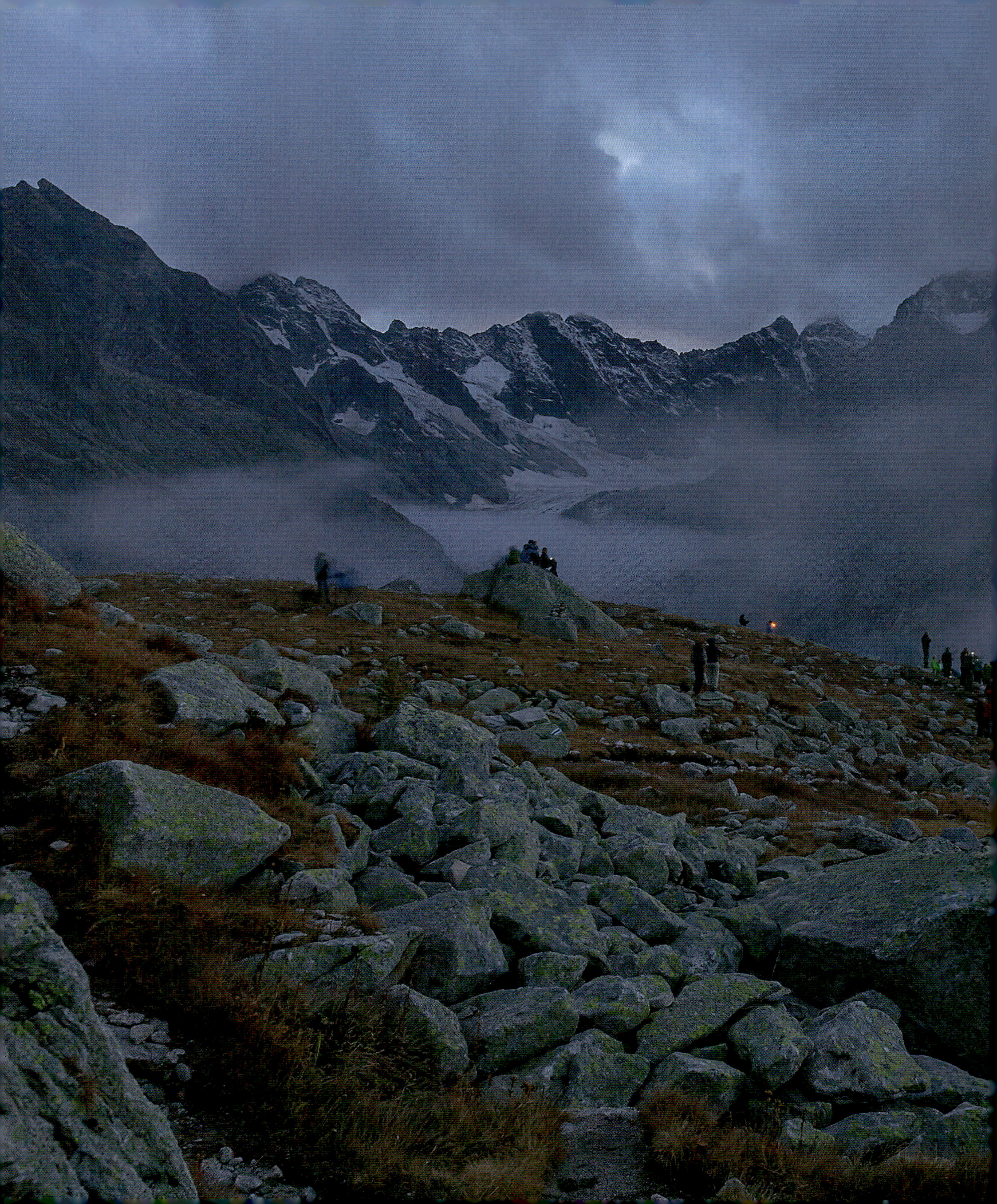

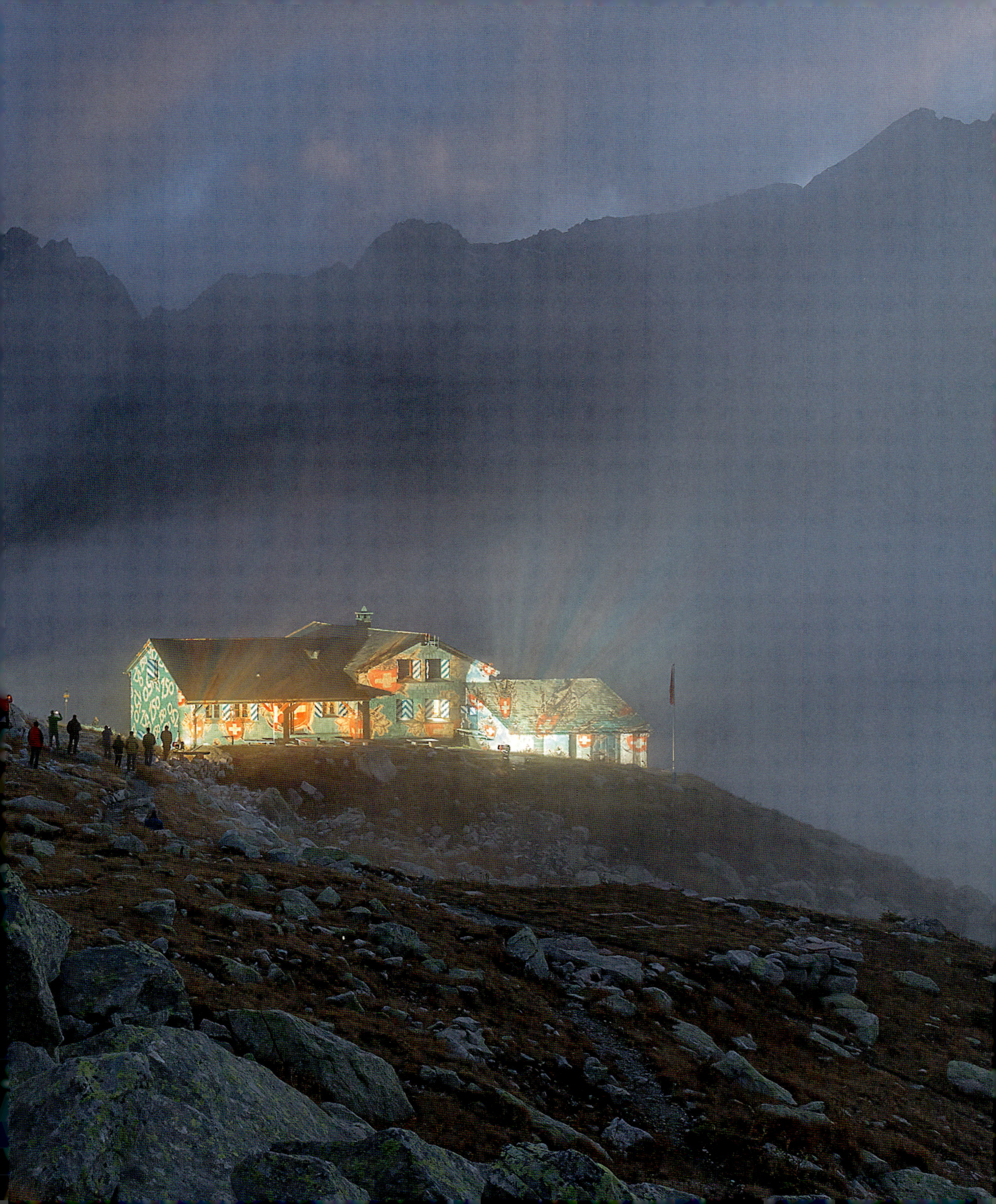

Motivation zum 27. Mal

Immer wieder haben mich die Leute gefragt, wie mein Team und ich diese Tour durchstehen würden und ob wir nach der dritten Hütte nicht gelangweilt wären, weil sich alles wiederholt. «Waren wir nie und werden wir nie sein», war jeweils meine Antwort. Abenteuer wie diese sind meine Leidenschaft, mit Leiden erschafft. Dabei gibt es nur Gewinner: Die Bilder stimmen Menschen fröhlich, sie zeigen einzigartige Plätze der Schweiz und eine gute Institution. Im Frühjahr habe ich mich gefreut wie ein Rennpferd, das zum ersten Mal nach dem Winter auf die Wiese kann. Ich bin mit Pferden aufgewachsen und weiss, wie die sich verhalten, wenn es endlich rausgeht. Menschen treffen, mit meinem Team zusammen sein, sich angemessen bewegen und dabei fit werden – was hätte ich mir mehr wünschen können? Zudem habe ich meinen Hüttenradar radikal erweitert. Ich kannte die Monte-Rosa-Hütte, die Britanniahütte, die Gleacksteinhütte, die Capanna Basòdino, die Chamanna Coaz und die Spitzmeilenhütte. Jetzt sind in einem Sommer 20 weitere unvergessliche Impressionen dazugekommen. Ich wünsche allen, die noch nie auf einer SAC-Hütte waren, die Motivation, wenigstens einmal eine zu besuchen.

Heike und Michel Anrig, Hüttenwartpaar Albigna, bis Oktober 2013.

«Ich lebe mit zwei Herzen in meiner Brust, was den SAC betrifft»

Was für ein Abschied! Wir feierten gleich drei Finissagen auf einmal: Die Saison ging zu Ende, die Albigna bleibt im Winter jeweils geschlossen. Gleichzeitig verabschiedeten meine Frau und ich uns. Nach sechs Jahren als Hüttenwart wollten wir uns aus privaten und wirtschaftlichen Gründen einer neuen Aufgabe zuwenden. Als wäre dem nicht genug, krönte Gerry Hofstetter mit dieser letzten Beleuchtung seiner Tour die «Ustrinkete» bei vollem Haus. Viele Freunde haben jenen Abend mit uns gefeiert – und vor allem gestaunt. Ich sah der Sache etwas skeptisch entgegen. Obwohl ich aus der technischen Branche komme, finde ich zu viele Installationen draussen in der Natur heikel, insbesondere in den Alpen. In einer Hütte sind Strom und Wasser nicht störend, aber die Bergwelt sollte so weit als möglich unberührt bleiben.

Im Vorfeld habe ich mir Gerrys Beleuchtung der Jungfrau angesehen. Ich wollte wissen, wie das vor sich geht. Ich merkte, das Internet ersetzt niemals eine Begegnung mit dem Künstler und seiner Truppe: einzigartig, wie die ans Werk gehen. Für mich verkörpert Gerry einen typischen Künstler. Er lebt in seiner Welt und lebt für sie, seine Bilder sind überwältigend. Ich lebe mit zwei Herzen in meiner Brust, was den SAC betrifft. Ich benötige keinen Luxus, doch sollten wir unsere Berge weniger spartanisch verkaufen. Mehr Schlafkomfort und Strom in der Hütte ist gefragt. Wir sind stets darauf angewiesen, die Übernachtungszahlen zu steigern und wirtschaftlich zu sein. Die Albignahütte hat in dieser Hinsicht eine kritische Grösse. Sie ist zu gross, um mit wenigen Leuten zu arbeiten, und zu klein, um viel Personal einzustellen. Mein Wirkungsfeld war die Küche. Am Anfang hatte ich als passionierter Hobbykoch etwas Mühe, auf grosse Mengen umzustellen. Allein das Brotbacken für 100 Leute ersetzte mir ein Fitnesstraining.

Gerrys Lichtinstallationen stimmten mich auch wehmütig. Wer weiss, vielleicht übernehmen meine Frau und ich eines Tages wieder eine Hütte, eine kleinere vielleicht.

Michel Anrig

26

350

26 – Capanna da l'Albigna, 2333 m,   5.–6. Oktober 2013
Pranzaira, Bergell, Tel. 081 822 14 05
Sektion Hoher Rohn, Kanton Zürich

Unsere Beleuchtung fand zur «Ustrinkete» statt. Dies bedeutete, dass die Hütte am Morgen nach der Beleuchtung für die Überwinterung geschlossen wurde.

Gewählte Route – Mit der Gondel der EWZ (Elektrizitätswerke Zürich) hoch zur Staumauer und ab da zu Fuss zur Hütte.

Zeit – Normal 40 Min., wir 2 Std. 50 Min. (weil ich 57 Kilogramm rauftragen musste)

Sherpas 9, von denen 5 leider zu früh losgingen mit zu wenig Material.

Wetter – Mir glaubte niemand, als wir in Zürich starteten, dass das schlechte Wetter sich so entwickeln würde, dass wir auf die Minute genau um 19 Uhr bei Start der Beleuchtung keinen Regen mehr haben würden, sondern perfekte Bedingungen für die Beleuchtung. Der Aufstieg fand auch im dichten Nebel und Nieselregen statt. Der Morgen war anmutig und liess mit seinen hohen Wolken die Bergwände in unheimlich schönem Grau erscheinen.

19.33 Uhr Beginn Nacht.
07.34 Uhr Beginn Tag.

Beleuchtung – Es musste so sein bei der letzten Beleuchtung der Tour.

Bemerkung – Eine Wette eingegangen zum Abschluss der Tour, dass ich am 5. Oktober 2014 drei Lieder auf einem Schwizerörgeli auswendig meinem Team vorspielen kann. Dabei wusste ich noch gar nicht, wie man auf diesem Örgeli spielt.

Dank

Diese Tour konnte nur realisiert werden dank der Partnerschaft mit verschiedenen Menschen und Institutionen. Ich danke dem Zentralvorstand des SAC für die Prüfung meiner Idee und die Übernahme des Patronats. Der SAC-Geschäftsstelle Bern danke ich für die enge Zusammenarbeit bei der Umsetzung des Projekts. Bruno Lüthi, dem SAC-Projektleiter und meinem Sparringspartner im SAC für die Tour, danke ich für seine Geduld mit mir und für seine Arbeit zugunsten des Projekts. Dem Kulturpartner Bayer danke ich für die visionäre und freundschaftliche Partnerschaft. Aus juristischen Gründen ist es für ein Pharmaunternehmen beinahe unmöglich, ein öffentliches Projekt als Partner zu unterstützen. Es ist schlichtweg unglaublich, wie Bayer Schweiz einen Weg gefunden hat, sich als Kulturpartner einzubringen. Da das Unternehmen Bayer 2013 gleich alt wurde wie der SAC, feierte man gemeinsam das 150-Jahr-Jubiläum. Audi, in der Schweiz vertreten durch amag, danke ich für die breit gefächerte Partnerschaft als Kulturpartner. Wir durften mit den uns zur Verfügung gestellten Fahrzeugen die Vorzüge der legendären Audi-quattro-Technik kennenlernen. Zuverlässig auf allen vieren, wie ein Bergsteiger in der Wand, ging es durch die Schweiz. Mit den vier Fahrzeugen ging es im «Land of quattro» während der vier Jahreszeiten in die vier Sprachregionen und in alle vier Himmelsrichtungen. Den Sektionen danke ich für die Teilnahme am Projekt mit ihren Hütten und für

Patronat

Kulturpartner

Bayer
150 Years
Science For A Better Life

Audi

swiss made

die Unterstützung meines Teams mit Sherpas. Den Hüttenwarten und ihren Teams danke ich für die herzliche Gastfreundschaft und das gute Essen. Den über 200 Sherpas danke ich für das Mitleiden und die unvergesslichen gemeinsamen Aufstiege und Abstiege. Den Medien danke ich für die spannenden Berichterstattungen über unsere Beleuchtungen. Meinem Team, meiner Agentur und meiner Familie danke ich für die Unterstützung und die wertvolle Zeit, die sie dieser Tour «Hütten im Alpenglühn» geschenkt haben. Den Fotografen und Filmern danke ich für die Bilder, die dieses Buch erst ermöglichten. Susanne Perren danke ich, dass sie als Co-Autorin mitgeholfen hat, die Erlebnisse schriftlich einzufangen. Meinem Grafiker Dieter Richert danke ich für die Nerven in all den Monaten bei der Gestaltung des Buches mit mir. NZZ Libro danke ich für die Produktion und Herausgabe des Buchs. Ein grosser Dank geht auch an verschiedene Freunde, Lieferanten und unbekannte Personen, die im Hintergrund oder hinter der Bühne still und leise mit Leistungen und Goodwill dieses Projekt unterstützt haben.

Alle sind ein Teil der Geschichte geworden, dank dem Vertrauen in meine Arbeit und in mein Team, dass wir es schaffen würden. Wir alle haben es geschafft. Für einen kurzen Moment standen die SAC-Gebirgshütten im Rampenlicht und zeigten, in welch wunderschönen Berggegenden sie stehen und wie einmalig die Schweiz vor der Haustüre ist.

Gerry Hofstetter

Patronat SAC

Jerun Vils, SAC Geschäftsführer

«Wir profitieren von der Bekanntheit der Jubiläumstour»

Eine kleine inoffizielle Geschichte machte im Vorfeld die Runde: Nach der ersten Hüttenbeleuchtung – der Hüttenwart in seinem gewohnten Trott, bis Wirbelwind Gerry Hofstetter aufkreuzte und ordentlich Leben mitbrachte – eilte Gerry eine süffisante Nachricht unter Hüttenwarten voraus: «Achtung, der Gerry kommt, es wird unruhig.» Das wurde sozusagen zum Running Gag.

Ich stiess zum SAC, als die Idee der Hüttenbeleuchtungen bereits beschlossene Sache war. Die grossen Schneemengen und der sich zierende Sommer haben mir zu Beginn etwas Kopfzerbrechen bereitet. Braucht es das? Wird es überhaupt gelingen? Was hätten wir für Alternativen, sollte es nicht klappen? Diese Risikoabwägung sollte nicht notwendig sein. Jemand, der ohne Steckdose eine derart grossartige Leistung inszeniert, der sich und das Team im alpinen Gelände um der Kunst willen fordert, hat unseren vollen Respekt verdient. Input und Output stimmen. Gerry hat mit seinen Beleuchtungen die Berghütten ohne grosse Infrastruktur grandios ins Bild gerückt, ohne dabei die Natur zu beeinträchtigen. So punktuelle Beleuchtungen stellen jegliche Lichtverschmutzung in Abrede. Die Tour war ein Glücksfall für den SAC.

Der SAC hat mit der Bergwelt eine starke Kulisse im Rücken, und er wird mit seinen rund 150 000 Mitgliedern über die Alpentäler bis ins Bundeshaus hinein wahrgenommen. Die Schweizer Bevölkerung geht gerne in die Berge. Künftig wollen wir daher die Übernachtungszahlen in unseren Hütten weiter erhöhen. Daneben wollen wir einen Fokus auf die bis zu 300 Ausbildungstouren legen, ganz zu schweigen von dem, was die Sektionen zusätzlich anbieten. Getreu dem Leitsatz «Gemeinsam und sicher unterwegs» sollen diese Kurse noch bekannter werden. Es ist jetzt an uns, von der grossen Bekanntheit der Jubiläumstour zu profitieren. Der SAC will auch in Zukunft als aufgeschlossener Verband präsent sein. Wir streben ein kontinuierliches Mitgliederwachstum an. Wir werden uns modernisieren, ohne das Erbe dafür preiszugeben.

Der SAC ist zugleich Nutzer und Schützer der Gebirgswelt und bewegt sich dadurch stets in einem Spannungsfeld. Er engagiert sich für ein ausgeglichenes Nebeneinander von Mensch und Natur im Sinne der Nachhaltigkeit. Dazu gehört auch der weitgehend freie Zugang zur Gebirgswelt, für den sich der SAC einsetzt. Er fördert die naturverträgliche Gestaltung des Bergsportes und wehrt sich gegen übermässige Eingriffe (u.a. Infrastrukturbauten) in die alpine Landschaft.

Von Grenadier zu Grenadier wünsche ich Gerry weiterhin viele quere Ideen. Man kann sich auf ihn verlassen. Mag sein, fünf Minuten später als vereinbart, aber es klappt.

Jerun Vils

Mehr als Bergsport
Plus que de la montagne
Ben più che alpinismo
Dapli che alpinissem

1863–2013

Kulturpartner Bayer

Jens Becker, Country Division Head, Bayer Consumer Care.

Zweifaches 150-Jahr-Jubiläum

Als ich zum ersten Mal von diesem aussergewöhnlichen Projekt hörte, staunte ich nicht schlecht: «Hütten im Alpenglühn»? Ich war gerade mal ein halbes Jahr in der Schweiz, hatte noch wenig Bezug zum Land und noch weniger Bezug zur Bergwelt und dem SAC. Und da stand also diese visionäre Idee von Gerry Hofstetter im Raum, mit der das Innerste der Schweiz, die zentralen Werte auf kunstvolle Art ins Zentrum gestellt werden sollten. Ich konnte mir zu Beginn nicht genau vorstellen, wie das denn alles funktionieren sollte – aber mir war klar, dass dieses Unterfangen speziell war, ja einzigartig! In der Geschäftswelt muss heute alles in geregelten Abläufen funktionieren, berechenbar und begründbar sein. Und so war der Reiz gross, ein kleines Abenteuer, ein einzigartiges Schweiz-Projekt als Kulturpartner mittragen zu dürfen. Mit dem 150-jährigen Geburtstag unseres Unternehmens sowie den Werten «Für ein besseres Leben», «Beständigkeit» und «Nachhaltigkeit» hatten wir bereits einen ersten gemeinsamen Nenner – und wir waren sehr gespannt, was aus diesem Projekt entstehen würde. Wir sind stolz darauf, dass die spektakulären Beleuchtungen bei vielen Schweizerinnen und Schweizern Augenblicke der Begeisterung ausgelöst haben – und dankbar über die unglaubliche Inspiration des Projektes «Hütten im Alpenglühn»!

Jens Becker

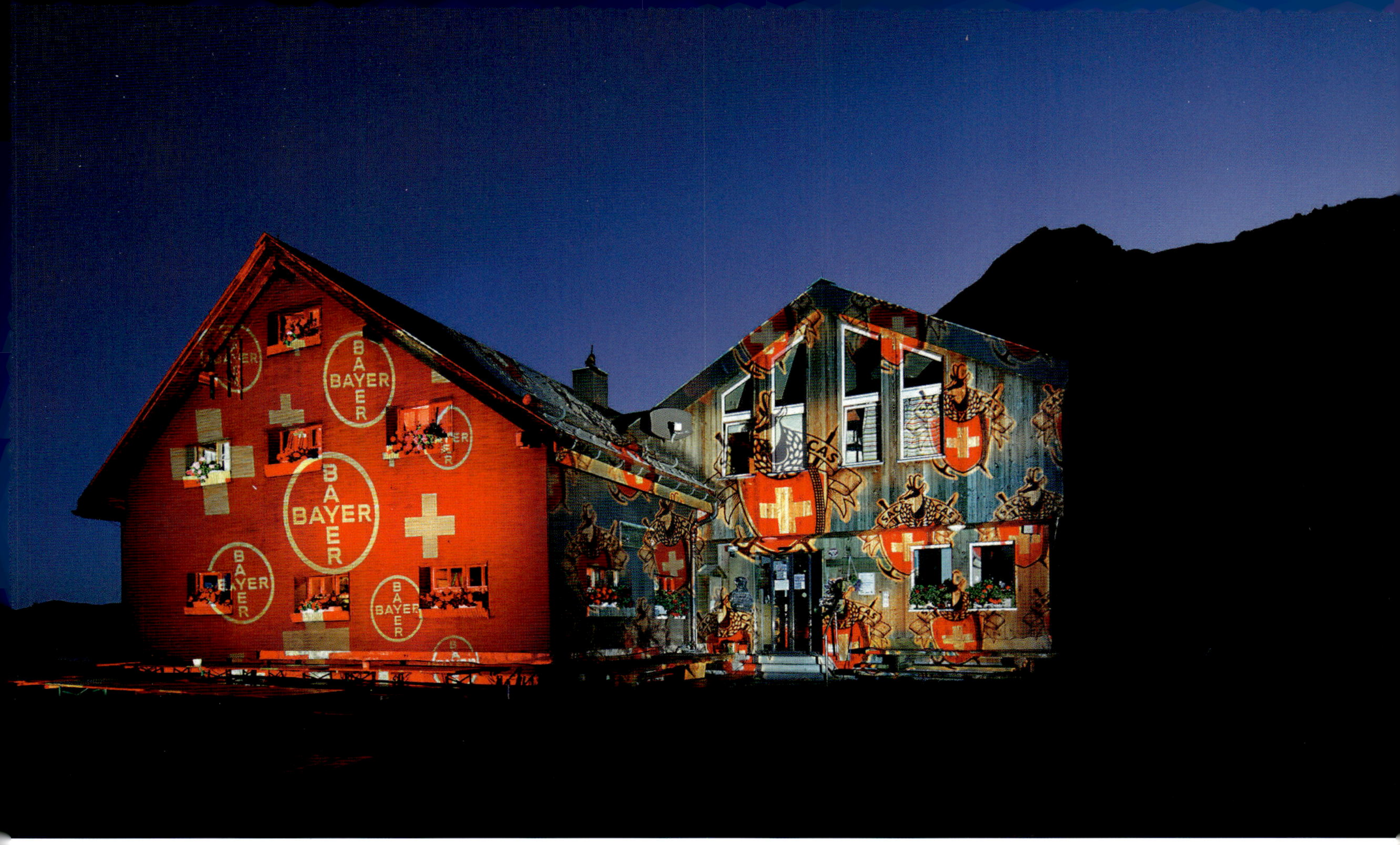
BAYER
BAYER

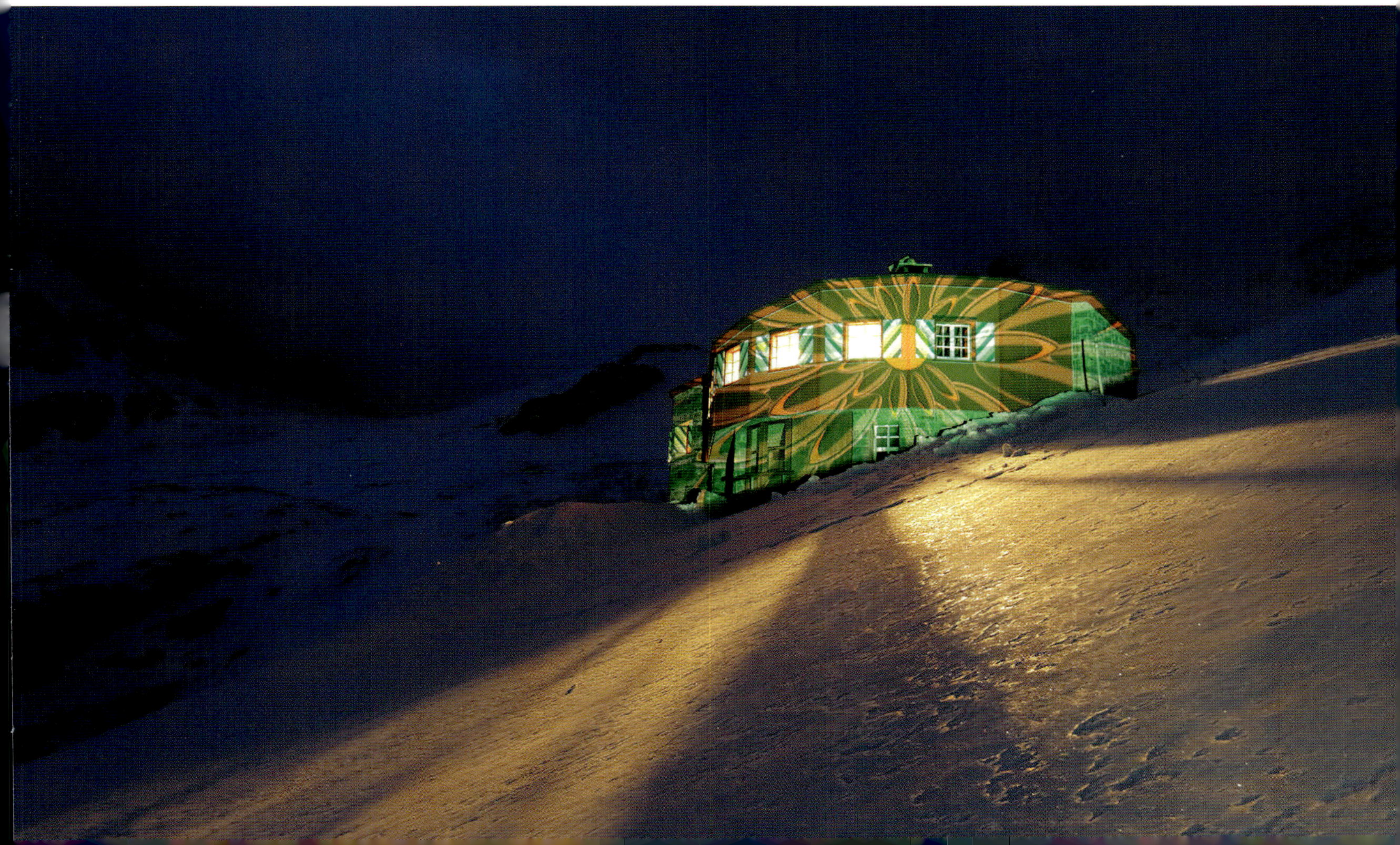

Kulturpartner Audi

Donato Bochicchio, Audi-Markenchef.

Mit Audi quattro zum Alpenglühen

«Hütten im Alpenglühen», die Tour durch die Welt der Schweizer Berghütten, war ein grosser Erfolg. Dass dieser bis heute nachwirkt, zeigt das vorliegende Buch. Audi ist stolz darauf, einen Beitrag dazu geleistet zu haben, dass die Berghütten des SAC von Gerry Hofstetter ins beste Licht gerückt werden konnten. Der Ursprung für die Beteiligung von Audi am spektakulären Projekt liegt auf der Hand: Die Schweizer Berge sind das «Land of quattro» – jene Umgebung, in welcher der Quattro-Antrieb von Audi seine Stärken voll ausspielen kann. So spielte der legendäre Allradantrieb bei der konkreten Umsetzung des Engagements von Audi natürlich auch die zentrale Rolle: Mit den zur Verfügung gestellten, mit Quattro-Antrieb ausgerüsteten Fahrzeugen wurden die verschiedenen Transporte zu den Projektionsstandorten sicherer gemacht, vereinfacht und oft auch verkürzt. Schon seit über 35 Jahren ist Quattro von Audi der Inbegriff der Allradtechnologie und beweist heute in über 170 Modellen sein überlegenes, jeder Situation gewachsenes Traktionskonzept für Winter und Sommer, für Schnee und Eis, für nasse und rutschige Fahrbahn genauso wie für die trockene Land- oder Bergstrasse. Mit situationsgerechter, optimaler Verteilung der zur Verfügung stehenden Antriebskraft auf alle vier Räder garantiert der Quattro-Antrieb maximalen Fahrspass. Er verbindet grenzenlose Freiheit, höchste Fahrdynamik und Sicherheit zu einer vollendeten Symbiose. Diese automobile Ikone, die Quattro-Allradtechnologie von Audi, ist wie geschaffen für das «Land of quattro», wo die Alpen ab und zu glühen, die Strassen aber ununterbrochen mit neuen Herausforderungen locken, die mit dem Quattro-Antrieb dynamisch und gleichzeitig sicher gemeistert werden wollen. Willkommen im «Land of quattro» – der grossartigen Schweizer Bergwelt!

Donato Bochicchio

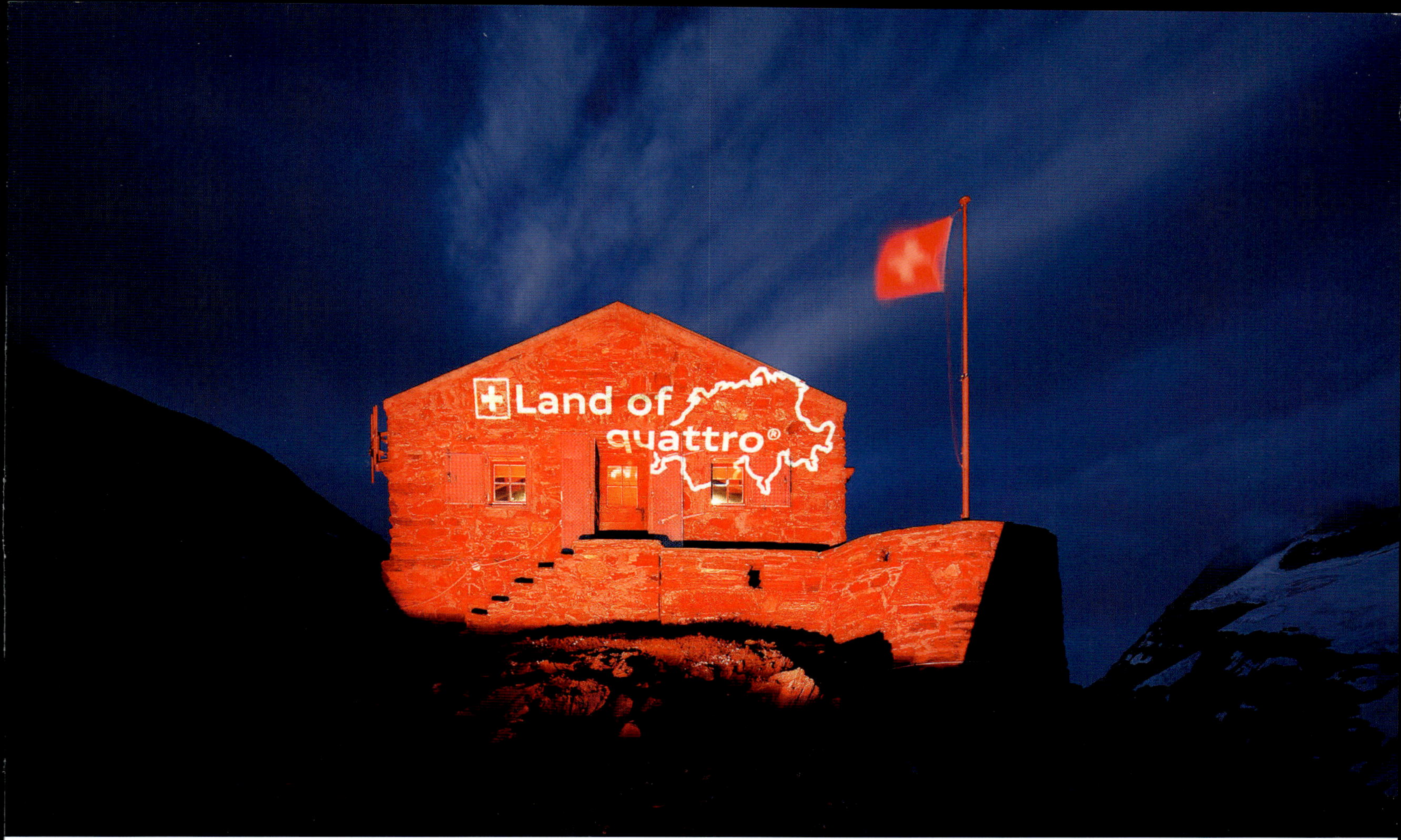
Land of
quattro®

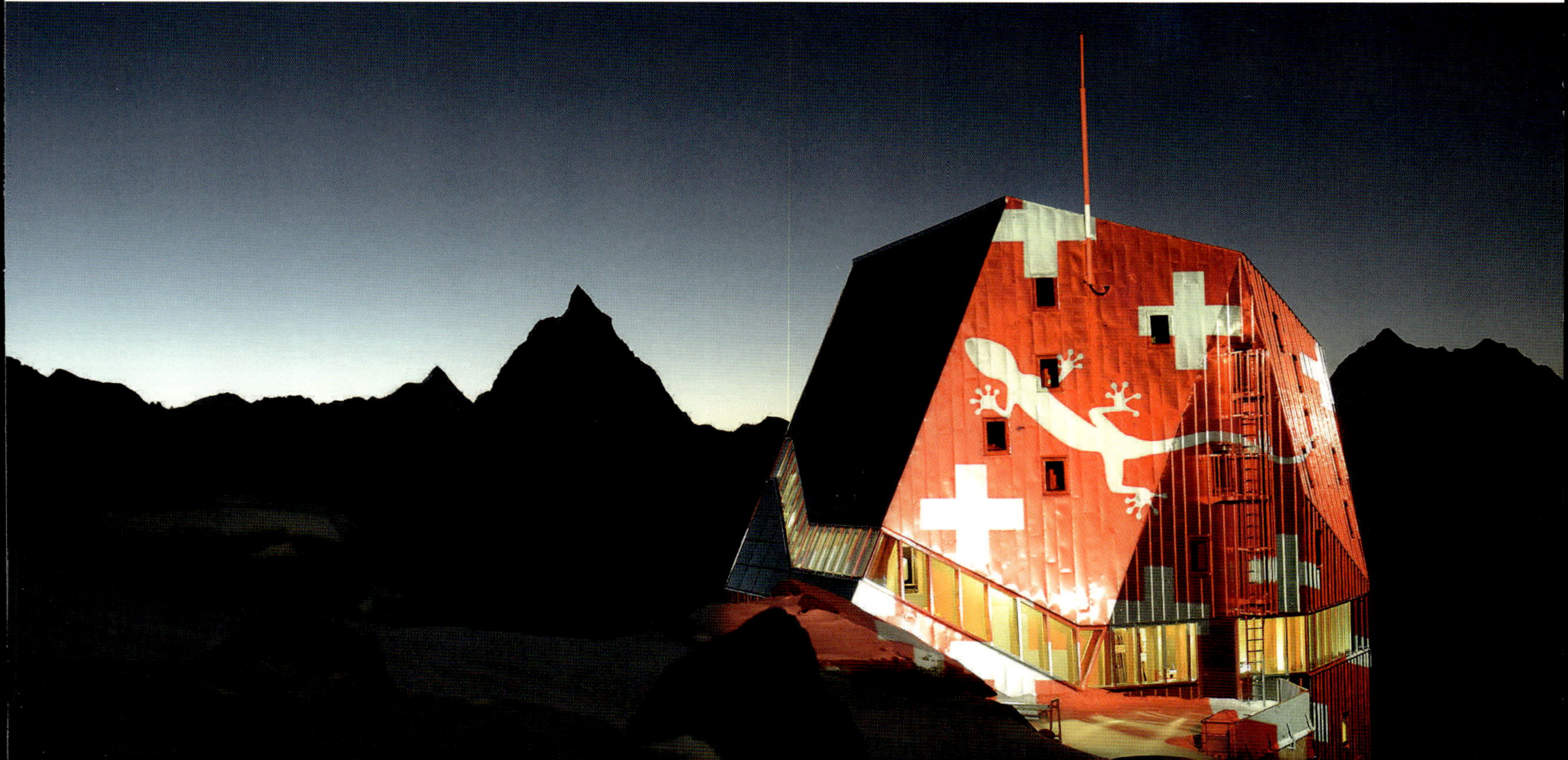

Das Team

Mike Kessler Fotograf, Frank Schwarzbach Fotograf, Henry Maurer Filmer, Daniel Lenherr Sherpa und Light Team, Jonas Bauman Fotograf, Lello Acquaviva Light Team, Céline Hofstetter Film und Light Team.

Mike Kessler, Frank Schwarzbach und Henry Maurer bildeten mit mir zusammen das eigentliche Kernteam und waren bei praktisch allen Touren mit dabei. Die übrigen Teammitglieder begleiteten uns unterschiedlich oft.

Die Fotografen haben die Tour in Bildern eingefangen. Dank ihrem Einsatz und Scharfblick, aber auch dank ihrem Mut und Durchhaltewillen haben sie die Grundlage zu diesem Buch geschaffen. Entstanden ist ein Buch vom Leben und für das Leben, ein Buch voller Lebensfreude, das den Beweis erbringt, dass Menschen gemeinsam Visionen realisieren können, ein Buch auch, das die Schönheiten der Natur und unserer Schweizer Berge zeigt. Der Kameramann Henry Maurer hat die Tour filmisch festgehalten. Um die richtigen Perspektiven für die Aufnahmen zu finden, mussten er und die Fotografen oft längere Wegstrecken zurücklegen als wir anderen mit unserem Gepäck auf dem Rücken. Aus dem umfangreichen Material ist ein Kinofilm entstanden, prall gefüllt mit Emotionen, Stimmungen, Erzählungen und wunderschönen Bildern. Er zeigt die leidenschaftliche filmische Umsetzung dieser kunstvollen Jubiläumstour «Hütten im Alpenglühn». Mit grossem Respekt für ihren Einsatz danke ich meinem Team für ihre Arbeit, ihre Leistung und die grandiosen Bilder.

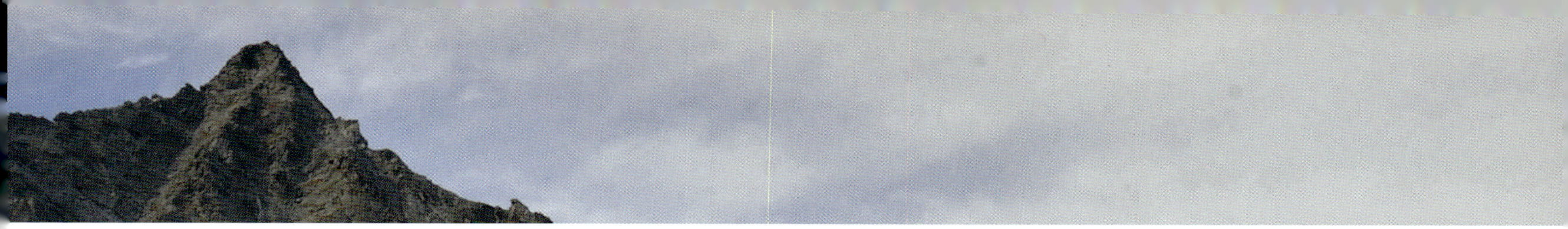

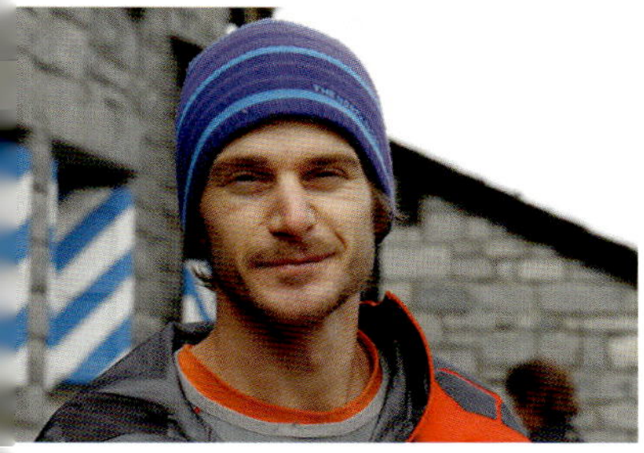

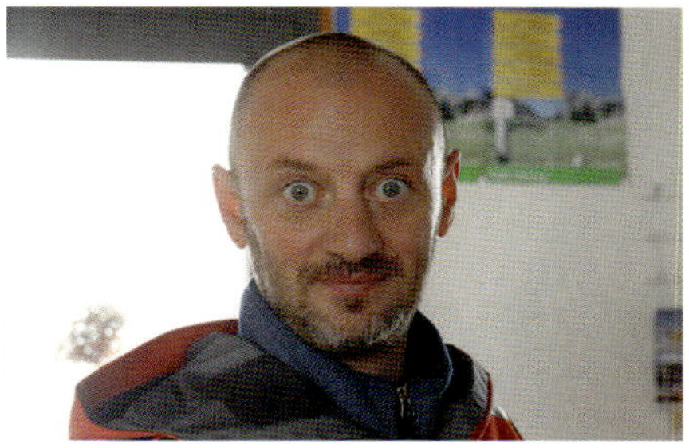

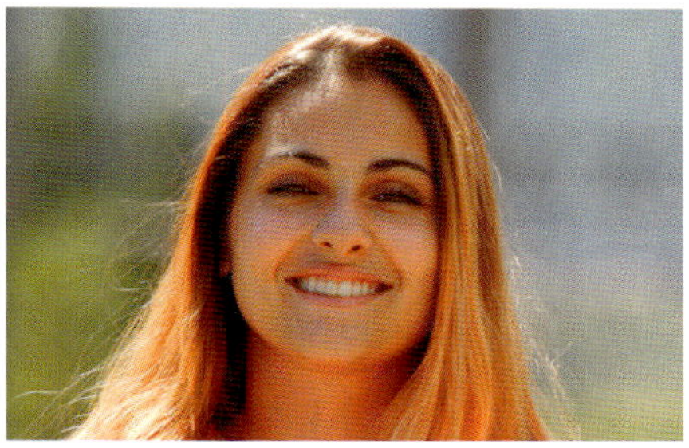

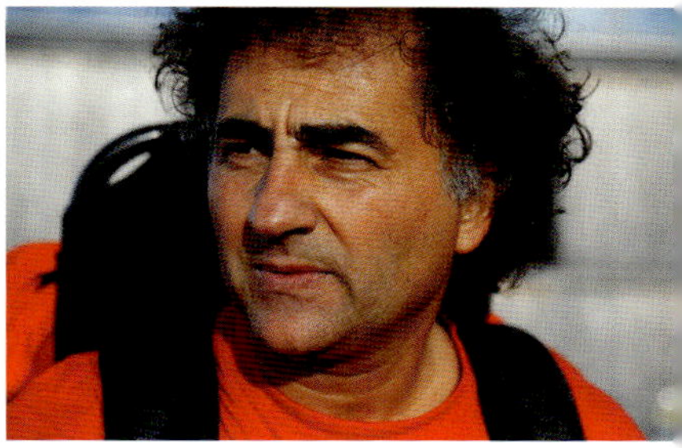

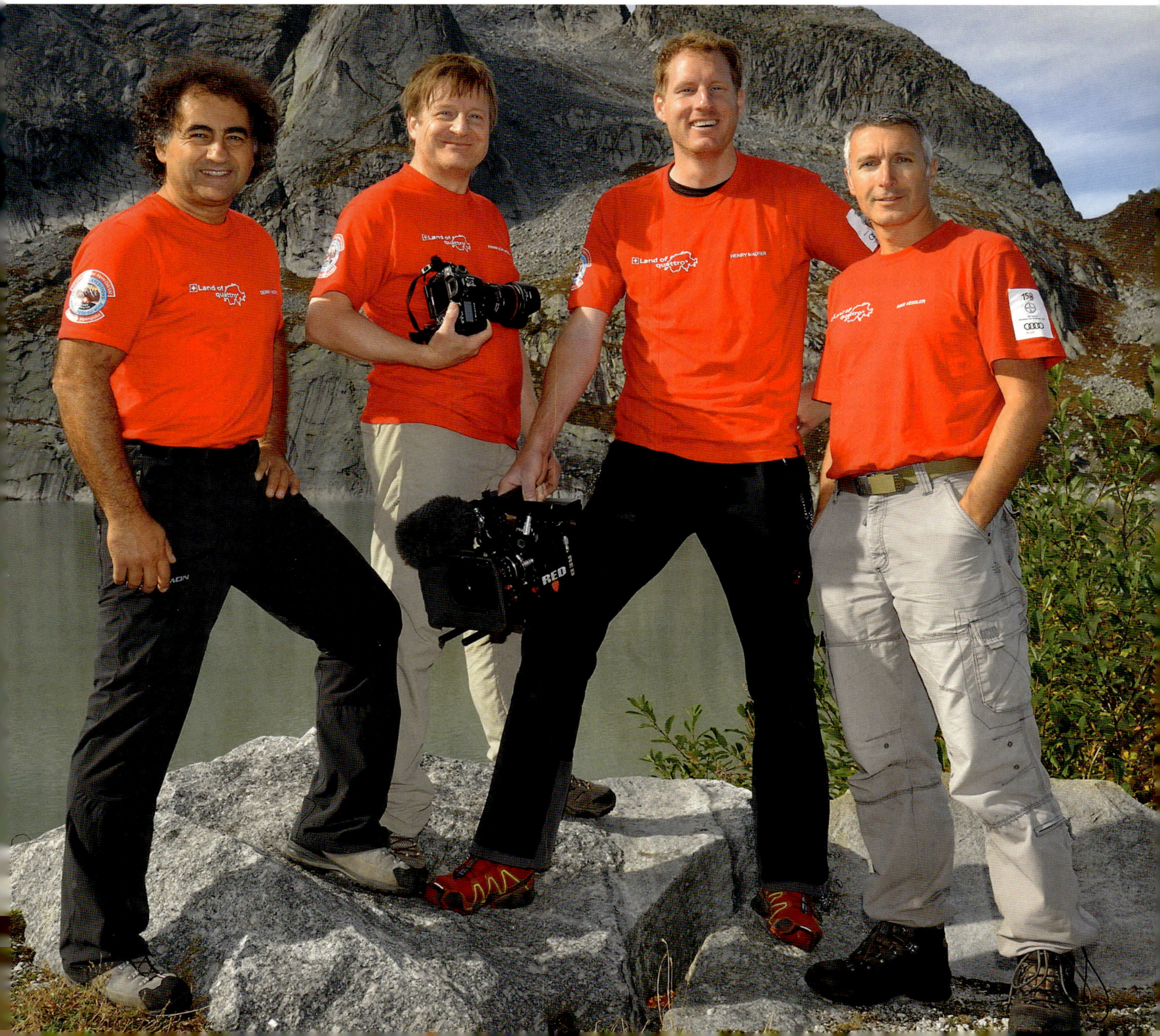
Land of quattro
RED

Realisierte Hüttentour

Reihenfolge der Hütten und Daten der Beleuchtungen

1 Chamanna Coaz – Pontresina
18.–19. April 2013 für Graubünden

2 Alpines Museum – Bern
19.–20. April 2013 für Appenzell AI

3 Cabane du Mont Fort – Verbier
22.–23. April 2013 für Waadt

4 Monte-Rosa-Hütte – Zermatt
7.–8. Mai 2013 für Wallis

5 Britanniahütte – Saa Fee
7.–8. Juni 2013 für Genf

6 Kröntenhütte – Erstfeld
16.–17. Juni 2013 für Uri

7.1 Grünhornhütte – Linthal
21.–22. Juni 2013 für SAC und Glarus

7.2 Fridolinshütte – Linthal
22.–23. Juni 2013 für Glarus

8 Sustlihütte – Wassen
1.–2. Juli 2013 für Zug

9 Wildstrubelhütte – Lenk
3.–4. Juli 2013 für Freiburg

10 Binntalhütte – Binn
7.–8. Juli 2013 für Jura

11 Glecksteinhütte – Grindelwald
11.–12. Juli 2013 für Bern

12 Tierberglihütte – Innertkirchen
15.–16. Juli 2013 für Basel-Landschaft

13 Capanna Basòdino – San Carlo
18.–19. Juli 2013 für Tessin

14 Bergseehütte – Göschenen
21.–22. Juli 2013 für Basel-Stadt

15 Monte-Leone-Hütte – Simplon
13.–14. August 2013 für Neuenburg

16 Weissmieshütte – Saas Grund
15.–16. August 2013 für Solothurn

17 Rugghubelhütte – Engelberg
20.–21. August 2013 für Nidwalden

18 Brunnihütte – Engelberg
21.–22. August 2013 für Obwalden

19 Dammahütte – Göschenen
28.–29. August 2013 für Luzern

20 Glattalphütte – Moutathal
1.–2. September 2013 für Schwyz

21 Martinsmadhütte – Elm
4.–5. September 2013 für Schaffhausen

22 Läntahütte – Vals
7.–8. September 2013 für Thurgau

23 Gelmerhütte – Grimsel
9.–10. September 2013 für Aargau

24 Hundsteinhütte – Brülisau
13.–14. September 2013 für Appenzell AR

25 Spitzmeilenhütte – Flumserberg
2.–3. Oktober 2013 für St. Gallen

26 Capanna da l'Albigna – Pranzaira Bergell
5.–6. Oktober 2013 für Zürich

Schweiz

Lichtkünstler Gerry Hofstetter Beispiele seiner Werke

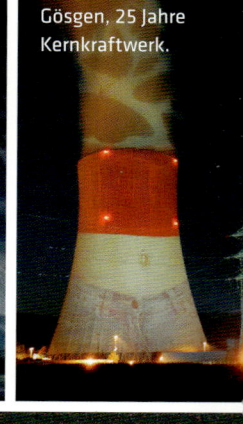

Landwasser Viadukt, UNESCO-Feier.

Jungfrau Nordwand – 100 Jahre Jungfraubahnen.

Zürich, Grossmünster, Zürifäscht.

Bern – Bundeshaus.

Bellinzona, Castello, Credit Suisse UEFA EURO 08.

Luzern, Credit Suisse UEFA EURO 08.

Zürich, Landesmuseum, Live on Ice.

Montreux, Château de Chillon, Nationalfeiertag.

Engadin, Wiederansiedlung der Steinböcke.

Gösgen, 25 Jahre Kernkraftwerk.

Einsiedeln, Kloster, Weihnachten.

JU-52, Weihnachtsflug by JU-AIR.

Zermatt, Matterhorn, Beleuchtung aus drei Helikoptern.

Europa

Schottland, Eilean Donan Castle.

Deutschland, Berlin, Brandenburgertor.

Frankreich, Mont Saint Michel, UNESCO.

England, Klippen Dover, UNESCO.

Italien, Venedig, Piazza San Marco, Karneval, UNESCO.

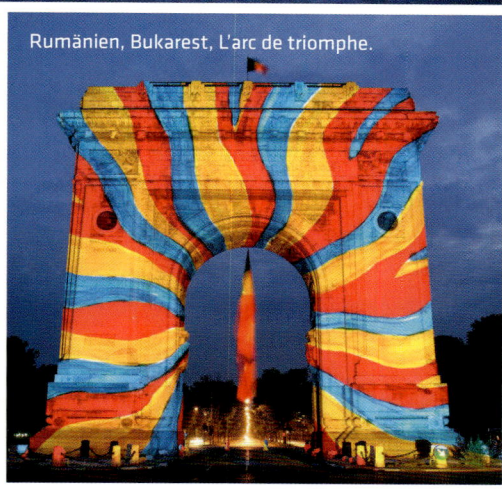

Rumänien, Bukarest, L'arc de triomphe.

Rumänien, Transylvanien, Schloss Bran (Dracula-Schloss).

Italien, Rom, Kolosseum, 150 Jahre Italien, UNESCO.

Barcelona, Spanien, La Sagrada Corazon, SWISS-Projekt.

Norwegen, Oslo, Königspalast, Staatsempfang Schweiz.

England, Greenwich, Royal Observatory, SWISS Projekt.

Italien, Florenz, EU-Projekt, UNESCO.

Italien, Venedig, Basilica Santa Maria, UNESCO.

Österreich, Bregenz, Festspielhaus, Bond Filmpremiere.

World

Indischer Ozean, Seychellen, Insel La Digue.

China, Shanghai, Weltausstellung EXPO 2010, Bund, 60 Jahre Diplomatische Freundschaft China – Schweiz.

USA, Washington, 100 Jahre National Cathedral.

USA, Washington, 100 Jahre Main Train Station.

Ägypten, 2006 UNO-Jahr der Wüste.

LIGHT ART EXPEDITIONS — Adventuring for our world — Egypt

Argentinien, Buenos Aires, Präsidentenpalast Casa Rosada.

Thailand, Nationalfeiertag.

Emirate, Abu Dhabi, Emirates Palace, 1. Middle East International Film Festival.

Emirate, Abu Dhabi, Emirates Palace, Nationalfeiertag.

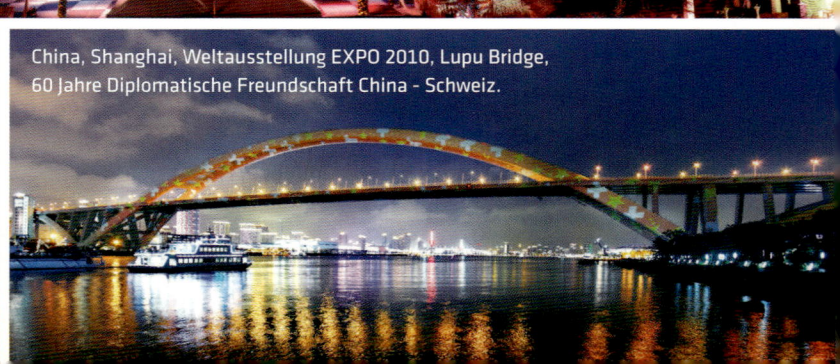

China, Shanghai, Weltausstellung EXPO 2010, Lupu Bridge, 60 Jahre Diplomatische Freundschaft China - Schweiz.

Expeditionen

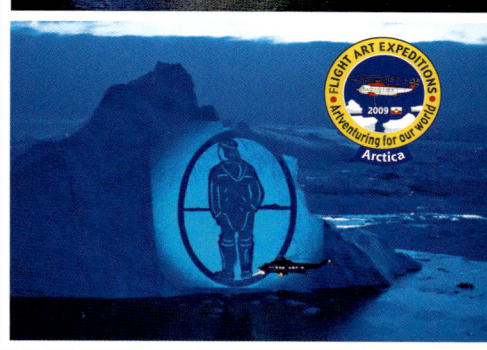

Arktis, 100 Jahre Untergang Titanic. Projektion Originalgrösse von 269 Meter auf einen 600 Meter langen Eisberg am Ursprungsort, wo der Eisberg entstand, der die Titanic versenkte.

Arktis, 2007–2009 International Polar Year.

Antarktis, 2003 UNO-Jahr des Wassers.

Französisch Guiana, Kourou, 50 Jahre ESA.

Arktis, Global warming project – UNESCO.